Jüdische Jugendliche in Deutschland

Eine biographisch-narrative Analyse zur Identitätsfindung

Meron Mendel

Jüdische Jugendliche in Deutschland

Eine biographisch-narrative Analyse zur Identitätsfindung

Meron Mendel

Johann Wolfgang Goethe-Universität

Frankfurt am Main 2010

Frankfurter Beiträge zur Erziehungswissenschaft

Reihe Monographien

im Auftrag des Dekanats
des Fachbereichs Erziehungswissenschaften
der Johann Wolfgang Goethe-Universität
herausgegeben von
Frank-Olaf Radtke

Herstellung: Books on Demand GmbH, Norderstedt

Bibliografische Information der Deutschen Bibliothek
Die Deutsche Bibliothek verzeichnet diese Publikation in der Deutschen
Nationalbibliografie; detaillierte bibliografische Daten sind im Internet
über http://dnb.ddb.de abrufbar.
ISBN: 978-9813388-1-2

Wo ist das Paradies?*

Wir kamen ins fremde Land
Da ist alles unbekannt.
Wo ist das Paradies?

Wir kamen aus kleinen Städtchen,
Erwachsene, Jungen, Mädchen.
Wo ist das Paradies?

Wir suchen unser Glück,
davon wollen wir nur ein Stück.
Wo ist das Paradies?

Wir fangen von vorne an.
Doch nicht alles läuft nach Plan.
Wo ist das Paradies?

Unser Traum lebt in unseren Herzen,
Er kann sich hier verwirklichen.
Wir zünden an beim Schabat helle Kerzen.
Wo ist das Paradies?

---

*   Gedicht aus dem Musical „Wo ist das Paradies?", das von Jugendlichen im Rahmen
    der „Jüdischen Kulturtage im Rheinland 2002" aufgeführt wurde (Text: Nelli Kunina
    und Teilnehmerinnen und Teilnehmer des Theaterworkshops)

Inhaltsverzeichnis

Empirischer Teil

Danksagung

Die vorliegende Arbeit wurde im Wintersemester 2009/2010 unter dem Titel „Irgendwo bin ich doch so ein bisschen ‚anders' – Eine biographisch-narrative Analyse jüdischer Identität in der Lebensphase Jugend" von dem Fachbereich Erziehungswissenschaften der Johann Wolfgang Goethe-Universität Frankfurt am Main als Dissertation angenommen. Für die Drucklegung wurde sie geringfügig überarbeitet.

Zu allererst gilt mein Dank den Jugendlichen, die mir mit ihrer Gesprächsbereitschaft und Offenheit einen Einblick in ihre verschiedenen Lebenswelten ermöglicht haben. Die Erstellung der Arbeit hat mir ein Promotionsstipendium der Gerhard C. Stiftung ermöglicht.

Ganz besonders habe ich meinem Doktorvater Micha Brumlik zu danken, der den „Entstehungsprozess" der Arbeit von Beginn an begleitet hat. Immer war er für mich ein kritischer, ehrlicher und zum Nachdenken auffordernder Ansprechpartner. Barbara Friebertshäuser und Doron Kiesel haben die erste Fassung der Arbeit gelesen und mit ihren Anmerkungen und konstruktiver Kritik zum Buch in seiner abgeschlossenen Form beigetragen. Die FreundInnen und KollegInnen am Institut für Allgemeine Erziehungswissenschaften der Frankfurter Universität – Inga Pinhard, Eve-Maria Kemink, Gisela Kögler, Agnes Lell und Lysan Bevermann – sowie meine KommilitonInnen in der Auswertungsgruppe – Juliane Hogrefe, Verena Haug, Wyke Stommel und Nils Köbel – haben diese Dissertation durch ihre Diskussionsbereitschaft, ihre Kommentare und Anregungen vielseitig unterstützt. Andrea Sinn bin ich für die intensiven Diskussionen und die Lektüre der Dissertation besonders dankbar. Für die sorgfältige Bearbeitung des Buchmanuskriptes ist Birgit Fischer zu danken.

Die liebevolle Unterstützung, Geduld und Zuwendung meiner Frau Ifat Mendel waren eine unschätzbare Hilfe. Ihr ist dieses Buch gewidmet.

Frankfurt am Main, im Januar 2010   Meron Mendel

Vorwort

Ende der neunzehnhundertachtziger Jahre war die jüdische Minderheit in (West)Deutschland, die seit 1945 mit dem klassischen deutschen Judentum nicht oder nur noch wenig zu tun hatte, sondern vor allem aus Holocaustüberlebenden aus Ostmitteleuropa bestand, demographisch am Ende. Diese Minderheit von etwa 30 Tsd. Personen würde heute kaum noch existieren, wenn nicht seit 1990 ein ständiger Zustrom von jüdischen Familien aus der ehemaligen Sowjetunion nach Deutschland stattgefunden hätte. Heute leben in Deutschland wieder etwa 200 Tsd. Juden, davon etwa 110 Tsd. als Mitglieder jüdischer Gemeinden. Das sind in etwa fünfzig Prozent jener, die vor dem Nationalsozialismus in Deutschland lebten. Die dauerhafte Neugründung einer zahlenmäßig nicht unerheblichen jüdischen Minderheit in Deutschland wird jedoch sehr wesentlich von den Befindlichkeiten jener Jugendlichen abhängen, die als Jüdinnen und Juden derzeit eine dritte Generation nach dem Holocaust darstellen. Wie sich dieser Prozess gestalten kann, ist die Leitfrage der vorliegenden Studie.

Die von Meron Mendel verfasste Arbeit „Zur Identität jüdischer Jugendlicher in der gegenwärtigen Bundesrepublik Deutschland" steht in einer Tradition empirisch-psychologischer Untersuchungen zu Sozialisation und Identitätsformation einer durch erhebliche Traumata belasteten Minderheit, die nunmehr in der dritten Generation nach Ende des zweiten Weltkrieges als Juden ihre Position in der deutschen Gesellschaft sucht. Meron Mendels Studie unterscheidet sich von anderen, vorhergehenden, grundsätzlich durch zweierlei: einerseits dadurch, dass sie mit der seit 1989 erfolgten Zuwanderung von Juden aus der ehemaligen Sowjetunion eine in der Tat gänzlich anders strukturierte und formierte Gruppierung zu berücksichtigen hat, sowie zweitens und vor allem dadurch, dass sich Meron Mendel im Unterschied zu den von ihm behandelten Vorgängeruntersuchungen, die weitgehend auf einer schlichten, einstellungspsychologischen Methode beruhten, einer sozial- und erziehungswissenschaftlich ausgefeilten, sachlogisch bestens ausgewiesenen Methodologie bedient.

Mendel stellt zunächst fundiert und souverän sozial- und erziehungswissenschaftliche Theorien der Identität dar, um sodann in zwei umfassenden, informativen und höchst kenntnisreichen Kapiteln das Thema jüdische Identität als Gegenstand der Sozialforschung darzustellen, um endlich eine historisch bestens informierte Skizze jüdischen Lebens in der Bundesrepublik Deutschland seit 1945 zu zeichnen. In den darauf folgenden empirischen Abschnitten seiner Studie präsentiert der

Autor die von ihm sachkundig und systematisch erhobenen, den Antworten seiner Interviewpartner zugrundeliegenden Narrative, die er überzeugend als basale Identitätsmuster heutiger jüdischer Jugendlicher präsentieren kann.

Auf dieser Basis lassen sich drei Erzählmuster identifizieren, mit denen jüdische Jugendliche heute ihre Stellung zur deutschen Gesellschaft bestimmen: das Assimilationsnarrativ, das Integrationsnarrativ und das Isolationsnarrativ. Diese Narrative werden dann auf die unterschiedlichen Brennpunkte der Sozialisation jüdischer Jugendlicher in Elternhaus, Schule, Peergroup und Vereinen bezogen und liefern dann ein ebenso lebensnahes wie klares Bild, was jüdische Religion und Ethnizität sowie freundschaftliche Beziehungen zu jüdischen und nichtjüdischen Jugendlichen betrifft. Mendels Studie wirkt nicht zuletzt deshalb so überzeugend, weil der Autor selbst lange Jahre in der jüdischen Jugendarbeit tätig war und man seinen Ausführungen jederzeit entnehmen kann, dass er sich seinem Gegenstand niemals nur aus einer abstrakten Beobachter-, sondern stets auch aus einer engagierten Teilnehmerperspektive nähert.

Wer die nach dem Holocaust in der Tat nicht erwartbare Neugründung jüdischen Lebens in Deutschland nicht nur aus politischen und moralischen Gründen mit Anteilnahme begleitet, wird in der vorliegenden Studie nicht nur eine Momentaufnahme finden, sondern auch die Beschreibung der Ausgangsbedingungen eines groß angelegten sozialen Experiments, über dessen Fortgang noch nicht entschieden ist. So wie die in der vorliegenden Arbeit auch erwähnte klassische Studie von Walter Jacob Oppenheimer zum selben Thema aus dem Rückblick im Abstand von Jahrzehnten auf ihre mehr oder minder prognostische Kraft überprüft werden kann, hat Meron Mendels Studie jetzt schon den Status eines Klassikers auf diesem Feld. Es wird sich weisen, ob die in ihr enthaltenen Perspektiven auf die Zukunft einer jüdischen Gemeinschaft in Deutschland Wirklichkeit werden.

Frankfurt, im Juli 2010   Micha Brumlik

1   Einleitung

Seit Beginn der russisch-jüdischen Einwanderung in die Bundesrepublik vor knapp zwanzig Jahren befindet sich die jüdische Gemeinschaft in Deutschland in einem schnellen Wandlungsprozess, der von manchen als „Renaissance" bezeichnet wird (vgl. Gilman 1995: 38-39; Bodemann 2002: 185; Gorelik 2007: 24). Die Anzahl der Gemeindemitglieder stieg seit 1989 von etwa 30.000 auf 110.000 Personen; in zahlreichen deutschen Städten wurden zum ersten Mal nach der Zerstörung durch den Nationalsozialismus jüdische Gemeinden wieder oder neu gegründet; Synagogen, Gemeindezentren und Schulen wurden erbaut und jüdische Organisationen aus Israel und aus den USA erweiterten ihre Tätigkeitsgebiete auch auf das Land, das sie nicht lange vorher noch boykottiert hatten (vgl. Kauders 2007: 46-48; Mendel 2004: 127-131).[1] Der schnelle demographische Zuwachs hat zur Folge, dass die jüdischen Gemeinden bei dem Versuch, den sozialen, ökonomischen und kulturellen Bedürfnissen der neuen Mitglieder nachzukommen, oft an ihre Grenzen stoßen. Erschwerend kommt hinzu, dass sich die Begegnung zwischen Alteingesessenen[2] und Zuwanderern nicht immer konfliktfrei gestaltet: Bedingt durch die unterschiedlichen biografischen Erfahrungen entwickelten die Mitglieder beider Gruppen spezifische religiöse und ethnische Deutungsmuster. In der historisch außergewöhnlichen Situation, in der einer Minderheit die Aufgabe zufällt, eine Mehrheit aufzunehmen, stoßen diese verschieden Identitätsentwürfe aufeinander.

Um der Vielfalt der jüdisch-religiösen und -kulturellen Lebensformen und Identitäten gerecht zu werden, wird in der jüdischen Gemeinschaft in den letzten Jahren angestrebt, eine neue ‚raison d'être' des jüdischen Lebens in Deutschland zu finden.[3] Angesichts dieser Herausforderung ist die Rolle der jüngeren Generation der Juden in der Bundesrepublik in der Gestaltung der Zukunft des „neuen deutschen Judentums" kaum zu überschätzen. Ob man mit diesem Begriff nun die Hoff-

---

1   Unter den jüdischen Organisationen, die in den letzten zwei Jahrzehnten in Deutschland repräsentiert sind, werden hier ‚The Jewish Agency for Israel', ‚Chabad', ‚Lauder Foundation', ‚American-Jewish Comity' und , Rothschild Foundation' erwähnt.

2   Im Folgenden werden die in Deutschland geborenen Jugendliche als ‚alteingesessene' Jugendliche in Anführungszeichen bezeichnet. In Bezug auf Erwachsene werden hingegen keine Anführungszeichen benutzt.

3   So beispielsweise fordert Dieter Graumann, der Vizepräsident des Zentralrats der Juden, zur Gründung eines „neuen deutschen Judentums" auf, das nicht mehr das „naive, national-schwärmerische Judentum aus der Zeit vor dem Nationalsozialismus", sondern vielmehr plural sein wird und der Vielfalt der Einwanderer Ausdruck verleihen wird (Graumann 2009).

nung auf Pluralisierung oder die Rückbesinnung auf die „positiven Inhalte" jüdischer Geschichte und Kultur und jüdischen Glaubens nach
dem Vorkriegsmodell verbindet (Seligmann 2006: 6), ob man ihn als
Ausdruck der Entwicklung einer „neuen religiös-kulturellen Praxis"
versteht (Kauders 2007: 223) oder dabei die Ausbildung von „gemein-
same(n) kulturelle(n) und institutionelle(n) Praktiken und ein(es) ge-
meinsame(n) ethnische(n) Gedächtnis(ses)" (Bodemann 1997: 272) im
Blick hat – eines steht fest: Die erfolgreiche Umsetzung dieser Visionen
hängt davon ab, ob sie relevante Antworten auf die Identitätsfragen
junger Juden in Deutschland anbieten können.

Vor dem Hintergrund der tiefgreifenden Entwicklungen in den letzten Jahren ist das Forschungsinteresse der vorliegenden Arbeit auf die
Frage nach der Konstitution jüdischer Identität bei der jüngeren Generation der jüdischen Gemeinschaft in Deutschland heute gerichtet. Dabei
werden sowohl Jugendliche, die in Deutschland geboren wurden, als
auch Zuwanderer – die sogenannte ,1,5 Generation'[4] – die als Kinder
oder Jugendliche mit ihren Familien hierher gekommen sind, in die
Untersuchung einbezogen.

Ausgehend von dem biographisch-narrativen Ansatz zur Identitätsforschung werden in dieser Arbeit anhand von 25 narrativen Interviews
mit Jugendlichen im Alter von 16 bis 19 Jahren ihre Selbstpräsentatio-
nen und Selbstdeutungen rekonstruiert. Zu fragen ist, wie jüdische Identität im Jugendalter in biographischer Erzählung narrativ konstruiert
wird und welche Themen und Fragen für die Jugendlichen in der Konstruktion ihrer narrativen Identität relevant sind.

Als methodischen Zugang zu dieser Fragestellung habe ich mich für
die Methode des autobiographisch-narrativen Interviews (Schütze 1976,
1977, 1983) entschieden. Dass das Erzählen der eigenen Lebensgeschichte als Kernaktivität der Identitätsherstellung betrachtet werden
kann, wird im theoretischen Teil der Arbeit noch ausgeführt. Aufgrund
der Theorie der „narrativen Identität" nach Paul Ricoeur (1991, 1996)
wird davon ausgegangen, dass Identität eine Erzählstruktur besitzt und
der Erzählprozess nicht allein Aspekte der Identität zum Ausdruck
bringt, sondern er selbst Identität entwickelt. Mit der Anwendung des
narrativen Interviews als Erhebungsmethode orientiert sich die Studie
am Modell der Erzählung von Geschichten, deren Ausgestaltung wei-

---

4   Der Begriff ,1,5 Generation' bezieht sich im weiteren Sinne auf alle Menschen, die
bis zu ihrem 18. Lebensjahr ausgewandert sind. Rumbaut (1997) plädiert dafür, prä-
zisierte Definitionen zu benutzen. Er unterscheidet zwischen ,1,75 Generation'
(wenn die Migration vor dem 6. Lebensjahr stattgefunden hat), der ,1,5 Generation'
(Migration zwischen dem 6. und 12. Lebensjahr) und der ,1,25 Generation' (Migration zwischen dem 12. und 18. Lebensjahr).

testgehend den Befragten überlassen bleibt. Wichtig hierbei ist, dass die lebensgeschichtlichen Erinnerungen ohne thematische Vorgaben oder zeitliche Einschränkungen erhoben werden. Mit der Auswertungsmethode der ‚Rekonstruktion narrativer Identität' nach Gabriele Lucius-Hoene und Arnulf Deppermann (2004) werden die biographischen Erzählungen dazu verwendet, Zugang zu den Erfahrungsbildungen, Sinnstiftungsprozessen und zentralen identitätskonstituirenden Akten der Befragten zu eröffnen. Es wird danach gefragt, wie Jugendliche in der konkreten Interaktion des Interviews Identitätsarbeit als narrative Darstellung und Herstellung von jeweils situativ relevanten Aspekten ihrer Identität leisten (vgl. Lucius-Hoene/Deppermann 2004: 55).

1.1 Die Frage der jüdischen Identität in der Bundesrepublik im wissenschaftlichen Diskurs

Auch wenn die Anmerkung des Historikers Anthony Kauders ihre Berechtigung hat, wonach die Geschichte der Juden in Deutschland nach Auschwitz an sich „unspektakulär" sei (2007: 11), ist dennoch festzustellen, dass diese Geschichte zunehmend in den Blick der historischen Forschung rückt: Nachdem eine zeitlang die unveröffentlichten Dissertationen von Harry Maor (1961) und Doris Kuschner (1977) die einzigen wissenschaftlichen Darstellungen zu diesem Thema geblieben waren, wurden seit Mitte der achtziger Jahre mehrere Arbeiten publiziert, die die Frage der jüdischen Identität aufgreifen (vgl. Brumlik 1986; Richarz 1986; Wippermann 1994; Brenner 1995; Tauchert 2007; Kauders 2007). Die unterschiedlichen thematischen Interessen und Schwerpunkte der Autorinnen und Autoren sollen hier nicht weiter ausgeführt werden. Freilich ist an dieser Stelle festzuhalten, dass die Diskussion über die kollektive Identität von Juden in der Bundesrepublik einen Schwerpunkt fast aller Studien bildet. Die historische Forschung zeigt, dass der (Wieder-)Aufbau der jüdischen Gemeinden im Nachkriegsdeutschland von Beginn an mit inneren Identitätskonflikten verbunden war: Neben der Notwendigkeit, sich nach 1945 eine materielle Lebensgrundlage zu schaffen, waren die jüdischen Gemeinden – die nichts mehr oder nur wenig mit dem deutschen Judentum vor 1933 gemeinsam hatten – gezwungen gewesen, eine Legitimationsgrundlage zu suchen, um ihr Leben im ‚Land der Täter'[5] gegen die scharfe Verurteilung aus Israel und der jüdischen Welt rechtfertigen zu können. Auch wenn diese prekäre Existenzbasis im Lauf der Jahre eine gewisse Stabilisierung erfuhr,

---

5 Heb. „Eretz Hatzorerim".

bildet die Erinnerung an die gemeinsame Verfolgungsgeschichte immer noch einen wichtigen Identifikationsmechanismus der alteingesessenen Gemeindemitglieder mit dem jüdischen Kollektiv (vgl. Rapaport 1997: 256-257; Gotzmann/Kiesel/Körber 2009: 7-11).

Aus soziologischer Sicht lässt sich die kollektive Identitätssuche der Juden in der Bundesrepublik als Generationengeschichte verstehen.[6] So zeichnet sich das Selbstverständnis der Überlebensgeneration dadurch aus, dass sie – wie die sprichwörtlich gewordene ‚auf-gepackten-Koffern-sitzen' Metapher veranschaulicht – den Verbleib in Deutschland als Provisorium für sich selbst und für ihre Umwelt erklärten. Diese Umgangsstrategie diente möglicherweise dazu, die Identitätskonflikte, die mit dem Leben in der ‚Tätergesellschaft' verbunden waren, abzumildern. Freilich waren die Kinder der ersten Generation mit der doppelten Botschaft ihrer Eltern sehr oft überfordert: Sie konnten es nicht verstehen und ihren Eltern nicht verzeihen, dass sie ausgerechnet in Deutschland aufwachsen mussten.[7] Diejenigen von den Angehörigen der zweiten Generation, die sich als Erwachsene dafür entschieden hatten, in Deutschland zu leben, behielten häufig gewisse Aversionen gegenüber ihrer Umwelt.[8] Im Gegensatz zu den historischen Forschungen über die erste und zweite Generation, fehlen Untersuchungen, die sich mit der Identität der dritten und inzwischen auch mit der vierten Generation der Juden in der Bundesrepublik befassen, fast vollständig.[9]

Mit der Einwanderung der russischsprachigen Juden seit Beginn der neunziger Jahre wurde ein neuer Forschungsschwerpunkt gelegt. Neben quantitativen Studien, die über die sozialen Merkmale der Zuwanderer im Hinblick auf ihr Bildungsniveau, ihre Berufsstrukturen, ihre religiö-

---

6   Zum Generationsbegriff im soziologischen Sinne vgl. Mannheim 1978: 33–53. Ich folge hier dem Generationsbegriff von Stiksrud (1994): „Die erste Generation ist die im Heimatland aufgewachsene, die als Angehörige einer anderen Kultur immigriert sind und hier als Erwachsene gelten. Die zweite Generation sind die Kinder dieser ersten Generation. Wenn diese Kinder (= zweite Generation) der ersten Generation selbst wieder Kinder haben, gelten sie als dritte Generation" (ebd.: 137).

7   So stellt beispielsweise Daniel Cil Brecher seinen Eltern in seiner Autobiografie die Frage: „Hätten sie nicht ein andres Land wählen und mir dieses unerträgliche Gefühl ersparen können, nirgendwo dazuzugehören?" (2005: 205).

8   Die Identitätskonflikte der zweiten Generation als Kinder und Jugendliche werden aus zeitgenössischer Perspektive in der Studie von Walter Oppenheimer (1967) ausführlich thematisiert. Für weitere Studien dazu vgl. Brumlik 1988: 172–176; Heuberger 1999: 199-208; Mendel 2007: 79–89.

9   Dazu schreibt Tauchert: „Die Quellenlage zum Selbstverständnis der dritten Generation Juden in Deutschland ist bisher außerordentlich dünn" (Tauchert 2007: 346). Eine Ausnahme bildet die Studie von Christine Müller (2007) zur Bedeutung von Religion für jüdische Jugendliche in Deutschland, die religiöse Einstellungen bei jüdischen Jugendlichen untersuchte.

18

sen Orientierungen sowie ihre Migrationsmotive und Integrationsbereitschaft Auskunft geben (vgl. Schoeps/Jasper/Vogt 1996 und 1999; Kessler 1997; Doomernik 1997; Haug 2005), wurden auch einige Untersuchungen mit Methoden der qualitativen Sozialforschung durchgeführt, die einen tieferen Einblick in die Identitätskonflikte der Zuwanderer in der neuen Gesellschaft geben.

Franziska Becker (2001a) nimmt unter Anwendung des Ansatzes der narrativen Biografieforschung das Spannungsfeld zwischen Anerkennung und Identitätsentwicklung im Migrationsprozess in den Blick. Anhand von drei Fallstudien geht Becker der Frage nach, wie sich die institutionellen und diskursiven Rahmenbedingungen, unter denen die Migranten in Deutschland aufgenommen werden, in deren individuellen Identitätskonstruktionen niederschlagen. Hierbei zeigen die Fallstudien, dass jüdische Zuwanderer in Deutschland in ihrer biographischen Selbstdeutung auf die Erwartung der Aufnahmegesellschaft eingehen wollen und deshalb ihre eigene Biografie als „echte jüdische Identität" und „authentisches Flüchtlingsschicksal" darstellen (ebd.: 229).

Die Entstehung von Identitätskonflikten im Verlauf des Migrationsprozesses wird ebenfalls von Karen Körber (2005) in ihrer Feldforschung in einer neugegründeten jüdischen Gemeinde in Sachsen-Anhalt thematisiert. Ihr Augenmerk richtet sie auf die Folgen der deutschen Migrationspolitik und Erinnerungskultur für die kollektive Identität der Zuwanderer. Mit der Methode der ethnologischen Forschung wurden in der Studie die Auseinandersetzungen in der Gemeinde, in denen die Frage der Deutung und Bedeutung einer jüdischen Identität ausgehandelt wurde, analysiert. Ebenfalls wie Becker kommt Körber zu dem Ergebnis, dass die jüdische Identität sowohl in den Gemeinden als auch in der Mehrheitsgesellschaft politisiert wird, und deshalb als wichtiger Faktor im Integrationsprozess betrachtet werden soll (vgl. ebd.: 164-177).

Während Becker und Körber die identitätsstiftende Bedeutung der Rollenerwartungen in der deutschen Gesellschaft untersuchten, wendet sich Larissa Remennick (2005) in der Studie „Idealists Headed to Israel, Pragmatics Chose Europe"[10] dem Dilemma zu, das aus der Entscheidung der Migranten hervorgeht, nach Deutschland – und damit bewusst nicht in die ‚eigentliche' Heimat Israel – einzuwandern. Anhand von 29 Interviews mit Migranten im Alter von 25 und 65 Jahren fand Remennick, dass die Befragten sich in ihrem Umgang mit der genannten Di-

---

10 Vollständiger Titel: „Idealists Headed to Israel, Pragmatics Chose Europe': Identity Dilemmas and Social Incorporation among Former Soviet Jews who Migrated to Germany".

lemmas unterschiedliche Verarbeitungsmuster aufweisen: Während einige von ihnen wegen der Entscheidung für Deutschland über Israel „in andauernder Spannung und Unsicherheit leben", finden Andere rationale Erklärungen für ihre Wahl, etwa mit der Formulierung ihrer Überzeugung, dass die Wiederbelebung jüdischen Lebens in Deutschland nach dem Holocaust ein erstrebenswertes Ziel ist (ebd.: 55).

Zur Bedeutung des ‚Judenseins' für die Migranten hat Yvonne Schütze (2006) in einer Langzeitstudie gearbeitet. Ausgehend von drei Interviewserien aus den Jahren 1995, 1998 und 2002 mit 35 russisch-jüdischen Migranten im Alter zwischen 17 und 33 Jahren werden drei Typen beschrieben, die in ihren subjektiven Wahrnehmungen dem Judentum und jüdischem Zugehörigkeitsgefühl unterschiedliche Bedeutung beimessen: Während einige Interviewpartner starke jüdische Zugehörigkeitsgefühle zeigten, die Schütze als „Kontinuität einer jüdischen Identität" (ebd.: 309) bezeichnet, neigten andere dazu, die jüdische Identität lediglich als „Orientierungshilfe" (ebd.: 311) oder gar als „Teil verschiedener Identitäten" (ebd.: 315) zu präsentieren. Zudem ergibt die Untersuchung, dass jüdische Identität für alle Befragten in erster Linie ethnische Identität bedeutet. Auch der Holocaust und die „symbolische Identifikation" mit dem Staat Israel nehmen einen zentralen Stellenwert für die Konstitution der jüdischen Identität der Befragten ein (ebd. 318-320).

Nach Karl Foitzik muss Gemeindepädagogik „die Gemeinde nie nur so wie sie jetzt ist" sehen, sondern stets auch eine klare Vorstellung entwickeln, was die Gemeinde „sein könnte und vor allem sein soll" (1992: 354). Für die heterogene jüdische Gemeinschaft besteht diese Aufgabe darin, vor dem Hintergrund der zu Beginn dieser Einleitung erwähnten Konflikte, mit denen sie sich heute konfrontiert sieht, und angesichts des schnellen Wandels in den Gemeinden, Identitätsentwürfe definieren zu können, die die Basis des zukünftigen bundesrepublikanischen Judentums stellen würden. Gerade weil die Forschungslage in diesem Bereich immer noch dünn ist, erscheint es mir wichtig, sich mit der Thematik der jüdischen Identität in Deutschland im Hinblick auf die junge Generation – sowohl bei der dritten und vierten Generation der Alteingesessenen als auch bei der ‚1,5 Generation' der Zuwanderer – wissenschaftlich auseinanderzusetzen. Die vorliegende Arbeit macht es sich somit zur Aufgabe, ausgehend vom biographisch-narrativen Ansatz zur Identitätsforschung dem Defizit im Bereich der wissenschaftlichen Auseinandersetzung mit diesem pädagogischen Thema entgegenzuwirken.

1.2 Aufbau der Arbeit

Die vorliegende Arbeit gliedert sich in zwei Teile. Der erste Teil dient dazu, sowohl die theoretische Grundlage der Forschung zu erarbeiten als auch einen soziologischen und historischen Einblick in die Thematik der Identität jüdischer Jugendlicher in Deutschland zu geben. Im zweiten Teil werden die Ergebnisse der empirischen Studie dargestellt und in den theoretischen Rahmen eingebettet.

Nach der Einleitung bildet im zweiten Kapitel die Auseinandersetzung mit psychologischen und soziologischen Theorien zur Identitätsentwicklung im Jugendalter die Basis der Diskussion. Hierbei werden die spezifischen ‚Entwicklungsaufgaben' sowie die Bedeutung der physischen und psychischen Änderungen in dieser Lebensphase für die Identitätsentwicklung erörtert. Identität wird in diesem Kapitel – nach dem Ansatz des ‚symbolischen Interaktionismus' – als die Fähigkeit des Subjekts verstanden, eine Balance herzustellen zwischen den widersprüchlichen Erwartungen unterschiedlicher Interaktionspartner und dem eigenen Bedürfnis, Kontinuität, Kohärenz und Konsistenz herzustellen. Dabei liegt der Schwerpunkt der Diskussion auf der Rolle der ‚Erzählung' – als Grundaktivität der menschlichen Kommunikation. Im letzten Abschnitt des zweiten Kapitels wird zwischen den Begriffen der persönlichen und kollektiven Identität unterschieden. Dann wird auf zwei spezifische Formen der kollektiven Identität – die ethnische und die kulturelle Identität – ausführlich eingegangen.

Das dritte Kapitel beschäftigt sich mit der Thematik der jüdischen Identität. Hierbei wird der Frage nach Entwicklungsprozessen und Erscheinungsformen von jüdischer Identität in Europa, Israel und Amerika in der Moderne aus historischer und soziologischer Perspektive nachgegangen. Um der Komplexität der Definition der jüdischen Identität in der spätmodernen westlich-pluralistischen Gesellschaft gerecht zu werden, wird ein mehrdimensionales und dynamisches Verständnis des Begriffs vorgeschlagen, welches sowohl auf religiöse und ethnische Merkmale als auch auf spezifische Elemente wie Identifikation mit Israel und Reaktionen auf Antisemitismus beruht. Darüber hinaus wird das Konzept der ‚symbolischen Identität' in seiner Relevanz zur Thematik dargestellt. Im letzten Teil des Kapitels werden anhand des mehrdimensionalen und dynamischen Verständnisses von jüdischer Identität erste Überlegungen zur Konzeption des empirischen Forschungsansatzes formuliert.

Im vierten Kapitel wird der Blick auf die Situation der Juden in der Bundesrepublik gerichtet. Nachdem in der Einleitung der Stand der Forschung dazu kurz angerissen wurde, geht es in diesem Kapitel zum einen darum, die historische Entwicklung des jüdischen Lebens in der Bundesrepublik zu schildern. Besondere Beachtung finden hierbei die jüngsten Entwicklungen seit der russisch-jüdischen Migration. Zum anderen wird vor dem Hintergrund der Darstellung der Identitätsdiskussion in den vorherigen Kapiteln nach den besonderen Eigenschaften und spezifischen Konflikten des jüdischen Selbstverständnisses in Deutschland gefragt. Abschließend wird ein Überblick über die aktuelle Situation in den Gemeinden im Hinblick auf religiöses und kulturelles Leben gegeben. Hierbei stehen besonders die Bildungs- und Erziehungseinrichtungen im schulischen und außerschulischen Bereich im Mittelpunkt.

Nach der theoretischen Diskussion werden im zweiten Teil der Arbeit die Ergebnisse der empirischen Untersuchung dargestellt. Das fünfte Kapitel leitet den empirischen Teil ein, indem es die Erhebungs- und Auswertungsmethode der Arbeit erklärt. Hierbei wird zunächst über die Eigenschaften und den Verlauf des biographisch-narrativen Interviews reflektiert. Anschließend werden die zentralen Auswertungsstrategien, die in der Analyse der Interviews angewendet wurden, erklärt. Im letzten Abschnitt des Kapitels werden das Auswahlverfahren der Untersuchungspersonen sowie die Zusammensetzung der Stichprobe in der Untersuchung dargelegt.

Das sechste Kapitel umfasst die Gesamtdarstellung der Forschungsergebnisse. Es werden drei Typologien dargestellt, die sich mit unterschiedlichen Aspekten der narrativen Identität der Jugendlichen befassen. Die jeweilige Typologie wird in einen theoretischen Rahmen eingebettet und anhand von ausgewählten Textbeispielen aus den Interviews demonstriert. In der ersten Typologie, die sich aus drei ‚Akkulturationsnarrativen' zusammensetzt, geht es darum zu fragen, wie zugewanderte Jugendliche ihre individuelle Migrationgeschichte narrativ in ihre biographischen Erzählungen einbauen.

Das Unterkapitel 6.2 widmet sich der Frage, in welcher Weise jüdische Jugendliche ihre eigene Selbstentwicklung im Hinblick auf ihre Auseinandersetzung mit der sozialen Umwelt retrospektiv beschreiben. Hierbei werden exemplarisch sowohl Erzählungen analysiert, welche Episoden aus der frühen Kindheit darstellen als auch solche, die konkrete Konflikte im Schulalltag thematisieren. Besonderes Augenmerk liegt dabei auf der Frage nach der Bedeutung, die die Erzählerinnen und Erzähler dem Thema Holocausterinnerung für ihre Beziehung mit den nichtjüdischen Schülern beimessen.

In der letzten Typologie der Arbeit, im Kapitel 6.3, wird danach gefragt, woran die Jugendlichen ihre Zugehörigkeit zum jüdischen Kollektiv festmachen und welche Identitätsentwürfe sich dabei feststellen lassen. Schwerpunkt stellt hierbei der Vergleich zwischen ‚alteingesessenen' und zugewanderten Jugendlichen dar.

Die Arbeit schließt mit der Diskussion der Ergebnisse und der Schlussfolgerung im siebten Kapitel. Es werden die wichtigsten Ergebnisse zusammengefasst und diskutiert sowie Implikationen sowohl für die Forschung als auch für die pädagogische Jugendarbeit in den jüdischen Gemeinden gegeben.

Theorie

2 Zur Theorie der Identität

In diesem Kapitel soll die identitätstheoretische Grundlage der vorliegenden Arbeit diskutiert werden. Da sich das Wort „Identität" in den letzten zwanzig Jahren sowohl in der Alltagssprache als auch im wissenschaftlichen Diskurs „geradezu epidemisch" ausgebreitet hat (Assmann/Friese 1998:11), scheint es mir sinnvoll, mich auf die Theorien zu konzentrieren, welche sich mit den Fragen von (i) Identitätsentwicklung im Jugendalter, (ii) narrativer Identität sowie (iii) Fragen der kollektiven Identität befassen.

2.1 Identitätsbildung in der Adoleszenz

2.1.1 Jugendalter als Statuspassage

Die Jugendphase wurde traditionell als Übergangzeit von der Kindheit in das Erwachsenenleben verstanden, die mit dem Pubertätsanfang beginnt und mit der Gründung einer Familie und dem Einstieg ins Berufsleben endet. Durch den gesellschaftlichen Wandel wird heute die Definition der Jugendzeit ausgedehnt und die Grenzen zum Erwachsenenleben sind unscharf geworden: Während die Entwicklung der Geschlechts- und Sexualreife und die darauf bezogenen Reaktionen der Familie, der Peergroup und der sozialen Umgebung den Übergang von der Kindheit in die Jugendphase markieren, wird heutzutage kein eindeutiges Ereignis benannt, das die Jugendzeit abschließt. Vielmehr handelt es sich um mehrere Kriterien wie beispielsweise den Abschluss der Erstberufsausbildung oder die soziale und ökonomische Unabhängigkeit von den Eltern sowie die Gründung eines eigenen Haushalts, die gemeinsam den Beginn des Erwachsenenlebens markieren (vgl. Flammer/Alsaker 2002: 20-22; Schäfers/Scherr 2005: 18-23). Als Folge dieser Entwicklung wurden die Differenzen zwischen den unterschiedlichen Lebensphasen, besonders jene zwischen Heranwachsenden und Erwachsenen verwischt. Gerhard Schulze zeigt, dass in den spät-modernen Gesellschaften die Jugendphase ein erster Abschnitt in einer längeren Phase der Zugehörigkeit zu einem der jüngeren Hauptmilieus geworden ist. Für die Verschiebung der Jugendlichkeit in die mittleren Jahre hinein schlägt er zwei Erklärungen vor: „entweder hat sich die Jugendphase verlängert, oder sie verschwindet überhaupt" (Schulze 2005: 368).

Auch die klassische Definition der Jugendzeit als Übergangsphase von der Kindheit zum Erwachsenenleben wird in der Jugendforschung diskutiert. Reinders und Wild unterscheiden zwischen den Jugendtheorien, denen die Konzepte der „Transition" und des „Moratoriums" zugrunde liegen. Das Forschungsparadigma der Transition betrachtet die Einstellungs- und Verhaltensweisen Jugendlicher unter dem Aspekt ihrer Eignung für die Vorbereitung auf Erwachsenenrollen. Der Übergang in die Erwachsenengesellschaft wird als Übernahme der Werte der älteren Generationen verstanden. Beim Konzept des Moratoriums hingegen wird das Jugendalter nicht als eine Zwischenstation zwischen Kindheit und Erwachsencnalter betrachtet, sondern als Entwicklungsabschnitt mit eigenem Wert. Die vorübergehende Abgrenzung zur Erwachsenengesellschaft wird als wichtige Bedingung für die individuelle Identitätsentwicklung erachtet (Reinders/Wild 2003:15).

Ein Verständnis der Jugendzeit als Moratorium muss auch pädagogisch reflektiert werden. Friebertshäuser weist darauf hin, dass die moderne Gesellschaft den Jugendlichen durch die Freisetzung von erwachsenen Bindungen zwar ein Moratorium gewährt und ihnen die Möglichkeiten der eigenen Erprobung eröffnet, ihnen aber gleichzeitig in anderen Bereichen – beispielsweise in Form des vorgeschriebenen Schulbesuchs – Pflichten auferlegt. Aus diesem Spannungsfeld zwischen Moratorium und gesellschaftlichen Pflichten lassen sich oft Verhaltensmuster von Jugendlichen erklären:

„Viele Verhaltensweisen von Jugendlichen in der Schule resultieren aus ihrer spezifischen Lebenssituation und lassen sich als Formen der Bewältigung der Statuspassage des Erwachsenwerdens und der Auseinandersetzung mit der eigenen Geschlechtlichkeit interpretieren" (Friebertshäuser 2005: 128).

Hurrellmann stellt fest, dass der Erfolg von Jugendlichen in der Bewältigung der Statuspassage davon abhängt, ob klare gesellschaftliche Regeln existieren, wie sich Positionsinhaber angemessen verhalten sollen. Darüber hinaus müssen Jugendliche das Wissen besitzen, welche Rechte und Pflichten sie in Anspruch nehmen können (Hurrelmann 2004: 32).

Auch wenn der Übergang von der Kindheit ins Erwachsenenalter in modernen Gesellschaften nicht durch verbindliche und formalisierte Einführungsriten vollzogen wird, die einst in archaischen Gesellschaften stattfanden, lassen sich immer noch gewisse Merkmale erkennen, welche die Statuspassagen charakterisieren: so schaffen sich heute Jugendgruppen separierten (öffentlichen und symbolischen) Raum, in dem individuelle und kollektive Bearbeitungsformen der Statuspassage des

Erwachsenwerdens ausprobiert werden. Solche Bearbeitungsformen kommen beispielsweise durch die Körperinszenierung der Gruppenmitglieder zum Ausdruck (Friebertshäuser 2005: 129).

2.1.2 Psychologische Entwicklungsprozesse der Adoleszenz

Im Mittelpunkt psychologischer Theorien und Konzepte über das Jugendalter stehen die Prozesse der körperlichen und seelisch-psychischen Entwicklung einzelner Jugendlicher (Hurrelmann 2004). Die schnellen psychobiologischen und kognitiven Veränderungen während der Pubertät spielen in diesen eine besondere Bedeutung. Der Begriff der Pubertät beschreibt den Verlauf der Geschlechtsreifung, die in der Regel etwa vier Jahre dauert. Im Normalfall wird die Pubertät bei Mädchen zwischen dem 10. und 18. Lebensjahr und bei Jungen zwischen dem 12. und 20. Lebensjahr durchlaufen. In dieser Zeitspanne kommt es unter der deutlich erhöhten Konzentration der Geschlechtshormone bei beiden Kindern (i) zu erhöhtem Körperwachstum (Größe, Gewicht und Körperproportionen), (ii) zur vollständigen Ausprägung der sekundären Geschlechtsmerkmale (wie der geschlechtsspezifischen Körperbehaarung) und (iii) zur Entwicklung der primären Geschlechtsmerkmale (Fend 2000:102).

Die pubertäre Reifung und die körperlichen Veränderungen wirken auch auf die Selbstrepräsentation der Jugendlichen und lösen Unsicherheiten aus. Jugendliche wachsen in dieser Lebensphase quasi in einen ‚neuen‘ Körper hinein. Sie müssen lernen, wie man mit dem ‚neuen‘ Körper sowie mit den Reaktionen der Umgebung auf ihn umgehen kann (vgl. Flammer/Alsaker 2002: 142-143). Auch im kognitiven Bereich finden während der Jugendphase wichtige Veränderungen statt. So entwickelt sich die Möglichkeit zum abstrakten und offenen Denken:

„während das Kind viele Lernstrategien nur in der Praxis gewinnen kann, d. h. indem es ausprobiert, manipuliert und experimentiert, kann der Jugendliche diese Handlungen intern, d. h. mit Hilfe von Begriffen, Strategien und Intelligenz vollziehen. Dadurch erweitert sich wiederum sein Handlungsspielraum, indem er von der unmittelbar praktischen Bewältigung von Aufgaben unabhängig wird, wenn er diese begrifflich-experimentell lösen kann" (Schurian 1989: 82).

Diese Veränderungen stellen die Jugendlichen vor sogenannte ‚Entwicklungsaufgaben‘. Das Konzept der Entwicklungsaufgaben wurde von Havighurst (1948) definiert und beschreibt den Lebenslauf als eine Folge von Problemen, mit denen das Individuum konfrontiert wird und die es bewältigen muss. Er geht davon aus, dass die verschiedenen Anforderungen, die in einem bestimmtem Lebensabschnitt erfüllt werden müssen, durch eine besondere Kombination von innerbiologischen, sozio-kulturellen und psychologischen Einflüssen entstehen.

Die Festlegung einer Aufgabe, welche die Gesellschaft an den Einzelnen stellt, ist normativ, die Altersgrenzen für die Bewältigung der Entwicklungsaufgaben sind jedoch variabel. Ebenso variiert der Grad der normativen Verpflichtung: Einige Entwicklungsaufgaben sind als Angebote mit Empfehlungscharakter zu verstehen, andere sind durch Sanktionen gestützte Forderungen. Nicht alle Aufgaben sind jedoch vorgegeben, ein weiterer Teil setzt sich aus persönlichen Zielen und Projekten zusammen. Entwicklungsaufgaben gliedern also den Lebenslauf und geben dem einzelnen Jugendlichen Sozialisationsziele vor (Oerter/Montada 1995).

Die Gesellschaft knüpft an die Erfüllung von „normativen Entwicklungsaufgaben" durch die Jugendlichen bestimmte Erwartungen. Das heißt, erwachsene Personen haben spezifische Erwartungen, zu welchem Zeitpunkt und auf welche Art Jugendliche Entwicklungsaufgaben lösen sollen. So wird eine vorzeitige Lösung von Entwicklungsaufgaben von den erwachsenen Personen am meisten geschätzt, gefolgt von der Lösung von Entwicklungsaufgaben zum gesellschaftlich erwarteten Zeitpunkt. Bewusste Versäumnis der Erfüllung von Entwicklungsaufgaben wird am wenigsten akzeptiert (Zimmermann 2003: 176-179, Flammer 1991: 90-92). Die Hauptentwicklungsaufgaben der Jugendphase sind:

- Umbau der sozialen Beziehungen: Aufbau einer sozialen Bindung innerhalb einer Peergroup, Lernen des Umgangs mit den körperlichen Änderungen der Pubertät, Aufbau von Paarbeziehungen.
- Planung der Ausbildungs- und Berufsbiografie: Hier stehen die schulischen bzw. beruflichen Anforderungen im Vordergrund. Das Ziel besteht darin, eine Basis für die berufliche, ökonomische Existenz eines Erwachsenen vorzubereiten.
- Entwicklung selbständiger Handlungsmuster für die Nutzung des Konsumwarenmarkets: Erlernen des rationalen Umgangs mit Geld und die Entwicklung eines Lebensstils.
- Erweiterung und Differenzierung des Selbst- und Weltverständnisses: diese Aufgabe besteht aus der Entwicklung eines Werte- und Normsystems und eines ethischen und politischen Bewusstseins, der Vorbereitung auf die Übernahme der bürgerlichen Rechte und Pflichten und der Aneignung gesellschaftlicher Partizipationsrollen (Schäfers/Scherr 2005: 78).

Diese Aufgaben werden als Grundlage für die zukünftige Entwicklung betrachtet. Bezüglich der zeitlichen Zuordnung geht Havighurst davon aus, dass es innerhalb der Lebensspanne Zeiträume gibt, die für die

Erledigung bestimmter Aufgaben besonders geeignet sind. Die Annahme solcher sensitiver Perioden bedeutet jedoch nicht, dass bestimmte Prozesse nicht auch zu einem späteren Zeitpunkt in Angriff genommen werden können, aber der Lern- oder Entwicklungsprozess erfordert dann aber einen wesentlich höheren Aufwand als zuvor.

Im Unterschied zur Kindheit werden die Entwicklungsaufgaben im Jugendalter durch die innere Ablösung von den primären Bezugspersonen – meist den Eltern – und den Ausbau der autonomen Persönlichkeit bewältigt (Bohleber 1996: 270-271).

2.1.3 Identitätsbildung als Entwicklungsprozess

Innerhalb der Entwicklungstheorien wird der Jugendzeit eine wichtige Stellung, als eine kritische Phase in der Entwicklung und Bildung von Identität, eingeräumt. Es handelt sich um ein Entwicklungsstadium, das von der intensiven Identitätssuche bestimmt wird und in dem Fragen nach den eigenen ethisch-moralischen, religiösen und politischen Ansichten sowie beruflichen und familiären Lebensentwürfen entwickelt werden. Jugendliche sind den sozialisatorischen Einflüssen von Familie, Schul- und Ausbildungseinrichtungen, Peers, Medien und materieller Umwelt ausgesetzt. Wie bereits Kurt Lewin feststellte, erfordert die besondere Situation des Jugendlichen ‚zwischen' dem Erwachsenenalter und der Kindheit, die mit der Randpersönlichkeit einer nichtprivilegierten Minoritätsgruppe zu vergleichen ist, eine besonders intensive Identitätsarbeit (Lewin 1963: 181).[11]

Eine systematische Diskussion über Identität begann 1950 in der Psychologie, als Erik Erikson sein Buch „Kindheit und Gesellschaft" veröffentlichte. Erikson erachtet den Identitätsgewinn und die Abwehr von Identitätsdiffusion als zentralen Lebenskonflikt des Jugendalters. Identität definiert Erikson als das bewusste oder unbewusste Erleben der ‚Ich-Kontinuität'. Damit meint er, dass wir zu erkennen lernen, dass wir trotz erheblicher Veränderungen dieselbe Person bleiben. Die Identitätsbildung des Einzelnen folgt einem Plan, der aus acht aufeinander aufbauenden Stufen besteht. Der Übergang zwischen den Stufen verläuft über Krisen, die als Lebenswendepunkte gekennzeichnet sind.

Die Jugend ist nach Erikson die Entwicklungs- bzw. Lebensphase, in der die Suche nach Identität durch die kognitive Entwicklung einen besonderen Schub gewinnt. Zum ersten Mal können sich in dieser Phase

---

11 An dieser Stelle muss man darauf hinweisen, dass Identität nicht erst in dieser Lebensphase entsteht und ihre Entwicklung sich auch nach Ende der Adoleszenz weiter fortsetzt.

Jugendliche in ihrer emotionalen und intellektuellen Wahrnehmung als einheitlich und selbständig begreifen. Die zentrale Krise der Jugendzeit, die fünfte Stufe der Identitätsentwicklung, definiert Erikson im Spannungsfeld zwischen Identität und „Identitätsdiffusion". Die Aufgabe des Individuums besteht darin, ein stabiles und kohärentes Selbstbild zu entwickeln. In dieser Phase wird das Verhältnis von positiver und negativer Identität durch Identifikation und Abgrenzung wichtig. Die Jugendlichen müssen ihr Selbstbild aus unterschiedlichen Komponenten, wie beispielsweise ihrer Gruppenzugehörigkeit, ihrem Geschlecht und ihrer religiösen Orientierung, zusammensetzen. Je besser es ihnen gelingt, die unterschiedlichen Komponenten einheitlich und harmonisch miteinander zu verbinden, desto einfacher verläuft ihre Identitätsbildung. Die Rollendiffusion tritt in den Fällen auf, in denen dieser Integrationsprozess scheitert.

Der darauf folgende Konflikt zwischen Intimität und Isolierung, den Erikson als entscheidendes Merkmal der sechsten Entwicklungsstufe benennt, ist kennzeichnend für die Phase der Spätadoleszenz. Das zentrale Thema dieser Phase ist die Herausbildung der Fähigkeit zur Intimität, zum Aufbau tragfähiger Beziehungen. Mit der Überwindung der Krise des frühen Jugendalters wird in diesem Lebensabschnitt ein einigermaßen sicheres Gefühl der Identität geschaffen, das eine wichtige Voraussetzung für wirkliche Intimität darstellt. Damit meint Erikson nicht nur klassische Liebesbeziehungen, sondern auch Freundschaften zwischen jungen Menschen. Ein Fehlverlauf dieser Phase kann zu einer sozialen Distanzierung und Isolierung führen (Erikson 1981).

Während Erikson in seiner Theorie die Identitätsentwicklung von der Kindheit bis in das Erwachsenenleben analysiert, ging es Peter Blos (1962) darum, die Befunde von Erikson über Identitätsfindung in die Struktur einer psychoanalytischen Entwicklungstheorie der Adoleszenz einzubetten. Wie Erikson glaubt auch Blos, dass die Identität nicht in einer bestimmten Entwicklungsstufe erworben wird, sondern ein Prozessgeschehen ist, das über mehreren Stufen verläuft. Im Alter von 10 Jahren beginnt – so Blos – die Phase der *Präadoleszenz*. Mit den ersten Zeichen der Pubertät meiden Jungen die Mädchen und beginnen sich von der affektiven Besatzung der Mutter langsam zu lösen. Bei Mädchen löst das physische Wachstum in diesem Alter oft den Wunsch aus, eher ein Junge als ein Mädchen sein zu wollen. Mit Beginn des 13. Lebensjahrs treten die für die *Frühadoleszenz* typischen Krisen ein: Sie drücken sich beispielsweise bei den Jungen durch die Verschlechterung der schulischen Leistungen aus. Mädchen suchen sich in dieser Phase irreale Identifikationsfiguren (etwa Kinostars oder Topmodels). Das Verhältnis zu den Eltern wird durch den Wunsch nach individueller

30

Freiheit von Seiten des Kindes geprägt. Erst mit der *eigentlichen Adoleszenz* ab dem 15. Lebensjahr beginnen sich die Jugendlichen tatsächlich mit ihrer Identität auseinanderzusetzen: die Frage „Wer bin ich?" wird nun in den Vordergrund gestellt. Diese Phase wird nach Blos durch den starken Triebdruck geprägt, der vielfältige Fantasien auslöst. Gleichzeitig kommt der ersten Liebe in dieser Zeit eine besondere Bedeutung zu. Eine bewusste und aktive Identitätsarbeit erfolgt laut Blos in der Phase der *späten Adoleszenz* ab dem 18. Lebensjahr durch die Reduzierung der Phantasien und die fortschreitende Annährung zwischen dem realen und idealen Ich. Eine Fehlentwicklung in dieser Phase tritt auf, falls das reale und ideale Ich nicht zu vereinbaren sind. Die Phase der *Postadoleszenz*, die sich vom 21. bis zum 25. Lebensjahr erstreckt, entstand unter den modernen Lebensbedingungen, welche die Verlängerung der Adoleszenzzeit bewirkten und zugleich einen offeneren Raum für die Zukunftsplanung ermöglichten (Fend 2000: 90-93).

Das Entwicklungsmodell von Blos verbindet die biologischen, kognitiven und sozialen Aspekte der Adoleszenz und verweist auf die Bedeutung der Identitätsarbeit in dieser Phase.

2.2 Grundlagen des narrativen Verständnisses von Identität

Die Stufenmodelle von Erikson und Blos beschreiben eine lineare Entwicklung der Identität, die parallel zur Körperentwicklung verläuft und mit dem Erwerb einer Ich-Identität zu Beginn des Erwachsenalters endet. Diese Ansätze stehen in der modernen Psychologie und Soziologie zunehmend unter Kritik. Es wird darauf aufmerksam gemacht, dass bisher kein überzeugender empirischer Beweis einer universal gültigen stufenförmigen Entwicklung der menschlichen Persönlichkeit gefunden wurde (vgl. Bertram 1981: 731; Lempert 1982: 115). Die Frage nach dem Herstellungsprozess von Identität, der nicht an bestimmte Lebensphasen gebunden ist, rückt heute ins Zentrum des Interesses. So stellt Wolfgang Bergem fest, dass weder der Körper des Menschen noch sein Bewusstsein personale Identität garantiert. Stabilität und Kontinuität erhält personale Identität erst dadurch, dass ein Individuum sich als einmaliges Wesen begreifen, seine individuelle Lebensgeschichte als Einheit verstehen und diesen singulären Zusammenhang als Geschichte seines Lebens erzählen kann (Bergem 2005: 73-74).

31

2.2.1 Identitätsbildung im Spannungsfeld zwischen Kontinuität und Veränderung

In modernen bzw. spätmodernen Gesellschaften muss sich das Individuum angesichts sich ständig verändernder Lebensumstände und in Auseinandersetzung mit seinem Umfeld bemühen, sich seiner eigenen Handlungs- und Entscheidungsfähigkeit bewusst zu sein und einen Sinnzusammenhang herzustellen[12] (vgl. Straub 2000). Krappmann definiert Identität deshalb als das Erleben des Sich-selbst-gleich-Seins, das sich auf die verschiedenen Lebensphasen und auf die jeweils unterschiedlichen sozialen Anforderungen in verschiedenen Handlungsbereichen bezieht (Hurrelmann 2002: 99). Von diesem Standpunkt ausgehend kann der Prozess der Identitätsbildung als Kompetenz des Individuums verstanden werden, trotz der Veränderung der Lebensumstände Kontinuität, Kohärenz und Konsistenz herzustellen.

Kontinuität thematisiert die innere Verknüpfung von Vergangenem, Gegenwärtigem und Zukünftigem, wobei die drei Komponenten in ihrem Verhältnis zueinander einen Sinnzusammenhang herstellen. Die Erfahrungen der Gegenwart werden in der Identitätsarbeit dem zeitlichen Wandel zugeordnet und als solcher verarbeitet. Die Bedeutung gegenwärtiger und vergangener Erfahrungen gewinnen an Bedeutung, wenn sie im Kontext der Konstruktionen antizipierter Zukunft verstanden werden. Ziel ist es, ein Identitätsgefühl als ein andauerndes Gefühl für sich selbst aufrecht zu erhalten.

Kohärenz stellt das Streben nach der Einheit der Person als Frage nach innerer Stimmigkeit dar. Sie ist das Produkt der Ausbalancierung zwischen der erfahrenen Lebensrealität, den sozialen Anforderungen und dem individuellen Selbstverständnis.

Konsistenz dagegen verdeutlicht Stabilität für sich selbst und für andere, welche für das eigene Selbstverständnis und als Basis für den Beziehungsaufbau notwendig sind (Büchel-Thalmaier 2003: 400-401).

Kontinuität, Kohärenz und Konsistenz sind als Teile des Selbstverhältnisses eines Individuums notwendig, um im zeitlichen Wandel und gegenüber unterschiedlichen Anforderungen Sinnhaftigkeit herzustellen. Es handelt sich um kontinuierliche Identitätsarbeit, die an keiner Entwicklungsstufe festgemacht werden kann, sondern als lebenslanger, offener Prozess verstanden werden muss. Mit der Herstellung von Kontinuität, Kohärenz und Konsistenz wird das Potenzial des Individuums

---

12   In Anlehnung an Lévi-Strauss bemerkt Keupp, dass in traditionellen Gesellschaften das Individuum keinen inneren Zusammenhang zu produzieren braucht, weil ihm dieser Zusammenhang von der Gesellschaft angeboten wird (Keupp u. a. 1999: 87).

betont, sich gegen Anforderungen der sozialen Umwelt zur Wehr zu setzen (Krappmann 2000: 19).

Der symbolische Interaktionismus, der sich auf die sozialen Beziehungen des Individuums in einer symbolischen Umwelt konzentriert, hebt die Wechselwirkung zwischen sozialen Erwartungen und die Fähigkeit des Individuums hervor, seine Identität kreativ zu gestalten. Nach diesem Verständnis wird Identität als ein Produkt sozialer Interaktion verstanden. Mead unterscheidet dabei zwischen zwei Seiten der Person: Als „me" (in der deutschen Übersetzung: „ICH") bezeichnet er das von der Gesellschaft geprägte Ich, die als selbstbezügliche Kontroll- und Beurteilungsinstanz wirkt. Es spiegelt dem Individuum, wie Andere es sehen. Dieses „me" tritt dem „I" (zu Deutsch: Ich) gegenüber, das die Triebe, Kreativität und Spontaneität der Person repräsentiert. Das Verhältnis zwischen diesen Seiten der Persönlichkeit beschreibt Mead folgendermaßen:

„Das ‚Ich' tritt nicht in das Rampenlicht; wir sprechen zu uns selbst, aber wir sehen uns nicht selbst. Das ‚Ich' reagiert auf die Identität, die sich durch die Übernahme der Haltung anderer entwickelt. Indem wir diese Haltung übernehmen, führen wir das ‚ICH ' ein und reagieren darauf als ein ‚Ich'" (Mead 1973: 217).

Soziale Interaktion geschieht, indem Individuen wechselseitig das situationsspezifische Verhalten des Gegenübers antizipieren und die Situation aus der Perspektive des Anderen betrachten. In dieser Situation sehen sich die Interaktionspartner dann selbst aus der Perspektive ihres Gegenübers. Mead bezeichnete diesen Weg, die Einstellung der Interaktionspartner zu antizipieren, als ‚role-taking'. Die Fähigkeit, sich auf die Interaktionspartner einzustellen ist die Voraussetzung für kooperatives Handeln (Mead 1973: 200-206). Neben dieser Rollenübernahme sind wir aber ebenso Gestalter der sozialen Situation, indem wir interaktionistische Symbole wie Gesten und Einstellungen präsentieren, auf die sich die Interaktionspartner einstellen. Damit wird das Individuum auch zum *role maker* (Turner 1962: 20ff.).

Die Interaktionspartner passen sich hierbei weder völlig an, noch gehen sie in ihrer eigenen Individualität vollständig auf. Vielmehr balancieren sie zwischen den von außen herangetragenen Erwartungen und der eigenen Individualität. Um erfolgreich an Interaktion teilnehmen zu können, wird von einem Individuum verlangt,

„divergierende Erwartungen in seinem Auftreten [zu] berücksichtigen und dennoch Konsistenz und Kontinuität [zu] behaupten. Es soll einem vorläufigen Konsens über Interpretation der Situation zustimmen, aber seine Vorbehalte gleichfalls deutlich machen [...] Es soll als Interaktionspartner zuverlässig erscheinen und zugleich sichtbar machen, dass es auch anders handeln kann, anders schon gehandelt hat und anders auch wieder handeln wird" (Krappmann 2000:56-57).

Eine Dimension dieser Balanceleistung kommt in der Differenzierung zwischen der personalen und sozialen Identität zum Ausdruck. Mit *sozialer Identität* bezeichnet Krappmann in Anlehnung an Goffman das Streben des Individuums nach Kontinuität und Konsistenz auf der horizontalen Ebene, d. h. in seiner gleichzeitigen Auseinandersetzung mit mehreren Anforderungen verschiedener gesellschaftlicher Einrichtungen und Handlungsfelder. In seiner *personalen Identität* dagegen bemüht sich das Individuum im Verlauf wechselnder lebensgeschichtlicher und biographischer Umstände, Kontinuität und Konsistenz auf der vertikalen zeitlichen Ebene aufrechtzuerhalten. Sowohl in seiner sozialen als auch in seiner personalen Identität steht das Subjekt vor einer Herausforderung:

„Während der einzelne im Hinblick auf die verschiedenen gleichzeitigen Interaktionssysteme das Problem zu lösen hat, wie er als ein und derselbe auftreten kann, obwohl er sich in jeder Interaktion im Horizont verschiedener Erwartungen artikulieren muß, steht er im Hinblick auf die Zeitdimension vor der Frage, wie er seinen Lebenslauf als kontinuierlich zu interpretieren und darzustellen vermag, obwohl er in verschiedenen Lebensphasen auf sehr unterschiedliche Art versucht hat, die Balance einer Ich-Identität aufrechtzuerhalten" (Krappmann 2000: 75).

Das Streben nach ‚Identitätsbalance' zwischen den sozialen und individuellen Ebenen erfolgt über drei Aspekte: (i) biographische Organisation, (ii) subjektive Interpretation diskrepanter Erwartungen sowie (iii) Autonomie gegenüber Zwängen (vgl. ebd. 20).

Siegfried Reck stellt fest, dass die Kontinuität der persönlichen Identität überhaupt erst Biografien ermöglicht, die er in der „chronologischen Zuschreibung von generellen und sozialen Identitäten trotz der Wandlungen und Brüche fast aller Eigenschaften einer Person" gegeben sieht (Reck 1981: 91). Auch Alois Hahn betont die enge Verknüpfung von personaler Identität und Biografie. Während ein Lebenslauf „ein Insgesamt von Ereignissen, Erfahrungen, Empfindungen usw. mit unendlicher Zahl von Elementen" ist, versteht er die Biografie als Form von Identitätsarbeit: „die Biografie macht für ein Individuum den Lebenslauf zum Thema" (Hahn 1995:140).

2.2.2 Identität als Erzählung

Das Verständnis von Identität als interaktivem Prozess, der in kommunikativen Aktivitäten vollzogen wird, stellt eine wichtige Prämisse des theoretischen Konzeptes der vorliegenden Arbeit dar. Mit diesem Ansatz wird der Sprache, als vorrangigem Mittel der interpersonalen Verständigung, eine wichtige Stellung im Prozess der Identitätsarbeit eingeräumt. Die Sprache, so ist die These, ist nicht nur ein Medium, das zwischen ‚tief empfundener' Identität und der sozialen Welt vermittelt. Vielmehr ist sie konstitutiv für die Subjektbildung. Menschen können ihre Identität ausschließlich durch die Sprache empfinden, erleben und reflektieren und auch ihre intimsten Empfindungen sind mit sozialen Kategorien gedacht und kulturell konstruiert. Deshalb ist Identität nicht etwas, das man erst empfindet und über das man dann sprechen kann, sondern Identität ist schon als Konstrukt in der Sprache verarbeitet (vgl. Keupp u. a. 1999: 68).

Die Idee, dass Identität erzählend konstruiert wird, wurde erstmals von dem Philosophen Paul Ricoeur formuliert. Er stellt sich die Frage, wie man sich ein ganzes Leben lang verändern und sich trotz dieses Wandels für ein und dasselbe halten kann. Ricoeurs Antwort macht er an der Unterscheidung zwischen zwei Aspekten der Identität fest: der substantielle Pol (*Selbigkeit)*, der an die Beständigkeit in der Zeit gebunden ist, und der *Selbstheit*-Pol, der die Wandelbarkeit des Subjektes zum Ausdruck bringt. Die narrative Identität vermittelt zwischen den Polen der *Selbigkeit* und der *Selbstheit* durch imaginative Variationen, welche die Erzählung mit narrativer Identität versieht (Ricoeur 1996: 150,152). Folglich ist Identität eine aktive Konstruktionsleistung. Indem *Selbigkeit* und *Selbstheit* durch die Erzählung eine sprachliche Synthese herstellen, entsteht das Gefühl der Zugehörigkeit zu sich selbst (ebd.: 176).

Ricoeur betont, dass die Geschichten, die jeder sich erzählt, keine reine Erfindung sind, sondern eine Übertragung der Realität in die Form eines Narratives. Die Narrative machen für uns Zeit durch ihre sinnstiftende Struktur- und Ordnungsfunktion erfahrbar. Die Verknüpfung von Ereignissen in einem (mündlichen oder schriftlichen) Narrativ ermöglicht uns, dem Handeln Sinn zu verleihen. Bei Ricoeur, wie im symbolischen Interaktionismus, ist Handeln immer als Interaktion zu verstehen. Die Interaktion wird im alltäglichen Leben so verinnerlicht, dass sie auch ohne Interaktionspartner stattfinden kann:

„Man kann allein spielen, Gartenbau betreiben, mehr noch: allein eine Forschung in einem Laboratorium, einer Bibliothek oder in seinem Schreibzimmer betreiben; die konstitutiven Regeln solcher Praktiken aber stammen von viel weiter her als vom einsamen Ausführenden. Von einem Anderen lernt man die Praktik einer Geschicklichkeit, eines Berufs, eines Spieles, einer Kunst: und Lehre wie Training beruhen auf Traditionen, die zwar überschritten werden können, zunächst aber übernommen werden müssen. Alles, was wir anderswo über Traditionalität und das Verhältnis von Tradition und Innovation gesagt haben, erhält hier im Rahmen des Begriffs der verinnerlichten Interaktion einen neuen Sinn" (Ricoeur 1996: 191-192).

Ricoeur versteht die Herstellung einer Geschichte als Prozess, der in der pränarrativen Struktur der Erfahrung beginnt und sich in der Erzählung selbst vollzieht: „Das Erzählen, Mitvollziehen und Verstehen von Geschichten ist nur die ‚Fortsetzung' dieser unausdrücklichen Geschichten" (ebd.: 119). Die daraus resultierenden Geschichten stehen auf der Makro Ebene der Gesellschaft und in der Mikroebene des Individuums in der Tradition bereits erzählter Geschichten und vermitteln sowohl Tradition als auch Innovation. Mit der Bestätigung und der Weiterentwicklung der Traditionen durch die erzählten Geschichten entstehen wiederum neue Geschichten. Es ist eine „Spirale [...], bei der die Vermittlung mehrmals durch den gleichen Punkt führt, jedoch jeweils in anderer Höhenlage" (ebd.: 115).

Die soziale Umwelt ist durch Geschichten konstruiert und das Subjekt rezipiert sie und stellt seine eigenen Geschichten her. In einem dialektischen Prozess entsteht dann die narrative Identität:

„Die Erzählung konstruiert die Identität der Figur, die man ihre narrative Identität nennen darf, indem sie die Identität der erzählten Geschichte konstruiert. Es ist die Identität der Geschichte, die die Identität der Figur bewirkt" (ebd.: 182).

Damit stellt sich Identität als dynamischer Prozess dar, der ständig durch Partizipation im Herstellungsprozess der Geschichten erarbeitet wird. Die Offenheit der narrativen Identität besteht darin, dass es dem Individuum immer möglich ist, neue Erzählungen zu generieren oder alte Erzählungen neu zu formulieren, selbst wenn sie alle auf dieselben Ereignisse Bezug nehmen. Ricoeur weist auf die Problematik hin, die damit verbunden ist:

„Genauso wie man verschiedene Fabeln bilden kann, die sich alle auf dieselben Vorkommnisse beziehen [...], genauso kann man auch für sein eigenes Leben stets unterschiedliche, ja gegensätzliche Fabeln ersinnen. [...] So gesehen ist die narrative Identität in ständiger Bildung und Auflösung begriffen. [...] Die narrative Identität ist mithin mindestens ebenso sehr der Name eines Problems wie der einer Lösung" (ebd.: 399).

2.2.3 Narrationen im Zeitalter der „krisenhaften Spätmoderne"

Wolfgang Kraus setzt sich mit der Frage auseinander, wie eine adäquate Sichtweise von Identität in der „krisenhaften Spätmoderne" konstruiert werden kann. Er verweist auf das Problem, dass die von Erikson als Basis von Identitätsentwicklung angenommene Kontinuitäts- und Kohärenzerfahrung durch die gesellschaftlichen und wirtschaftlichen Entwicklungen nicht mehr der sozialen Realität heute entspricht. Erikson kannte eine stabile gesellschaftliche Struktur, in der dem Jugendlichen ein „Platz in der Gesellschaft" zugewiesen wurde, der ihm Planungssicherheit ermöglichte. Mit dem Ende der organisierten Moderne, stellt Kraus fest, vergrößern sich die Entscheidungsoptionen erheblich, mit ihnen steigen auch die Risiken, Widersprüche und Ambivalenzen in den Lebensläufen der Individuen. Angesichts der Entwicklungsaufgaben der Zukunftsplanung werden Jugendliche mit großen Unsicherheiten konfrontiert. Planungssicherheit setzt voraus, dass zum einen die Rahmenbedingungen relativ stabil bleiben und dass zum anderen die Kontingenzen beherrschbar und bekannt sind. Gerade diese Voraussetzungen, betont Kraus, sind mit dem Ende der organisierten Moderne nicht mehr gegeben (Kraus 1996: 96).

Eine weitere wichtige Identitätssicherheit, die im Zuge der Spätmoderne in Frage gestellt wurde, ist die Selbstverständlichkeit der Anerkennung. Während in der organisierten Moderne Identität auf gesellschaftlich festgelegten Kategorien beruhte, die automatisch mit Anerkennung verbunden waren, muss das Individuum in der Spätmoderne für Anerkennung kämpfen (vgl. Taylor 1993: 24-25). Die Bedeutung von Anerkennung, so Charles Taylor, besteht darin, dass sie eine Voraussetzung für die Entwicklung von Selbstbewusstsein und Ich-Identität darstellt:

> „Die These lautet, unsere Identität werde teilweise von der Anerkennung oder Nicht-Anerkennung, oft auch von der Verkennung durch die anderen geprägt, so dass ein Mensch oder eine Gruppe von Menschen wirklichen Schaden nehmen, eine wirkliche Deformation erleiden kann, wenn die Umgebung oder die Gesellschaft ein einschränkendes, herabwürdigendes oder verächtliches Bild ihrer selbst zurückspiegelt. Nichtanerkennung oder Verkennung kann Leiden verursachen, kann eine Form von Unterdrückung sein, kann den anderen in ein falsches, deformiertes Dasein einschließen" (Taylor 1993: 13-14).

Bezugnehmend auf Thomas Luckmanns Metapher des Fleckerlteppichs wählt Heiner Keupp den Begriff der „Patchwork Identität" um Identität im spätmodernen Zustand zu charakterisieren. Keupp zeigt, wie auch in den neuen Bedingungen Kohärenz und Kontinuität aufrechterhalten werden können. Er setzt den Begriff der Kohärenz nicht mit innerer

Einheit und Harmonie gleich. Vielmehr, so Keupp, handelt es sich heute um eine offene Struktur, in der – zumindest in der Wahrnehmung anderer – Kontingenz, Verweigerung von Verbindlichkeiten (*commitment*) und Offenhalten von Optionen vorkommen (Keupp u. a. 1999: 57). Gerade weil in der Spätmoderne die Stütze der gesellschaftlichen Kohärenzangebote fehlt, müssen sie als Herstellungsleistungen des Menschen betrachtet werden. Daraus wird die Bedeutung der narrativen Erzählung als Prozess der Kohärenzherstellung des Individuums klar:

„Erzählungen und Geschichten waren und bleiben die einzigartige menschliche Form, das eigene Erleben zu ordnen, zu bearbeiten und zu begreifen. Erst in einer Geschichte, in einer geordneten Sequenz von Ereignissen und deren Interpretationen gewinnt das Chaos von Eindrücken und Erfahrungen, dem jeder Mensch täglich unterworfen ist, eine gewisse Struktur, vielleicht sogar einen Sinn" (Ernst 1996: 202).

2.2.4 Konventionen und Variationen in der narrativen Form

Aufbauend auf Ricoeurs These, dass die Geschichten als Produkte des sozialen Austausches zu verstehen seien, kann man Narrationen nicht als Erfindung von einzelnen, sondern als Produkt der Interaktion betrachten. Freilich gibt es auch Spielräume in den Möglichkeiten der Individuen, sich selbst erzählend zu konstruieren, aber sie sind durch den sozialen Diskursraum begrenzt.

Fritz Schütze (1982) geht davon aus, dass aufgrund der Eigendynamik des Erzählvorgangs jeder Erzähler und jede Erzählerin unter drei Zugzwängen der Erzählung steht:

- Der *Gestaltschließungszwang* besteht darin, dass jede Erzählerin und jeder Erzähler die kognitiven Strukturen seiner Erzählung, die sie/er eröffnet hat, auch wieder schließen muss. Dabei haben sie die Vorgabe, alle wichtigen Teilereigniszusammenhänge in der Erzählung zu repräsentieren.
- Der *Kondensierungszwang* besteht darin, dass sich die Erzähler für eine ökonomische Erzählstrategie entscheiden müssen, um von den Anderen verstanden zu werden. Die Erzähler sind gezwungen, allein das zu erzählen, was im Zusammenhang der gesamten Ereigniskonstellation, der vorgegebenen Thematik und der damaligen Orientierungssignifikanz möglicher Handlungsalternativen und eingetretener Ereignisse an *Ereignisknotenpunkten* wirklich relevant ist.
- Der *Detaillierungszwang* besteht darin, dass die Erzähler die Geschichte so gestalten müssen, dass für die Zuhörer Zusammenhänge und Motive der Handelnden verständlich werden. Nachdem die Erzählerin oder der Erzähler über Ereignis A berichtet hat, so fühlt

sie/er sich verpflichtet, auch über das auf dieses Ereignis zeitlich, kausal bzw. intentional folgende nächste wichtige Ereignis B zu berichten (Schütze 1982: 571-572).

Schütze stellt fest, dass unabhängig davon, was inhaltlich vermittelt wird, jede Erzählerin und jeder Erzähler ein intuitives Wissen davon hat, wie eine Erzählung formal aufgebaut sein muss, um sie verständlich und kommunikativ zu machen. Im Prozess der Erzählung versetzen sie sich in die Perspektive des Zuhörers um zu entscheiden, welche Informationen wichtig sind: es muss so erzählt werden, dass an den stattgefundenen Ereignisabläufen unbeteiligte Zuhörer die historische Gesamtgestalt der Ereignisabfolge mit ihrem Kerngerüst erfassen und verstehen können (Schütze 1982: 573).

Um verstanden zu sein und soziale Anerkennung zu bekommen, so Mary und Kenneth Gergen, müssen sich die Menschen in sozialen Situationen an bestimmte Regeln halten:

„If we do not wish to become unintelligible, we cannot tell stories that break the rules of proper narrative. To go beyond the rule is to engage in tales told by idiots" (Gergen und Gergen 1988: 20).

Ausgehend von dieser Feststellung definieren sie fünf notwendige Charakteristika eines „well-formed narrative":

1. Ein sinnstiftender Endpunkt: Von ihrem Ende her wird verstanden, worauf die Erzähler mit ihrer Geschichten hinaus wollen. Das Ende verbindet und evaluiert die davor erzählten Ereignisse. Indem auf ein Ziel hin erzählt wird, betonen die Erzähler die Relevanz von Ereignissen bzw. sie wählen für die Wiedergabe solche Ereignisse aus, die für den Endstatus relevant sind. Der ausgewählte Endpunkt wird typischerweise entweder positiv oder negativ bewertet, um ein glückliches bzw. trauriges Ende zu produzieren (z. B. „wie ich gerettet wurde", „wie ich mich verliebt habe" oder „wie ich mein ganzes Geld zum Fenster hinausgeworfen habe"). Der Sinn des Endpunkts wird nicht von dem erzählten Geschehen selbst bestimmt, sondern vielmehr aus den gemeinsamen Werten der Interaktionspartner.

2. Selektion von relevanten Ereignissen im Hinblick auf ein Ziel: Das Erzählziel bedingt die Erzählrelevanz eines Ereignisses und ordnet den Diskurs. Die narrative Struktur verhindert die Offenlegung der „ganzen Wahrheit" und verpflichtet die Erzähler sich auf die Ereignisse zu konzentrieren, die sie ihrem Ziel näher oder ferner gebracht haben. Eine Voraussetzung hierfür ist ein stabiles Verständnis des Universums, in dem wir Übereinstimmung bezüglich der Relevanz

von Ereignissen für den Fortgang einer Geschichte herstellen können; fehlt ein solcher Konsens, steigt der Erklärungs- und Begründungsaufwand der Erzähler.

3. Die Ordnung der Ereignisse: Meistens sind narrative Elemente nach der gesellschaftlichen Konvention der linearen temporalen Sequenz („eins nach dem anderen") geordnet. Auch wenn die Erzähler davon abweichen, muss die Abweichung auf dem Wissen basiert werden, dass eins nach dem anderen erfolgt, kenntlich werden. Fehlende zeitliche Ordnung von Ereignissen kann auf den Interaktionspartner irritierend wirken.

4. Die Herstellung von Kausalverbindungen: Über die temporale Verbindung der Ereignisse hinaus, zeichnet sich ein „well-formed narrative" dadurch aus, dass die Ereignisse der erzählten Handlung bis zum Endpunkt kausal verbunden sind. Jedes Ereignis sollte Produkt eines vorherigen Ereignisses sein. Die Kausalverbindungen hängen mit dem kulturellen und historischen Kontext zusammen.

5. Grenzziehen: Der Beginn und das Ende der Erzählung wird im „well-formed narrative" markiert. Sie signalisieren den Kommunikationspartnern, dass eine längere Erzählung beginnt bzw. zu ihrem Ende kommt (z. B. der Eröffnungssatz „du kannst nicht glauben, was ich gestern gesehen habe" oder als abschließender Satz „also, jetzt weißt du, was passiert ist"). Grenzziehen kann auch durch nicht wörtliche Mittel erfolgen, beispielsweise wenn am Ende einer lustigen Erzählung gelacht wird (ebd.: 18-22, vgl. auch Kraus 2002: 167-171).

In der Alltagsrealität findet man nur selten ein Narrativ, das alle Kriterien vollständig erfüllt. Immerhin lässt sich festhalten: je besser man sie erfüllt, desto größer ist die Glaubwürdigkeit einer Geschichte in unserer gesellschaftlichen Rezeption. Zudem muss betont werden, dass es nicht um „natürliche", sondern um gesellschaftliche Kriterien geht, die aus kulturellen Konventionen entstanden sind.

Eine weitere Ebene, in der die individuellen Erzählungen einem kulturellen Muster gehorchen, ist die *Selbstnarration*. Gergen und Gergen bezeichnen damit die Art und Weise, in der eine Person selbstrelevante Ereignisse als linearen Verlauf darstellt. Sie finden drei Grundformen der Selbstnarration. Die erste Grundform nennen sie *Stabilitätsnarration* (*„stability narrative"*). Sie verbindet Ereignisse in solcher Art und Weise, dass die Erzähler im Verlauf der Ereignisse in ihrer evaluativen Position unverändert bleiben. Das Niveau der evaluativen Position variiert in den jeweiligen Erzählungen: eine hohes Niveau einer *Stabilitätsnarration* ist beispielsweise: „Ich bin immer noch der humorvolle Mensch, der ich immer war", ein niedriges Niveau kann hingegen mit der Selbstnarration „Ich bin immer noch ein Pechvogel – genau wie früher" artikuliert werden. Menschen, deren Selbstnarration durch Stabilität geprägt ist, werden in der Regel nicht allein eine unveränderte Position in Bezug auf vergangene Ereignisse einnehmen, sondern auch die Meinung vertreten, dass diese Situation auch in der vorsehbaren Zukunft unverändert bleiben wird (Gergen und Gergen 1988: 23-24).

Gergen und Gergen kontrastieren die *Stabilitätsnarration* mit den Formen der *progressiven* bzw. *regressiven Narration*. In der *progressiven Narration* kommt die Person durch ihre Handlungen und die Ereignisse vorwärts (beispielsweise: „wie lerne ich meine Ängste zu überwinden"). In der *regressiven Narration* wird dagegen ein Rückgang dargestellt („Ich habe keine Kontrolle mehr über die Ereignisse in meinem Leben") (ebd.: 24).

Diese drei narrativen Formen – Stabilität, Progressivität und Regressivität – stellen die theoretischen Optionen für die Bewegungsrichtung im evaluativen Raum dar. Als solche sind sie eine Grundlage für weitere, komplexere Variationen von Selbstnarrationen.

Mit der Selbstnarration bekommen unterschiedliche Ereignisse als Teil einer lebenslangen Entwicklung einen Sinn. Sie ist die Antwort des Individuums auf die grundlegende Identitätsfrage, wie ich mich ändere und dabei doch derselbe bzw. dieselbe bleibe.

2.3 Das Kollektiv als narrative Ressource

Bisher wurde narrative Identität als personale Identität diskutiert. Wenn man Identität von Jugendlichen untersucht, die sich als Teil einer Gruppe verstehen, müssen aber gleichermaßen die sozialen Dimensionen von Identität thematisiert werden. Bevor es im Kapitel 3 zur Frage der jüdischen Identität kommt, möchte ich hier die Konzepte der kollektiven und kulturellen Identität in ihrer narrativen Dimension diskutieren. Dieses Kapitel geht der Frage nach, welche Bedeutung der kollektiven Zugehörigkeit des Individuums bei der Herstellung und Darstellung seiner narrativen Identität zukommt.

2.3.1 Kollektive Identität

Die Verknüpfung des Begriffs der Identität mit dem des Kollektivs kann trügerisch werden, wenn man von der Annahme ausgeht, dass kollektive Identität analog zur personalen Identität eines Individuums gebildet wird und eine vergleichbare Einheit und Kohäsion aufweist (vgl. Giesen

1999). In diese Richtung argumentiert Jean-Claude Kaufmann, wenn er betont, dass keine Äquivalenz zwischen individueller und kollektiver Identität besteht (Kaufmann 2004: 125-126).

Auf der individuellen *Mikroebene* entsteht die kollektive Identität aus dem Paradox des modernen Individuums, das seine persönliche Besonderheit über den Umweg des Gemeinsamen und Anerkannten definiert. Die Identität ist somit ein Produkt aus zwei potenziell antagonistischen Bewegungen: „Kraft deren jeder ,ich' sagen kann, indem er auch ,wir' sagt und denkt" (Kaufmann 2004: 125-126). Mead erkannte das Potenzial der kollektiven Identität als sinnstiftende Ressource im Prozess des ,role-taking': „Der Einzelne, der sich mit der Gruppe identifiziert, entwickelt das Gefühl einer erweiterten Persönlichkeit" (Mead 1968: 363). Die Aufgabe der kollektiven Identität besteht darin, dem Individuum die „Sehnsucht nach Sinn" zu stillen (Berger 1994: 1ff.). Manuel Castells macht die Funktion der Sinnkonstruktion zum Schwerpunkt seiner Definition von Identität, die sowohl personale als auch kollektive Identität erfasst:

„By identity, as it refers to social actors, I understand the process of construction of meaning on the basis of a cultural attribute, or related set of cultural attributes, that is/are given priority over other sources of meaning. For a given individual, or for a collective actor, there may be a plurality of identities. Yet, such a plurality is a source of stress and contradiction in both self-representation and social action. This is because identity must be distinguished from what, traditionally, sociologist have called roles, and role-sets" (Castells 1997: 6).

Nach Castells haben zwar Kollektive und Institutionen eine wichtige Funktion in der Stiftung von Identitätsvorlagen, jedoch werden diese nur dann zu Identitäten „when and if social actors internalize them, and construct their meaning around this internalization" (ebd.: 7).

Auf der gesellschaftlichen *Makroebene* unterscheidet Carolin Emcke zwischen zwei Typen kollektiver Identitäten:

1) Gewollte, selbst-identifizierte kollektive Identitäten: In diesem Vergesellschaftungstyp werden die Kriterien der Zugehörigkeit von den Angehörigen selbst bestimmt.
2) Erzwungene, nicht-intentionale, subjektivierende Konstruktionen: Hierbei wird auf kollektive Identitäten verwiesen, die aus einer Erfahrung der Diskriminierung und der Ausschließung entstehen.

Mit dieser Typologie wird zwischen den Gruppen unterschieden, die durch wechselseitige Anerkennung entstehen und deren Mitglieder ihre Zugehörigkeit aufgrund eigener Überzeugung gewinnen, und jenen Gruppen, die durch Zuschreibungen entstehen (Emcke 2000: 260). In verschiedenen historischen Kontexten verändern sich das Selbstverständnis und die gesellschaftliche Situation einer Gruppe, was zu einem Wechsel der Gruppe von einer Kategorie in die Andere führen kann. So waren beispielsweise die Juden in der Weimarer Republik eine selbstidentifizierte, religiöse Konfessionsgemeinschaft bis sie im „Dritten Reich" der Konstruktion der Rasse als von Außen auferlegter Kategorie unterliegen mussten.[13]

Ähnlich wie Emcke greift auch Castells die Machtverhältnisse innerhalb einer Gesellschaft als den entscheidenden Faktor bei der Differenzierung zwischen kollektiven Identitäten heraus. Er unterscheidet dabei drei Formen der kollektiven Identitätsbildung: (i) die legitimierende Identität („legitimizing identity") der dominanten, gesellschaftlichen Institutionen, (ii) die Widerstandsidentität („resistance identity") stigmatisierter oder ausgegrenzter Akteure und (iii) die Projektidentität („project identity") gesellschaftlicher Akteure mit dem Ziel allgemeiner, gesellschaftlicher Veränderung. Während sich die Widerstandsidentitäten aus einer defensiven Identitätspolitik von Gruppen entwickeln, versuchen die Gruppen mit Projektidentitäten, neue universalistische selbstbestimmte Vorstellungen zu entwerfen (Castells 1997: 8).

Die Modelle von Emcke und Castells erfassen Grenzziehungsprozesse als wesentlichen Bestandteil jeder kollektiven Identität. Die *Grenzziehungsprozesse* konstituieren, so ihre Meinung, die Beziehung der Gruppe nach „außen" und nach „innen". Richard Pieper zeigt, dass sich mit der „Wir-Sie-Dynamik" bestimmte „Kräftekonzentrationen oder Gravitationszentren" in der kollektiven Identitätsstrukturen ausbilden. Er macht darauf aufmerksam, dass sich Individuen besonders in identitätsüberschreitender Interaktion auf große kollektive Identitäten (z. B. ethnische Zugehörigkeit) berufen: „Hier gilt, dass nur Unterschiede, die einen Unterschied machen, relevant sind" (Pieper 1989: 327). Sprache und Symbole werden in den Grenzziehungsprozessen eingesetzt. Aleida Assmann begreift kollektive Identitäten als „Diskursformationen", die mit jenen Symbolsystemen stehen und fallen, „über die sich die Träger einer Kultur als zugehörig definieren und identifizieren" (Assmann 1994: 16). Auch Kulturwissenschaftler Arnold Zingele betont, dass kollektive Identitäten „ihre Existenz nur in den Köpfen derer [haben], die sich selbst über sie definieren, oder in den Köpfen derjenigen, die anderen solche Identitäten zuschreiben" (Zingerle 1996: 72).

Mit Blick auf die Frage der Identität jüdischer Jugendlicher scheinen zwei Formen kollektiver Identitäten – ethnische und kulturelle Identität – eine besondere Relevanz zu stellen.

---

13 Im Kapitel 4 wird die kollektive Identität der Juden in Deutschland nach 1945 in diesem Zusammenhang diskutiert.

2.3.2 Ethnische Identität

Der Anthropologe Karl-Heinz Kohl versteht „Ethnie" als eine Menschengruppe mit gleicher Kultur, gleicher Sprache, Glauben an eine gleiche Abstammung und ausgeprägtem „Wir-Bewusstsein". Im Sinne dieser Definition können verwandtschaftlich organisierte Sippen, Klane und Stämme ebenso wie staatlich organisierte Völker oder auch Einzelgruppen innerhalb größerer Staatenverbände, wie beispielsweise die Sinti und Roma, die Sorben oder auch die „white anglo-saxon protestants" („Wasps") in den Vereinigten Staaten als ethnische Gruppen anerkannt sein (Kohl 1998: 270). Auch Juden kann man als eine ethnische Gruppe verstehen, wie im Kapitel 3 ausführlich dargestellt wird. Ethnische Identität besteht aus der Erfahrung einer *realen* oder als *real wahrgenommenen* kulturellen Übereinstimmung und gemeinsamen Herkunft. Es geht dabei um die individuelle Identifikation mit einem kulturell definierten Kollektiv, um das Gefühl des Individuums, dass es zu einer spezifischen kulturellen Gemeinschaft gehört (Hutchinson/Smith 1996: 5). Der Aspekt der Vergemeinschaftung bei der Entstehung ethnischer Gruppen wurde von Weber hervorgehoben. Er schreibt:

„Wir wollen solche Menschengruppen, welche auf Grund von Ähnlichkeiten des äußeren Habitus oder der Sitten oder beider oder von Erinnerungen an Kolonisation und Wanderung einen subjektiven Glauben an eine Abstammungsgemeinsamkeit hegen, derart, dass dieser für die Propagierung von Vergemeinschaftung wichtig wird, dann, wenn sie nicht ‚Sippen' darstellen, ‚ethnische' Gruppen nennen, einerlei, ob eine Blutgemeinschaft objektiv vorliegt oder nicht" (Weber 2001/1910: 174).

Ethnische Gruppen können laut Weber als Wir-Gruppen gedeutet werden, die auf einer angenommenen Gemeinsamkeit basieren und identitätsstiftende Funktion erfüllen.

Jean Phinney definiert vier Aspekte von ethnischer Identität: (i) Ethnische Selbst-Identifikation als Mitglieder einer ethnische Gruppe, (ii) Zugehörigkeitsgefühl zur Gruppe, das sich durch Stolz, ein positives Verhältnis zu anderen Gruppenmitgliedern und Vorlieben für ethnische Items, wie Essen und Sprache ausdrückt, (iii) kognitive Aspekte, wie Wissen über die Geschichte und Traditionen der Gruppe und (iv) eine gemeinsame Weltanschauung, die durch Ethnizität vermittelt wird, z. B. in Bezug auf das Verhältnis zur Autorität, Stellenwert der Familie etc. (Phinney 2000: 255).

Der Begriff der ‚ethnischen Identität' wird in zwei unterschiedlichen Weisen durch den *‚primordialen'* und den *‚konstruktivistischen'* Ansatz verstanden. Der *'primordialen'* Definition zufolge ist Ethnizität eine essentielle, organische Tatsache, die in der „Natur" des Menschen veranlagt ist. Folglich wurde Ethnizität als singuläre und festgelegte Kategorie verstanden: Individuen haben nur eine unveränderte ethnische Identität. Primordialisten begreifen ethnische Gruppen als ‚natürliche', universelle Gruppen, die schon immer bestanden hätten:

„A sort of collective ‚one true self', hiding inside the many other, more superficial or artificially imposed ‚selves', which people with a shared history and ancestry hold in common" (Hall 1990: 223).

Ethnische Gruppenunterschiede, ethnische Differenzierungen sind demnach Teil der Naturordnung (vgl. Heckmann 1992; Isajiw 1999; Jenkins 1996; Yang 2000).

Die Kritik an dieser Denkrichtung macht darauf aufmerksam, dass die „Primordialisten" die Möglichkeit des Individuums übersehen, sein Leben zu gestalten. Sie gehen davon aus, dass Menschen in Identitäten hineingeboren werden, die mehr oder weniger festgeschrieben sind, und ein Identitätswandel nicht möglich sei (vgl. Hutchinson/Smith 1996). Als solcher, so Richard Jenkins, trägt der primordiale Ansatz dazu bei, „chauvinistische ethnische Sentiments" zu verbreiten. (Jenkins 1997: 44).

Im Gegensatz zu den Primordialisten heben die Konstruktivisten die Kontingenz und Prozesshaftigkeit in der Natur der Ethnizität hervor (Sollors 1989; Waters 1990). Wenn man eine personale Identität nicht mehr an einem stabilen Kern des Selbst festmachen kann, so Hall, so ist auch nicht davon auszugehen, dass kollektive, kulturelle Identitäten sich als ein einzig stabiles ‚wahres Selbst' darstellen. Stattdessen geht er davon aus, dass sowohl personale als auch kulturelle Identitäten in der Spätmoderne „niemals einheitlich sind" (Hall 2004: 170). In den westlichen Gesellschaften können die Individuen zwischen vielfachen Identifikationsmodellen entscheiden und – wie bereits vorher diskutiert wurde – ihre Bindung an Identitäten befindet sich in einem kontinuierlichen Wandel abhängig von Zeit, Raum und sozialem Kontext. Als Form der kollektiven Identität stellt die Ethnizität soziale, politische und kulturelle Ressourcen den verschiedenen Interessens- und Statusgruppen zur Verfügung. Mitglieder einer ethnischen Gruppe, zumal die aus höheren Bildungsschichten, haben die Wahl ob und inwieweit sie Mitglied einer ethnischen Gemeinschaft bleiben wollen.

Ein wichtiger Beitrag zum Verständnis von ethnischen Gruppen als dynamische soziale Einheit leistete Fredrik Barth (1969). Barth vertrat die Idee, dass die Basis der ethnischen Identität nicht die kulturelle „Differenz" oder der „cultural stuff" selbst ist, vielmehr ist es „the social organization of culture difference", d. h. die ethnischen Grenzziehungen und Zweiteilungen zwischen *in-group* und *out-group*, der den Kern der ethnischen Identität ausmacht (Barth 1969: 14). Erst in Bezug auf existierende ethnische Grenzziehungen bekommen die ethnischen Gruppen soziale Bedeutung:

„The critical focus of investigation from this point of view becomes the ethnic *boundary* that defines the group, not the cultural stuff that it encloses. The boundaries to which we must give our attention are of course social boundaries" (Barth 1969: 15).

Ethnische Grenzziehungen gestalten soziale Abgrenzungen auf zwei Weisen: (1) *„Nach innen"* definieren sie den gemeinsamen Interpretationsrahmen, der sich durch gruppenspezifische Normen konstituiert. Die ethnischen Grenzen verstärken die sozialen Verbindungen in der ethnischen Gruppe und erleichtern die Knüpfung neuer Kontakte innerhalb der Gruppe. (2) *„Nach außen"* werden die ethnische Grenzen dafür gebraucht, um die Geschlossenheit der Gruppe zu demonstrieren und fremde Einflüsse zu reduzieren (ebd.: 15-17). Die Rolle der Grenzen lässt sich an mehreren Beispielen von ethnischen Gruppen verdeutlichen. So zum Beispiel unterscheiden sich Angehörige der ethnischen Gruppen in wesentlichen Aspekten, wie Wertorientierungen, Kleidung, Sprache von der Mehrheitsgesellschaft. Die Tatsache, dass die Angehörigen dieser Gruppen immerhin ein subjektives Zugehörigkeitsgefühl empfinden, kann man, so Barth, den ethnischen Grenzen verdanken. Umgekehrt zeigt Barth, dass geringe kulturelle Differenzen bestimmter ethnischer Gruppen kein Grund für den Abbau solcher Grenzen ist. Die Forschung der sozialen Grenzen sollte sich deshalb mit den Praktiken beschäftigen, mit denen Gruppen ihre Existenz aufrechterhalten und neue Mitglieder rekrutieren (Barth 1969: 199).

In den modernen Gesellschaften, so Nathan Glazer (1983), wächst die Tendenz, innere ethnische Grenzen zu ziehen. Die Gründe dafür führt Glazer auf die Modernisierungs- und Säkularisierungsprozesse zurück, die *Enttraditionalisierung* und Nivellierung sozialer Lebenswelten beschleunigen. Diese *Enttraditionalisierung* führt zu einer substantiellen Schwächung der „original ethnic identities", zu einer ethnischen Entdifferenzierung der Gesellschaft. Folglich wächst durch die Erosion traditioneller Gemeinschaften ein Bedürfnis der Individuen nach Ersatzidentitäten: Eine Identität, die kleiner als der Staat, größer als die Familie, etwa eine „familistic allegiance" ist (Glazer 1983: 251). Aus den Trümmern der Traditionen und Loyalitäten – ‚primordial identities', wie Glazer schreibt – wurden neue ethnische Identitäten synthetisch zusammengesetzt. Wichtig ist für Glazer, dass es sich dabei tatsächlich um Neubildungen, um neue soziale Formen handelt. Das Erkennungszeichen von ethnischer Identität ist entsprechend nicht Kontinuität, nicht die Fortdauer oder Fortsetzung von Traditionen, sondern gerade die

Suche nach Traditionen, die Erfindung von Traditionen (vgl. Glazer 1983: 252-254).

2.3.3 Kulturelle Identität

Der Begriff ‚kulturelle Identität', wie er von Stuart Hall entwickelt wurde, stellt eine weitere Dimension der kollektiven Identität dar. Die kollektiven Gemeinsamkeiten und Grenzziehungen einer Gruppe werden nicht zwangsläufig als ethnisch, sondern auch nach anderen Kriterien wie etwa Geschlecht oder *race* definiert. Im Vordergrund ist die Position der Gruppe im Verhältnis zur hegemonialen Kultur der wesentlichste Aspekt der kollektiven Zugehörigkeit. Hall zufolge, entsteht die kulturelle Identität in Abhängigkeit und zugleich in Abgrenzung zum Bild des Anderen. In dem Buch „Rassismus und kulturelle Identität" geht Hall dem Prozess nach, in dem kulturelle Identität unter der farbigen Minderheit in Großbritannien konstruiert wurde. Er zeigt, dass obwohl diese Menschen aus sehr unterschiedlichen Regionen und Kulturen nach England kamen, sie sofort aufgrund ihrer Hautfarbe von der Mehrheitsgesellschaft als eine Gruppe zusammengefasst wurden. Diese Fremdzuschreibung setzte sich im Lauf der Zeit über die Unterschiede der Herkunft der Einzelnen hinweg. Diese passive „schwarze Identität", die durch Fremdzuschreibung zustande gekommen war, wurde erst in den neunziger Jahren durch bewusste „politischen Identität" ersetzt (Hall 1994: 79-84).

Die kulturelle Identität entsteht diskursiv und wird somit, betont Hall, durch Erzählungen konstruiert. Die „Narrativierung des Selbst" geschieht im kulturellen Kontext als eine Ressource im Kampf um gesellschaftliche Anerkennung:

„Die Vorstellung, Identität habe etwas mit Menschen zu tun, die alle gleich aussehen, auf dieselbe Weise fühlen und sich selbst als Gleiche wahrnehmen, ist Unsinn. Identität als Prozess, als Erzählung, als Diskurs wird immer von der Position der Anderen aus erzählt. Darüber hinaus ist Identität immer auch eine Erzählung, eine Art der Repräsentation. Sie befindet sich immer innerhalb der Repräsentation. Identität ist nicht etwas, was außerhalb geformt wird und worüber wir dann Geschichten erzählen, sondern das, was im eigenen Ich erzählt wird" (Hall 1994: 74).

Auch Homi Bhabha (1990) versteht kulturelle Identität heute als „Performanz eines Narratives". Kulturelle Identitäten verfügen über eine Vergangenheit und Tradition, die narrativ vermittelt wird. Mitglieder kultureller Gruppen können auf diese Tradition zurückgreifen, wenn sie die Geschichten nacherzählen bzw. interpretieren und dabei ihre Zugehörigkeit produktiv mitgestalten (Bhabha 1990: 299). Das Erzählen der eigenen kulturellen Geschichte, so Emcke, ist auch das permanent neue

Erzeugen von Sinn und Bedeutung. Es sind stets plurale Kontexte von Bedeutungen und Überzeugungen, die in einem vielfältigen und widersprüchlichen Narrativ verworben werden (Emcke 2000: 222). Die narrative Vermittlung von kultureller Identität ist daher nie einheitlich, sondern heterogen und umstritten. Die kulturellen Identitäten als Form der kollektiven Identitäten unterscheiden sich hinsichtlich der Grade der Bewusstheit für die eigene Konstruktionsgeschichte. Emcke formuliert die Regel, dass

„je mehr sich kulturelle Lebensformen auf die eigene Vergangenheit beziehen und sich selbst primär als ‚pädagogisches Objekt' wahrnehmen, desto weniger wird der Konstruktionsprozess der eigenen Überlieferung thematisiert. Je weniger kulturelle Lebensformen sich ihre eigene Identität als heterogenes, umstrittenes Ergebnis einer Geschichte der Anpassung, Sezession, Selektion, des Vergessens, der Kritik und der Interpretation bewusst machen, desto eher haben sie die Tendenz, sich zu verhärten und zu fundamentalisieren" (Emcke 2000: 223-224).

Halls Plädoyer für die Auffassung der kulturellen Identität als politischen Ausdruck fand auch in der Bundesrepublik vor allem bei benachteiligten Gruppen in der Gesellschaft – sexuellen, ethnischen und religiösen Minderheiten – Anklang. Diese Gruppen nutzten ihre bisher negativ zugeschriebenen, diskriminierenden Identitäten als Ausgangsbasis für positive Identifikation. Frauen, farbige Deutsche, sowie Menschen multikultureller Herkunft und ehemalige DDR-Bürger greifen Halls Argumentation auf und artikulierten ihre Erfahrung als „andere Deutsche", um bisher negativgeprägte Merkmale mit neuer positiver Bedeutung zu besetzen (Keupp 1999 u. a.: 170-173).

2.4 Zwischenbilanz

In diesem Kapitel wurden die theoretischen Grundlagen der Forschung zur Identität im Jugendalter aus psychologischen und soziologischen Perspektiven reflektiert. Dass diese Lebensphase ein Entwicklungsstadium ist, in dem Fragen nach den eigenen ethisch-moralischen, religiösen und politischen Ansichten sowie beruflichen und familiären Lebensentwürfen entwickelt werden, stellt hierbei eine wichtige Prämisse für die Konzeption der Studie dar: Es wird davon ausgegangen, dass sich die Befragten in ihren Identitätsfindungsprozessen mit diesen Fragen auseinandersetzen. Zugleich wurde in Anlehnung an den Ansatz des symbolischen Interaktionismus festgestellt, dass die Identitätsarbeit ein lebenslanger, kontinuierlicher und offener Prozess ist und als solcher auf die Kompetenz des Individuums verweist, trotz der Veränderung der Lebensumstände, Kontinuität, Kohärenz und Konsistenz herzustellen. Sie vollzieht sich in der menschlichen Kernaktivität des Erzählens der eigenen Lebensgeschichte: Die Herstellung und Darstellung der Narration ist die Synthese des Heterogenen und sie verleiht der „wirre[n], formlose[n] a limine stumme[n] Erfahrung" (Ricoeur 1988: 10) die Harmonie und Einheit einer Identität.

Die narrative Identität, die sich als „die Einheit des Lebens einer Person, so wie diese Person sie in den Geschichten erfährt und artikuliert, mit denen sie ihre Erfahrung ausdrückt" definieren lässt (Widdershoven 1993: 7), konstituiert sich unmittelbar in den alltäglichen Erzählungen. Als empirisches Konstrukt ist sie als die Art und Weise zu verstehen, „wie ein Mensch in konkreten Interaktionen Identitätsarbeit als narrative Darstellung und Herstellung von jeweils situativ relevanten Aspekten seiner Identität leistet" (Lucius-Hoene/Deppermann 2004: 55). Dieses Verständnis stellt die Grundlage der methodischen Herangehensweise der vorliegenden Arbeit dar, die im Kapitel 5 ausführlich erläutert wird.

Ein besonderes Augenmerk wurde auf die Frage nach dem Verhältnis zwischen der narrativen Identität und dem Begriff der kollektiven Identität gerichtet. Das Selbstverständnis eines Individuums als Mitglied einer bestimmten Gruppe wird von den Bildern geprägt, welche die Gruppe von sich aufbaut und mit denen sich deren Mitglieder identifizieren. Es konnte gezeigt werden, dass die Narrativität sich auch bei der Ausformung kollektiver Identität erkennen lässt. Sowohl individuelle als auch kollektive Identitätskonstruktionen sind dynamisch, d. h. sie werden in geschichtlichen, politischen wie gesellschaftlichen Praktiken und Prozessen geschaffen und verändern sich kontinuierlich. Die kollektive Identität „ist so stark oder schwach, wie sie im Bewusstsein der Gruppenmitglieder lebendig ist und deren Denken und Handeln zu motivieren vermag" (Assmann 1992: 132). Für die vorliegende Studie ist deshalb der Begriff der „jüdischen Identität" als spezifischer und konkreter Ausdruck der kollektiven Identität von besonderer Bedeutung. Im folgenden Kapitel werden verschiedene Ansätze zum Verständnis jüdischer Identität dargestellt und ihre Implikationen für die Konzeption der empirischen Untersuchung reflektiert.

3 Jüdische Identität als Gegenstand der Sozialforschung

3.1 Einbettung der europäischen Perspektive

Die Frage nach jüdischer Identität gewinnt in den letzten Jahrzehnten zunehmend an Bedeutung als Schlüsselbegriff zum Verstehen der Prozesse im jüdischen Leben in der Vergangenheit, Gegenwart und Zukunft. Vor allem in Amerika und Israel entstanden in den letzten Jahren ein Fülle von Forschungen und Publikationen, die sich mit dem Thema auseinandergesetzt haben. Im jüdisch-amerikanischen Leben gewinnt die Frage nach dem jüdischen Selbstverständnis angesichts des immer höheren Anteils interreligiöser Ehen und aufgrund von sinkender Geburtenrate in jüdischen Familien an Aktualität (vgl. Cohen u. a.: 1998). Somit steht die Frage: „How can these threats to Jewish continuity be contained and eventually overcome?" häufig im Vordergrund des Forschungsinteresses US-amerikanischer Wissenschaftler (Krausz und Tulea 1998: 260). Dershowitz behauptete sogar kurz vor dem Ende des 20. Jahrhunderts in seinem Buch „The Vanishing American Jew in Search of Jewish Identity for the next Century", dass für das amerikanische Judentum die Frage nach dem eigenen Fortbestehen seine größte Herausforderung im 21. Jahrhundert sei. Mit seiner Frage „Can we Survive our own Success?" weist Dershowitz auf das Paradox hin, dass gerade der Erfolg der amerikanischen Juden als Individuen ihre Zukunft als Kollektiv bedrohe (Dershowitz 1998: 1).

Im israelischen Kontext ist das Interesse an jüdischer Identität anders motiviert. In der dortigen Gesellschaft ist der Anteil an interkonfessionellen Ehen verhältnismäßig niedrig und der jüdisch-religiöse Charakter des Staates gesetzlich verankert. Somit stehen nicht die Fragen nach dem Überleben des Judentums, sondern die Herausbildung einer spezifisch israelischen Identität im Zentrum des Interesses. Das jüdisch-israelische Selbstverständnis, das seit den ersten jüdischen Einwanderungswellen nach Palästina Ende des 19. Jahrhunderts eine eigene Entwicklung nahm, entwickelt sich demzufolge im Dialog mit den jüdischen Ursprüngen bzw. mit den in der Diaspora lebenden Juden kontinuierlich weiter (vgl. Ben-Rafael 2002).

Erst vor kurzem begann das Interesse für das europäische Judentum bzw. für jüdische Identität in Europa heute wieder zu wachsen. Weinberg versteht die im Nachkriegseuropa entwickelte jüdische Identität als

„dritten Weg" zwischen dem israelischen und dem amerikanischen Judentum (Weinberg 2002: 93). Im Jahr 2000 postulierte Pinto die These, dass der Zeitpunkt für die europäischen Juden günstig sei, um – neben dem amerikanischen und israelischen – einen dritten Pol in der jüdischen Welt wiederherzustellen. Diese These begründete Pinto mit den Entwicklungen seit dem Fall des eisernen Vorhangs, der Immigration der russischsprachigen Juden nach Deutschland und der Einwanderung nordafrikanischer Juden nach Frankreich (Pinto 1996: 2-5). Wasserstein zeigte sich dagegen weniger optimistisch, wenn er die Zukunft des europäischen Judentums in der Ära nach dem Kalten Krieg in Frage stellt. Gerade nicht ethnische oder religiöse Feindseligkeit sondern die Toleranz der offenen Gesellschaft scheint seiner Auffassung nach die Hauptgefahr für den jüdischen Zusammenhalt darzustellen: „Je günstiger das gesellschaftliche Umfeld, desto eher lockert sich die Bindung der Juden an ihre Bräuche, Sprache, Traditionen und Werte" (Wasserstein 2001: 387).

In dem Spannungsfeld zwischen der optimistischen These Pintos und dem Pessimismus von Wasserstein macht die Erforschung der Entwicklung der jüdisch-europäischen Identität in den letzten Jahren ihre ersten Schritte (vgl. Webber 1997: 258-259).

In diesem Kapitel wird die Debatte über die Zukunft jüdischen kollektiven Überlebens in Europa bzw. in Deutschland bewusst ausgeklammert. Es wird nach den Ressourcen, Konstruktionen und Identitätsentwürfen gefragt, die den Juden in der Diaspora und besonders den jüdischen Jugendlichen in Deutschland heute zur Verfügung stehen, wenn sie sich mit ihrer jüdischen Identität auseinandersetzen.

3.2 Historische Perspektiven

In der vormodernen jüdischen Geschichte, so Elazar, haben Juden selten Identitätsprobleme erfahren: „Jews knew who was a Jew and how" (Elazar 1999: 35). Erst als Folge der jüdischen Auseinandersetzung mit der Moderne, die in Form der europäischen Aufklärung und der jüdischen Emanzipation stattfand, wurden die Juden mit akuten Identitätsfragen konfrontiert. In der Vormoderne lebten die Juden vornehmlich in kleinen Gemeinden und Dörfern und waren vor allem in handwerklichen Berufen sowie als Kleinhändler tätig. Die jüdischen Gemeinden genossen umfassende Autonomie und konnten ihre eigenen religiösen, juristischen und wirtschaftlichen Infrastrukturen beibehalten. Die religiöse Autorität verfügte in den vormodernen Gemeinden über hohen politischen Einfluss und betrieb strenge soziale Kontrolle über die Gemeindemitglieder. In dieser Realität herrschte eine klare Trennung zwischen der jüdischen Welt und der nichtjüdischen Umwelt (vgl. Katz 1988). Die kulturellen und intellektuellen Entwicklungen der Aufklärung und die neuen politischen und wirtschaftlichen Chancen der Emanzipation eröffneten für die Juden das Tor in die nichtjüdische Welt. Millionen wanderten in die Großstädte und waren zum ersten Mal mit einer neuen unbekannten Realität konfrontiert. Die Reaktion der Juden auf die Begegnung mit der Moderne war keinesfalls einheitlich. Meyer (1999) identifizierte vier typische Umgangsstrategien:

i. Incompatibility: Ablehnung der Modernität
ii. Compartmentalization: Trennung zwischen der privaten jüdischen Sphäre und der öffentlichen Sphäre
iii. Harmonization: Neugestaltung des jüdischen Selbstverständnisses, um sich an die Moderne anzupassen
iv. Equivalency: Herunterspielen von Spannungen zwischen den beiden kulturellen Welten.

In Deutschland begann ein Prozess der Judenemanzipation im letzten Jahrzehnt des 18. Jahrhunderts. Es handelte sich dabei um eine Art Gesellschaftsvertrag mit folgendem Inhalt: Die Juden würden Bildung erwerben und im Gegenzug gleiche Rechte genießen und zumindest die Chance erhalten, gesellschaftlich akzeptiert und kulturell integriert zu werden (vgl. Volkov 2002). Die Erwartung eines gewissen Maßes an Assimilation als Vorbedingung für die Emanzipation richtete sich auf das Auftreten der Juden in der öffentlichen Sphäre: Sprache, Kleidung, Bildung usw.. Entsprechend der Ideen der Aufklärung sollte das Judentum als eine Religion wie andere Religionen verstanden werden, als eine solche, die mit der nationalen Zugehörigkeit nicht im Widerspruch stünde. Deutsche Juden waren Deutsche in jeder Hinsicht, während ihre kollektive Identität als ausschließlich religiöse Identität neu definiert wurde.

Die Juden in Deutschland definierten sich demzufolge als „deutsche Staatsbürger jüdischen Glaubens". Diese Selbstdefinition stützte sich auf die Loyalität zu dem 1871 neu gegründeten Nationalstaat, der ihnen politische und bürgerliche Gleichberechtigung anbot. Moses Mendelssohn, der prominenteste Wegweiser der jüdischen Aufklärungsbewegung, der Haskalah, vertrat die Meinung, dass das ursprüngliche, unveränderte Judentum durchaus mit der Kultur und Gesellschaft seiner Zeit vereinbar sei, und setzte für sich und seine jüdischen Zeitgenossen das Ziel: „Sei Jude zu Hause und deutscher Bürger auf der Straße" (vgl. Sorkin 1996). Zwei Jahrhunderte hindurch war diese Auffassung der

Leitfaden des deutschen Judentums, wie die Historikerin Shulamit Volkov resümiert:

„Mehr oder weniger bis zur Zeit des Nationalsozialismus gelang es den Juden in Deutschland, sich zu integrieren, ohne auf all ihre Besonderheit zu verzichten, sich zu assimilieren, ohne ihre eigene, komplexe, ja ambivalente Identität aufzugeben" (Volkov 2002: 28).

Der Versuch der emanzipierten Juden in Mittel- und Westeuropa, sich den kulturellen Normen der nichtjüdischen Gesellschaften anzupassen, stieß jedoch auf starken Vorbehalt, der seinen Ausdruck unter anderem in den Rassentheorien des 19. Jahrhunderts fand. Die Ende des 19. Jahrhunderts, nicht zuletzt als Reaktion auf den neuen ‚wissenschaftlichen‘ Antisemitismus entstandene zionistische Bewegung verstand sich als Gegenpol zur Assimilation und versuchte, ein jüdisches Nationalgefühl als Selbstverständnismechanismus aller Juden zu erwecken. Die Gründung eines Judenstaates in Palästina war für die Zionisten nicht allein ein politisches Ziel für die Lösung der ‚Judenfrage‘, sondern eine historische Gelegenheit, die Verwandlung des „von der Natur entfremdeten" Glaubensjuden hin zu dem „produktiven", mit dem Boden verbundenen „neuen Juden" in der Heimstätte Wirklichkeit werden zu lassen.

Es entstand eine innerjüdische Konkurrenz zwischen religiösen und säkularen Vorbildern,

„in der mit dem Aufkommen des jüdischen Nationalismus im 19. Jahrhundert der jüdische Nationalheld, der Krieger für das Vaterland und dann der ‚Muskeljude‘ in den Mittelpunkt der historischen Wahrnehmung rückt und seither mit der alten Symbolik konkurriert" (Zimmermann 2004: 34).

In Osteuropa, wo die Juden von der Mehrheitsgesellschaft gesetzlich ausgeschlossen waren, gewann die jüdisch-nationale Idee noch mehr Anhänger als im Westen. Die Säkularisierung führte dort nicht wie in Mittel- und Westeuropa zur Assimilation, sondern vornehmlich zur Politisierung in drei Richtungen: die sozialistische, revolutionäre oder jüdisch-autonome (vgl. Goldscheider/Zuckerman 1984). Die Großteile osteuropäischer jüdischer Gemeinden vor dem Holocaust behielten ihre eigene Sprache und Kleidung, ihre eigenen Berufe und ihr unabhängiges kulturelles Leben. Vor allem konstruierte die jüdische Sprache in Osteuropa – das Jiddische – ein eigenes Zugehörigkeitsgefühl, eine von der Mehrheitsgesellschaft abgetrennte Kultur, einen eigenen Humor und schaffte zudem eine Sphäre innerjüdischer Kommunikation. Mit dem Untergang des osteuropäischen Judentums im Holocaust ist auch diese Form von jüdischer Selbstverständlichkeit ausgestorben.

3.3 Das Problem der Definition

Sowohl die assimilierten Juden als auch die Zionisten versuchten, die traditionelle jüdische Identität neu zu definieren, um sie den Kategorien des modernen Nationalstaats anzupassen. Während die Emanzipations-bewegung an die ethnischen Elemente der jüdischen Traditionen an-knüpfen wollte, um die Zugehörigkeit zu dem jeweiligen Nationalstaat zu zeigen, suchte der Zionismus die Anknüpfung an die vermeintlich nationale jüdische Vergangenheit, um eine neue jüdische Nation zu erfinden.[14] Den beiden Projekten gelang es jedoch nicht, Einfluss auf die Mehrheit der Juden zu nehmen. Zu Beginn des neuen Millenniums konnte Silberstein resümieren, dass

„no universally agreed-upon criteria to support particular views of Jewish identity exist. All efforts to impose a dominant category such as religious group, race, nation, transnational people, or ethnic group on the heterogeneous world Jewish population ultimately failed" (Silberstein 2000: 13).

Der israelische Schriftsteller Abraham B. Jehoshua betrachtete diese hybride Situation als Problem:

„Die Juden sind Leute, die Wesensmerkmale sowohl einer Nation als auch einer Religion aufweisen. Jedoch sind sie weder eine Nation noch eine Religion, sondern eine problematische Mischung" (Simon 2005: 15).

Als Alternative zu gemeinsamen Kriterien suchte Cohen so genannte „Key Elements" der jüdischen Identität. Er findet Gemeinsamkeiten für alle Juden in den religiösen Ritualen und Feiertagen, in der Liturgie, im Gottesdienst und in der religiösen Literatur. Dazu identifiziert er so genannte „certain distinctive attitudes", welche die meisten Juden welt-weit gemeinsam hätten:

„Middle- to high-brow cultural pursuits; a sense of minority status und victimization; familylike conceptions of their relations with one another; identification with Israel; and solidarity with oppressed Jewry; as well as self-images (whether accurate or not) of intellectual acuity, ambition, industriousness, social achievement, close-knit fami-lies, and moral sensitivity" (Cohen 1999: 1).

Obwohl er den Anspruch auf Allgemeinheit erhebt, beschreibt Cohen vor allem die Merkmale des US-amerikanischen Judentums. Nichtwest-liche jüdische Kulturen, sowie der Großteil der israelischen Gesellschaft passen offensichtlich nur sehr bedingt zu dieser Definition. Auch in Bezug auf den europäischen Kontext scheint diese Definition durch ein (zu) hohes Maß an Pauschalisierung geprägt zu sein.

---

14 Zur Frage der Erfindung nationaler Identitäten vgl. Anderson 2005.

Ben-Rafael versuchte, eine andere Ebene von Gemeinsamkeit jüdischer Identitäten zu finden, als er den Wittgensteinschen Begriff ‚Familienähnlichkeit' (‚family resemblance') als gemeinsamen Nenner aller Juden betrachtete (Ben-Rafael 2002: 28, 121-124). Die Überlegungen Wittgensteins haben Bedeutung für unsere Diskussion, da sie die Forderung nach Exaktheit als notwendige Bedingung für eine Definition zurückweisen. Wittgenstein erklärt mit dem Konstrukt der ‚Familienähnlichkeit', dass Begriffe auch unscharf sein können und auf paradigmatischen Anwendungsfällen beruhen (Wittgenstein 1982). Man muss sich daher nicht auf eine gemeinsame analytische Definition aller Juden berufen, sondern vielmehr auf die Vielfalt innerhalb dieser Gruppe achten.

Nicht ganz identisch, aber stark mit dem Thema der jüdischen Identität verknüpft, ist die Frage „Wer ist Jude?". Auch hier spalten sich die Meinungen. Eine Umfrage des früheren israelischen Ministerpräsidenten David Ben Gurion unter 51 jüdischen Intellektuellen veranschaulichte diese Problematik sehr deutlich. Während der Philosoph Isaiah Berlin vorschlug, jede/n als Juden anzuerkennen, wenn sie/er sich mit der jüdischen Gemeinschaft identifiziere, beharrt die Mehrheit der modernen Antworten auf die Stellung des halachischen Gesetzes als Richtlinie (Ben-Rafael 2002: 171). Die Halacha legt fest, dass Jude diejenige/derjenige ist, die/der von einer jüdischen Mutter geboren wurde oder konvertiert ist. Die Reformbewegung dagegen erkennt seit den 1980er Jahren auch eine väterliche Abstammung an (Müller 2006: 117-118). Auch die Frage der Konversion ist nicht unumstritten. Obwohl die meisten Übertritte von konservativen oder liberalen bzw. Reformrabbinern durchgeführt werden, erkennt bisher der Staat Israel nur die orthodoxen Verfahren an (Beck-Gernsheim 1999: 147). Die Schwierigkeiten, eine eindeutige Definition zu finden, machen deutlich, dass die im Rahmen dieser Arbeit dargestellte Diskussion lediglich Annäherungen an die unterschiedlichen Aspekte jüdischer Identität anbieten können. Aus dieser Komplexität werden hier zuerst die religiösen, ethnischen und nationalen Dimensionen herausgearbeitet. Anschließend werden der Antisemitismus als Relevanzfaktor im jüdischen Selbstverständnis sowie aktuelle Entwicklungen der jüdischen Identität im Zuge der Postmoderne diskutiert.

3.4 Zwischen Religiosität und Ethnizität

Die Trennung zwischen den Begriffen der ‚Ethnizität' und ‚Religiosität' findet man im Judentum zum ersten Mal in der modernen Gesellschaft. Weber weist darauf hin, dass die Trennung der Begriffe keine Wurzeln in der jüdischen Tradition hat: im Alten Testament werden religiöse und ethnische Elemente als Einheit gesehen (Webber 1997: 264). Die Soziologen Hammond und Warner behaupten in ihrer Typologie über die Verhältnisformen ethno-religiöser Beziehungen sogar, dass auch heute das Judentum ein Beispiel für die vollständige Fusion von Religion und Ethnizität sei (Hammond/Warner 1993). Damit übersahen sie den Wandel innerhalb der jüdischen Identitätsstrukturen während des Übergangs zur Moderne. Mit der Aufhebung der Barriere zwischen der jüdischen und der nichtjüdischen Welt und als Folge der Suche nach neuer jüdischer Kollektivität, entwickelte sich die Trennung zwischen der Ethnizität und Religiosität. Die Aufgabe der Forscher zum Thema moderner jüdischer Identität ist, nach Liebman, das „ethnoreligious package" mit seinen unterschiedlichen Komponenten zu verstehen (Liebman 2003: 143).

Wenn das 19. Jahrhundert, in dem das Reformjudentum entstand, durch Gegensätze zwischen Religiosität und Ethnizität geprägt war, zeigt die Geschichte nach 1945, dass sich dieser Konflikt sowohl in Europa als auch in Amerika abgeschwächt hat, d. h. Judentum heutzutage wieder durch ein Zusammenspiel beider Komponenten definiert wird (vgl. Webber 1997: 269; Heilman 1995: 135). Elazar weist dennoch darauf hin, dass die amerikanischen und die europäischen Juden unterschiedliche Schwerpunkte setzen. Die ersten heben die religiösen Merkmale stärker hervor, während

„in Western Europe Jews are an ethnic group perhaps most sustained by anti-Semitism – real or perceived, manifest or latent – in consequence of which Jews perceive themselves as different from French or Germans or Norwegians, even though they may be very much integrated into their country's civic life and culture" (Elazar 1999: 43).

Aufgrund der unterschiedlichen Gewichtung tendieren amerikanische Forscher dazu, von Juden als „religio-ethnischer" Gruppe zu sprechen, während die Europäer sie mehrheitlich als „ethno-religiöse" Gruppe definieren (vgl. Gans 1994; Webber 1994; Hofman 2000; Hammond/Warner 1993).

Kadushin, Kelner und Saxe (2001) untersuchten die Rolle der Religion und die sozialen Kontakte von jungen Juden für die Entwicklung jüdischer Identifikation. Sie fanden heraus, dass der Glaube die wichtigste Stütze jüdischer Identität darstellt. Hecht und Faulkner (2000) dagegen stuften die religiösen Elemente in der jüdischen Identität als zweitrangig gegenüber den kulturellen oder säkularen Elementen ein; bei vielen Juden geht es weniger um Fragen von Glauben, Gott oder religiöser Praxis, sondern vielmehr um „social style". Die Synagoge entwickelte sich in mehreren jüdischen Gemeinden vom religiösen Gotteshaus per se in ein Zentrum, das auch jüdische, kulturelle und soziale Aktivitäten anbietet. Auf der anderen Seite zeigen auch jüdische, nichtreligiöse Organisationen religiöse Eigenschaften, wenn sie z. B. ihre Büros an jüdischen Feiertagen schließen. Amyot und Sigelman (1996) unterscheiden zwischen drei Ebenen von jüdischen, ethnischen und religiösen Merkmalen, die als Gegenstand der Identitätsforschung betrachtet werden sollen: (i) kulturelle, (ii) soziostrukturelle und (iii) kognitive.

i.   Die *kulturelle Ethnoreligiosität* bezeichnet die Beteiligung an religiösen Ritualen in jüdischen Kreisen, sowie die Teilnahme an Aktivitäten im Rahmen einer jüdischen Gemeinde. Auf dieser Ebene wird die Anbindung der Person an jüdische Institutionen untersucht.

ii. Die *soziostrukturelle Ethnoreligiosität* bezeichnet die Zugehörigkeit einer Person zum jüdischen Milieu. Es wird nach den sozialen Kontakten zu anderen Juden in verschiedenen Lebenskreisen, beispielsweise in der Arbeit, in der Freizeit, mit der Ehepartnerin/mit dem Ehepartner usw. gefragt.

iii. Die *kognitive Form religiöser ethnischer Identität* beschäftigt sich mit den psychologischen Berührungspunkten zwischen dem Individuum und der Gruppe: Inwiefern ist sie/er mit der jüdischen Geschichte/dem jüdischen Staat/der jüdischen Kultur identifiziert? Ist sie/er auf ihre/seine jüdische Herkunft stolz? Fühlt sie/er sich mit anderen Juden in der Diaspora verbunden? In welchem Verhältnis steht die jüdische Identität zu anderen Teilidentitäten usw. (Amyot und Sigelman 1996).

Herman (1989) vertritt die Ansicht, dass nur die Kombination von säkular-ethnischen identitätsstiftenden Elementen zusammen mit religiösem Selbstverständnis eine starke jüdische Identität über Generationen garantiert:

„A secular Jewishness has severe limitations, and its durability across generations is questionable. There are limitations also to a strictly religious Jewishness of the kind which endeavors to strip Judaism of its national component and sees in it only a religious creed analogous to Christianity. It artificially restricts the scope of the Jewishness of the Jewish group, minimizes the cultural differences between Jews and their neighbors, and … leads to the erosion of the Jewish identity" (Herman 1989: 50).

Die Studie von Amyot und Sigelman (1996) zeigt im Gegensatz dazu, dass jüdische Identität auch ohne religiösen Glauben und sogar ohne soziale Kontakte mit anderen Juden ‚überleben' kann. Die Autoren halten die frühere Sozialisation als das Entscheidende für das ‚Überleben' der jüdischen Identität und stellen dabei fest, dass die jüngere Generation neue Bezugspunkte zum Judentum entwickelt. Diese neuen Identifikationen lassen sich mit dem Konzept der „symbolischen Identität" besser verstehen.

„Symbolische Identität", „symbolische Ethnizität" und „symbolische Religiosität"

Als Herbert Gans 1956 erstmals den Begriff der „symbolischen Identität" entwarf, versuchte er die Frage zu beantworten, inwieweit sich die jüngere Generation europäischer Zuwanderer in Amerika für die Traditionen ihrer früheren Heimat interessiert. Die kulturell-ethnische Zugehörigkeit der nachfolgenden Generation, interpretiert Gans, ist nicht mit der Bindung der Elterngeneration identisch. Vielmehr handelt es sich dabei um einen Teil des Assimilationsprozesses. Gerade weil die Tradition der Vorväter weit in der Vergangenheit liegt, beginnt sich die neue Generation dafür zu interessieren. Dieses erneuerte Interesse für die alten Traditionen bedeutet jedoch nach Gans kein wirkliches Wiederaufleben der früheren Bindung, sondern ist zu verstehen als ein Teil des Assimilations- und Akkulturationsprozesses der zweiten Generation von Migranten. Gerade weil die alten Traditionen oft in Vergessenheit geraten sind, können die Nachkommenden selbst entscheiden, welche von diesen sie übernehmen und welche sie weglassen wollen. Die selektive Auswahl und anschließende Übernahme unterscheidet sich deutlich von der unreflektierten Verankerung in einer Tradition, mit der die Väter und Mütter aufwuchsen. Die Identität der jüngeren Generation, so Gans, zeichnet sich durch ihre Unverbindlichkeit und eklektische Auswahl von Symbolen aus. Sie entwickeln eine subjektive ethnische Identität:

Den Angehörigen der heutigen Generation geht es um „das Gefühl, jüdisch oder italienisch oder polnisch zu sein". Charakteristisch für diese symbolische Ethnizität ist vor allem eine

„nostalgische Anhänglichkeit an die Kultur der einwandernden Vorfahren bzw. der alten Heimat; eine Liebe zur Tradition, und ein Stolz darauf, die man fühlen kann, ohne sie ins Alltagsverhalten übersetzen zu müssen … Die Menschen haben vielleicht sogar den ehrlichen Wunsch, ‚zurückzukehren' zu diesen Wunschbildern einer Vergangenheit, aus denen jedoch praktischerweise die ganze Komplexität entfernt wurde, die in der wirklichen Vergangenheit dazugehörte. Und selbst dann, wenn diese Menschen schnell einsehen, dass eine solche Rückkehr unmöglich ist, halten sie vielleicht dennoch am Wunsch fest" (Gans 1996, zitiert in: Beck-Gernsheim 1999: 246)

Die Auswahl der kulturellen Muster aus der Vergangenheit ist jedoch keineswegs willkürlich, sondern es wird ein pragmatischer Maßstab angewandt: Die Symbole müssen sich leicht darstellen und „eingängig einfühlen lassen, ohne allzu große Rücksichten im sonstigen Leben zu fordern" (Gans 1996, zitiert in: Beck-Gernsheim 1999: 246).

Gans leitet seine Theorie aus Beobachtungen und Studien über den amerikanischen Juden ab (Gans 1994: 577). Wenn er über „symbolisches Judentum" spricht, differenziert er zwischen der „symbolischen Ethnizität" und der „symbolischen Religiosität". „Symbolische Religiosität" definiert Gans als „consumption of religious symbols, apart from regular participation in a religious culture and in religious affiliations". Wie „symbolische Ethnizität" ist der Konsum von religiösen Symbolen so gestaltet, dass er keine Komplikationen oder Begrenzungen des säkularen Lifestyles verursacht. Die jüdische „symbolische Religiosität" wird durch sogenannte ‚jüdische Objektenkultur' (‚Jewish Objects Culture') wie Essen, Bücher, Kunst und Objekte im Haushalt konstituiert. Während jüdische „symbolische Ethnizität" oft aus sozialen Aktivitäten besteht, wird die „symbolische Religiosität" meist in der Kernfamilie ausgeübt („Home-centered Religion"). Dabei werden Feiertage und religiöse Veranstaltungen nicht in einer jüdischen Einrichtung wie der Synagoge oder der Gemeinde stattfinden, sondern in dem privaten Bereich mit der Familie (Gans 1994: 586-587).

Auch in Europa entwickelte sich eine Art symbolischen Judentums mit religiösen und ethnischen Dimensionen. Beck-Gernsheim weist auf die „Traditionsvernichtung durch die Shoa" als entscheidenden Faktor in der Entstehung solcher Identitäten hin, da, so begründet sie, die Nachgeborenen nach symbolischer Anknüpfung mit den Vorkriegstraditionen suchen (Beck-Gernsheim 1999: 248).

3.5 Israel in der Diaspora: Dimensionen nationaler Zugehörigkeit

Die zionistische Bewegung mit ihrem Nationalgedanken, die am Ende des 19. Jahrhunderts in Europa in Konkurrenz zu anderen Ideen zur Lösung der „Judennot" trat, prägte bzw. prägt bis heute maßgebend die jüdische kollektive Identität weltweit. Silberstein stellt fest, dass

„of the many ideological discourses to have emerged within Judaism over the past two centuries, Zionism has been the most effective in shaping contemporary interpretations of Jewish Identity, Jewish culture, and Jewish history" (Silberstein 1996: 325).

Im Zentrum des zionistischen Gedankens stand die Idee, dass die Juden als Nation im modernen Sinne zu verstehen seien (vgl. Brumlik 2007: 45). Das zionistische Projekt hat jedoch keinesfalls nur politische Ziele verfolgt. Die ersten Zionisten strebten auch an, die jüdische kollektive Identität neu zu definieren. Für sie galten die biblischen Hebräer als Vorbild, welches das Ideal des assimilierten Juden ersetzen sollte. Die Diasporajuden bezeichneten die Zionisten als naturferne, überintellektuelle „Luftmenschen" (vgl. Berg 2006).

Trotz ihres Einflusses auf das jüdische Selbstverständnis gewann die zionistische Ideologie nur eine mäßige Anzahl von Anhängern in Westeuropa, die bis zur Machtübernahme 1933 eine kleine Minderheit in den jüdischen Gemeinden ausmachte. Erst mit der Gründung des Staates Israel im Jahre 1948 konnten die Juden weltweit den jüdischen Staat unterstützen, ohne sich selbst mit der zionistischen Ideologie identifizieren zu müssen. Mehrere Studien in Westeuropa und Amerika zeigen, dass nach 1948 die Mehrheit der Juden sich als pro-israelisch jedoch nicht als zionistisch definierten (vgl. Cohen 1983; Sharot 1998; Webber 1994). Herman erklärt, dass die zionistische Ideologie viel mehr als lediglich die Unterstützung des Staates Israel verlangt. Er postulierte sieben Credos dieser Ideologie:

i.   Juden werden in erster Linie als ein Volk mit einer Geschichte und mit einem Schicksal verstanden.
ii. Dieses Schicksal kann und soll von den Juden selbst bestimmt werden.
iii. Israel wird als das jüdische Nationalzentrum verstanden.
iv. Diaspora wird als Exil (Galuth) wahrgenommen. Hier differenziert Herman zwischen der Auffassung unter Zionisten, welche die jüdische Existenz außerhalb Israels verneint, („Schlilat Hagaluth") und der ihr entgegenstehenden Meinung unter Diasporajuden, welche

die Spannung Israel-Diaspora als immanentes und fruchtbares Verhältnis versteht.
v. Aliya. Das Hauptziel der Zionisten ist die Einwanderung der Juden aus der Diaspora nach Israel.
vi. Verbindlichkeitsgefühl mit dem Land und der Bevölkerung in Israel.
vii. Abwehr von Antisemitismus durch Stärkung der jüdischen Kultur. (Herman 1977: 120-129).

Die Identifizierung der Juden mit dem Staat Israel – in seinen jeweiligen Ausdrucksformen – weist die Struktur eines klassischen Diaspora-Heimat Verhältnisses auf, belegt Scheffer. Er behauptet weiter, dass die Stärke eines solchen Beziehungsmusters durch fünf Kriterien bestimmt wird: (i) ob die Diaspora durch freiwillige oder durch erzwungene Emigration entstanden ist, (ii) ob die Diaspora sich als Kontinuum oder nur als Provisorium wahrgenommen wird, (iii) ob die Diaspora sich in Bezug auf ihren Wohnort als benachteiligt oder als bevorzugt versteht, (iv) wie stark die Diaspora organisiert ist und (v) wie intensiv ihr Kontakt mit der realen oder erfundenen Heimat ist (Sheffer 2003: 17ff.).

Im Fall der Juden in Deutschland nach 1945 spielten jedoch noch weitere Faktoren eine Rolle. Kauders verweist auf einige von ihnen:

„Auch wenn sich das Leben ganz woanders abspielen mag, bleibt Israel in den Köpfen vieler Juden präsent – sei es wegen der religiösen Liturgie, die von Zion als jüdischer Heimat spricht, der Situation im Nahen Osten, des ‚Zivilisationsbruchs‘ von Auschwitz oder wegen der Annahme vieler Nichtjuden, Israel und Judentum seien identisch" (Kauders 2007: 94).

Die Ethnologin Jasmin Habib erklärt die Identifikation mit Israel als ein Mittel der Gemeinden, ihren Zusammenhalt zu stärken. In ihren Beobachtungen während einiger Israelreisen, die von jüdischen Gemeinden in Kanada veranstaltet wurden, fand Habib heraus, dass während der Reise ein sogenannter „Diaspora Nationalismus" konstruiert wird. Das Bild Israels, welches in der Vorstellung der Teilnehmer vor Reisebeginn als konkreter geopolitischer Ort existiert hatte, wandelte sich während bzw. in Folge der Reisen zu einem kulturellen Raum. Für die Diasporajuden, fasst Habib zusammen, bietet sich Israel als Projektionsfläche auf der Suche nach nationaler Identität und kollektiver Zugehörigkeit an: „When diaspora Jews imagined Israel they were also reflecting on their collective history and the continuity of their community, the nation of Jews" (Habib 2004: 259). Auch Benbassa und Attias weisen auf das Bedürfnis der jüdischen Diaspora hin, die „eingebildete Heimat" als Teil ihrer ethnischen Identität zu empfinden. Allerdings steht die „eingebildete Heimat" nicht im Konflikt mit der „realen Heimat", da die Juden eine sogenannte „vielfältige Identität" („polymorphous identity") entwickeln, welche es ihnen ermöglichte, zwischen den Loyalitäten und Identitäten einen Ausgleich herzustellen (vgl. Benbassa/Attias 2004: 155-156).

Die Möglichkeit und Motivation von Juden in der Welt, sich mit Israel zu identifizieren wird sowohl von ihrer Situation in ihrer „realen Heimat" als auch von der politischen Lage in Israel abhängig. Anhand des Beispiels der jüdischen Gemeinden in Kanada zeigt Troper, dass Assimilationsprozesse der kanadischen Juden einerseits und die politische Situation in Israel andererseits zu einer zunehmenden Kritik an Israel geführt haben. Er weist auf drei Hauptzäsuren in den Israel-Diaspora Beziehungen hin: (i) klassischer Zionismus, (ii) politischer pro-Israelismus und (iii) Fragmentierung.

(i) Von der Staatsgründung bis 1967 ist die Zeit des „klassischen Zionismus". In dieser Zeit drückten die Diasporajuden ihre Unterstützung und Stolz auf Israels Errungenschaften aus.

(ii) Die zweite Zäsur von 1967 bis 1982 wurde durch die Reaktionen der Gemeinden auf den Sechs-Tage-Krieg geprägt. Die Unterstützung Israels von Seiten der Diasporajuden manifestierte sich zunehmend als politische Reaktion auf die im Zuge der Ereignisse im Nahen Osten geäußerte Israelkritik in der nichtjüdischen Welt. Diaspora Juden feierten Israels Sieg und Gemeindeorganisationen veranstalteten regelmäßig Spendenaktionen für Israel. Israelkritik von Nichtjuden wurde als Antisemitismus bezeichnet und den Juden, die gleiche Kritik äußerten, wurde Selbsthass vorgeworfen.

(iii) Der erste Libanonkrieg 1982, der anhaltende Konflikt mit den Palästinensern und andere soziale Entwicklungen in Israel und in der jüdischen Welt führten zu der neuen Zäsur der ‚Fragmentierung'. Die Solidarität der Diasporajuden mit Israel blieb weiterhin vorhanden, obwohl immer deutlicher auch kritische Stimmen in Bezug auf die israelische Politik zu vernehmen waren (Troper 1996: 57-58).

Dieser Fragmentierungsprozess legitimierte jüdische Identitätsentwürfe, die nicht auf die Identifikation mit dem jüdischen Staat basieren. Während sich vor dem ersten Libanonkrieg vornehmlich linksradikale oder ultraorthodoxe Gruppierungen in der innerjüdischen Debatte gegen die Unterstützung Israels ausgesprochen hatten, wagten es im Zuge der öffentlichen Diskussion immer mehr junge Juden in Amerika und Europa, sich israelkritisch zu äußern. 1990 schätzten Liebman und Cohen, dass etwa ein Drittel der amerikanischen Juden Israel gegenüber gleichgültig seien, genauso viele zeigten einen „mäßige(n) pro Israelismus" und der Rest definierte sich als „leidenschaftlich pro israelisch" (Liebman/Cohen 1990: 84).

Stellte man früher den eingeborenen Israeli, den „Sabre", als Vorbild für alle Juden heraus, so sind Juden in der Diaspora heute auf der Suche nach neuen Vorbildern, die ihrer eigenen Gesellschaft entsprechen. So stellten Liebman und Cohen fest, dass die jüdische amerikanische Identität stark vom amerikanischen Liberalismus und „civil religion" beeinflusst ist:

„American Jews have reconstructed the tradition of Judaism through the prisms of personalism, voluntarism, universalism, and moralism – all value orientations compatible with the wider values of the American civil society. Personalism reflects the wider society's emphasis on individualism, which marks a radical difference from Israeli society's emphasis on collectivism" (Liebman/Cohen 1990: 171-172).

Auch in Europa wird die Rolle Israels als gültigem kollektivem Identitätsstifter in Frage gestellt. Wasserstein macht auf die Probleme aufmerksam, die damit verbunden sind: Die Beziehung zwischen Israel und der Diaspora bezeichnet er deshalb als „kränkelnd" und behandlungsbedürftig (Wasserstein 1999: 154).

In ähnlicher Weise vertreten Jonathan und Daniel Boyarin die Auffassung, dass gerade aus der hebräischen Bibel eine Grundlage für eine von Israel unabhängige, jüdische Diasporaidentität abgeleitet werden kann:

„The Land of Israel was not the birthplace of the Jewish people. Israel was born in exile. Abraham had to leave his own land to get to the Promised Land: the father of Jewry was deterritorialized" (Boyarin/Boyarin 1993: 718).

Während Jonathan und Daniel Boyarin dafür plädieren, die Bedeutung der Diaspora Identität als ein immanenter Bestandteil des jüdischen Selbstverständnisses anzuerkennen, verweisen Caryan Aviv und David Shneer in ihrem Buch „New Jews: The End of the Jewish Diaspora" darauf, dass die Mehrheit der Juden in der Welt, ihren Zustand nicht als Diaspora definieren:

„the majority of Jews in the United States, Russia, Germany, and elsewhere no longer see themselves ‚in diaspora' but instead see themselves at home, not pining for a Promised Land" (Aviv und Shneer 2005: xvi).

Auch in Deutschland, so Kauders, fand seit den 1980er Jahren in den jüdischen Gemeinden ein Prozess der „Abkehr vom Zionismus" statt. Es wurde der Versuch unternommen, jüdisches Selbstbewusstsein auch ohne Zionismus voranzutreiben (Kauders 2007: 120). Ob dieser Prozess zum Ende der Heimat-Diaspora Beziehung zwischen den Diasporajuden und Israel führen wird, ist noch nicht klar. Auch zu klären ist, welche Relevanz (wenn überhaupt) Israel für die Identität jüdischer Jugendlicher in Deutschland heute zukommt.

3.6 Antisemitismus und jüdische Identität („Identity through Rejection")

Kurz nach Ende des Zweiten Weltkriegs postulierte Jean-Paul Sartre die These, dass die jüdische Identität lediglich ein Ergebnis des Antisemitismus sei:

> „Weder ihre Vergangenheit noch ihre Religion, noch ihr Boden vereinen die Söhne Israels. Wenn sie ein gemeinsames Band haben, wenn sie alle den Namen Jude verdienen, so weil sie eine gemeinsame Situation als Juden haben, das heißt in einer Gesellschaft leben, die sie für Juden hält. Mit einem Wort, der Jude ist durch die modernen Nationen völlig assimilierbar, aber er wird als derjenige definiert, den die Nationen nicht assimilieren wollen. Auf ihm lastet von Anbeginn, dass er der Mörder Christi ist. Der Antisemit macht den Juden [...] Der Jude ist ein Mensch, den die anderen Menschen für einen Juden halten" (Sartre 1965: 143).

Von seinem existentialistischen Ausgangspunkt her argumentiert Sartre, dass die Identität der Juden durch ihre Position in der Gesellschaft bestimmt wird. Noch bevor die katastrophalen Auswirkungen des Holocaust für das europäische Judentum bekannt wurden, behauptet Sartre, dass der Antisemit die Lebenssituation der Juden und damit die Juden selbst in ihrer Identität konstruiert. Das Subjekt nimmt das konstruierte Bild auf und entwickelt ein ambivalentes Verhältnis zu ihrer/seiner Identität, das sich durch Furcht, Scham und Stolz artikuliert.

Emcke interpretiert Sartres Auffassung zur Entwicklung der jüdischen Identität im Sozialisationsprozess in zwei Richtungen. Nach der ersten Erklärung verfügt das Kind über eine jüdische Identität, bevor es die Kategorie „Jude" hört. Es handelt sich dabei um einen „präreflexiven cognito", der ihm ein Gefühl von Vertrautheit mit sich selbst ohne Wissen darum verleiht. Erst wenn von außen die Differenz definiert und mit einem Namen gekennzeichnet wird, drängt diese Zugehörigkeit ins Bewusstsein. Nach der zweiten Interpretation wird die gesamte Identität des Kindes mit dem Begriff ‚Jude' erst geschaffen: „So wie eines Tages das ‚Wörtchen Jude' auftaucht und nie wieder verschwindet, so taucht mit dem Begriff auch erst die Identität auf und verschwindet nie wieder" (Emcke 2000: 109).

Auch wenn Sartre offen lässt, ob ein jüdisches Vorverständnis noch vor der erzwungenen Identifikation vorhanden ist, macht er in seiner Theorie klar, dass die Verinnerlichung der Fremdwahrnehmung der Hauptbestandteil jüdischer Identität ist.

Diese Fremdwahrnehmung nach Sartre ist auf keinen Fall positiv. Sie ist implizit oder explizit durch antisemitische Stereotypen geprägt und belastet die Identität der Einzelnen in ihrer frühen Entwicklung. Die

Bezeichnung als „anders" ist damit mit unvermeidlichem Leid und Scham verbunden (Sartre 1986: 108ff.).

Ohne direkten Verweis darauf setzt sich Finkielkraut mit Sartres These auseinander. Er lehnt die Interpretation ab, dass die Fremdwahrnehmung des Kindes als Jude für negative Erfahrung gehalten werden muss. Provokant zeigt er einen anderes Narrativ der Fremdwahrnehmung:

> „Man kennt diese Anekdote. In zahllosen Abwandlungen ist sie von einer Vielzahl von Schriftstellern erzählt worden. Es ist die pathetische und erbauliche Geschichte eines Kindes, das aus seiner Unschuld gerissen und unter den Vorzeichen der Beleidigung – oder des Fluchs – dem Judentum überantwortet wird. Ich dagegen will hier berichten und nachdenken über die umgekehrte Erfahrung: die eines Kindes, eines Jugendlichen, der nicht nur stolz, sondern auch glücklich war, ein Jude zu sein, und der sich allmählich zu fragen begann, ob es nicht verlogen war, dass er seine Besonderheit und seine Verbannung voller Freude genoss" (Finkielkraut 1982: 14).

Finkielkraut folgt Sartres existenzialistischer Auffassung, dass die jüdische Identität durch die Situation bestimmt wird. Er bestreitet jedoch, dass die Identitätsbildung in einem einzigen Entdeckungsmoment stattfindet, indem die Differenz konstruiert und gezeigt wird. Aus seiner Erfahrung verweist Finkielkraut auf einen „langsamen unmerklichen und gar nicht theatralischen" Prozess:

> „Es war ein Drama ohne schicksalhaftes Ereignis, ohne lokalisierbaren Bruch zwischen einem vorher und einem nachher. Es war ein sehr langes Erwachen, das niemals die spektakuläre Form des Falls oder der Transmutation annahm. In keinen mythischen Augenblick lässt sich das wachsende Unbehagen zusammenfassen, das es mir schließlich abgewöhnt hat, mich in der jüdischen Situation bequem einzurichten" (Finkielkraut 1982: 14).

Als Angehörigem der Nachkriegsgeneration wurde der Holocaust für Finkielkraut zum wichtigen Identitätsmerkmal. Für den jungen jüdischen Jungen in Frankreich war die Leidensgeschichte der Juden im Zweiten Weltkrieg paradoxerweise eine Ressource im Aufbau seiner Narration:

> „Mit dem Judentum war mir das schönste Geschenk zuteil geworden, das sich ein dem Völkermord nachgeborenes Kind erträumen konnte. Ich erbte ein Leid, das ich nicht erfuhr […] Ich brauchte nur Jude zu sein, um der Anonymität eines austauschbaren Daseins und der Plattheit eines ereignislosen Lebens zu entgehen" (Finkielkraut 1982: 15-16).

Ausgehend von seiner Selbstreflexion stellt Finkielkraut fest, dass viele Juden im zeitgenössischen Europa das Leiden des Holocaust zum einzigen Inhalt ihrer jüdischen Identität machen (Finkielkraut 1982: 24-25). Diese provokante These vertritt auch Wasserstein in seiner umfassenden

Studie zur Geschichte der Juden in Europa seit dem Zweiten Weltkrieg. Er behauptet, dass der Holocaust sich „zu einem zentralen Merkmal der jüdischen Identität in der Diaspora" entwickelt hat. Diese zentrale Rolle, die der Holocaust für jüdische Identität heute einnimmt, drohte sogar zu einer fast „nekrophilien Faszination" auszuwachsen: „Wie in ihrer Beziehung zu Israel sind die europäischen Juden auch in diesem Bereich einer potentiell zerstörerischen Krankheit erlegen" (Wasserstein 2001: 192).

Insbesondere die in den letzten Jahren stark wachsende Konzentration auf die Verbrechen der Nazis – in Museen, Gedenkstätten, Filmen und Romanen – hat Kritik hervorgerufen, die zwar die Notwendigkeit der Erinnerung an die Ermordeten unterstreicht, es aber als absurd bezeichnet, wenn Juden sich von den Antisemiten auch noch vorschreiben lassen, wie ihre jüdische Identität konstituiert wird. Der Historiker Michael Brenner plädiert deshalb dafür, „jüdische Geschichte und Gegenwart nicht nur durch die Linse des Antisemitismus wahrzunehmen". „Es kann zuallerletzt im jüdischen Interesse liegen", so Brenner,

„dass man sich selbst nur als passive Opfer, als ewige Verlierer der Geschichte, als ultimative Parias wahrnimmt [...]. Wir europäischen Juden sollten den Mut haben zu begreifen, dass wir Antisemitismus und Antisemiten nicht zum Überleben benötigen" (Brenner 2002: 25).

Pinto glaubt dagegen, dass die Entwicklung einer positiven jüdischen Identität im Rahmen des europäischen Nationalstaats – wie von Brenner propagiert wird – aufgrund der Vergangenheit nicht möglich ist. Zum einen konnten die Juden seit dem Holocaust nur ein ambivalentes, manchmal auch durch Angst geprägtes Verhältnis zu ihrem Heimatland und dessen Vergangenheit haben. Zum anderen wurde der Holocaust zum Bestandteil des europäischen Gedächtnisses, welches den Juden Anschlusspunkte an die neue europäische Identität anbietet.[15] Nach Pintos Analyse kann eine positive jüdische Identität nur auf der europäischen Ebene wachsen:

„In today's post-1989 Europa any positive Jewish Identity can only be European. Such a European Identity may add a layer of complexity, but complexity is what being Jewish is all about [...] Because of their post-war experiences, Jews in Europe can look beyond the Holocaust and help reshape Europe as commited Europeans" (Pinto 1996: 13).

---

15   Über die These zur Globalisierung der Holocausterinnerung vgl. Levy und Sznaider (2001).

3.7 Jüdische Identitäten am Übergang von Moderne zur Postmoderne

Beeinflusst durch die post-kolonialen, feministischen und post-struktura-listischen Theorien versuchen in den letzten Jahren amerikanische Wis-senschaftlerinnen und Wissenschaftler die traditionellen jüdischen Iden-titätskonzepte herauszufordern. Dabei werden die Interpretationen der bedeuteten identitätsstiftenden „Meta-Narrative" der modernen jüdi-schen Geschichte – die Emanzipation, der Holocaust und die Gründung des Staates Israels – neu überdacht. Diese Ereignisse, behauptet Kepnes, verfügen in der postmodernen Realität nicht über den gleichen Einfluss wie früher:

„Jews living in and through the conditions created by postmodernity are beginning to find that the great transformative events of the modern period [...] no longer have the same power to generate ideologies that determine their existence. Thus part of the Jewish postmodern condition means to live in a world that is postassimilatory, post-Zionist, and post-Holocaust" (Kepnes 1996: 4).

Die postmodernen Kritiker lehnen jüdische Identifikationen ab, die durch „Ideologien" geprägt sind. Mit dem Eintritt in den postmodernen Zustand werden nicht allein der Holocaust und der Zionismus, sondern auch die Religion hinterfragt:

„Postmodernism, if it means anything, means foregoing reductive categories, master narratives, and absolute truths, most certainly religious ones; Jewish particularism and postmodernist anti-essentialism are, by defenition, incommensurable" (Brook 2006: 6).

In diesem Sinn argumentiert auch Breslauer in seinem Buch „Creating a Judaism without Religion: A Postmodern Jewish Possibility". Breslauer proklamiert, dass die jüdische Geschichte in eine neue Ära gelangte, in der auch jüdische Theologie ohne Religion möglich ist. Für Breslauer stellt die Kultur die Basis der postmodernen jüdischen Identität dar. Das in den letzten Jahren stark wachsende Interesse von Forschern für die unterschiedlichen Ausdrücke jüdischen kulturellen Schaffens wie Mu-sik, Tanz, Kunst, Film und sogar „Stand-Up Comedy" versteht er als Indiz dafür, dass die Kultur im Kern der jüdischen postmodernen Identi-tät steht (Breslauer 2001: 5). Gerade die Offenheit der Definition jüdi-scher Kultur[16] eignet sich für den postmodernen Zustand, da sie die

---

16   Zu der grundlegenden Frage, ob es so etwas wie eine jüdische Kultur überhaupt gibt, siehe auch die These von Gombrich, der davon ausgeht, dass der Begriff der jüdi-schen Kultur von Hitler und seinen Vor- und Nachläufern erfunden wurde (Gombrich 1997: 33ff.). Whitfield dagegen definiert jüdische Kultur als „whatever individuals of

Interaktion und den Einfluss zwischen dem Jüdischen und dem Nichjü-
dischen zeigt:

„What may be the most defining characteristic of postmodern American Jewish
culture and identity is the increasing inability, yet persistent necessity, to define it.
The ‚knowledge of not knowing' [...] as the postmodern age appears to affirm, lies at
the core of what it means to be a Jew " (Brook 2006: 6).

Die postmoderne Kritik lehnt dichotome oder essentialistische Kategorien der jüdischen Identität ab. Dafür wird die Identität als soziales und
kulturelles Konstrukt verstanden, das durch Diskurse produziert wird.
Solche Diskurse sind unter anderem Ethnizität, Religion, Geschlecht,
sexuelle Orientierung, Race,[17] Nationalität, sozioökonomischer Status
und geographische Position. Gleichwohl negiert die postmoderne Kritik
essentiale oder primordiale Definitionen zur jüdischen Identität, die, so
Silberstein, die Entwicklung von „alternative imaginative ways of thin-
king and acting Jewish" verhindern. Solche Definitionen reproduzieren
Machtbeziehungen innerhalb der jüdischen Gemeinschaft und zwischen
Juden und Nichtjuden (Silberstein 2000: 12).

Wenn man Identität und ethnische Zugehörigkeit als soziale Kon-
strukte und somit als etwas Subjektives versteht, eröffnen sich neue
Möglichkeiten für den innerjüdischen sowie den interreligiösen Dialog.
In Anlehnung an das feministische Identitätskonzept Judith Butlers,
plädiert Silberstein deshalb dafür, jüdische Identitäten als „site of permanent openness and resignifiability" zu betrachten, die von der individuellen Entscheidung des Menschen bestimmt wird (2000: 13). Auch
andere Verfechter dieser Position machen darauf aufmerksam, dass das
Judentum in seiner ursprünglichen Form durch das langjährige Bestehen
der Diaspora, die Fragmentierung der sozialen Strukturen und die offenen Texte ein postmodernes Konstrukt sei (vgl. Biale/Galchinsky/He-
schel 1998).

Ein interessanter Einblick in die Lebensrealität der jüngeren Generation, die in mancher Hinsicht bereits im postmodernen Zeitalter aufgewachsen ist, kann man aus dem autobiographischen Buch „Generation
J" bekommen. Die junge jüdisch-amerikanische Autorin Lisa Schiffman
versuchte in der Auseinandersetzung mit ihrer eigenen Lebensgeschichte
eine Art Generationsbiografie zu entwerfen. Da diese Generation, so
Schiffman, nicht mehr das unmittelbare, starke, jüdische Identitätsgefühl
ihrer Eltern habe, sei sie frei, zwischen den Identitäten zu wechseln. Es

---

Jewish birth (who did not sincerely convert to another faith) have contributed to art
and thought" (Whitfield 1999: 81).

17   Die Bezeichnung „Race" und nicht „Rasse" soll in diesem Kontext auf den amerikanischen Diskurs verweisen.

bleibt zuletzt eine Frage des Individuums, ob und wie es jüdisch sein will:

„We were a generation of Jews who grew up with television, with Barbie, with rhinoplasty as a way of life. Assimilation wasn't something we strove for; it was the condition into which we were born. We could talk without using our hands. When we used the word schlep, it sounded American. Being Jewish was an activity: Today I'll be Jewish. Tomorrow I'll play tennis. In secret, we sometimes wondered if being Jewish was even necessary. We could resist that part of ourselves, couldn't we? To us, anything was possible" (Schiffman 1999: 4).

Für „Generation J", wie Schiffman ihre Altergenossen nennt, ist die jüdische Identität – genauso wie die Identität eines Mitgliedes im Tennisclub – eine Möglichkeit, die immer wieder zur Wahl steht. Schiffman kritisiert diesen Zustand, da sie Identität nicht nur mit Freiheit, sondern auch mit langfristigem Verpflichtungsgefühl verbindet. Als erwachsene Person entscheidet sie bewusst, ihrem Verpflichtungsgefühl dem Judentum gegenüber Ausdruck zu verleihen. Interessanterweise tut sie es in einer „unkonventionellen" Form: durch einen symbolischen Akt. Sie lässt sich auf ihre Schulter einen Davidstern tätowieren (Schiffman 1999: 166).

Schiffmans Geschichte wirft die Frage auf, welche Bedeutung solche „privaten" Bekenntnisakte für das Konzept der jüdischen Identität darstellen. Fernerhin stellt sich die Frage, wie man diese Ausdrucksformen in einem wissenschaftlichen Konzept erfassen kann.

Einen wichtigen Beitrag zum Verständnis dieser neuen Ausdrucksformen jüdischer Identität leistet die Studie „Connections and Journeys" von Bethamie Horowitz. Sie zeigt, dass die Ausdrücke jüdischer Identifikationen komplexer sind, als häufig angenommen wird. Nach den Ergebnissen ihrer Untersuchung wird eine bedeutende Gruppe der jüdischen Amerikaner einer Kategorie der „mixed Jewish engagement" zugeordnet. Für diese Menschen, so Horowitz, drückt sich die jüdische Identität nicht durch rituelle oder institutionelle jüdische Aktivitäten aus, sondern durch eine subjektive „interne" jüdische Affinität. Ihre Interviewpartner fanden unterschiedliche Formen, diese Affinität zu artikulieren. So erwähnten sie unterschiedliche individuelle Merkmale, die ihre jüdische Identität ausmachten, wie zum Beispiel Essensgewohnheiten (Challah, Gefilte Fisch), Fernsehsendungen (Seinfeld), eine bestimmte Person aus dem Familienkreis oder sogar die Angst vor Hunden! (Horowitz 2003: 79). In einer anderen Studie zeigte Kaufman, dass sogar Themen, die zum Kern jüdischer kollektiver Identität gehören, sehr individuell interpretiert werden können. In ihrer Studie nennt sie mehrere Beispiele für diese individuellen Interpretationen. Der Fall von A., einem jungen amerikanischen Juden, ist dafür charakteristisch. A.

legt wert darauf, den Shabbath Abend mit seinen Freunden zu feiern. Nur gelegentlich besorgen sie die Challah (das traditionelle Schabbathbrot), auch auf einige Teile der religiösen Gebete (Brachot) wird nicht immer geachtet. Die Freunde hätten aber *immer* ihr musikalisches Instrument dabei gehabt und *immer* sei der Abend mit dem kirchlichen Lied „Amazing Grace" beendet worden. „When I hear Amazing Grace", sagt A., „I think Shabbos!" (Kaufman 1998: 49).

Um diese Befunde zu konzeptualisieren, entwickelte Horowitz eine zweidimensionale Typologie, welche die Beziehung zwischen der subjektiven inneren Verbindung zum Judentum und den äußerlichen jüdischen Aktivitäten darstellt:

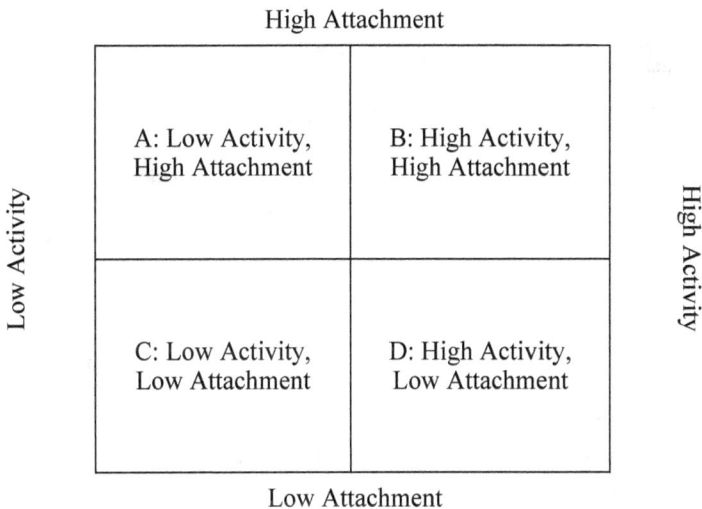

High Attachment

A: Low Activity, High Attachment	B: High Activity, High Attachment
C: Low Activity, Low Attachment	D: High Activity, Low Attachment

Low Activity (links) / High Activity (rechts)

Low Attachment

Abb. 1: Dimensionen jüdischer Identität (Horowitz 2003: 77)

Der Typ B („High Activity, High Attachment") zeigt die traditionelle jüdische Identität. Die persönliche Verbindung der Personen dieses Typs zum Judentum wird durch Engagement im jüdischen Gemeindeleben und/oder in jüdischen Organisationen zum Ausdruck gebracht. Der Typ C („Low Activity, Low Attachment") ist der klassische assimilatorische Jude, der weder in seiner Affinität, noch in seiner Aktivität Anschluss zum Judentum findet. Diese zwei Typen sind bereits aus der modernen Forschung zur jüdischen Identität bekannt. Nun findet Horowitz zwei weitere neue Typen, die neue Formen jüdischer Identität aufweisen. Der Typ D („High Activity, Low Attachment") könnte beispielsweise jemand sein, der vorher Typ C war und aufgrund von Ehe mit einem Partner/ einer Partnerin aus Typ B zu mehr Aktivität im neuen Kontext bewegt wurde, ohne eine stärkere Bindung an das Judentum zu entwickeln. Der Typ A („Low Activity, High Attachment") repräsentiert jemanden wie Lisa Schiffman, der zwar seinen persönlichen Anschluss zum Judentum fand, jedoch an keinen gemeinschaftlich jüdischen Aktivitäten teilnimmt.

Aufgrund dieser Befunde plädiert Horowitz für einen neuen Ansatz zum Verständnis jüdischer Identität:

„Imagine a salad bar containing the full array of things that people might associate with being Jewish – conventional and shared ideas, as well as novel or idiosyncratic, happy or difficult. When we think about describing a person's own sense of Jewishness, we must remember that every plate has a different set of ingredients, representing different images of what being Jewish means" (Horowitz 2003: 78).

Kann man jüdische Identität tatsächlich als offene „Salad Bar" verstehen, in der sich das Subjekt frei bedienen kann? Welche Restriktionen und sozialen Grenzen verengen seinen Gestaltungsraum?

In dieser Diskussion nimmt Whitfield mit seiner Kritik an den postmodernen Identitätstheorien eine klare Position ein. Er verweist auf die „objektiven" Grenzlinien, die jüdische Identität von offenen Identitäten unterscheiden. Für ihn gilt:

„Neither the Jewish people nor its culture can be categorized as a voluntary association, comparable to, say, bowling leagues. From birth forward, freedom of choice is never possible, even for those who refuse to bowl alone and join groups and organizations" (Whitfield 2002: 166).

Whitfield ist zwar bewusst, dass man zum Judentum übertreten kann, er behauptet jedoch, dass die jüdische Kultur ausschließlich in der früheren Sozialisation vermittelt werden kann:

„The Jewish religion can be adopted, its laws followed, its rituals practiced, its beliefs sincerely held. But how does an individual select a culture? Ordinarily only those born and raised within Jewish families, woven into the fabric of the Jewish people, could have the experiences that facilitate the use of patterns of meaning according to the heritage of that particular culture" (Whitfield 2002: 165).

Der Streit zwischen Verfechtern der traditionellen Identitätskonzepte und den Befürwortern des postmodernen Ansatzes scheint in diesem Punkt ideologischer Natur zu sein. Während Whitfield ein Konzept von geschlossener homogener Kultur vertritt, argumentieren Postmodernisten dafür, Vielfalt und Diversität als Teil der jüdischen Identität anzuerkennen. So betrachtet Sharot übergetretene Juden nicht als eine Gefahr für die jüdische Kultur, sondern vielmehr als eine Bereicherung, die neue Entfaltungsmöglichkeiten für die jüdische Kultur eröffnen:

„This opens up the possibility of different ethnic identities becoming co-joined with Judaism, somewhat similar to Italian Catholics, and Irish Catholics" (Sharot 1991).

Die amerikanische Debatte über postmoderne jüdische Identitäten wird in Deutschland bis heute nur wenig rezipiert. In einer neuen Studie entdeckte Müller zwar einen Prozess der Individualisierung unter jüdischen Jugendlichen; die Jugendlichen hielten jedoch gleichzeitig an den Traditionen fest und blieben institutionell an die jüdische Gemeinde angebunden. Weiterhin fand Müller heraus, dass die Jugendlichen ihre jüdisch-religiösen Rituale nicht mit Elementen aus anderen Religionen oder Traditionen kombinierten. „Religiöse Individualisierung unter jungen Juden findet statt, bewegt sich aber innerhalb dieser Grenzen", stellt Müller fest (Müller 2007: 291).

Beck-Gernsheim dagegen zeigt, dass auch in Deutschland die Grenzen zwischen Juden und Nichtjuden sich bereits in einem Auflösungsprozess befinden:

„Die Ränder werden unscharf, die Grenzen verschwimmen. Im Zeitalter der Globalisierung, der Migration, der gemischten Familien werden die alten Zugehörigkeitsregeln zunehmend anachronistisch. Sie werden zum Dschungel und Dickicht, nicht selten zum umkämpften Terrain" (Beck-Gernsheim 1999: 195).

Beck-Gernsheim versteht diesen Prozess nicht als Einbahnstraße. Auf ihrer Suche nach kollektiver Identität vermissen die Menschen die klaren Grenzen:

„Je schwieriger es wird, eindeutige Grenzlinien zu ziehen, desto mehr werden [...] als Reaktion darauf die Bemühungen zunehmen, solche Grenzziehungen *dennoch* zu behaupten, in einem Versuch, sich der tatsächlichen Entwicklung entgegenzustemmen" (Beck-Gernsheim 1999: 196).

Im Gegensatz zu der amerikanischen Diskussion zur postmodernen jüdischen Identität wurde bis heute kaum über europäische bzw. deutsche postmoderne jüdische Identität geforscht. Um eine fundierte empirische Grundlage für eine solche Diskussion zu leisten, muss man Methoden anwenden, die jüdische Identität in ihren verschiedenen Ausdrucksformen wahrnehmen.

3.8 Implikationen für den vorliegenden Forschungsansatz

Unser „*Wissen*" wird immer durch die Frage bedingt, *wie* wir die Studie gestalten und *welche* Methoden wir anwenden. Deshalb scheint es wichtig an dieser Stelle zu reflektieren, welche methodische Herangehensweise am Besten geeignet ist, jüdische Identität in ihrer Vielfältigkeit zu erfassen. Die Entscheidung, wie die Daten erhoben werden, welche Konzepte von jüdischer Identität dieser Arbeit zugrunde gelegt werden und welche Fragen gestellt (oder nicht gestellt) werden, sind zwangsläufig mit den theoretischen Annahmen und Voraussetzungen über die sozialen Prozesse verbunden, welche Identitäten konstruieren und rekonstruieren.

Die Mehrdimensionalität jüdischer Identitäten, ihr kontinuierlicher Wandelprozess, ihre privaten bzw. öffentlichen Ausdrucksformen und das dialektische Verhältnis zwischen ihren verschiedenen Kategorien stellen die Forscher vor methodische Herausforderungen.

Die „konventionelle" jüdische Identitätsforschung, kritisiert Silberstein, geht davon aus, dass die Identität schon vorhanden ist („already is") und anhand von vorgegebenen Kategorien hinterfragt wird. Die Subjekte werden dann daran gemessen, inwiefern sie mit ihren Auffassungen und Handlungen diese Ansprüche erfüllen, um schließlich bestimmen zu können, ob sie eine „starke" oder „schwache" jüdische Identität aufweisen. Diese Art von Forschung, stellt Silberstein fest, ist durch ihre Vorannahmen essentialistisch geprägt, da sie „inneres" und „authentisches" Jüdischsein („Jewish self") voraussetzt und Identität als „Sein" („Being") und nicht als „Werden" („becoming") versteht. All dies zeigt „little understanding of the complex processes through which identities are produced and constructed". (Silberstein 2000: 1-2).

Mayer warnt davor, das Kriterium der „starken" bzw. „schwachen" jüdischen Identität anzuwenden. Als Alternative schlägt er vor, die subjektive Perspektive und Selbstwahrnehmung des Subjektes zu beachten:

„To say that someone is ‚secular' or ‚religious' is at once both respectful of their own subjective perceptions about the universe and also makes no unwarranted inferences about the strength or weakness of their psychic attachment to their heritage, their ancestry nor any inferences about group loyalty – as the concept of ‚Jewish identity' implicitly does. It thus allows social scientists to characterize the subjective state of mind of the observed population without imposing a possibly invidious construct like identity" (Mayer 2000: 11).

Mayer plädiert dafür, Identität nicht als objektive Wahrheit, sondern durch die subjektive Wahrnehmung und Selbstdefinitionen der Individuen zu verstehen. Versteht man jüdische Identität nicht als einen objektiv

74

messbaren Zustand, sondern als subjektives Identitätsgefühl, das sich immer im Wandel befindet, wird ein entsprechender methodischer Zugang notwendig, der die Subjektivität ermitteln kann. Diese Erkenntnis liegt der Auswahl der Methode dieser Arbeit zugrunde.

3.9 Zwischenbilanz

In der historischen Entwicklung von der Vor-Moderne über die Moderne bis hin zur Post- bzw. Spät-Moderne erfuhr der Begriff der jüdischen Identität einen bedeutenden Wandel. Während sich die jüdische Identität im Mittelalter als eine allumfassende, hermetische Identität zeigte, hat sie sich in der Moderne als mehrdimensionale Identität erfunden, die sich durch religiöse, ethnische, nationale oder andere Formen der kollektiven Identität zuordnen lässt. Die Verschmelzung der Grenzen und Individualisierungsprozesse, die ihre Anfänge bereits in der Moderne erkennen lassen, prägten die Identitätskonstruktionen des jüdischen Selbstverständnisses in der postmodernen Situation. Juden in der westlichen Welt heiraten öfter nichtjüdische Partner und halten weniger an typisch jüdischen, ethnischen und/oder religiösen Traditionen fest. Zudem lässt sich bei diesen ein differenziertes Verhältnis zu Israel erkennen. All dies, so zeigen neue Studien, bedeutet jedoch noch nicht, dass jüdische Identität sich in einem Auflösungsprozess befindet. Vielmehr handelt es sich dabei um einen Wandlungsprozess, der nur mit neuen theoretischen und empirischen Ansätzen erfasst werden kann. Man ist deshalb aufgefordert, die bisher geltenden Kategorien zu überdenken und gegebenenfalls zu modifizieren.

4 Zum jüdischen Leben in der Bundesrepublik

„An sich ist die Geschichte der Juden in Deutschland nach Auschwitz unspektakulär. Anders als im Fall der jüdischen Gemeinden vor 1933 muss man sich schon große Mühe geben, um in der Bundesrepublik herausragende jüdische Kultur oder bedeutende jüdische Theologie zu erkennen" (Kauders 2007: 11).

Diese kritische Bilanz des Historikers Anthony Kauders weist auf die Folgen hin, die der Holocaust für die Geschichte der Juden nach 1945 hat. Angesichts des Ausmaßes der Katastrophe und des geschichtlichen Bruchs wird der Vergleich der Entwicklungen nach 1945 mit der Zeit vor 1933 den Juden in der Bundesrepublik nicht gerecht. Vielmehr soll in dieser Arbeit ihre Geschichte als Einzelfall betrachtet werden, als Neuanfang und nicht als Wiederaufbau.

Für die Juden, die sich nach dem Ende des Zweiten Weltkriegs in Deutschland befanden, ging es zunächst nicht darum, die jüdische Kultur zu beleben, sondern vielmehr nach den Jahren des Elends endlich eine sichere Existenz aufzubauen. Im Mittelpunkt dieses Kapitels steht deshalb die Frage nach der Entwicklung des Selbstverständnisses der Juden in Deutschland von 1945 bis in die Gegenwart. Die Geschichte der Juden in der DDR wird in diesem Zusammenhang bewusst ausgeklammert, da die zur Zeit der Wiedervereinigung überalterte und kontinuierlich schrumpfende jüdische Restgemeinde mit lediglich 350 Mitglieder historisch betrachtet nur am Rande Einfluss auf das heutige Selbstverständnis der Juden in Deutschland hat (Mertens 1988: 136).

4.1 Deutsch-jüdische Verhältnisse nach 1945 als „negative Symbiose"

Der Soziologe Simon Herman hat gezeigt, dass jüdische Identität nie in Isolation entsteht:

„The Jewish identity of an American Jew can only be understood in the context of his Americanism, just as the Jewishness of an Israeli Jew has to be seen in relation to the Israeliness with which it is associated and with which it interacts" (Herman 1989: 56).

Auch die Entwicklung jüdischen Selbstverständnisses in der Bundesrepublik kann man nur im Kontext des deutsch-jüdischen Verhältnisses nach dem Holocaust verstehen.

Bereits im Jahr 1939, kurz nach seiner erzwungenen Auswanderung aus Deutschland, erklärte der Philosoph Martin Buber die „deutsch-jüdische Symbiose" der Weimarer Zeit für tot.

„Die kurze Produktivität der deutsch-jüdischen Begegnung [...], deren Blüte kaum ein halbes Jahrhundert dauerte, war eine echte und naturhafte. [...] Es gibt kein Gebiet deutscher Existenz, in dem in diesem Zeitalter nicht jüdische Menschen führend mitgewirkt hätten, wertend, ordnend, deutend, lehrend, gestaltend. Das war kein parasitäres Dasein; ganzes Menschentum wurde eingesetzt und trug seine Frucht" (Buber 1993: 151-152).

Erschüttert von dem virulenten Antisemitismus und der gesetzlichen Ausgrenzung der Juden zu dieser Zeit diagnostizierte Buber, der selbst in seiner Philosophie die deutschen und die jüdischen Traditionen verbunden hatte, dass das „Zusammenwirken deutschen und jüdischen Geistes" zu ihrem Endpunkt angelangt ist und „nicht wiederkommen" kann (ebd.: 153).

Die Frage, ob dieses symbiotische Verhältnis zwischen Juden und Christen in Deutschland eine historische Realität, oder lediglich eine verfälschende Idealisierung von Seiten Bubers und anderer zeitgenössischer Intellektueller gewesen war, spaltet seit der unmittelbaren Nachkriegszeit die deutsch-jüdische Geschichtsforschung. Der Religionsforscher Gershom Scholem, der schon in den frühen zwanziger Jahren nach Palästina ausgewandert war, stellte 1962 in einem offenen Brief fest, dass

„die angeblich unzerstörbare geistige Gemeinsamkeit des deutschen Wesens mit dem jüdischen Wesen [...], auf der Ebene historischer Realität, niemals etwas anderes als eine Fiktion (war), eine Fiktion, von der Sie mir erlauben werden zu sagen, daß sie zu hoch bezahlt worden ist" (Scholem 1962: 10).

Jost Hermand dagegen besteht darauf, dass, auch wenn sie nach 1933 „in einer Tragödie endete", die deutsch-jüdische Symbiose als eine historische Tatsache nicht zu verleugnen ist. Das tragische Ende, so Hermand,

„sprach [...] nicht gegen die deutsch-jüdische Symbiose schlechthin, sondern lediglich gegen den Nationalsozialismus, der auf sie in der schlimmstmöglichen Weise – nämlich durch Vertreibung und Ausrottung – reagiert habe" (Hermand 1996: 3).

Die Kontroverse über die deutsch-jüdische Symbiose scheint für die Nachkriegsrealität eine Nebensache zu sein: Nach Auschwitz kann gewiss keine Rede von einer Symbiose sein. Der Historiker Dan Diner geht sogar soweit, das nach dem Holocaust neuentstandene deutsch-jüdische Verhältnis als „negative Symbiose" zu bezeichnen. Seine These begründet Diner mit dem Stellenwert der Shoa in der Identität von Deutschen und Juden:

„Für beide [...] ist das Ergebnis der Massenvernichtung zum Ausgangspunkt ihres Selbstverständnisses geworden, eine Art von gegensätzlicher Gemeinsamkeit – ob sie es wollen oder nicht" (Diner 1988: 243).

Diese gegensätzliche Gemeinsamkeit prägte und prägt das Bewusstsein von Deutschen und Juden in Bezug auf sich selbst und zueinander. Die Wirkung der negativen Symbiose begrenzt sich nicht auf die erste Generation der Holocaustüberlebenden, sondern erstreckt sich über mehrere Generationen bis in die Zukunft. Gerade die zeitliche Distanz zu den Ereignissen des Holocaust ermöglicht die psychische und intellektuelle Annährung an Auschwitz. Eine solche Annährung, glaubt Diner, führe bei Juden und Deutschen zu jenen notwendig gegensätzlichen Wahrnehmungen und Reaktionsmustern, die das gegenwärtige Bewusstsein – auch und vor allem das der Nachgeborenen – so nachhaltig prägen (ebd.: 245).

Das Leben mit der Erinnerung an den Holocaust fällt sowohl dem Kollektiv der Täter als auch dem Kollektiv der Opfer in jeweils gegensätzlicher Weise schwer und führt zur Entwicklung von ‚Strategien des Vergessens'. Diese Versuche schlagen jedoch immer wieder fehl, da die Allgegenwärtigkeit des Ereignisses sich nicht einfach entsorgen lässt.

Nicht allein die Deutschen, die Schuld entsorgen wollen, sondern auch die Juden aus umgekehrten Gründen versuchen der Erinnerung auszuweichen. Dem Kollektiv der Opfer ist der Gedanke unerträglich, dass in Auschwitz ein sinn- und zweckloses Ereignis stattgefunden hat. Der jüdische Versuch, die Holocausterinnerungen zu verstecken, begründet sich unter anderem durch die Scham darüber, „wie Schafe zur Schlachtbank" geführt worden zu sein (ebd.: 251).

Mit seiner Theorie versucht Diner die Niederlassung von Juden in Deutschland nicht allein durch materielle Aspekte zu erklären. Vielmehr lässt sich seiner Meinung nach das jüdische Leben im Land der Täter vor allem dadurch begründen, dass die Opfer und ihre Nachfolger der Vergangenheit in Deutschland „durch größtmögliche Nähe zum Tatort und zum Täterkollektiv [...] am stärksten verbunden bleiben" (ebd.: 255). In Deutschland können Juden die Erinnerung an den Holocaust am stärksten lebendig halten und hier fordern sie auch die Gesellschaft durch ihre Anwesenheit zur Auseinandersetzung mit der Vergangenheit heraus.

Die Juden in Deutschland stehen deshalb durch die „Verklammerung" mit den Deutschen an der Frontlinie der negativen Symbiose und spüren die Konfliktpunke am stärksten. Der ‚reason d'etre' jüdischer

Existenz in Deutschland kann nach dieser Auffassung nur legitimiert werden, wenn die Juden „als Wächter der Erinnerung wirken. Sie können sich nicht – bei Strafe des Verlusts ihrer Würde – dieser Aufgabe entziehen" (ebd.: 257).

Bodemann bezeichnet diese Aufgabe als die ‚ideologische Arbeit', die Juden in Deutschland zugeschrieben wird, und die sie aktiv betreiben. Zusätzlich zu ihrer zentralen Rolle im deutschen Nationalgedächtnis, die von Diner hervorgehoben wurde, stellt Bodemann eine zweite Rolle der jüdischen Minderheit in der Bundesrepublik heraus. Freilich dient die jüdische Präsenz „dem Management der Schuld, denn ein Zusammenleben von Juden und Deutschen wird als Tilgung ebendieser Schuld gesehen" (Bodemann 2002: 172).[18]

Die Theorie der negativen Symbiose versteht das deutsch-jüdische Verhältnis insgesamt und die Beziehung zwischen Juden und Deutschen in der Bundesrepublik insbesondere als eine gegensätzliche Situation, welche aus struktureller Gegensätzlichkeit besteht, die im Laufe der Zeit nicht vermindert, sondern sogar verstärkt wird. In der Bundesrepublik schlagen sich die gegensätzlichen kollektiven Erinnerungen sowohl in der politischen Ebene als auch in der alltäglichen Interaktion zwischen Deutschen und Juden nieder.

4.2 Auf der Suche nach Legitimation: Jüdisches Leben in der alten Bundesrepublik

4.2.1 Der Wiederaufbau der jüdischen Gemeinden nach dem Holocaust

Mit dem Ende des Zweiten Weltkriegs war nur ein Bruchteil des deutschen Judentums noch im Lande: Von den 500.000 Juden, die vor 1933 in der Weimarer Republik gelebt hatten, überlebten nur etwa 15.000 Juden außerhalb von KZs (Maor 1961: 1). Etwa 2.000 dieser Juden lebten in der Illegalität, während die meisten von ihnen überlebten, weil sie von den Nationalsozialisten als „privilegierte Mischehe" bezeichnet wurden. Sie hatten christliche Partner oder waren Kinder aus christlich-jüdischen Ehen und hatten den größten Teil des Krieges unter dem Schutz der nichtjüdischen Familienangehörigen verbracht (Brenner

---

18 Diese Feststellung steht im Gegensatz zu Bodemanns eigener Prognose acht Jahre vorher, dass die ‚ideologische Arbeit' der Juden „bald der Vergangenheit angehören könnte". Entsprechend dieser früher geäußerten Prognose sollte „ein Wiederaufleben der alten ‚patriotischen' deutsch-jüdischen Tradition" stattfinden (Bodemann 1994: 56, vgl. auch Bodemann 1996: 50).

1995: 63). Obwohl die meisten Angehörigen dieser Restgruppe nur geringe Kenntnis vom Judentum und wenig Identifikation mit der Religion hatten, fühlten sie sich durch die jahrelange Verfolgung zum Wiederaufbau jüdischen Lebens verpflichtet. Bis 1948 gründeten sie 100 jüdische Gemeinden, von denen die meisten allerdings weniger als 50 Mitglieder zählten (Brenner 1995: 68).

Die zweite Gruppe in den Nachkriegsgemeinden waren DPs (Displaced Persons), die in der Bundesrepublik „hängengeblieben" waren. Es handelte sich um Überlebende aus den Konzentrationslagern oder Flüchtlinge aus der Sowjetunion. Von den rund 250.000 DPs, die sich nach 1945 in Lagern in den westlichen Besatzungszonen aufhielten, emigrierte bis 1952 die überwältigende Mehrheit nach Israel und in die Vereinigten Staaten von Amerika. In Deutschland blieben 1955 knapp 17.000 Juden zurück (Kugelmann 1988: 179). Die meisten von ihnen waren körperlich hinfällig oder psychisch gebrochen. Wenige hatten sich in der langen Wartezeit eine berufliche Existenz aufgebaut, andere hatten einen deutschen Partner bzw. eine deutsche Partnerin geheiratet. Auch von den DPs, die nach Israel eingewandert waren, kamen Anfang der fünfziger Jahre etwa 2.000 bis 3.000 zurück, nachdem sie im jüdischen Staat nicht hatten Fuß fassen können (Maor 1961: 173).

Die dritte Gruppe in den Nachkriegsgemeinden waren die Rückwanderer. Begründet durch die Schwierigkeiten bei dem Versuch, in ihrem Emigrationsland eine neue Heimat zu finden und durch die Sehnsucht nach der deutschen Kultur, der Sprache oder dem Klima, dazu häufig motiviert durch die Hoffnung, in Deutschland ihre alten Lebensentwürfe fortsetzen zu können, die sie wegen des Nationalsozialismus abrupt hatten abrechen müssen, fanden die Rückwanderer ihren Weg nach Deutschland (Krauss 2001: 127). Auch die Wiedergutmachungsabkommen und das Wirtschaftswunder legten vielen von ihnen die Entscheidung nahe, diesen Weg einzuschlagen. Von den etwa 220.000 deutschen Juden, die zwischen den Jahren 1933 bis 1939 emigriert waren, kehrten bis zum Ende der fünfziger Jahre jedoch lediglich zwei bis drei Prozent nach Deutschland zurück (Maor 1961: 32).

Diese Gruppe der Rückwanderer, die Restgruppe der deutschen Juden, die in Deutschland überlebt haben, sowie die verbliebenen und zurückgekehrten DPs bildeten zusammen die Mitgliedschaft der jüdischen Gemeinden in den ersten Jahren nach dem Holocaust. 1950 schlossen sie sich zum „Zentralrat der Juden in Deutschland" zusammen. Zu den Aufgaben des Zentralrats gehörte es zum Einem, die jüdische Identität „zu verteidigen gegen altes Unverständnis" (Bodemann 1996: 96), zum Anderen an einer möglichst günstigen Gestaltung der Wiedergutmachungsgesetzgebung mitzuwirken (Van Dam 1965: 899).

Ein wichtiger Grund für die Gründung des Zentralrats war auch, dass die Vertreter der Juden in Deutschland sich von der ‚Jewish Agency for Israel' nicht mehr repräsentiert fühlten und deswegen eine eigene politische Vertretung für angebracht hielten (Benz 2000: 57). Ein Jahr später, 1951, wurde in Hamburg die „Zentralwohlfahrtsstelle der Juden in Deutschland" (ZWST) wieder gegründet, welche sich um die umfassende Sozialarbeit innerhalb der jüdischen Gemeinden kümmern sollte (Bloch 2000: 177).

Auch wenn die Nachkriegsgemeinden nach außen meistens einig auftraten, spielten die Unterschiede zwischen deutschen und osteuropäischen Juden intern eine große Rolle. Nicht allein durch ihre Sprache, Kultur, religiöse Orientierungen und in ihren Verfolgungserlebnissen machten sich die Differenzen zwischen der deutschen „Rest-Judenheit" und den osteuropäischen DPs klar bemerkbar. Auch in ihrer ideologischen Einstellung wurden die Unterschiede deutlich. Zu einer Zeit, als das Ausmaß des Holocaust noch nicht voll ins Bewusstsein gedrungen war, erwarteten viele deutsche Juden ein Wiederaufleben der alten deutsch-jüdischen Traditionen. Sie wollten loyale Bürger eines neuen demokratischen Deutschlands sein (Bodemann 1996: 49). Die osteuropäischen Juden hatten eine andere Einstellung zu ihrer deutschen Umgebung. Sie waren jünger, sprachen Jiddisch, kamen aus einem stark jüdisch geprägten Milieu und hatten ihre ersten Erfahrungen mit Deutschen in den Konzentrationslagern gemacht (Richarz 1988: 18). Deshalb vermieden sie in der Regel jeglichen gesellschaftlichen Umgang mit ihren nichtjüdischen Nachbarn und begrenzten ihre Berührungspunkte mit der Tätergesellschaft auf die notwendigsten Geschäftskontakte. Die Traumata der Kriegsjahre sowie die kulturelle und sprachliche Entfremdung von der deutschen Umgebung prägten ihren Alltag, wie Lea Fleischmann, die in einem DP-Lager Föhrenwald geboren worden war, erzählt: „In zwei Wohnblocks wohnten fortan die Juden aus Föhrenwald, man blieb unter sich. Ein kleines Getto in Frankfurt. Juden haben vor Juden keine Angst" (Fleischmann 1980: 31).

1952, nachdem die Massen der DPs Deutschland verlassen hatten, erreichte die Zahl der Juden in Deutschland mit geschätzten 17.000 Personen seinen Tiefpunkt. Dennoch stieg die Gemeindemitgliederzahl überwiegend durch Remigration bis Ende der fünfziger Jahre auf über 23.000 (Maor 1961: 53-54). In späteren Jahren erreichten weitere Flüchtlingsströme aus Ungarn, der Tschechoslowakei und Polen Deutschland, was der Inhomogenität der jüdischen Gemeinschaft weiter Vorschub leistete. Ende der sechziger Jahre zählten die jüdischen Gemeinden in Deutschland bereits 25.000 Mitglieder. Auch in den Folgejahren wanderten jährlich über 1000 Juden nach Deutschland ein, etwa

400 pro Jahr wanderten aus (Richarz 1988: 22). Dieser langsame Zuwuchs setzt sich während der siebziger und achtziger Jahre nicht fort: In diesen Jahren blieb die Anzahl der Gemeindemitglieder bei 27.000 bis 29.000 stabil. Die ostdeutschen Gemeinden haben sich in diesem Zeitraum beinahe aufgelöst: Kurz vor der Wiedervereinigung zählten nur noch 350 Personen als Gemeindemitglieder (Mertens 1988: 136).

4.2.2 Jüdische Identität in der Bundesrepublik als Generationserfahrung

Obwohl die jüdische Führung in der Bundesrepublik die Idee einer langfristigen jüdischen Präsenz in Deutschland in den ersten Jahren nach der Gründung des Staates ablehnte, bildete sich relativ schnell eine Gruppe von zumeist deutschstämmigen Juden heraus, die insgeheim damit rechnete, dauerhaft in Deutschland zu bleiben. Ein Beispiel dafür ist der Judaist Hans-Joachim Schoeps, der bereits im Herbst 1946 nach Deutschland zurückkehrte. Nach seiner eigenen Definition war er ein „Jude, Preuße und Konservativer" (Schoeps 2003: 15). Seinen festen Glauben an die Integration der Juden in die deutsche Nachkriegsgesellschaft spiegelt sich in seiner Entscheidung wieder, seinen Sohn Julius auf ein Internat Obersalzberg zu schicken, indem zu dieser Zeit mehrere Kinder von ehemaligen ranghohen NS-Funktionären unterrichtet wurden. Jahrzehnte später beschäftigte den Sohn immer noch die Frage nach den Motiven seines Vaters:

„Was sich mein Vater dabei gedacht hatte, mich auf den Obersalzberg zu schicken, ist mir bis heute rätselhaft. Zweifellos hat er gewusst, in welche Umgebung ich kam. Es war geradezu paradox, dass ich, der kleine jüdische Junge, der aus dem Exil zurückgekehrt war, die Schulbank mit den Kindern einstiger Nazi-Größen drücken musste" (ebd.: 53).

In den fünfziger Jahren war jedoch die Anzahl der Juden in Deutschland, die offen über langfristiges Bleiben reden wollten, äußerst gering. Es fiel ihnen zunächst leichter, sich immer wieder auf die sprichwörtlich „gepackten Koffer" zu beziehen und Israel als die eigentliche Heimat zu bezeichnen (Kauders 2007: 98). In den ersten Jahrzehnten ging es den Juden in Deutschland darum, sich gegenüber den Juden im Ausland und gegenüber ihren eigenen Schuldgefühlen zu rechtfertigen. Grund für die Vorwürfe gegen die Juden in Deutschland war deren Entscheidung, nach dem Krieg in Deutschland zu bleiben bzw. nach Deutschland zurückzukehren – sie wurde als unwürdig angesehen. Charakteristisch hierfür ist ein Brief Gershom Scholems an Hans Joachim Schoeps. Der Verfasser zeigt sich erstaunt, „daß Sie [Schoeps, M. M.] in dieser Luft atmen können" (Scholem 1995: 14). Die negative Einstellung der jüdischen Welt gegenüber jeglichem jüdischen Leben in Deutschland wurde auf der ersten Nachkriegstagung des Jüdischen Weltkongresses im Juli 1948 in Montreux in einer Resolution artikuliert. Die Juden in aller Welt wurden gemahnt, sich „nie wieder auf dem Blut getränkten deutschen Boden anzusiedeln" (Brenner 1995: 99). Gershom Schocken, Gründer und Chefredakteur der prominenten israelischen Zeitung Ha'aretz, forderte im September 1949 den jüdischen Staat dazu auf,

„in einem demonstrativen politischen Akt zu zeigen, dass Einsiedlung in Deutschland mit Einsiedlung in anderen Ländern nicht zu vergleichen ist und ein Jude keinen Anspruch auf nationale jüdische Rechte bekommen soll, solange er in Deutschland lebt".

Daher musste der Staat eine Frist für die Juden in Deutschland setzen, um das Land zu verlassen. Wenn ein Jude über diesen Zeitpunkt hinaus noch in Deutschland verbliebe, plädierte Schocken dafür, dass dieser „automatisch das elementare Recht jedes Juden, nach Israel einzuwandern, verlieren wird" (Schocken 1949: 2).

Die meisten Juden in Deutschland sahen kaum eine Möglichkeit, diesen Vorwürfen zu entgehen. Das schlechte Gewissen war über die Herkunftsunterschiede der Gemeindemitglieder hinaus existent und prägte jahrelang das Selbstverständnis aller deutschen Nachkriegsgemeinden. Micha Brumlik fasste dies Phänomen so zusammen:

„Es schämten sich überlebende oder zurückgekehrte deutsche Juden, es schämten sich unter den polnischen Juden diejenigen, die einer vermeintlich ehrbaren Beschäftigung nachgingen, der vermeintlich unehrlichen Geschäftemacher, es schämten sich alle, die Angehörige verloren hatten, des Umstands, dass sie überhaupt überlebt hatten, und dessen, dass sie von dem Geschenk ihres Lebens nirgendwo anders Gebrauch machten als ausgerechnet im Lande der Mörder, auf dem verfluchten Boden Deutschlands" (Brumlik 1996: 29-30).

Das schlechte Gewissen zeigte im privaten und öffentlichen Handeln der Gemeindemitglieder Folgen. So engagierten sie sich oft besonders stark für Israel oder sie richteten sich ihr Leben in Deutschland so ein, dass sie jederzeit das Land (wieder) verlassen könnten (Kauders 2007: 49).

Gewisse soziale und gesellschaftliche Annährung zwischen Juden und Nichtjuden entstand Ende der sechziger Jahre in der ersten Nachkriegsgeneration durch die Studentenbewegung. Jüdische Studenten und Jugendliche schlossen sich der Studentenbewegung an und protestieren gemeinsam mit nichtjüdischen Studenten gegen den Umgang der Bundesrepublik mit der Nazi Vergangenheit.„Dieser Konsens über gemeinsam geteilte gesellschaftspolitische Ziele", merkt Cilly Kugelmann nüchtern an, war aufgrund der antiisraelischen Kritik der neuen Linken nach dem Sechs-Tage-Kriegs „nur von kurzer Dauer" (Kugelmann 2000: 57).

Während es den Juden in Deutschland in den ersten Jahrzehnten nach dem Zweiten Weltkrieg vor allem darum ging, ihre Haltung gegenüber den Juden im Ausland und gegenüber den Nichtjuden in Deutschland zu definieren, begann sich in den siebziger Jahren ein Bewusstseinswandel anzubahnen, in dessen Verlauf das jüdische Selbstbewusstsein in Deutschland eine allmähliche Stabilisierung erfuhr. Eine bewusste Entscheidung zur Fortsetzung oder Neugründung jüdischer Existenz in Deutschland hat weder auf individueller noch auf kollektiver Ebene je stattgefunden, bemerkte der Journalist Hans Jacob Ginsburg. Vielmehr handelte es sich um einen Prozess, in dem die Gemeinden sich zwar Einrichtungen vom Kindergarten bis zum Altersheim schufen, die den Willen zu kontinuierlichem Bestehen anzeigten, jedoch waren „programmatische Äußerungen entsprechender Art [...] lange Zeit kaum zu hören" (Ginsburg 1988: 113). Bereits in 1975 wies der damalige Präsident der Israelitischen Kultusgemeinde in München, Hans Lamm auf den Widerspruch zwischen dem Bewusstseinszustand und das Handeln der Juden hin. Er behauptete, dass das Verhalten der meisten Juden in Deutschland zu dieser Zeit und ihre Haltung

„nicht frei von rationalen Widersprüchen (sind) [...] So gibt es Juden hier, die noch immer behaupten, sie säßen auf gepackten Koffern und sie bauten dennoch ihre Villen mit swimming pools" (Tribüne Juni 1975, zitiert in: Sinn 2008: 191).

Solch eine programmatische Äußerung war erst 1986 zu vernehmen, als in der Eröffnung des neuen Frankfurter Jüdischen Gemeindezentrums dessen Architekt und inzwischen Vorsitzender der Frankfurter Jüdischen Gemeinde, Salomon Korn, ankündigte, „Wer ein Haus baut, will bleiben" (Korn 1999: 71). Damit wurden die Koffer nicht nur de facto sondern auch offiziell im Lichte der deutschen Öffentlichkeit ausgepackt.

Der Abschied von dem Provisorium auf individueller wie kollektiver Ebene war die Folge der Auseinandersetzung der zweiten Generation mit ihren Eltern. Aufgewachsen zwischen zwei Welten hatten die Kinder deutscher Juden nur noch wenig mit der traditionellen Identität deutscher Juden gemein. Micha Brumlik betont, dass sie eine „Nach-Shoah" Identität entwickelten. Unter der zweiten Generation deutscher Juden sind drei Muster dieser Identität zu erkennen: Die erste Gruppe hat durch die Erziehung in den Jugendzentren der Gemeinden und in den zionistischen Jugendorganisationen ihre jüdische Identität vor allem auf Israel fokussiert. Ein zweites Muster entdeckte Brumlik bei jüngeren Juden, deren Eltern sich in der Emigration vor allem als „Linke" verstanden hatten. In einer konflikthaften Auseinandersetzung mit ihren Eltern haben sie ihre jüdische Identität gefunden und sind

„aufgrund der spezifischen Bedingungen der Bundesrepublik Deutschland – nämlich der Veränderung bzw. der Auseinandersetzung mit der Shoa in dieser Gesellschaft – sich dieses besonderen Anteils an der NS-Verfolgung bewusst geworden [...] und (haben) es in ihre Identität aufgenommen" (Brumlik 1988: 175).

Zum dritten Identitätsmuster zählt eine kleine Minderheit deutscher Juden, die versucht hat, das klassische Muster einer deutsch-nationalen Vorkriegsmentalität zu rekonstruieren (ebd.: 174).

Wie Brumlik merkt Edna Brocke an, dass die Mehrheit der Angehörigen der zweiten Generation weder in der kulturellen Tradition der deutschen Juden steht, noch Bezug zur jüdischen Religion und Tradition entwickelte. Erst Mitte der 80er Jahre, behauptet sie, näherten sich die Angehörigen der zweiten Generation dem Judentum allmählich an und entdeckten dadurch die identitätsstiftenden Möglichkeiten der Religion (Brocke 1989: 40). Kurt Grünberg vertritt demgegenüber die These, dass die Angehörigen der zweiten Generation aufgrund der Erfahrungen ihrer Eltern – unabhängig davon, wie sie selber zum Judentum stehen – ein starkes Gefühl haben, jüdisch zu sein. Diejenigen, die doch primär als Juden erzogen wurden und mitunter eine eindeutige jüdische Identität entwickelt haben, können häufig das Verbleiben ihrer Eltern in Deutschland nicht begreifen (Grünberg 1991: 173f.).

Erwartungsgemäß drückt sich die Kritik an der Elterngeneration bei dem Großteil der Angehörigen der Zweiten Generation durch die Auswanderung aus Deutschland nach dem Schulabschluss aus. Gerade diejenigen, die nach Israel eingewandert waren, kamen zum großen Teil früher oder später zurück. Die Rückkehr nach Deutschland wurde zur biographischen Verlaufskurve in ihrem Selbstverständnis und als Folge einer persönlichen Auseinandersetzung mit der Elterngeneration. So beschreibt Brumlik seine Entscheidung aus Israel nach Deutschland zurückzukehren: Es

„tauchte das Bild meiner Mutter auf, meiner Mutter, die sich nie hatte verzeihen können, meinem Vater nach Deutschland gefolgt zu sein, meiner Mutter, die nach der Trennung von meinem Vater alle zwei Jahre – mehr oder minder verzweifelt – erneut erwog, ihre Frankfurter Wohnung aufzulösen und zu ihren Geschwistern nach Paris zu ziehen, ein Vorsatz, der ebenso regelmäßig wieder verworfen wurde. So ein Leben, das war alles, was ich wusste, so ein Leben wollte ich nicht führen. Und darum war der Entschluss, den ich traf, klar und eindeutig: ich würde in Deutschland leben" (Brumlik 1996: 91).

Auch für diejenigen, die sich bewusst für das Bleiben in Deutschland entschieden, war das Thema des Holocaust aktueller Bezug in ihrem alltäglichen Leben. In einer Untersuchung aus dem Jahr 1997 fand Rapaport heraus, dass nach der Wiedervereinigung die Vernichtung der Juden im Zweiten Weltkrieg immer noch der stärkste Identifikationsmechanismus der einzelnen Gemeindemitglieder mit dem jüdischen Kollektiv in Deutschland darstellte. Auf der Basis von 100 Interviews mit Angehörigen der zweiten Generation der Frankfurter Gemeinde unterstrich Rapaport die Bedeutung des Holocaust als kollektivem Identitätsstifter, der den Zusammenhalt der Gemeinde über die Jahre hinweg ermöglicht hat:

„The Holocaust in collective memory has been instrumentalized by Jews as a major strategy for community survival [...] more than the symbolism of the state of Israel, it has been the social cement that has held together this particular community" (Rapaport 1997: 256-257).

Eine andere Sichtweise zu dieser Thematik vertritt Tauchert. Anhand der Analyse umfangreichen publizierten Materials aus den Jahren 1950 bis 2000 relativiert sie die Bedeutung des Holocaust im Selbstverständnis der zweiten Generation:

„Besonders im Vergleich der Einstellung der ersten mit der zweiten Generation zeigt sich, dass sich aus einer eher negativen, vornehmlich auf den Verfolgungserfahrungen basierenden kollektiven Identität (der ersten Generation) ein positiveres, um den Rückgriff auf spezifisch jüdische Werte bemühtes Selbstverständnis entwickelt hat" (Tauchert 2007: 19).

Angehörige der zweiten Generation suchten nach einer Form jüdischer Identität, die weder durch Schuldgefühle noch von Opferbewusstsein geprägt ist. Sie forderten die Gemeinden auf, neue jüdische Identifikationsgrundlagen zu definieren, die auf positiven Inhalten des Judentums begründet sind:

„Wenn wir uns aber immer nur durch Negation abgrenzen und definieren, was wir nicht sein dürfen, können oder sollen – keine Deutschen jüdischen Bekenntnisses, keine Israelis [...], keine assimilatorischen Verräter – dann werden wir als religiöse oder ethnische Minderheit [...] bald dort angelangt sein, wo pessimistische Bevölkerungsstatistiken uns in absehbarer Zeit sehen" (Tauchert 2007: 321-322).

Es waren vor allem junge jüdische Intellektuelle der zweiten Generation, die in den siebziger und achtziger Jahren jüdische Gruppen außerhalb der Gemeinden gegründet haben, die sich mit jüdischer Literatur und Philosophie, jüdischen Bräuchen und Traditionen auseinandergesetzt haben, auf der Suche nach neuen Definitionen der bundesrepublikanischen jüdischen Identität (vgl. Kaplan 1994: 86-87).

Diese Entwicklungen interpretierte 1996 Bodemann als das Ende der Post-Holocaust Ära des deutschen Judentums. Die Shoa, so seine Auffassung, verliert bzw. verlor bereits ihren vorrangigen Stellenwert als Identitätsstifter für die Juden in Deutschland: „Der historische Kult um das alte deutsche Judentum" hat „Auschwitz eher an die Seite gedrängt" (Bodemann 1996: 50). In dieser Richtung argumentiert auch Jeffrey Peck. Er prognostiziert zwar nicht die Marginalisierung der Ho- locausterinnerung, sieht jedoch die Zeit vor 1933 als gleichwertigen Bezugspunkt bei der Suche nach einer bundesrepublikanisch jüdischen Identität:

„This developing new Jewish identity and the new German Jew will have an altered relationship not only to a potentially positive Diaspora rather than Galut (heb. Exil) in its strictest sense, but also to German Jewry's prewar past, to his collective mem- ory of the Holocaust, and to his future in Europe" (Peck 2006: 155).

Diese Auffassung vertraten bereits einige bekannte deutsch-jüdische Persönlichkeiten wie der Historiker Michael Wolfsohn oder der Schrift- steller Raphael Seligmann; dennoch fehlt ihr bis heute eine empirische Bestätigung. Vor allem wird diese These angesichts der großen jüdi- schen Zuwanderung aus den GUS-Staaten infrage gestellt, da die neuen Gemeindemitglieder aus diesen Gebieten keine kulturelle oder familiäre Verbindung zur deutsch-jüdischen Vorkriegsgeschichte haben.

Wie die dritte und vierte Generation, die in Deutschland geboren wurden, ihr eigenes Selbstverständnis formulieren bzw. formulieren werden, wurde bis heute kaum wissenschaftlich erforscht. Wie Tauchert feststellte, ist die schriftliche Quellenlage zu dieser Frage bisher „außer- ordentlich dünn" (Tauchert 2007: 346).

4.2.3 Identität jüdischer Jugendliche in der alten Bundesrepublik

Durch die Betrachtung des Bewusstseinwandels zwischen den Generati- onen soll im Rahmen der vorliegenden Arbeit der Forschungstand über das Thema der Identität jüdischer Jugendlicher in der Bundesrepublik ausführlich diskutiert werden, um der Besonderheit des Jugendalters als eigener Kategorie gerecht zu werden.

Die bisher wichtigste Forschung zum Thema „Jüdische Jugend in Deutschland" wurde von dem Soziologen und Pädagogen Walter W. Oppenheimer 1967 veröffentlicht. Oppenheimer befragte im Jahr 1962 und 1963 274 jüdische Kinder und Jugendliche zwischen neun und acht- zehn Jahren und wertete die Berichte ihrer Gruppenleiter aus. Im Mittel- punkt seines Forschungsinteresses stand der Konflikt von jüdischen Kindern und Jugendlichen, sich zwischen ihrer deutschen Umgebung und der offiziell erklärten Forderung, nach Israel auszuwandern, ent- scheiden zu müssen. Zwei Drittel der Befragten wurden im Ausland geboren (Oppenheimer 1967: 28) und ein Drittel sprach andere Sprachen als Deutsch mit ihren Eltern (vor allem Jiddisch und Polnisch) (ebd.: 83). Vierzig Prozent der Befragten haben mindestens fünf Jahre in Israel gelebt (ebd.: 29).

Die Studie stellte heraus, dass sich die Unterschiede zwischen den ehemaligen DPs und den deutschen Juden auch in der Sozialisation der zweiten Generation niederschlug. Während die Kinder der DPs weniger zum sozialen Kontakt mit Nichtjuden neigten, passten sich die jüdisch-deutschen Jugendlichen besser an die deutsche Umwelt an, indem sie mehr gesellschaftliche Verbindungen mit Nichtjuden pflegten. Auf der anderen Seite, bemerkte Oppenheimer, hätten sie geringere „jüdische Identifizierungs-Möglichkeiten" als die DPs-Kinder von ihren Eltern angeboten bekämen (ebd.: 127-128). In einem Punkt unterschieden sie sich von den anderen jüdischen Jugendlichen kaum: 80 Prozent von ihnen gaben an, dass sie am liebsten in Israel wohnen würden, während nur 10 Prozent in Deutschland bleiben wollten (ebd.: 127-128). 31 Prozent der Befragten gaben dagegen an, dass sie in Deutschland am wenigsten gern wohnen möchten. Nur die kommunistischen Länder wurden von mehr Jugendlichen abgelehnt (37 Prozent) (ebd.: 150).

Die Mehrheit der jüdischen Eltern in der Nachkriegszeit, glaubt Oppenheimer, waren zwar an der Auswanderung ihrer Nachkommen interessiert, das bevorzugte Ziel ihrer Kinder war jedoch nicht Israel, sondern Amerika: „lieber ein amerikanisches Bankkonto als einen israelischen Paß" kommentierte Oppenheimer sarkastisch diesen Befund (ebd.: 165). Die Auswanderung nach Israel (Alija) wurde jedoch durch die Organisation „Zionistische Jugend in Deutschland" (ZJD) direkt an die Kinder und Jugendliche vermittelt. Die ZJD betrieb zu dieser Zeit in allen großen und mittelgroßen jüdischen Gemeinden Jugendarbeit und wurde von einem israelischen Schlichim (Emissäre) geleitet. Die Mitglieder der ZJD verstanden sich als Elite-Gruppe und verpflichteten sich für die Einwanderung nach Israel nach ihrem Schulabschluss. Oppenheimer versucht zu erklären, warum die meisten Jugendlichen dieses Ziel verfolgen wollten:

„Natürlich kam das nicht von selbst, und der Einfluß ihrer israelischen Jugendleiter ist dabei wesentlich gewesen; aber auch sie haben nur entwickelt und gefördert, was schon im Keim vorhanden war" (ebd.: 166).

Ein weiterer Aspekt der Studie befasste sich mit der religiösen Identität der Jugendlichen. Es zeigte sich, dass nur die wenigsten die jüdischen Religionsgebote einhielten: Rund 90 Prozent von ihnen hielt weder Schabbat noch die Speisegesetze, etwa 75 Prozent nahmen nur selten an einem Gottesdienst teil und ihre Kenntnisse über die „elementarsten Dinge des Judentums" bezeichnete Oppenheimer als „spärlich" und „lückenhaft" (ebd.: 167).

Gegenüber der diffusen religiösen Identität, fiel Oppenheimer ein starkes soziales Zugehörigkeitsgefühl auf, das nur teilweise „differen-

ziert und ganz bewußt erlebt" wird (ebd.: 167). Die „jüdische Identifikation" der Jugendlichen schien in den sechziger Jahren mit der deutschen
Umwelt unvereinbar zu sein:

„Es entsteht ein permanenter seelischer Konflikt, der – je nach der Vitalität der jüdischen Leit- und Vorbilder – mehr oder weniger komplexhaften Charakter hat und
sich unter anderem in Verhaltens-, Lern- und psychosomatischen Störungen äußert"
(ebd.: 168).

Am stärksten waren die DPs-Kinder von diesen Identitätskonflikten
betroffen. Die Kinder der deutschen Juden hingegen, die laut Oppenheimer keine klare jüdische Identifikation aufwiesen, litten entsprechend
weniger an Identitätskonflikten. Zum Schluss seiner Forschung bringt
Oppenheimer konkrete Lösungsvorschläge für diesen Konflikt: Entweder entschieden sich die Eltern bewusst, „ihre Kinder jeder jüdischen
Erziehung zu entziehen" und die „vollständige Assimilation an das
Deutschtum" anzustreben oder sie müssten sich von ihren Kindern trennen und die Kinder mit jungen Jahren ins Ausland schicken (ebd.: 169).

In der Dissertation von Doris Kuschner zehn Jahre später haben sich
diese eindeutigen Ergebnisse wiederholt: Fast 97 Prozent der Jugendlichen erklärten, kein Heimatgefühl gegenüber Deutschland zu haben. In
der Erwachsenengruppe gaben ‚lediglich' 84 Prozent an, dass ihnen ein
Heimatgefühl in Deutschland fehlte (Kuschner 1977: 172).

Kuschner nannte mehrere Gründe für den Wunsch der Jugendlichen
nach Emigration, sowie für die „selbstgewählte Isolation". Es wirkten
nicht nur der Einfluss des Elternhauses und die Jugendorganisationen,
sondern, so stellte Kuschner fest, mangelte es den Jugendlichen an einer
Elite, die ihr als Vorbild dienen konnte. Es war insbesondere die Führung der Gemeinden, die ihre eigenen Kinder ins Ausland schickte. Das
Verhältnis zu Deutschland wurde ebenfalls durch die Begegnung mit
Antisemitismus geprägt, auch wenn nur die wenigsten von ihnen direkten Diskriminierungen seitens der Klassenkameraden oder Lehrer ausgesetzt waren (ebd.: 179). In ihrem sozialen Leben hatten die Mädchen
weniger Kontakte außerhalb des jüdischen Milieus: 58 Prozent von
ihnen hatten ausschließlich jüdische Freunde. 82 Prozent der Jungen
berichteten dagegen, dass sie zumindest einen nichtjüdischen Freund
bzw. eine nichtjüdische Freundin hatten (ebd.: 181).

Während Oppenheimer die Integrationsprobleme der Jugendlichen
in der Zerrissenheit zwischen der jüdischen und der deutschen Welt
sieht, erachtet Kuschner die „doppelte Isolation" der Jugendlichen als
Hauptproblem:

„Einmal verkapselt sie sich und vermeidet Kontakt mit der nichtjüdischen Mehrheit, andererseits zeigt die ausländische jüdische Jugend der jüdischen Jugend in Deutschland gegenüber eine zurückhaltende Einstellung" (ebd.: 188).

Trotz des zeitlichen Abstands zwischen den zwei Untersuchungen zeichnen sie beide ein ähnliches Bild von Isolation und Fremdheit der jüdischen Jugend von ihrer nichtjüdischen Umwelt. Der Hauptunterschied zwischen den Forschungen liegt in der jeweils anderen Interpretation der Befunde. Oppenheimer versteht die Zerrissenheit als unvermeidbare Folge eines jüdischen Lebens im Nachkriegsdeutschland, die nur durch Auswanderung oder vollständige Assimilation gelöst werden könnte. Kuschner dagegen macht auch das Handeln der jüdischen Führung in Deutschland und in der Welt für die „doppelte Isolation" verantwortlich und plädiert für mehr Offenheit der Juden ihrer Umwelt gegenüber.

Erst im Jahr 1990, 13 Jahre nach Kuschners Studie, wurde eine weitere Umfrage zum Verhältnis der bundesrepublikanischen Juden zu Deutschland durchgeführt. Die Studie von Silbermann und Sallen befasste sich zwar nicht mit Jugendlichen, dennoch können ihre Befunde zur jüngsten Teilnehmergruppe in ihrer Stichprobe (18–24 Jahre) Auskunft über die Entwicklungen während der achtziger Jahre geben. Diese Befragtengruppe zeigte zwar den stärksten Vorbehalt gegenüber Deutschland im Vergleich mit älteren Befragten, jedoch war dieses Gefühl zu diesem Zeitpunkt deutlich weniger vorhanden als in den sechziger und siebziger Jahren. 51 Prozent der 18 bis 24-Jährigen betrachteten Israel als ihre wahre Heimat (im Vergleich zu 43 Prozent bei allen Befragten). 57 Prozent dieser Gruppe verstanden sich sogar „zunächst einmal als Deutsche" (66 Prozent bei allen Befragten). In einem Punkt waren sich mehr als 97 Prozent der jungen Befragten einig: „Es muß jeder Jude für sich selbst bestimmen, ob er sich mehr mit Israel oder mit Deutschland verbunden fühlt" (Silbermann/Sallen 1992: 57).

Obwohl die Fragestellung als auch die Zielgruppen dieser drei Umfragen nicht identisch sind, scheint die Frage der Zugehörigkeit das Grundproblem der jüdischen Jugend in Deutschland zu sein. Weiterhin zeigt sich ein Wandel zwischen den Generationen, der sich darin ausdrückt, dass immer mehr jüdische Jugendliche sich in der Bundesrepublik heimisch fühlten. Der Bezug zu Deutschland wird dabei maßgeblich durch den Stellenwert der Shoa im jüdischen Selbstverständnis beeinflusst. Kurz vor dem Beginn der Einwanderungswelle aus der ehemaligen Sowjetunion verwies Brumlik darauf, dass die Bedeutung des Holocaust für das Selbstverständnis und den Lebensweg junger Juden in Deutschland abnimmt. „Anders als in den Jahren zuvor", stellte er fest, „scheint die Katastrophe des jüdischen Volkes diese Lebensentwürfe nicht mehr unmittelbar zu prägen, sondern erscheint als ein Thema, dem sich zu stellen Teil einer mühsamen Arbeit am Selbstverständnis ist" (Brumlik 1998: 18).

4.3 Gemeinschaft im Wandel: Jüdisches Leben im Zuge der Zuwanderungswelle

Wie bereits erwähnt, blieb während der siebziger und achtziger Jahre die Anzahl der Mitglieder der jüdischen Gemeinden in Deutschland konstant bei etwa 27.000 bis 29.000 (vgl. Schoeps u. a. 1999: 24). Freilich änderte sich in diesem Zeitraum jedoch die Altersstruktur: Bereits Anfang der siebziger Jahre waren ein Drittel aller Juden in Deutschland über 60 Jahre alt. Die Überalterung der Gemeinden wurde durch die Einwanderung vor allem älterer Menschen, von denen viele Rückwanderer waren, – bei gleichzeitiger Auswanderung jüdischer Jugendlicher und junger Erwachsener aus Deutschland – beschleunigt. (Müller 2007: 73).

Eine historische Trendwende in der Geschichte der Juden in der Bundesrepublik bewirkte ausgerechnet eine politische Entscheidung der DDR kurz vor der offiziellen Wiedervereinigung der zwei deutschen Staaten. Im Juli 1990 beschloss die damalige DDR-Regierung unter Lothar de Maizière sowjetische Flüchtlinge jüdischer Abstammung aus der Sowjetunion unbürokratisch aufzunehmen und unterzubringen (vgl. Runge 1992: 12f.). Die Nachricht aus Ostdeutschland verbreitete sich schnell in der Sowjetunion: Bis zum Dezember 1990 waren bereits 1.600 Juden nach Ostberlin eingereist. Nach der Wiedervereinigung begannen Verhandlungen zwischen der Bundesregierung und dem Zentralrat der Juden in Deutschland über die rechtliche Grundlage der inzwischen zur Tatsache gewordenen russischen Migration, die zu einem Beschluss der Ministerpräsidentenkonferenz im Januar 1991 führten. Bei diesem Treffen wurde festgelegt, dass die Juden, die sich Ende Januar 1991 bereits in Deutschland aufhielten, den Status sogenannter „Kontingentflüchtlinge" erhalten sollten. Für die Zukunft beschloss die Ministerpräsidentenkonferenz, müssen zuwanderungswillige Juden aus den GUS-Staaten einen Antrag bei der ausländischen Vertretung der BRD in den Ländern der ehemaligen Sowjetunion stellen (vgl. Kessler 1996). Bis heute sind etwa 220.000 Juden als „jüdische Kontingentflüchtlinge" einschließlich ihrer nicht-jüdischen Familienangehörigen aus der Sowjetunion und den Nachfolgestaaten der GUS nach Deutschland eingewandert.[19] Somit wurde Deutschland nach Israel und den USA mit 950.000 bzw. 370.000 Zuwanderern zum drittwichtigsten Ziel russisch-jüdischer Migranten weltweit (vgl. Gitelmann 1997).[20]

Unter den demographischen Merkmalen der Zuwanderung sind besonders hohes Bildungsniveau, hohes Durchschnittsalter und hoher Urbanitätsgrad zu nennen. Schoeps u. a. fanden beispielsweise heraus, dass 71,2 Prozent der Befragten eine Hochschulausbildung besitzen (1996: 31-32) und 98 Prozent vor der Migration in Städten lebten (ebd.: 137). Zudem lässt sich erkennen, dass fast die Hälfte der verheirateten Befragten (49,5 Prozent) in sogenannten ‚Mischehen' (mit christlichem oder atheistischem Ehepartner) leben (ebd.: 131). Die demographische Besonderheit der Immigranten war ein wichtiger Faktor bei der Interaktion mit der aufnehmenden Gesellschaft und prägte die Beziehungsstruktur mit den jüdischen Gemeinden.

Wie Becker in ihrer Studie über „Migration und Anerkennung" zeigt, müssen die jüdischen Zuwanderer einen zweigleisigen Integrationsprozess – sowohl in den jüdischen Gemeinden als auch in der deutschen Gesellschaft und Kultur – durchlaufen (Becker 2001b). Diese beiden Prozesse verlaufen nicht immer problemlos.

Bereits vor der Migration hatten sowjetische Juden gemischte Gefühle gegenüber Deutschland. Diese Einstellung beruhte im Wesentlichen auf ihren Erfahrungen während des Zweiten Weltkriegs:

„The collective memory of the war and hatred for the Nazis (and lingering distrust of Germans as a nation) form an important part of the Soviet-Jewish identity, especially for the older generations" (Remennick 2006: 318).

Es ist jedoch festzustellen, dass sich die Integration in die deutsche Gesellschaft weniger wegen der historischen Vorbelastung als schwierig erweist, vielmehr erschweren die realen Probleme der Arbeitssuche, des Spracherwerbs, der Wohnungssuche und der finanziellen Existenzsicherung zuvorderst den Eingliederungsprozess. Dabei stellt für die meisten Zuwanderer im Arbeitsalter die Integration in den deutschen Arbeitsmarkt das größte Hindernis dar: Während der neunziger Jahre betrug die

---

19 Nach den Daten des Bundesamts für Migration und Flüchtlinge sind zwischen 1991 und 2004 insgesamt 219.604 jüdische Zuwanderer in die Bundesrepublik gekommen: Im Jahr 1991: 12.583 Personen, 1992: 15.879, 1993: 16.597, 1994: 8.811, 1995: 15.184, 1996: 15.959, 1997: 19.437, 1998: 17.788, 1999: 18.205, 2000: 16.538, 2001: 16.711, 2002: 19.262, 2003: 15.442, 2004: 11.208 (Haug 2005: 6).

20 In den Jahren 2002 und 2003 sind sogar mehr jüdische Zuwanderer nach Deutschland als nach Israel eingereist. Diese Tatsache wurde in der israelischen Presse als eine Niederlage für den jüdischen Staat betrachtet (vgl. die israelische Tageszeitung Haaretz vom 13/02/2004).

durchschnittliche Arbeitslosenquote unter dieser Gruppe zwischen 40 und 50 Prozent (vgl. Schoeps u. a. 1999: 19; Remennick 2006: 323).

Die Frage der Integration der Zuwanderer in die jüdischen Gemeinden ist nicht von den gesellschaftlichen und sozialen Problemen der Immigranten zu trennen. Die Gemeinden mussten seit Beginn der Zuwanderung mehrere Aufgaben in dem Eingliederungs- und Integrationsprozess der Zuwanderer übernehmen. Sie, die sich primär nicht als soziale Einrichtung verstanden hatten, waren durch den kontinuierlichen Zustrom von Migranten gezwungen, ihre Aufgaben neu zu definieren. So bieten heute viele Gemeinden den Zuwanderern Beratung bei Wohnungs- und Arbeitsuche, Hilfe beim Erwerb der deutschen Sprache und darüber hinausgehende soziale Leistungen (vgl. Körber 2005).

Für die Gemeinden selbst bedeutete die Zuwanderung zunächst einen massiven demographischen Zuwachs. Mit etwa 100.000 neuen Mitgliedern seit 1989 wuchsen die jüdischen Gemeinden in Deutschland schneller als jede andere jüdische Gemeinde in Europa. Inzwischen machen die Zuwanderer umgerechnet 90% der Gesamtmitgliedschaft der jüdischen Gemeinden in der BRD aus (vgl. Gotzmann/Kiesel/Körber 2009). Während sich die Juden bis 1990 fast ausschließlich für das Leben in den Großstädten in Westdeutschland entschieden hatten, ließen sich die Zuwanderer, die ihren Wohnort vom Bundesverwaltungsamt entsprechend festgelegter ‚Asylverteilungsschlüssel‘ zugewiesen bekamen, in allen Bundesländern nieder. In kürzester Zeit wurden 21 Gemeinden – viele von diesen in den neuen Bundesländern – (wieder)gegründet. Zudem stellen heute die zugewanderten Mitglieder in allen kleineren und mittelgroßen Städten eine absolute Mehrheit in ihrer Gemeinde dar (Müller 2007: 88).

Der dramatische demographische Wandlungsprozess der jüdischen Gemeinden kann nicht ohne weitgehende Folgen für das kollektive Selbstverständnis verlaufen und führt fast unausweichlich zu politischen und kulturellen Konflikten zwischen Alteingesessenen und Neuankömmlingen. Die innerpolitischen Konflikte, die in mehreren Gemeinden in den letzten Jahren zwischen diesen zwei Gruppen ausgelöst wurden, werden im Rahmen dieser Arbeit nicht näher beleuchtet. Es kann lediglich darauf hingewiesen werden, dass die Zuwanderung, wie von Hess und Kranz festgestellt wurde, bei alteingesessenen Gemeindemitgliedern zu einer „zunächst verständlichen Angst vor Majorisierung und zu einer Tendenz zur nachdrücklichen Besitzstandswahrung" führten (Hess/Kranz 2000: 102). Allerdings zeigen sich über Berührungsängste und Hemmschwellen hinaus, die als typische Interaktionsstrukturen zwischen Etablierten und Neuankömmlingen zu verstehen sind, in der kollektiven Identität der Gruppen Unterschiede im Religionsverständnis und der Erinnerungskultur: Diese Unterschiede sind durch die jeweilige kulturelle Veranlagung und Identitätskonstruktion bedingt und wirken sich deutlich auf die Gestaltung der Beziehungsstrukturen in den Gemeinden aus. Für die russischsprachigen Juden steht das ethnische – vielmehr als das religiöse – Verständnis von Judentum im Vordergrund. Aufgrund der Unterdrückung jüdischen Lebens im kommunistischen, religionsfeindlichen und tendenziell antisemitischen sowjetischen Staat und als Folge von Akkulturations- und Assimilationsprozessen ist die religiöse Dimension des russisch-jüdischen Selbstverständnisses fast spurlos verschwunden:

„Die Emigranten haben […] in den meisten Fällen seit mindestens zwei Generationen praktisch keinen Kontakt mehr mit der jüdischen Religion, besitzen keine oder nur geringe Kenntnisse der Tradition und Lebensweise und verfügen nur über ein rudimentäres Wissen aus der jüdischen Geschichte" (Schoeps u. a. 1996: 138).

Das ethnische Verständnis der jüdischen Zugehörigkeit konstituierte sich über den politischen und juristischen Status der Juden als ethnische Minderheit in der multiethnischen Zusammensetzung des sowjetischen Staates. So fanden Juden in ihrem Personalausweis unter der Kategorie ‚Nationalität' den Eintrag „Jewrej". Nach dem Ankommen in Deutschland trafen sie jedoch auf Gemeinden, die sich primär als Religionsgemeinschaften verstehen. Der Widerspruch zwischen der ethnisch-kollektiven Identität der Immigranten und dem religiös bestimmten Selbstverständnis der Gemeinden spitzte sich in der Frage der Aufnahmekriterien zu. Während als ‚jüdische Kontingentflüchtlinge' auch diejenigen galten, die ‚nur' einen jüdischen Vater oder Großvater hatten, legten die Gemeinden das religiöse Gesetz (die ‚Halacha') als Aufnahmekriterium zugrunde, wonach derjenige ein Jude ist, der von einer jüdischen Mutter geboren wurde oder konvertiert ist. Folglich entstand eine Gruppe von Menschen, die zwar als Juden nach Deutschland gekommen waren, jedoch nicht als Mitglieder den Gemeinden beitreten durften. Hess und Kranz sehen das Problem in der Einwanderungspolitik der Bundesrepublik, da diese das halachische Gesetz bei der Vergabe des Kontingentflüchtlingstatus nicht als Entscheidungskriterium zugrunde gelegt hat:

„Diese, die Rationalität des Verwaltungsakt begründende, praktizistische Figur einer operationalen Logik führt zu der Absurdität, dass, wer an diesem geographischen (Konsulat) und biographischen (Zeitpunkt der Antragstellung) Ort infolge einer solchen Konsulatsentscheidung ein Einreisevisum für die Bundesrepublik erhält, im Geltungsbereich dieser Entscheidung, aber zunächst auch nur dort, Jude ist – ein von deutschen Behörden dekretorisch geschaffener Visums-Jude" (Hess/Kranz 2000: 94).

Soziologisch betrachtet ist die Diskussion über die Anerkennung der ‚Visums-Juden' von seiner symbolischen und politischen Bedeutung als Ausdruck eines unterschwelligen Konflikts zwischen Zuwanderern und Alteingesessenen nicht zu trennen. Wie Barth in seinem einleitenden Essay „Ethnic Groups and Boundaries" (1969) dargelegt hat, bestimmt die Grenzziehung die kollektive Identität einer ethnischen Gruppe. Die Bestimmung der Grenzen, so Barth, ist immer eine Machtfrage innerhalb der ethnischen Gruppe und in der Beziehung der Gruppe mit ihrer Umwelt (vgl. Barth 1969). In diesem Licht kann man den Konflikt über den ‚Visums-Juden' als eine Auseinandersetzung über die Pluralisierung der jüdischen Gemeinden verstehen.

Ein weiterer Konfliktpunkt zwischen Alteingesessenen und Zuwanderern ist die unterschiedliche kollektive Erinnerung an den Zweiten Weltkrieg. Während die Erinnerung an die Vernichtung der europäischen Juden das Selbstverständnis und die kollektive Identität der alteingesessenen Juden in Deutschland prägt, betrachten die Zuwanderer die Geschichte des Zweiten Weltkrieg aus einer anderen Perspektive: Sie fühlen sich einer Nation zugehörig, die den deutschen Faschismus besiegt hat (vgl. Remennick 2006: 318; Gotzmann/Kiesel/Körber 2009). Insofern ist für sie nicht die Opferidentität, sondern die Selbstidentifikation als Angehörige der überlegenen Seite bestimmend. Ein konkreter Ausdruck der beiden – zum Teil gegensätzlichen – Perspektiven kommt immer wieder bei Auseinandersetzungen über die Veranstaltung am ‚neunten Mai' in den Gemeinden zum Vorschein. In der Sowjetunion wurde an diesem Tag der Sieg über den Faschismus gefeiert. Die alteingesessenen Mitglieder weigern sich, diesen Tag als Feiertag zu betrachten, da in der Tradition der Juden in Deutschland seit 1945 die Erinnerung an die Befreiung aus den Konzentrations- und Vernichtungslagern angesichts der Dimension der Katastrophe des europäischen Judentums kaum als Sieg gefeiert werden kann. Vielmehr gedenken die Alteingesessenen mit Trauerveranstaltungen, wie denen am neunten November oder ‚Jom Hashoa' (der israelische Holocausttag), den schrecklichen Ereignissen (vgl. Jasper 2005).

Die Auseinandersetzung in den Gemeinden um die Frage der Aufnahmekriterien und um die kollektive Erinnerung an den Zweiten Weltkrieg zeigen, dass fast zwanzig Jahre nach dem Beginn der jüdisch-russischen Zuwanderung die jüdischen Gemeinden sich immer noch im kollektiven Identitätsfindungsprozess befinden, in dem unterschiedliche kulturelle Deutungsmuster, Identitätsvorlagen und kollektive Erinnerungen aufeinander treffen. Durch die Entscheidung in dieser Studie sowohl die Identitätskonstruktionen zugewanderter als auch in Deutschland geborener Jugendlicher zu untersuchen, wird diesen Entwicklungen in den Gemeinden Rechnung getragen und der Versuch unternommen, diese Unterschiede und Konflikte innerhalb der jüngeren Generation zu untersuchen.

4.3.1 Religiöses und kulturelles Leben

In einem Bereich hat die Zuwanderung die Situation in den Gemeinden nicht geändert: Die überwiegende Mehrheit der Juden in Deutschland, sowohl Alteingesessene als auch Zuwanderer, bezeichnen sich selbst nach wie vor als nicht religiös (Kaplan 1994: 77).

Der Historiker Michael Wolffsohn erklärt diese Tatsache mit der Entstehungsgeschichte der Gemeinden. Er nennt die Gemeinden im Nachkriegsdeutschland „Organisationen der jüdischen (Schicksals)Gemeinschaften", die aus politischen, historischen oder gesellschaftlichen und kaum aus religiösen Motiven entstanden waren (Wolffsohn 1991: 14).

Angesicht der Erkenntnis, dass die Religion nicht unbedingt im Mittelpunkt des Gemeindelebens in der Nachkriegszeit stand und in der Entwicklung einer jüdischen Identität lediglich eine sekundäre Rolle gespielt hat, scheint die religiöse Orientierung der Einheitsgemeinden in der Nachkriegszeit als Paradox. Freilich entschieden die meisten neu gegründeten Gemeinden, sich orthodox zu definieren. Dies steht im Gegensatz zu der Situation der Vorkriegsgemeinden, die durch die Reformbewegung stark beeinflusst gewesen waren. Die Gesinnung der Vorkriegsgemeinden wurde, so Nachama, durch zwei Entwicklungen bestimmt: den Drang zur Modernisierung des Judentums und die Abneigung gegenüber der ostjüdischen altfrommen Lebensweise (Nachama 2001: 88). Immerhin kamen in den „Einheitsgemeinden" in der Weimarer Zeit die unterschiedlichen Glaubensrichtungen zum Ausdruck. In Berlin beispielsweise organisierte die Gemeindeverwaltung neben orthodoxen auch modernisiert-liberale Gottesdienste. Nur wenige ultramoderne Reformer hatten ihre eigene Gemeinde gegründet; darüber hinaus gab es auch altfromme Bewegungen, die außerhalb dieser Gemeindeorganisationen ihr Gemeindeleben selbst gestalteten (Nachama 2001: 88).

Diese Tradition war in der Nachkriegszeit für die osteuropäischen DPs fremd. Sie kannten aus ihren Herkunftsländern nur die orthodoxe Richtung. Auch die deutschen Juden, die überlebt hatten oder zurückgekehrt waren, hatten sich von dem liberalen Judentum distanziert. Nach dem Holocaust schien die Anpassung der liberalen Strömung an deutsche und christliche Riten eine Selbstverleugnung zu sein (Korn 2003: 140). Aus diesen Gründen suchten die Gemeinden keine Anknüpfung an die liberale Vergangenheit und definierten sich vom Beginn an als orthodox. So hielt man in den liberalen Synagogen, wie der Frankfurter Westend-Synagoge, die durch den Nationalsozialismus und Krieg nicht komplett zerstört worden war, nach ihrer Wiedereröffnung ausschließlich orthodoxe Gottesdienste. Für den liberalen Rabbiner Andreas Nachame bedeutete diese Entwicklung einen historischen Rückgang der jüdischen Gemeinden im Vergleich zur Situation in den 1930er Jahren (Nachama 2001: 89).

Die Selbstdefinition der Gemeinden als orthodox stand im klaren Gegensatz zu der nicht religiösen Orientierung der meisten Gemeindemitglieder (vgl. Tauchert 2007: 241). Dieses Paradox führte in der Geschichte der Gemeinden oft zu inneren Auseinandersetzungen. So legte beispielsweise das Direktorium des Zentralrats den Gemeinden 1984 nahe, Führungspositionen nicht mehr an mit Nichtjuden verheiratete Mitglieder zu vergeben. Nach heftigen Protesten von verschiedenen Verbänden scheiterte dieses Vorhaben (Müller 2007: 70).

In den ersten Jahrzehnten litten die Gemeinden an einem Mangel an Religionslehrern, Kantoren und Rabbinern. Zu Beginn der fünfziger Jahre besuchten die ca. 1800 jüdischen Schüler in der Bundesrepublik staatliche Schulen und nahmen noch zum Teil am christlichen Religionsunterricht teil, da kaum qualifizierte jüdische Religionslehrer in Deutschland lebten (Schmidt-Weil 2007: 118). Die Folgen dieses Mangels betrachtete der Psychologe Yizhak Ahren im Jahre 1985: „Die Tradition des Toralernens ist hier fast gänzlich verschwunden und damit der eigentliche Kern des Judentums". Die meisten akademisch ausgebildeten Juden seien in ihrer „jüdische(n) Bildung auf dem Niveau des Kindergartens stehengeblieben" (zitiert in Sichrovsky 1985: 163-164).

Erst in den achtziger Jahren wurden deutliche Schritte in Richtung Professionalisierung der religiösen Ausbildung unternommen. In den ersten Jahrzehnten mussten die Gemeinden ihre Rabbiner, Kantoren und Religionslehrer aus dem Ausland holen. Die meisten kamen nach Deutschland ohne vorherige Deutschkenntnisse und kannten die Bedürfnisse der Gemeinden nicht. Um eine Situationsverbesserung hinsichtlich der Unterrichtsversorgung einzuleiten, wurde 1979 in Heidelberg die Hochschule für jüdische Studien (HfJS) gegründet. Die HfJS sollte Kultuspersonal für die deutschsprachigen jüdischen Gemeinden ausbilden (Katlewski 2002: 165). Dieses Ziel wurde nur beschränkt erfüllt. Seit ihrer Eröffnung fehlte es der HfJS an jüdischen Studierenden. Zudem stellte man fest, dass die Gemeinden zwar Kultuspersonal benötigen, jedoch nicht in solchem Ausmaß, wie es ein komplettes Rabbinerseminar ausgebildet hätte (Müller 2007: 79).

Eine weitere Entwicklung der letzten zwei Jahrzehnte in Bezug auf die religiöse und kulturelle Praxis ist der Pluralisierungsprozess. Dazu merkte Müller zu Recht an, dass, obwohl laut ihrer Selbstdefinition alle Gemeinden in der Bundesrepublik bis 1989 der orthodoxen Strömung eingegliedert waren, es innerhalb der Gemeinden schon immer einen religiösen Pluralismus gab (Müller 2007: 94). Struktureller Wandel lässt sich jedoch erst in den neunziger Jahren erkennen. Der große Zuwachs in der Anzahl der Einheitsgemeinden von 65 Gemeinden im Jahre 1989 auf 104 im Jahre 2005 und der demographische Wandel löste zum ersten Mal in der Nachkriegsgeschichte eine heftige Diskussion über die religiöse Orientierung der Gemeinden aus. Zu Beginn der neunziger Jahre kamen in einigen Einheitsgemeinden Forderungen auf, liberale Gottesdienste in den Synagogen zuzulassen, die der Frau eine gleichberechtigte Rolle zugestehen. Während die nach 1989 neugegründeten Gemeinden wie die in Oldenburg und Göttingen sich von Beginn an als liberale Gemeinden definieren konnten, war die Situation in den etablierten Gemeinden wesentlich komplizierter. In Heidelberg wurden liberale Gottesdienste von dem Landesrabbiner verboten und die Gruppe musste sich außerhalb der Synagoge treffen. In Berlin gruppierte sich eine innerjüdische Opposition um die kulturpolitische Zeitschrift „Semit" und ihren Herausgeber Abraham Melzer (Katlewski 2002: 40). In Frankfurt begann die liberale Gruppe „Kehila Chadscha" Gottesdienste und wöchentliche Bibel-Diskussionsgruppen zu etablieren (Gitelman 1996: 292). Diese Entwicklungen führten 1997 zur Gründung der „Union progressives Judentum" (UPJ) in Deutschland. Seit 2000 hat die UPJ sogar seine eigene Hochschule, mit der Gründung des liberalorientierten Abraham Geiger Kollegs in Potsdam (Katlewski 2002: 165).

Nach jahrelangen innerjüdischen und gerichtlichen Auseinandersetzungen wurde die UPJ, die inzwischen mehr als 3000 Mitglieder aufweisen kann, Ende 2005 in den Zentralrat aufgenommen. Während in Städten wie München und Hannover die liberale Gemeinde außerhalb der Einheitsgemeinde steht, wurden in Städten wie Frankfurt und Düsseldorf die Liberalen als eine zusätzliche autonome Glaubensrichtung in die Gemeinden aufgenommen. So stellte beispielsweise die Frankfurter Einheitsgemeinde 2007 eine liberale Rabbinerin an und eröffnete im gleichen Jahr eine neue liberale Synagoge, die sich neben der orthodoxen Synagoge befindet.

4.3.2 Jüdische Erziehungseinrichtungen

In Deutschland existieren sechs jüdische Grundschulen (in Hamburg, München, Frankfurt, Düsseldorf, Köln und Berlin) sowie ein jüdisches Gymnasium in Berlin. In Frankfurt wurde die Schule 2006 auf den Sekundarstufenbereich, d. h. die Klassen 5 bis 9, erweitert und in eine Ganztagsschule umgewandelt. Alle jüdischen Schulen gelten formal als staatlich anerkannte Privatschulen in Trägerschaft der jeweiligen Gemeinde. In einigen Bundesländern ist jüdische Religionslehre darüber hinaus als Abiturprüfungsfach zugelassen. Aus zwei unterschiedlichen Evaluationen der Frankfurter und der Berliner Schulen aus dem Jahr 2005 geht hervor, dass gerade die Kenntnisse der Kinder und Jugendlichen in Hebräisch und jüdischer Religion lückenhaft bis unterentwickelt sind (vgl. Schmidt-Weil 2007: 127; Müller 2007: 99). Eine weitere Aufgabe der jüdischen Schulen liegt in der Integration der Zuwanderer in die Gemeinden (vgl. Nachama 2001: 243).

In den meisten anderen Gemeinden, die ihre eigene jüdische Schule nicht selbst tragen können, werden Religionsunterricht und selten auch Hebräischunterricht als Nachmittagskurse angeboten. In einer Studie aus dem Jahre 2007 fand Schmidt-Weil heraus, dass die Qualität dieses Unterrichts unter dem Mangel an qualifizierten Religionslehrern sowie seiner Uneinheitlichkeit leidet (Schmidt-Weil 2007: 478).

Die jüdischen Verbände und Gemeinden betreiben vielfältige Jugendarbeit. Seit Anfang der fünfziger Jahre veranstaltet die ZWST jährlich in den Sommer- und Winterferien Machanot (Jugendcamps) und lädt zu Seminaren für Kinder und Jugendliche, regelmäßigen Jugendleiterseminaren und Reisen ein. Ähnliche Aktivitäten bietet seit 1959 die ZJD an. Seit 2001 betreibt auch die UPJ ihre eigene Jugendarbeit als Teil der internationalen liberalen Jugendbewegung Netzer (Abkürzung des hebräischen Namens: Reform-zionistische Jugend). In den meisten Städten treffen sich auch jüdische Kinder und Jugendliche am Wochenende in den Jugendzentren der Gemeinden oder in den Ortsstellen der ZJD. Die wöchentlichen Treffen, Seminare und Machnot zielen nicht allein darauf ab, Religion und Kultur zu vermitteln. Nicht zuletzt geht es hier darum, die Entstehung von jüdisch sozialen Netzwerken und Peergroups zu unterstützen. Die Frage der sozialisatorischen Rolle der Peergroup in der Bildung der jüdischen Identität wurde in Deutschland noch nicht empirisch untersucht. Aufschlussreich für diese Frage sind deshalb autobiographische Texte. Brumlik schildert in seiner Autobiografie die Bedeutung der gleichaltrigen Peergroup in seiner Zeit in der ZJD:

„Doch die Diskussionen und Spiele, die Lieder und Tänze, sie waren für mich nur der äußere Rahmen einer Lebensform, die mir endlich Halt und Nähe gab. Das Leben in der ‚Gruppe' gliederte und erfüllte meine Zeit. Es verkürzte die Woche, die ich ansonsten in der Schule [...] verbrachte. [...] Die ‚Gruppe' bot mir, der ich in eine reine Jungenklasse ging, die Gelegenheit, Mädchen kennenzulernen und sich ihnen gegenüber – trotz hartnäckiger Schüchternheit – mindestens als belesener Gesprächspartner und guter Kamerad zu präsentieren" (Brumlik 1996: 329).

Auf der ideologischen Ebene unterscheiden sich die Jugendorganisationen. Während die ZJD die Verbindung zu Israel in den Vordergrund stellt, bemühen sich die Jugendzentren, die ZWST und Netzer um die Schaffung einer jüdischen Identität durch Vermittlung der jüdischen Religion (jeweils orthodox oder liberal) und Tradition (vgl. Hess/Kranz 2000: 90). In Bezug auf die Herkunft lässt sich beobachten, dass die Mitglieder in der ZJD mehrheitlich „alteingesessene" Jugendliche sind. In den anderen Organisationen zeigt sich mittlerweile eine deutliche Dominanz von Zuwanderern, die auch den Mehrheitsverhältnissen in den Gemeinden entspricht.

Seit Mitte der neunziger Jahre begaben sich – parallel zu dem wachsenden Interesse des amerikanischen Judentums für das jüdische Leben in Deutschland – zwei jüdisch-amerikanische Organisationen in das Feld der Kinder- und Jugendarbeit: die neo-orthodoxe Ronald Lauder Foundation (RLF) und die ultraorthodoxe Chabad-Lubavitch. Seit 1999 gründete die RLF ein jüdisches Lehrhaus in Berlin, wo jüdische Zuwanderer ihre Kenntnis über die jüdische Religion erweitern können, sowie eine Frauenschule (Midrascha) in Frankfurt und einen jüdischen Kindergarten in Hamburg.

In deutlich größerem Ausmaß fasste die US-amerikanische Chabad-Lubavich Bewegung in kurzer Zeit in mehreren deutschen Städten Fuß. Ende der achtziger Jahre ließ sich der erste Chabad Rabbiner in München nieder. Heutzutage ist Chabad mit „Schluchim" (Gesendete) aus den USA und Israel in 14 deutschen Städten vertreten.[21] Im Mittelpunkt der Theologie dieser Bewegung, die von ihren Kritikern als Sekte bezeichnet wird, steht die Figur des verstorbenen Lubawitscher Rebbe, Rabbi Menachem M. Schneersoon, der von den meisten seiner Anhänger als Messias bezeichnet wird. Chabad bietet Freizeitaktivitäten wie „Day-Camps", Veranstaltungen an den jüdischen Feiertagen und Vorbereitungsunterricht für die Bar/Bat-Mitzwa Feier an, die Kinder und Jugendliche ans Judentum heranführen sollen. Mit ihrer Arbeit wollen die

---

21 Berlin, Köln, Dresden, Düsseldorf, Frankfurt a. M., Gießen, Hamburg, Hannover, Karlsruhe, München, Nürnberg, Offenbach, Potsdam und Ulm.

„Schluchim" die Ankunft des Messias beschleunigen, wie der Münchner „Schluach" (Gesandte) Rabbiner Diskin darlegt:

„Der Rebbe hat uns gesagt, dass unsere Hauptarbeit ist, jetzt zu bringen den Meschiach auf die Welt und die Arbeit machen wir. Jede Aktivität oder jede Mitzwa, gute Tat, das wir tun, alles bringt näher die Meschiach (Heb. Messias)-Zeit" (Berger/von Cysewski 2005: 2).

In einer relativen kurzen Zeit gelang der Chabad Bewegung bemerkenswerten Einfluss auf die Erziehung in den Gemeinden auszuüben, vor allem im Bereich der Kindererziehung. In Berlin zum Beispiel hat Chabad nach eigenen Angaben 1000 aktive Mitglieder, fast alle Zuwanderer (Peck 2006: 150). Diese schnelle Zunahme ihres Einflusses wird oft von Gemeindemitgliedern kritisiert, da sie die messianischen Tendenzen in der Chabad-Theologie ablehnen (vgl. Berger 2001).

4.4 Zwischenbilanz

Die neuen Entwicklungen in der jüdischen Gemeinschaft in Deutschland seit den neunziger Jahren – die Zuwanderung aus den GUS-Staaten, die Gründung der liberalen Gemeinden und die verstärkte Beteiligung von ausländischen jüdischen Organisationen an der Gestaltung des jüdischen Lebens in Deutschland – betrachtet Kugelmann als erfreuliche Ereignisse. Es handelt sich um einen Normalisierungsprozess nach dem Vorbild der jüdischen Gemeinden in den USA, Frankreich und Großbritannien, der eine Pluralität des Judentums zulässt (Kugelmann 2000: 63). Bodemann stellt hingegen neben der Zuwanderung aus der ehemaligen Sowjetunion zwei weitere Faktoren in den Vordergrund, wenn er in die Zukunft des jüdischen Lebens in der Bundesrepublik blickt: Er nennt einerseits die finanzielle und politische Unterstützung des deutschen Staates sowie das Interesse der nichtjüdischen Deutschen an jüdischem Leben und jüdischer Kultur; sowie andererseits die inneren sozialen Strukturveränderungen, die er als die Neuentstehung einer weltlich, jüdisch gebildeten Schicht beschreibt, als Hauptgründe dafür, dass „neue jüdische Narrative" in den nächsten Jahren zustande kommen würden (Bodemann 2002: 191-192). Folglich plädiert er dafür, ein neues Verständnis zu entwickeln, welches die Diversität und Vielfalt innerhalb und außerhalb der jüdischen Gemeinschaft mit einbezieht. Die neu entstandene Gemeinschaft ist seiner Meinung nach

„eine Ansammlung zentraler und eher peripherer Knoten [...], die sich als jüdisch definieren lassen. Hierzu mögen auch ein schwul-lesbischer Arbeitskreis, eine Lubavitscher Sonntagsschule oder eine mehrheitlich jüdische Gruppe zählen, die sich gegen Rassismus oder für interreligiöse Beziehungen engagiert" (Bodemann 2002: 170).

Vor dem Hintergrund dieser Entwicklungen lässt sich die Grundfrage dieser Arbeit, „Was sind die Themen und Fragen, die für jüdische Jugendliche in Deutschland heute in der Konstruktion ihrer narrativen Identität relevant sind?" in ihrer Aktualität verstehen.

Hauptanliegen des Theorieteils dieser Arbeit war, die relevanten psychologischen und soziologischen Ansätze der narrativen und der jüdischen Identität sowie die sozialhistorische Forschung zum Thema des jüdischen Selbstverständnisses in der Bundesrepublik zu reflektieren und ihre jeweilige Relevanz für die Forschung aufzuzeigen. Darüber hinaus lassen sich aus der theoretischen Diskussion der genannten Themen einige Schwerpunkte für die empirische Untersuchung herausarbeiten. Die theoretische Grundlage der Arbeit macht deutlich, dass in der empirischen Untersuchung eine offene Erhebungs- und Auswertungsmethode angewendet werden muss, um der Vielfältigkeit und der Komplexität von jüdischer Identität gerecht zu werden. Darüber hinaus verdeutlicht die sozialhistorische Diskussion die Aktualität des Untersuchungsthemas in der Bundesrepublik heute und verweist auf die pädagogische Notwendigkeit, angesichts der dramatischen Veränderungen in den jüdischen Gemeinden in den letzten Jahren, Erkenntnisse über die Identität jüdischer Jugendlicher zu gewinnen.

Empirischer Teil

5 Untersuchungsmethoden

Im Kapitel 2 wurde Identität, die durch das Medium des Erzählens hergestellt und dargestellt wird, diskutiert. Eine solche ‚narrative Identität' besitzt spezifische Eigenschaften und ermöglicht Erkenntnisse über die erzählenden Subjekte. Das empirische Konstrukt der biographischen Selbstpräsentation gilt deshalb als der privilegierte Zugang zum lebensgeschichtlichen Prozess der Internalisierung der sozialen Welt im Laufe der Sozialisation und zur Konstitution von Erfahrungsmustern, die zur gegenwärtigen und zukünftigen Orientierung in der Sozialwelt dienen (Rosenthal 1995: 12-13). Narrative Erzählungen des Selbsterlebten kommen sowohl in alltäglichen Gesprächen als auch in bestimmten institutionellen Kontexten (bspw. vor Gericht, bei der Beichte etc.) zum Einsatz (vgl. Hahn 1995: 137; Fuchs-Heinritz 2000: 13-78).

Die methodische Vorgehensweise der vorliegenden Arbeit wird aus diesem theoretischen Verständnis von Identität abgeleitet. Es lag nahe, sich für eine Erhebungs- und Auswertungsmethode zu entscheiden, die das autobiographische Erzählen zum Gegenstand der empirischen Forschung macht. Das in dieser Arbeit angewandte narrative Interview nach Fritz Schütze (1976, 1977, 1983) und die Auswertungsmethode der „Rekonstruktion narrativer Identität" von Gabriele Lucius-Hoene und Arnulf Deppermann stellen einen solchen empirischen Ansatz dar.

5.1 Das biographisch-narrative Interview

Die Methode des biographisch-narrativen Interviews hat sich seit seiner Begründung durch Fritz Schütze in den siebziger Jahren in mehreren Bereichen der Sozialforschung etabliert. Bei dieser Befragungsform bittet man den Befragten mit einer erzählgenerierenden Eingangsfrage um die Erzählung eines prozesshaften Vorgangs, den er selbst erlebt hat, ohne dass man seine Stegreiferzählung durch Nachfragen unterbricht. Ziel ist es, den Befragten zu ausführlichen und eigenständigen Erzählungen zu bewegen, die der Befragte aus dem Stegreif und frei assoziativ entwickelt. Durch den geringen Grad an thematischer Einflussnahme der Eingangsfrage und die selbst gestalteten erzählenden Passagen des

Befragten erhält man authentisches, wenig verzerrtes Material (Küsters 2006: 13). Das autobiografische Erzählen ermöglicht einen

„Zugang zu den Erfahrungsbildungen, Sinnstiftungsprozessen und zentralen identitätskonstitutiven Akten des Informanten, [...] da es lebensgeschichtliche Erinnerungen weckt und sich dabei an den erinnerten Ereignis- und Handlungsfolgen orientiert" (Lucius-Hoene/Deppermann 2004: 77).

Das narrative Interview macht das Konzept der narrativen Identität fruchtbar, indem es gezielt die Erzählung als Herstellungs- und Darstellungsprozess der narrativen Identität provoziert.

Das narrative Interview wird von Fischer-Rosenthal und Rosenthal (1997: 414-418) in fünf Phasen unterteilt:

- *Erklärungsphase*, in der die Besonderheiten und Funktion des Interviews sowie technische Aspekte erläutert werden.
- *Thematische Einstiegsfrage*, die dem Interviewten helfen soll, sich an Lebensereignisse zu erinnern und darauf bezogene Erinnerungen, Erlebnisse, Interpretationen etc. zu mobilisieren.
- *Haupterzählung*, in welcher der Befragte Erinnerungen wiedergibt, die sich zunächst auf die Eingangsfrage beziehen, sich im Verlauf der Erzählung aber immer weiter hiervon entfernen.
- *Nachfragephase*, in der ggf. erzählgenerierende Nachfragen gestellt werden, die dem besseren Verständnis des Gesagten dienen sollen.
- *Bilanzierungsphase*, die dem Ausklang des Gesprächs dient. Der Befragte wird in dieser Phase nicht als Erlebender, sondern als Experte adressiert.

Obwohl es sich um ein offenes Erhebungsverfahren handelt, soll die Interaktion zwischen Interviewer und Befragtem nicht unterschätzt werden: Narrationen werden situativ, thematisch und rhetorisch gestaltet. Die Erzählerin bzw. der Erzähler versucht mit den Informationen, die ihr/ihm zugänglich sind, den Hörer[22] möglichst effektiv auf ihrer/seiner Seite einzubinden. Dies kann beispielsweise die Wahl der erzählten Ereignisse beeinflussen (vgl. Lucius-Hoene/Deppermann 2004: 33-34). Es muss daher dem Forscher bewusst sein, dass indem die Befragten vor der Erhebung über das Projekt informiert werden, ein gewisser Einfluss auf die Fokussierung der Geschichten ausgeübt wird.

---

22 Die Bezeichnungen Hörer, Interviewer und Forscher beziehen sich auf dem Verfasser dieser Studie und werden deshalb allein in einer männlichen Form verwendet.

5.2   Prinzipien und Methoden der Rekonstruktion narrativer Identität

Die in dieser Arbeit angewandten Auswertungsverfahren der von Lucius-Hoene und Deppermann entwickelten „Rekonstruktion narrativer Identität" bietet ein Werkzeugkasten von textanalytischen Techniken an. Lucius-Hoene und Deppermann folgen Fritz Schützes Auswertungsmethode (Schütze 1976, 1977, 1983) des narrativen Interviews und verknüpfen sie mit den Erkenntnissen und Vorgehensweisen der Gesprächs- und Konversationsanalyse (Jefferson 1978; Sacks 1984; Schegloff 1997).

Die Aufgabe der Interviewauswertung besteht darin, die spezifische Identitätskonstruktion des Erzählers im narrativen Interview zu rekonstruieren. Die Rekonstruktion von narrativer Identität findet spiegelbildlich zu den Prozessen der Konstruktion von Identität in der Erzählung statt. Es bedeutet, dass die Auswertungstechnik den gleichen Prinzipien folgen soll, nach denen die Sinnstrukturen in der Erzählung hergestellt wurden (Lucius-Hoene/Deppermann 2004: 95). Im Folgenden werden die zentralen „Werkzeuge" vorgestellt, die im Rahmen der *Rekonstruktion narrativer Identität* angewendet werden.[23]

5.2.1 Die Makrostruktur

Die Struktur der erzählten Lebensgeschichte macht aus der erlebten Ereigniskette eine gegliederte Gestalt mit beschreibbarer Form. Die Analyse der Struktur findet in drei Ebenen statt: Der Gesamttext wird untersucht in Hinsicht auf (i) den Umgang mit der Zeit, (ii) auf den Umgang mit dem Thema (iii) sowie auf die Wahl der Erzählerperspektive.

(i)   Der Umgang mit der Zeit wird durch die doppelte Zeitperspektive des Erzählens bestimmt. Der Erzähler kann die Perspektive des damaligen Geschehens übernehmen oder retrospektivisch aus seiner heutigen Position mit seinem späteren Wissen sprechen. Die Differenzierung zwischen Textstellen anhand von der von der Erzählerin bzw. dem Erzähler gewählten Zeitperspektive gibt Hinweise auf besonders bedeutungsvolle Schlüsselerlebnisse, die bei der Auffindung von detailreichen und erzählerischen Textpassagen für die Feinanalyse helfen.

---

23   Ich beschränke mich hier auf eine kurze Zusammenfassung der wichtigsten Verfahren dieser Methodik. Zu einer detaillierten Darstellung auch anhand von Beispielen vgl. Lucius-Hoene/Deppermann 2004.

(ii) Im Umgang mit dem Thema wird gefragt, was als berichtenswert erachtet wird und welche Darstellungsmuster erkennbar sind. Lucius-Hoene und Deppermann betonen die Bedeutung kultureller Vorgaben und Konventionen wie *Geschichten-, kulturelle Deutungsmuster* sowie *gesamtbiographische Darstellungsmuster* für die erzählerische Gestaltung der Lebensgeschichte (ebd.: 128-132). In der Analyse wird daher besonders auf den Gebrauch dieser *Muster* als Ressource in der Selbstpräsentation geachtet.

(iii) In der autobiographischen Erzählung besetzt die Erzählerin bzw. der Erzähler zwei Funktionen gleichzeitig: sie/er ist Protagonist und „Autor/in" ihrer/seiner Geschichte. Mit der Wahl der *Erzählerperspektive* nimmt sie/er eine direkte und indirekte Haltung zur erzählten Geschichte und zu ihrer/seiner eigenen Person ein. Sie/er muss ihr/sein vergangenes Ich der Erzählung mit bestimmten Eigenschaften und Handlungsweisen in Szene setzen. Besonders wichtiges Mittel in der Analyse der *Erzählerperspektive* stellt die so genannte *Verdoppelung des Ichs* (Engelhardt 1990) dar. Hierbei geht es darum, dass das *erzählende Ich* in der aktuellen Erzählsituation sein vergangenes Ich, das *erzählte Ich* darstellt. In der Art und Weise, wie die personalen und sozialen Aspekte des *erzählten* wie des *erzählenden Ichs* in der Situation verhandelt werden, werden Facetten und Strategien von Identitätsarbeit sichtbar.

Ebenfalls auf der Makroebene wird untersucht, welche Textsorten verwendet werden. Dabei wird unterschieden zwischen den Textsorten: (a) Erzählen, (b) Beschreiben und (c) Argumentieren.

(a) Erzählen: Erzählen thematisiert einen zeitlichen Wandel und stellt entsprechend Ereignisse, Handlungen und Erfahrungsbildungen dar, die eine temporale Veränderungsdimension beinhalten. Unter der Textsorte ‚Erzählen' werden drei Erzählformen gefasst: (1) das szenisch-episodische Erzählen im engeren Sinn, (2) die zusammenfassend-berichtende Darstellung aus der Retrospektive und (3) die chronikartige Aufzählung von Ereignissen. Bei der Analyse wird ein besonderes Augenmerk auf die szenisch-episodische Erzählung gerichtet. Die erzählende Person versetzt den Hörer in die damaligen Handlungen und baut einen ‚Vorstellungsraum' auf, in dem sie das Geschehen *re-inszeniert*. Der Effekt der *Re-Inszenierung* wird dadurch ausgelöst, dass die erzählende Person die Handlung in „Echtzeit" mit hohem Auflösungsgrad wiedergibt, ein *szenisches Präsens* anwendet und sich ganz bewusst auf die damalige begrenzte Wahrnehmungs- und Wissensposition beschränkt (ebd.: 228-229).

(b) Beschreiben: Unter dem ‚Beschreiben' wird eine zeitunabhängige Merkmalszuschreibung zu Objekten verstanden, mit deren Hilfe die Welt des Erzählers konstruiert und ausgestaltet wird. ‚Beschreiben' als eine eigene Textsorte lässt sich dann erkennen, wenn in einer längeren Passage der temporale Zusammenhang keine Rolle mehr spielt und ganze Gegenstandsbereiche, Lebensphasen, Milieus oder Lebensstile charakterisiert werden. Beschreibende Textstellen nehmen eine wichtige Funktion in der autobiografischen Erzählung ein, indem sie mit rhetorischen Stilmitteln und verwendeten Kategorien die Art und Weise vermitteln, wie der Erzähler Wirklichkeit konstruiert.

(c) Argumentieren: Durch das Argumentieren bemüht sich die erzählende Person, ihren Standpunkt für den Zuhörer akzeptabel zu machen. Sie führt näher aus, was für sie selbst oder ihrer Meinung nach für den Zuhörer strittig sein könnte. Positionen realer oder vermuteter Gegner werden angegriffen, eigene Positionen werden verteidigt. Häufig verläuft das Argumentieren, indem Pro-Argumente vorgebracht, Contra-Argumente widerlegt werden und dann eine Konklusion gezogen wird. In der Analyse wird besonders darauf geachtet, welche Argumente die erzählende Person als „kollektiv Geltendes" zu überführen versucht, und auf welche allgemeinen Deutungsmuster sie verweisen.

Mit der Identifizierung der Textsorten und ihrer Abfolge lassen sich Erkenntnisse über das Verhältnis des Sprechers zu bestimmten Lebensphasen in seiner Biografie gewinnen. Die sprachliche Darstellungsform gibt somit Hinweise auf die Art seiner aktuellen biografischen Bedeutung und Konstruktion. So ist beispielsweise eine erzählerische Darstellung häufig erst möglich, wenn die Handlung abgeschlossen ist (ebd.: 171).

5.2.2 Die Mikrostruktur

Bei der Betrachtung der Mikrostruktur geht es um die feinanalytische Auswertung ausgewählter Textpassagen. In der Feinanalyse ist zwischen (i) Heuristiken, die an diese Abschnitte angelegt werden, und der (ii) Analyse von Positionierungen zu unterscheiden.

(i) Heuristiken: Bei dieser Analysestrategie werden Fragen an das Material gestellt: *Was wird dargestellt?* Hier geht es darum, den Inhalt der Passage explizit zu machen, um Missverständnisse auszuschließen. *Wie wird dargestellt?* Dabei werden die rhetorischen Gestaltungsmittel untersucht. *Wozu wird das so dargestellt?* Diese Frage wird in mehreren Variationen gestellt. Es geht darum herauszufinden, warum dieser Inhalt und nicht ein anderer dargestellt wird, warum der Inhalt so und nicht anders dargestellt wird, und warum der Inhalt an dieser Stelle und nicht an einer anderen dargestellt wird usw.. Zur Beantwortung der *Wozu-Fragen* sind folgende Analysestrategien hilfreich: die *Variationsanalyse*, die *Kontextanalyse*, die *Analyse der Folgeerwartungen* und die *Analyse der interaktiven Konsequenzen*. Bei der *Variationsanalyse* werden zunächst andere rhetorische Ausdrucksmöglichkeiten zum gleichen Sachverhalt generiert. Durch den Vergleich der erfundenen Variationen mit der gewählten Formulierung wird deutlich, worin die besondere rhetorische Leistung der gewählten Option besteht. Variationen ergeben sich durch ersetzen, weglassen, umstellen und ergänzen. Die *Kontextanalyse* untersucht, in welchem Zusammenhang Äußerungen mit Kontexten stehen, auf die sie verweisen. Zuletzt wird ein Segment der *Analyse der Folgeerwartungen* unterzogen, die das Verhältnis zwischen den Erwartungen an die Fortsetzung der Erzählung und der tatsächlichen folgenden Darstellung untersucht.

(ii) Positionierungsanalyse: Gespräche zeichnen sich auch dadurch aus, dass Gesprächspartnerinnen und Gesprächspartner sich gegenseitig bestimmte Positionen und Identitäten zuweisen. Deshalb ist es besonders für die Rekonstruktion von Identitätshandlungen wichtig, diese Positionierungen zu analysieren. Es kann zwischen zwei Formen der Positionierung unterschieden werden: Unter *Selbstpositionierung* wird die direkte oder indirekte Zuschreibungen von Bestimmungsstücken zur eigenen Person verstanden. *Fremdpositionierung* hingegen bezeichnet die Zuschreibungen und Positionszuweisungen, die den Interviewer in seiner Interaktion mit der Sprecherin bzw. mit dem Sprecher charakterisieren. Die Selbst- und Fremdpositionierungen stehen immer in Beziehung zueinander, da jeder Positionierungsakt im Hinblick auf den einen Gesprächspartner gleichzeitig auch eine Komponente im Verhältnis zum anderen ist. Solche Selbst- und Fremdpositionierungen sowie Rollenzuweisungen und Einordnungen in eine moralische Ordnung treten direkt und explizit oder indirekt und implizit auf. Sie enthalten bedeutsame Informationen über das Selbstbild der erzählenden Person und über die Beziehung zu ihrem Interaktionspartner (ebd.: 196-212). Mit der Rekonstruktion zurückliegender Interaktionen werden auch vergangene Beziehungskonstellationen rekonstruiert, die sich an Positionierungen der Erzählerin bzw. des Erzählers beobachten lassen. Dies schließt auch die Beziehung zwischen erzählendem und erzähltem Ich mit ein.

5.3 Auswertungsschritte der Biografieanalyse

Die autobiographisch-narrative Erzählung, die im Rahmen des narrativen Interviews hergestellt wurde, soll in einem Interpretationsverfahren analysiert werden. Da die narrative Erzählung immer subjektiv ist, kann das Ziel bei dieser Art der Textanalyse weder die Frage beantworten, was ‚wirklich' in der Lebensgeschichte passierte, noch eine Antwort darauf geben, wie die erzählende Person dies damals erlebt hat. Vielmehr geht es in dem Auswertungsverfahren darum herauszufinden, „wie der Erzähler seine biografische Erfahrung und Identität in der aktuellen Erzählsituation mit Hilfe seiner biografischen und narrativen Ressourcen konstruiert" (Lucius-Hoene/Deppermann 2004: 91).

Zur Auswertung autobiographisch-narrativer Interviews schlägt Schütze (1983) ein Verfahren vor, das aus sechs Analyseschritten besteht:

1   formale Textanalyse,
2   strukturelle inhaltliche Beschreibung,
3   analytische Abstraktion,
4   Wissensanalyse,
5   kontrastive Vergleiche und
6   Konstruktion eines theoretischen Modells.

Im ersten Analyseschritt, der formalen Textanalyse, wird der Erzähltext mit Hilfe der so genannten „Rahmenschaltelemente" (wie z. B. „und dann", „und später" etc.) auf seine formalen Abschnitte segmentiert. Dabei werden narrative von nicht-narrativen Textpassagen unterschieden. Die narrativen Segmente werden dann in einem zweiten Analyseschritt einer „strukturellen inhaltlichen Beschreibung" unterzogen. Hierbei wird auf Verknüpfungselemente zwischen einzelnen Ereignisdarstellungen („um zu", „weil" etc.), wie Zeitindikatoren („noch", „schon", „plötzlich" etc.), Selbstkorrekturen und andere formale Binnenindikatoren geachtet. Das Ziel dieses Analyseschritts besteht darin, die einzelnen zeitlich begrenzten „Prozessstrukturen des Lebensablaufs" (institutionell bestimmte Lebensstationen, Höhepunktsituationen, Ereignisverstrickungen etc.) herauszuarbeiten.

In der *analytischen Abstraktion*, dem dritten Analyseschritt, werden die bisherigen Ergebnisse von den Details der einzelnen dargestellten Lebensabschnitte gelöst und als abstrahierte Strukturaussagen miteinander in Beziehung gesetzt. Auf dieser Grundlage wird die „biographische Gesamtformung"[24] herausgearbeitet.

Nachdem man durch diese drei Analyseschritte den „wesentliche[n] Ereignisablauf" und die „grundlegende biographische Erfahrungsaufschichtung" ermittelt hat, erfolgt der Schritt der *Wissensanalyse*. Die Aufgabe dieses Analyseschritts besteht darin, die dominanten Prozessstrukturen des Lebensablaufs systematisch zu interpretieren. Dabei werden die eigentheoretischen, argumentativen Äußerungen des Erzählers zu seiner Lebensgeschichte und zu seiner Identität mit besonderer Aufmerksamkeit ausgewertet.

Im fünften Analyseschritt der kontrastiven Vergleiche werden Stellen aus der Erzählung mit Segmenten aus anderen Interviews kontrastiert. Die Auswahl der Segmente, die sich zum Vergleich eignen, hängt davon ab, „welches soziale Phänomen im Rahmen von Lebensabläufen für die gerade anstehende soziologische Biografieanalyse wichtig erscheint" (ebd.: 287). Schütze schlägt vor, die Kontrastierung mit der Strategie des minimalen Vergleichs zu beginnen. Es werden Interviewpassagen aus dem zweiten Interview gewählt, die hinsichtlich des interessierenden Phänomens gegenüber dem Ursprungstext Ähnlichkeiten aufweisen. Als Ergänzung dazu steht die Strategie des maximalen Vergleichs zur Verfügung. Hierfür werden Interviewtexte maximaler Verschiedenartigkeit zum Ausgangstext herangezogen, die jedoch immer noch Vergleichspunkte mit dem Ursprungstext aufweisen. Die maximale Kontrastierung dient dazu, die untersuchten Kategorien mit gegensätzlichen Kategorien zu konfrontieren und damit alternative Strukturen biographisch-sozialer Prozesse herauszuarbeiten. Im letzten Analyseschritt („Konstruktion eines theoretischen Modells") geht es darum, ein Prozessmodell aus den durch die Fallkontrastierungen gewonnenen Interpretationskategorien zu abstrahieren (ebd.: 288).

Das Modell von Schütze liegt dieser Arbeit zugrunde. Die jeweiligen Interviewtexte wurden den sechs vorgeschlagenen Analyseschritten unterzogen, um von den einzelnen segmentierten Erzählungspassagen eine Fallkonstruktion zu entwickeln.

---

24 Als „biographische Gesamtformung" definiert Schütze die „lebensgeschichtliche Abfolge der erfahrungsdominanten Prozessstrukturen in den einzelnen Lebensabschnitten bis hin zur gegenwärtig dominanten Prozessstruktur" (Schütze 1983: 286).

5.4 Die Auswahl der Untersuchungspersonen

Die Auswahl der Jugendlichen für die Interviews war eine zentrale Grundlage für die Studie, da sie Implikationen für die Verallgemeinbarkeit und Vergleichbarkeit der empirischen Befunde hat. Die Erhebungsphase fand von Dezember 2006 bis Mai 2008 statt. Insgesamt wurden 25 Interviews mit 14 zugewanderten und 11 ,alteingesessenen' jüdischen[25] Jugendlichen in der Lebensphase der späten Adoleszenz (16-19 Jahre)[26] durchgeführt. Der Auswahl der zugewanderten Jugendlichen lag die Definition der ,1,5 Generation' zugrunde, d. h. es wurden Jugendliche ausgewählt, die im Ausland geboren wurden, und mit ihren Familien nach Deutschland kamen.

Im Gegensatz zur empirisch quantitativen Forschung sollen die Interviews keine statistisch repräsentative Stichprobe darstellen.[27] Vielmehr wurden die Fälle in der vorliegenden Untersuchung nach ihrem erwarteten Beitrag zur Theoriebildung ausgewählt. In Anlehnung an den Ansatz des ,Theoretical Sampling' nach Glaser und Strauss (1967: 45-77) wurde nach Fällen gesucht, die unterschiedliche Merkmale aufweisen.[28]

Die Kontakte mit den Jugendlichen erfolgten in den meisten Fällen über Leitungspersonen in jüdischen Gemeinden bzw. in jüdischen Jugendzentren. Um in Kontakt zu weniger institutionell angebundenen Jugendlichen zu treten, wurden in sieben Fällen Befragte durch das ,Schneeballsystem' (,Snowball sampling' vgl. Erickson 1978: 276-302) gewonnen.

---

25 In der umstrittenen Frage, wer Jude ist (vgl. Kapitel 3.3), wurde hier entschieden, den Aspekt der „Self-Identity" als Kriterium zugrunde zu legen, d. h. die subjektive Selbstdefinition der Person: „the selfs vision of the pattern of traits as they really are" (Herman 1989: 30). Diese Definition steht im Gegensatz zur „Objective public Identity", welche Herman als „the pattern of individual or group traits as they appear to others" definiert (ebd.).

26 Mit Adoleszenz wird die über die Pubertät hinausgehende Entwicklungsphase von Heranwachsenden bezeichnet und sie unterteilt sich in frühe, mittlere, späte und Post-Adoleszenz (vgl. Zimmermann 2003: 156).

27 Yin spricht in diesem Zusammenhang von einer „Replication Logic" in der qualitativen Methode, die im Gegensatz zur „Sampling Logic" der quantitativen Forschung steht (vgl. Yin 2003: 46-49).

28 Glazer und Strauss definieren den Begriff ,Theoretical Sampling' als „the process of data collection for generating theory whereby the analyst jointly collects, codes, and analyzes his data and decides what data to collect next and where to find them, in order to develop his theory as it emerges. This process of data collection is *controlled* by the emerging theory, whether substantive or formal" (Glazer/Strauss 1967: 45).

Es wurde versucht, eine möglichst breite Streuung unter den Befragten zu erreichen. Hierfür zeigten sich zunächst die Kriterien Geschlecht, Geburtsland (Deutschland vs. GUS-Staaten), religiöse Orientierung (säkular, traditionell, liberal, orthodox), Bildungsstatus (Hauptschule, Realschule oder Gymnasium) sowie die Größe und Ausrichtung der Gemeinde als mögliche Kontrastierungsmöglichkeiten. Allerdings nicht in allen Bereichen erwies sich die Suche nach Gesprächspartnern als ergiebig. In Bezug auf die religiöse Orientierung entstand ein Problem, orthodoxe Jugendliche zu finden. Der Grund dafür liegt darin, dass nur ein sehr kleiner Teil der jüdischen Bevölkerung in Deutschland sich zu der orthodoxe Strömung zuordnet (vgl. Kapitel 4.3.1). Auf Nachfragen bei den orthodoxen Gruppen von Chabad (Berlin und München) und Adath Israel (Berlin) musste ich feststellen, dass aus Mangel an geeigneten orthodoxen Erziehungseinrichtungen für orthodoxe Jugendliche in Deutschland diese in der Regel Jeshivot (orthodoxe Schulen) im Ausland besuchen. Die Befragten in der vorliegenden Untersuchung gehören folglich den anderen religiösen Orientierungen des säkularen, traditionellen und liberalen Judentums an.

Auch in Bezug auf den Bildungsstatus der Befragten wurde ich mit dem Problem konfrontiert, dass die meisten jüdischen Jugendlichen im Gymnasium oder in einer Privatschule unterrichtet werden. Immerhin gelang es nach einer gezielten Suche zwei Realschüler und eine Hauptschülerin für die Untersuchung zu gewinnen.

Tabelle 1: Aufteilung nach Geburtsland und Geschlecht

	Weiblich	Männlich
Zuwanderer	8	6
‚Alteingesessene'	5	6

5.4.1 Die Erhebung in den Gemeinden

23 von den 25 interviewten Jugendlichen in dieser Untersuchung sind Mitglieder einer jüdischen Gemeinde. In der Auswahl der Untersuchungspersonen wurden die unterschiedlichen Gemeindeformen in Bezug auf ihre jeweilige religiöse Orientierung, ihre Gesamtmitgliederzahl, ihre geographische Lage, sowie die interne Aufteilung zwischen alteingesessenen und zugewanderten Mitgliedern berücksichtigt. Auf Grundlage dieser Kriterien kann zwischen drei Formen von Gemeinden unterschieden werden: (i) die etablierten Großgemeinden mit mehr als 6.000

Mitgliedern, die zwar nur vier Gemeinden (Berlin, München, Düsseldorf und Frankfurt) umfasst, deren hohe Mitgliederzahlen jedoch fast ein Drittel der gesamten Mitgliedschaft innerhalb der jüdischen Gemeinden Deutschlands ausmacht. Es wurden Interviews in allen Großgemeinden durchgeführt. (ii) Die Gruppe der mittleren und kleinen Gemeinden. Zwei Interviewte gehören der Gemeinde Nürnberg an, die zu den 16 mittelgroßen Gemeinden mit mehr als 1.000 Mitgliedern zu zählen ist. Aus den kleinen Gemeinden mit weniger als 1.000 Mitgliedern, die mehr als zwei Drittel der jüdischen Gemeinden in Deutschland ausmachen und deren Anzahl sich seit dem Beginn der Einwanderungswelle im Jahr 1989 durch Neugründungen vervielfältigt hat (vgl. Gotzmann/Kiesel/Körber 2009), wurden Interviews in Dresden, Rostock und Heidelberg durchgeführt. Während sich die Gemeinden in den ersten beiden Gruppen als Einheitsgemeinden verstehen (vgl. Kapitel 4.3.1), setzt sich (iii) die dritte Gruppe aus 18 kleinen liberalen Gemeinden zusammen, mit insgesamt 3.500 Mitgliedern, die sich der „Union progressiven Judentums" eingliedern. Es wurden Interviews mit Jugendlichen in den liberalen Gemeinden in Hannover, Berlin und Köln durchgeführt.

Die drei erwähnten Formen der Gemeinden unterscheiden sich nicht allein in der Größe und in der religiösen Orientierung, sondern auch in ihrer Infrastruktur und ihrer demographischen Zusammensetzung. Mit Hinblick auf die religiöse Erziehung lässt sich feststellen, dass die meisten interviewten Jugendlichen in den Großgemeinden einen jüdischen Kindergarten und eine jüdische Grundschule besucht haben. Weiterhin genießen die Mitlieder der Großgemeinden in der Regel eine große Auswahl von jüdischem außerschulischem Angebot wie Jugendzentren, Jugendverbände und Sportverbände. Im Unterschied dazu bieten die anderen Gruppen der mittleren bis kleinen Einheitsgemeinden sowie der liberalen Gemeinden keine formale jüdische Erziehung an. Die Vielfalt und Qualität des Angebots von außerschulischen Aktivitäten variiert von Gemeinde zu Gemeinde. Vor allem in den mittleren und kleinen Einheitsgemeinden mangelt es oft an professioneller Jugendarbeit. In der Auswahl der Untersuchungspersonen wurde versucht, eine möglichst breite Streuung zu erreichen (siehe Tabelle 2).

Tabelle 2: Aufteilung der Interviews nach Gemeinden:

Großgemeinden (8 Interviews)	Mittelgroße u. kleine Gemeinden (8 Interviews)	Liberale Gemeinden (7 Interviews)	Nicht Mitglieder
Frankfurt (3) München (3) Berlin (1) Düsseldorf (1)	Nürnberg (2) Dresden (4) Rostock (1) Heidelberg (1)	Hannover (5) Berlin (1) Köln (1)	2 Interviewte aus Offenbach und München

Da sich die kleinen Gemeinden, vor allem in den neuen Bundesländern, fast ausschließlich aus Zuwanderern zusammensetzen, wurden in diesen Gemeinden nur Interviews mit zugewanderten Jugendlichen durchgeführt. In den Großgemeinden hingegen waren mehr ‚alteingesessene' Jugendliche zu finden. Dementsprechend wurden sechs der acht interviewten Mitglieder der Großgemeinden in Deutschland geboren. In den liberalen Gemeinden wurden drei Interviews mit ‚alteingesessenen' und vier Interviews mit zugewanderten Jugendlichen geführt.

5.5 Die Durchführung der Interviews

Die Erhebung wurde anhand der oben beschriebenen Untersuchungsmethode des narrativen Interviews durchgeführt. Dabei war die Kontaktaufnahme mit potenziellen Untersuchungspersonen der erste Schritt. Da im narrativen Interview die Bereitschaft der Befragten, über ihr privates Leben zu erzählen, erwartet wird, ist der Aufbau einer vertrauensvollen Kommunikation zwischen Interviewer und Interviewtem eine wichtige Voraussetzung (vgl. Heinze 1995: 73). Im ersten telefonischen Kontakt wurden alle Personen über das Thema und den Rahmen der Untersuchung belehrt. Falls eine Ansprechpartnerin oder ein Ansprechpartner eine grundsätzliche Bereitschaft gezeigt hatte, an dem Interview teilzunehmen, bekam sie/er ein Informationsblatt per Email oder Post zugeschickt, das ihr/ihm eine Entscheidungsgrundlage hinsichtlich ihrer/seiner Teilnahme an der Untersuchung bot. Zudem diente es dazu, den Befragten die Möglichkeit zu geben, bestimmte Vorstellung zu bekommen, was von ihnen erwartet wird. Im zweiten telefonischen Gespräch, nachdem die Person das Informationsblatt gelesen hatte, wurde ein Interviewtermin vereinbart. Die Interviews fanden in der Regel entweder in der lokalen jüdischen Gemeinde, dem Jugendzentrum oder in der Wohnung der Untersuchungsperson statt. Ein Interview wurde in der Wohnung des Forschers durchgeführt.

5.5.1 Die thematische Einstiegsfrage

Zu Beginn des Interviews wurde an die durch das Informationsblatt gegebene Vorinformation angeknüpft, indem das Ziel des Gesprächs erklärt, der Tonbandmitschnitt begründet und die spätere Anonymisierung der Daten erläutert wurde. Nachdem die Jugendlichen über Ziele und Verlauf des Interviews aufgeklärt waren, wurde die Einstiegsfrage gestellt. In der Formulierung der Einstiegsfrage wurde darauf geachtet, dass sie erzählgenerierend wirkt. Dies bedeutet, dass die befragten Personen auf diese Frage hin den Wandel in ihrer Erfahrungswelt darstellen konnten. Ihre Formulierung ist auch wichtig für das Verständnis der Darstellungsaufgabe.

In der Formulierung der thematischen Einstiegsfrage in dieser Studie musste zunächst eine Entscheidung getroffen werden, ob die Frage explizit einen Bezug zur jüdischen Identität der Befragten herstellen sollte. Obwohl eine solche gezielte Einstiegsfrage sicherlich den Vorteil hätte, dass die Befragten sich besser auf den thematischen Schwerpunkt der Studie beschränken würden, fiel die Entscheidung, die Einstiegsfrage so offen wie möglich zu halten. Hierbei lag die Überlegung zugrunde, dass allein eine offene Formulierung der Einstiegsfrage garantieren kann, dass die jüdische Identität im Verhältnis zu anderen Teilidentitäten dargestellt wird. Zudem stellte sich oftmals heraus, dass auch in den Erzählungen von Erfahrungen, die nicht unmittelbar mit dem Judentum verknüpft sind, relevante Erkenntnisse im Hinblick auf das Forschungsinteresse gewonnen worden können.

Vor diesem Hintergrund habe ich mich für die folgende Formulierung der Einstiegsfrage entschieden: „Ich würde dich bitten, einfach mal anzufangen zu erzählen, wie du aufgewachsen bist, was in deinem Leben bisher passierte? Am Besten wäre, wenn du mit deiner Kindheit anfängst.“

5.5.2 Fragenformate für die Nachfragephase und den Bilanzierungsteil

Erst nachdem die Untersuchungsperson signalisierte, dass die Stegreiferzählung beendet ist, wurden weitere erzählgenerierende Nachfragen gestellt. Der Nachfrageteil knüpft an die erzählten Inhalte an und versucht Lücken in der Stegreiferzählung zu schließen und Verständnisprobleme zu klären. In den Fragen in dieser Phase wurden die Jugendlichen gefragt, auf eine oder mehrere in der Stegreiferzählung erwähnte

Erfahrungen oder biographische Angaben näher einzugehen. Interviewte, die in ihrer Stegreiferzählung eine biographische Phase komplett ausgelassen haben – wie beispielsweise zugewanderte Jugendliche, die ausschließlich über ihre Erfahrungen in Deutschland erzählt haben – wurden dann im Nachfrageteil zu ihrer Erinnerung an diese Lebensphase befragt.

In der letzten Phase des Interviews wurden einige Fragen zu bestimmten Aspekten des Forschungsinteresses gestellt, welche von den Interviewten bis zu dem Zeitpunkt nicht oder nur wenig thematisiert worden waren. In einigen Interviews, in denen der Bezug zur jüdischen Identität kurz ausfiel, wurden die Jugendlichen über die Bedeutung von Judentum für sie befragt.

Ein weiterer Aspekt in diesem Teil war, Informationen über die Pläne und Vorstellungen der Befragten zu ihrer näheren und weiteren Zukunft in Erfahrung zu bringen. Anschließend wurden die Jugendlichen nach ihren biographischen Eckdaten gefragt und um Informationen zu ihrer Familie gebeten. Der Bilanzierungsteil war naturgemäß nur selten narrativ aufgebaut und diente eher dazu, die Analyse der Stegreiferzählung zu stützen.

Nachdem zum Abschluss des Gesprächs die Jugendlichen gefragt wurden, ob sie noch etwas zum Thema sagen wollen, wurde gemeinsam ein Kurzfragebogen ausgefüllt, in dem biographische Eckdaten zur Person und der Familie erhoben wurden.

5.6 Die Transkription

Die Interviews wurden auf Tonband aufgezeichnet und anschließend transkribiert. Zur Gewährleistung des Datenschutzes habe ich die Namen der Interviewpartnerinnen und Interviewpartner anonymisiert. Nach der Durchführung eines jeden Interviews wurde ein Protokoll seines Verlaufs erstellt, in dem verschiedene Informationen zum Gesprächsverlauf und zur Kommunikation außerhalb der Bandaufnahme sowie eine Beschreibung des Gesprächspartners erfasst wurden.

Die Bedeutung der exakten Transkription besteht darin, dass sie die Voraussetzung für eine adäquate Interpretation bildet. Sie beschränkte sich nicht allein auf das gesprochene Wort, sondern erfasste auch segmentale Gesprächsteile, Sprechkorrekturen sowie nonverbale Ausdrucksweisen (Lachen, Seufzen), abschwächende Gesten und das gehäufte Auftreten gewisser Verzögerungspartikel (ähe, ehm usw.) (vgl. Niedermair 2005: 165). Diese Transkriptionsform soll zum einen sicherstellen, dass das Interpretationspotenzial ausgeschöpft werden kann.

Zum anderen wurde darauf geachtet, dass durch die Transkriptionszeichen die Lesbarkeit der Texte so wenig wie möglich beeinträchtigt wird. Aus diesem Grund wurde beispielsweise Akzentuierung nicht mittels Großbuchstaben (bsplw. akZENT) sondern mit Unterstreichung (bsplw. Akzent) gekennzeichnet. Weiterhin konnte auf aufwändige linguistische und paralinguistische Transkriptionszeichen verzichtet werden, die für die Zwecke der Datenauswertung und Fallrekonstruktion nicht verwendbar sind (z. B. Zeichen der Sprechgeschwindigkeitsveränderungen).

Die für die vorliegende Studie verwendeten Transkriptionszeichen werden in Abbildung 2 dargelegt.

(.)	Mikropause
(..)	mittlere Pause
(-)	längere Pause bis ca. 1 Sek. Dauer
(2.0)	Pause von mehr als 1 Sek. Dauer
'	Abbruch durch Glottalverschluß
=	auffällig schneller Anschluss
Akzent	auffällige Betonung
((lacht))	Para/außersprachliche Handlungen/Ereignisse
(solche)	vermuteter Wortlaut
?	Frageintonation

Abb. 2: Transkriptionszeichen

6 Die empirischen Befunde

Nach der theoretischen Diskussion sowie der Darstellung der Erhebungstechnik und Auswertungsmethode werden in diesem Kapitel die empirischen Befunde vorgestellt. Aufgrund der Offenheit der Erhebungsmethode stellte sich die Suche nach gemeinsamen Leitthemen und Grundstrukturen der individuellen Lebensgeschichte sowie die Strukturierung des empirischen Materials als eine Herausforderung dar. Anhand des von Glaser und Strauss (1967) erarbeiteten Ansatzes der ‚Grounded Theory' und des von Schütze (1983) entwickelten Verfahrens der kontrastiven Vergleiche sowie der Konstruktion eines theoretischen Modells wurden die Hauptthemen in den Interviews herausgearbeitet und in Form von drei Typologien dargestellt. Grundsätzlich handelt es sich bei jeder Typologie um das Ergebnis eines Gruppierungsprozesses, bei dem ein Objektbereich anhand eines oder mehrerer Merkmale in Gruppen bzw. Typen eingeteilt wird (vgl. Bailey 1994), so dass sich die Elemente innerhalb eines Typus möglichst ähnlich sind (interne Homogenität auf der „Ebene des Typus") und sich die Typen voneinander möglichst stark unterscheiden (externe Heterogenität). Mit dem Begriff Typus werden die gebildeten Teil- oder Untergruppen bezeichnet, die gemeinsame Eigenschaften aufweisen und anhand der spezifischen Konstellation dieser Eigenschaften beschrieben und charakterisiert werden können (Kluge 1999). Bohnsack spricht in diesem Zusammenhang von „Dimensionengebundenheit der Typenbildung" (2007: 183-184), weil die Totalität des Falls in unterschiedliche Dimensionen oder Erfahrungsräume zerlegt wird.

Obwohl die Eingangsfrage zu Beginn der Interviews bewusst offen formuliert wurde, machten die meisten Jugendlichen die Beziehungsstrukturen mit der Mehrheitsgesellschaft und die Konstitution ihrer jüdischen Identität zum narrativen Schwerpunkt ihrer Erzählungen.

Entsprechend ihrer Beziehung zur Mehrheitsgesellschaft lässt sich in der Gruppe der Befragten unterscheiden, zwischen den ‚Alteingesessenen', die als Juden den Status einer Minderheit haben, und den Zuwanderern, die sich in einem ‚doppelten Minderheitsstatus' – als Juden und als Russen – befinden. Dieser Unterschied artikuliert sich in den biographischen Erzählungen durch die Erfahrung der Akkulturation in die deutsche Gesellschaft, die ausschließlich bei den Zuwanderern zu finden ist. Im ersten Teil des Kapitels (6.1) wird eine Typologie der Akkulturationsstrategien der zugewanderten Jugendlichen präsentiert. Fragen des Umgangs mit Konfliktsituationen und Antisemitismus hingegen thematisieren sowohl die Zuwanderer als auch die ‚Alteingesessenen'. Im zweiten Teil des Kapitels (6.2) wird eine weitere Typologie zu dieser Thematik dargestellt.

Der Frage der Konstitution von jüdischer Identität in den narrativen Erzählungen widmet sich der dritte Teil des Kapitels (6.3). Es werden drei grundsätzliche Begründungsebenen der jüdischen Identität herausgearbeitet, die in Form einer Typologie der jüdischen Identifikationsnarrative dargestellt werden.

6.1 Narrative der Akkulturationsstrategien

In der klassischen Migrationforschung wird davon ausgegangen, dass sich Einwanderer nach und nach – im Rahmen von Eingliederungsprozessen – den Mitgliedern der Aufnahmegesellschaft angleichen (vgl. Bogardus 1929/Park 1950/Gordon 1964). Richardson und Taft (Richardson 1957; Taft 1957) definierten in den 1950er Jahren drei aufeinander folgende Stufen des Akkulturationsprozesses: Isolation, Akkommodation und Identifikation. Auch bei geringer kultureller Distanz, behaupten sie, setzt der Angleichungsprozess unvermeidlich ein und der Grad der Anpassung erhöht sich mit steigender Aufenthaltsdauer.

Auch Eisenstadt (1954), der in den 1940er und 1950er Jahren die jüdische Migration nach Palästina bzw. Israel untersuchte, vertritt die Ansicht, dass Immigranten durch die Aufnahmegesellschaft „absorbiert" werden. Seiner Meinung nach setzt Migration einen Prozess der De-Sozialisation in Gang, welcher zunächst mit Gefühlen von Desorientierung und Entwurzelung verbunden ist. Nach dieser Phase kommt es jedoch zu einem Prozess der Re-Sozialisation, in dem sich die Einwanderer den Bedingungen der Aufnahmegesellschaft anpassen. Der Absorptionsprozess vollzieht sich, wenn die Migrantinnen und Migranten ihre Gruppenidentität ganz abgelegt haben (vgl. Eisenstadt 1954: 13).

Die Eingliederungsprozesse werden in diesen Modellen als lineare Prozesse angesehen, in denen die Individuen – begleitet von harmonischen oder konfliktvollen Begegnungen mit der Aufnahmegesellschaft – von der alten zur neuen Kultur wechseln. Neuere Forschungen zeigen jedoch, dass Eingliederungs- und Akkulturationsprozesse nicht linear, sondern vielmehr – als Folge der Wechselwirkung zwischen den zwei Kulturen – in unterschiedliche Richtungen verlaufen. Die Migranten werden nicht nur durch ihre Anpassungsfähigkeit an die neue Gesellschaft, sondern vielmehr als mit der Umwelt agierende, rational handelnde und lernende Subjekte betrachtet. Esser zeigt, dass Entscheidungen im Migrationsprozess von einer „subjektiven Rationalität" geleitet werden (1980: VII). Damit relativiert er die Bedeutung der „kulturellen

Herkunft" als entscheidender Faktor in den Eingliederungsprozessen. Zuwanderer entscheiden sich für „assimilative Handlungen", wenn es ihnen nützlich erscheint. Wenn sie damit Erfolg erzielen, wird diese Strategie fortgeführt. Schließlich mündet der Prozess im besten Fall in die Assimilation. In den Fällen, in denen aber der Versuch scheitert, assimilative Handlungen zu vollziehen, wird dies abhängig von der subjektiven Orientierung der MigrantInnen, die Rückbesinnung auf die Herkunftskultur zur Folge haben (vgl. ebd.: 54).

Die Vielfalt unterschiedlicher Verlaufsmöglichkeiten von Eingliederungs- und Akkulturationsprozessen finden Ausdruck in dem Ansatz von Berry (1990, 2005). Er definiert Akkulturation als

„the duel process of cultural and psychological change that takes place as a result of contact between two or more cultural groups and their individual members" (ebd.: 2005: 698).

Es handelt sich um einen Prozess, in dem

„individuals change, both by being influenced by contact with another culture and by being participants in the general acculturative changes under way in their own culture" (ebd.: 1990: 235).

Das Individuum geht mit der Migrationssituation produktiv um und bedient sich selektiv aus den beiden Kulturen. Es lassen sich vier Akkulturationsstrategien unterscheiden, die eigenständige Varianten darstellen und spezifische Einflüsse auf die psychische Verfassung akkulturierender Individuen haben. Diese Strategen unterscheiden sich zum einen danach, ob die Beibehaltung der eigenen Kultur erwünscht oder unerwünscht ist. Zum anderen stellt sich die Frage, ob Beziehungen mit der Mehrheitsgruppe im neuen Land angestrebt werden oder nicht:

1. *Integration:* Unter *Integration* wird die gleichzeitige Bindung an die Kultur der Mehrheitsgesellschaft und der Minderheitsgruppe zusammengefasst. Sie beinhaltet eine positive Einstellung zu den beiden Kulturen.
2. *Assimilation*: Der Begriff der *Assimilation* beschreibt das Anpassungsverhalten der Ein- bzw. Zuwanderer an die Kultur der Mehrheitsgesellschaft. In dieser Akkulturationsstrategie negiert das Individuum seine früheren kulturellen Werte und sucht fast ausschließlich Kontakt zu der Aufnahmegesellschaft.
3. *Isolation*: Im Prozess der *Isolation* wird die Beibehaltung der eigenen kulturellen Identität und keine oder nur minimale Interaktion mit der Mehrheit angestrebt.

4. *Marginalisierung*: In der Akkulturationsstrategie der Marginalisierung verzichtet das Individuum auf seine Herkunftskultur, scheitert jedoch in dem Versuch, die neue Kultur zu übernehmen. In dieser Situation wird weder Interesse für Beziehungen mit der eigenen kulturellen Gruppe noch Interesse für Interaktion mit der Mehrheitsgesellschaft angestrebt.

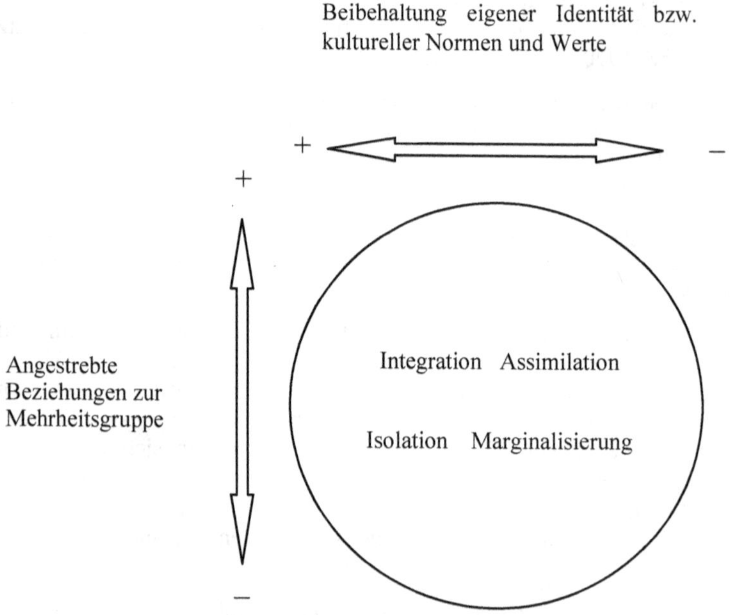

Beibehaltung eigener Identität bzw.
kultureller Normen und Werte

Angestrebte
Beziehungen zur
Mehrheitsgruppe

Integration   Assimilation

Isolation   Marginalisierung

Abb. 3: Modell der vier Akkulturationsstrategien nach Berry (2005: 705)

Wie in Abbildung 3 gezeigt wird, lassen sich die vier Akkulturationsstrategien aus dem Verhalten der Einwanderer in Bezug auf zwei Themen ableiten: (1) die jeweilige Präferenz für die Beibehaltung der eigenen Kultur und Identität und (2) die jeweilige Präferenz für den Kontakt mit Menschen in breiteren sozialen Kontexten außerhalb der ethno-kulturellen Gruppe.

Berry ist bewusst, dass Migrantinnen und Migranten oft nicht die Freiheit haben, sich für die eine oder andere Akkulturationsstrategie zu entscheiden. Häufig wird den Eingewanderten von der Aufnahmegesellschaft eine bestimmte Akkulturationsvorstellung auferlegt (vgl. Berry 2005: 705). Eine Vergleichsstudie über Akkulturationsprozesse in Deutschland, Israel und Finnland beispielsweise zeigt, dass in der Bundesrepublik ein stärkerer sozialer Isolationsdruck von Seiten der Aufnahmegesellschaft auf die Migrantinnen und Migranten ausgeübt wird als in den anderen beiden Ländern. Die internationale Forschungsgruppe fand heraus, dass gerade diejenigen, die in höchstem Maße die Assimilation in die deutsche Gesellschaft suchen, die stärkste Ablehnung erfahren und deshalb unter massiverem psychologischem Stress leiden als andere Immigranten in der Bundesrepublik (Jasinskaja-Lahti u. a. 2003: 94).

Ausgehend von den vier Akkulturationsstrategien von Berry lassen sich in den Erzählungen der zugewanderten Jugendlichen drei typische ‚Akkulturationsnarrative' erkennen, die mit den Formen ‚Assimilation', ‚Integration' und ‚Isolation' korrespondieren. Die Strategie ‚Marginalisierung' hingegen wurde in der Erhebungsgruppe nicht gefunden.

6.1.1 Assimilationsnarrativ

Das erste Narrativ „ich bin eingedeutscht" repräsentiert die Akkulturationsstrategie *Assimilation*. Die typischen Merkmale der Assimilationsnarrative sind (1) die bedingungslose Übernahme der deutschen Kultur, (2) die Ablehnung der russischen Kultur und (3) keinen oder nur minimalen Bezug zur Migrationserfahrung in der biographischen Darstellung. Unter den Zuwanderern können zwei Jugendliche dieser Akkulturationsstrategie zugeordnet werden. Im Folgenden werden diese Fallbeispiele dargestellt.

Lena

Lena, 19 Jahre alt, wurde in Lemberg geboren und kam im Alter von zehn Jahren nach Deutschland. Zum Zeitpunkt des Interviews wohnt sie seit acht Jahren in Dresden, wo sie die 12. Klasse besucht. Ihr Vater hatte in der Ukraine eine Stelle als Physikprofessor und ihre Mutter arbeitete dort als Pianistin. Da Lenas Vater in Deutschland keine Arbeit fand, ging er in Frühpension. Ihre Mutter ist als Klavierlehrerin tätig. Lena hat eine ältere Schwester, die in Dresden studiert.

Nach dem Abschluss ihres Abiturs plant Lena in Dresden zu bleiben und dort Mathematik oder Chemie an der Universität zu studieren. In ihrer Freizeit engagiert sie sich in der jüdischen Gemeinde und in einer Theatergruppe. Der Kontakt mit ihr erfolgt über die Jugendzentrumsleiterin der Gemeinde.

Lena eröffnet ihre Erzählung mit folgendem Segment:

Segment 1: „ein kleiner Umzug"

1   ich bin wie gesagt in Lemberg geboren
2   habe die ersten zehn Jahre meines Lebens dort verbracht
3   ich hab von Lemberg nur ein paar Bilder im Kopf aber ansonsten (.)
4   ich habe auch keine großen festen Freundschaften aufgebaut
5   in meinen ersten zehn Lebensjahren
6   das heißt also wenn ich so höre
7   von anderen Leuten ich äh das mein beste Freund
8   wir sind schon seit seit siebzehn Jahren befreundet
9   das kommt bei mir nicht in Frage
10 wie gesagt durch dieses Einschnitt bin ich aber nicht so sehr
11 als Einschnitt in meinem Leben empfunden habe
12 obwohl ich schon fast zehn war als wir her gekommen sind
13 ich habe wirklich ich kann mich fast an gar nicht mehr erinnern
14 und ich bin eigentlich ziemlich froh weil ich von Lemberg anderen Leute
15 vor allem die älter waren als sie nach Deutschland gekommen sind höre
16 wie schlimm ist für sie war ihre Heimat zu verlassen
17 und wie tragisch und sie habe ihre ganze
18 ihre ganze Freunde dort gelassen müssen und und so weiter und sofort
19 und bei mir war es überhaupt nicht so überhaupt nicht
20 ich war halt es war so ein kleiner Umzug so ok
21 jetzt haben wir die Taschen gepackt
22 wir haben uns umgezogen vorne waren wir in Lemberg jetzt ok
23 jetzt waren wir in Deutschland ich verstand natürlich kaum Deutsch
24 aber ich habe es auch nicht wirklich ähm (.) begriffen
25 und ich denke es ist es halt wirklich glatt verlaufen

Strukturell dominiert in diesem Textausschnitt die Argumentation, mit der sich Lena gleich zur Eröffnung ihrer Erzählung mit der Bedeutung der Migration für ihre Identität auseinandersetzt.

Im ersten Subsegment (Z. 1–11) stellt sich die Erzählerin mit der Erwähnung ihres Geburtsorts vor. Mit der Anmerkung „wie gesagt" (Z. 1) wird auf das Vorgespräch verwiesen, in dem diese Information bereits vermittelt wurde. Lena bezieht die Eingangsfrage „über ihr Leben zu erzählen" auf ihre Migration aus der Ukraine. Durch den Vergleich ihrer Erzählung mit den Erzählungen anderer Migranten versucht sie, der von ihr antizipierten Hörererwartung gerecht zu werden. Dabei fällt auf, dass sie im Eröffnungssegment weder ihr unmittelbares familiäres Umfeld noch ihre heutige Situation in Deutschland thematisiert.

Gleich zu Beginn der Erzählung wird klar, dass die Erinnerung an die ersten zehn Lebensjahre von dem Motiv des Vergessens dominiert wird. Mit der Verwendung des Verbs „verbracht" (Z. 2) wirkt die Erzählerin der Annahme entgegen, dass die ersten Lebensjahre prägend waren: Im Gegensatz zu den Verben „aufwachsen" oder „groß werden" verweist das Verb „verbringen" ausschließlich auf die zeitliche Dimension, ohne Bezug auf die Selbstentwicklung zu nehmen.

Statt Erinnerungen an Ereignisse erwähnt die Erzählerin, dass sie „ein paar Bilder im Kopf" (Z. 3) habe. Im Gegensatz zur lebendigen Erinnerung bezeichnen Bilder nur Erinnerungsspuren: Sie sind bewegungslos, vermissen jeglichen Zusammenhang und vor allem rufen sie bei der Erzählerin keine emotionale Reaktion hervor. Hingegen unterstreicht Lena, was sie aus dieser Zeit nicht hat: „keine großen festen Freundschaften" (Z. 4). Damit stellt sie ihre eigene Erfahrung den Erfahrungen der „anderen Leute" (Z. 7) gegenüber. An dieser Stelle ist es jedoch noch nicht klar, ob die Sprecherin sich mit anderen Migranten oder mit Deutschen vergleicht. Erst im zweiten Subsegment stellt sich heraus, dass die Erzählerin sich selbst mit der Bezeichnung „andere Leute" (Z. 14) im Gegensatz zu den anderen Einwanderern positioniert. Mit der Aussage „das kommt bei mir nicht in Frage" (Z. 9) verweist Lena nicht allein darauf, dass sie keine Kindheitsfreunde hat, sondern will vielmehr die theoretische Möglichkeit solcher Beziehungen ausdrücklich ausschließen. Während des Gesprächs zeigt sie sich eher zufrieden als traurig über diese Tatsache: Gerade weil Lena keine festen Freundschaften in dieser frühen Kindheit aufgebaut hat, empfand sie die Aus- bzw. Einwanderung nicht als Trauma. Die Erzählerin unterscheidet zwischen dem objektiven Einschnitt, welcher die Migration in ihrer Biografie darstellt und zwischen der subjektiven Wahrnehmung, wonach sie den Umzug „nicht so sehr" (Z. 10) als Einschnitt empfunden hat.

Im zweiten Subsegment (Z. 12–25) baut Lena ihre Argumentation aus. Ihre Behauptung, sich „fast an gar nicht" (Z. 13) aus ihrer Kindheit zu erinnern wird mit der typischen Vorstellung über den Abschied von der Heimat kontrastiert. Im Gegensatz zu dem tragischen Bild der Menschen, die unter der Trennung leiden, positioniert sich Lena als gesunder und fröhlicher Mensch, der die Migration lediglich als „einen kleinen Umzug" (Z. 20) erlebt hat.

Mit der wiederholten heftigen Dementierung ihrer Betroffenheit („es überhaupt nicht so überhaupt nicht" Z. 19) rechtfertigt sich Lena vor der unausgesprochenen Erwartung, dass sie Heimweh oder eine Art der seelischen Verbundenheit zur Ukraine verspüren sollte. Hierbei geht es ihr nicht allein darum, ihre mentale Stärke unter Beweis zu stellen, sondern auch ihre Kompetenz zu demonstrieren, sich erfolgreich der neuen Gesellschaft anzupassen. So bewertet Lena die Migration als einen kleinen Umzug, der „wirklich glatt verlaufen" (Z. 25) sei.

Im Gegensatz zu der brüchigen Erinnerung der Kindheit in der Ukraine, wird die Darstellung der ersten Jahre in Deutschland narrativ entfaltet. Lena beschreibt kurz die erste Station in Deutschland im "Heim" für Kontingentflüchtlinge und die Entscheidung der Familie aus den zur Wahl gestellten Städten für Dresden („eine wunderschöne Stadt").

Zusammenfassend berichtet Lena über die erste Zeit in Dresden:

Segment 2: „einer der Besten"

1 Ich hatte ziemlich Glück ich hatte eine sehr gute Sprachlehrerin
2 sie hat mein Potenzial sofort erkannt in Einführungsstrichen
3 und sie ähm (.) es gab die Wahl zwischen Gymnasium und Mittelschule
4 und obwohl mein Deutsch noch nicht so gut war zu dieser Zeit
5 ich war erst ein dreiviertel Jahr in Deutschland
6 also die vierte Klasse sozusagen
7 ähm hat sie gesagt dieses Mädchen muss auf Gymnasium
8 und so war das auch
9 ich kam auf ein sehr gutes Sprachgymnasium
10 Lessinggymnasium ziemlich bekannt in Dresden
11 und dort hab ich mich weiter gebildet
12 und Englisch Französisch und Spanisch gelernt
13 meine Noten waren am Anfang natürlich ziemlich schlecht
14 geht auch nicht andres (.) ja fing es dann mit Vieren Dreien
15 Zweien Einsen irgendwann wurde ich auch so einer der Besten

In diesem Segment beschreibt Lena ihren schulischen Werdegang von der Sprachschule bis zum Gymnasium. Es handelt sich um eine klassische, progressive Narration, die einen schnellen Aufstieg darstellt. Anhand ihrer eigenen schulischen Erfahrung erläutert die Erzählerin die im ersten Segment aufgestellte Behauptung, wonach ihr Umzug nach Deutschland „wirklich glatt verlaufen" sei. Zunächst wird mit einer Fremdpositionierung der Sprachlehrerin eine implizite Selbstpositionierung vorgenommen. Die Frau wird als „sehr gute Sprachlehrerin" (Z. 1) bezeichnet, da sie Lenas Potenzial „sofort erkannt" (Z. 2) hat. In den Vordergrund stellt Lena ihre schulischen Leistungen, die durch den Wechsel ins Gymnasium nach einem „dreiviertel Jahr" (Z. 5) in Deutschland bewiesen werden sollen. Der lineare Verlauf der progressiven Narration, der zunächst anhand des Einstiegs in das Gymnasium vermittelt wurde, wird mit der schnellen Notenverbesserung fortgesetzt: „ja fing es dann [an] mit Vieren Dreien Zweien Einsen" (Z. 14–15). Es fällt auf, dass die eigene Motivation der Erzählerin, sich weiterzubilden, (Z. 11) mit dem schulischen Angebot in Einklang steht: Die Schule bezeichnet Lena als „sehr gutes Sprachgymnasium" (Z. 9) und nennt ihre dort erworbenen Sprachen als Beleg dafür.

Die Erzählerin gibt in der Darstellung ihres Werdegangs keine Konflikte oder Komplikationen preis, sondern skizziert einen reibungslosen Aufstieg, der sich erfolgreich durch ihre eigenen Leistungen und im Einklang mit dem schulischen System vollzieht, in dem Lena zu „einer der Besten" (Z. 15) in der Klasse wird.

Nachdem Lena ihre Integration in Deutschland als harmonisch und schnell dargestellt hat, resümiert sie ihr Verhältnis zur deutschen und ukrainischen Kultur:

Segment 3: „ich bin eingedeutscht"

1   weil ich schon fast zehn Jahre in Deutschland lebe
2   hab ich auch so deutsche Mentalität entwickelt
3   ich bin eingedeutscht sagen mir sehr viele
4   und wenn ich in der Ukraine war es sind dort halt sehr viele Sachen
5   die mich von den Ukrainern unterscheiden
6   ich weiß als ich zum Besuch war mein erstes Erlebnisse
7   die mich ziemlich schockiert haben waren zum Beispiel
8   wie sich die Leute dort die Nase putzen mit solcher eine Lautstärke
9   oder dass sie halt andere Sachen wie die Hygiene betreffen
10 zum Beispiel das ist mir wirklich aufgefallen wenn Essen auf dem Boden
11 fällt dann (.) oder damals ich will jetzt nicht verallgemeinern
12 aber damals auf dem Besuch hab ich das so erlebt dass
13 wenn irgendwelchen Leuten Essen auf dem Boden gefallen sie haben es
14 aufgehoben und weitergegessen haben und andere Sachen
15 dass sie einfach auf dem Boden rum saßen
16 also das waren meine Eindrücke von dort

In diesem Segment, das die Textsorte Argumentation aufweist, versucht Lena ihre Behauptung, über „deutsche Mentalität" zu verfügen, zu beweisen. Diesen Anspruch auf deutsche Identität macht sie zunächst im ersten Subsegment (Z. 1–3) über eine Fremdpositionierung geltend, indem sie zitiert, dass diese Ansicht von „sehr viele[n]" (Z. 3) Menschen wiedergegeben wird. Das Urteil des sozialen Umfelds über die Erzählerin, „eingedeutscht" (Z. 3) zu sein, deutet auf einen Prozess hin, während dessen gewisse ‚deutsche' Eigenschaften einverleibt wurden. Mit der Konjunktion „weil" (Z. 1) begründet Lena diesen Prozess mit der Tatsache, dass sie fast zehn Jahre in Deutschland lebt.

Es fällt auf, dass es sich für Lena dabei um einen natürlichen Prozess handelt, der durch das Leben im deutschen Kulturraum stattfindet. Da sie bereits zum Beginn ihrer Erzählung eine sentimentale Verbindung zur russischen bzw. ukrainischen Kultur ausgeschlossen hat, wird hier die konfliktfreie Übernahme der deutschen Mentalität als eine Selbstverständlichkeit dargestellt. Entscheidend ist, dass Lena sich nicht dagegen wehrt, sondern stolz darauf ist, als „eingedeutscht" wahrgenommen zu werden.

Im zweiten Subsegment (Z. 4–16) belegt Lena ihre Identifikation mit der deutschen Kultur, indem sie sich explizit von der ukrainischen Kultur distanziert. Als eine Grundlage für die Argumentation bezieht sie sich auf die Erfahrung während eines Besuchs in der Ukraine, den sie einige Jahre vor dem Gespräch machte. Die Schlussfolgerung aus den Erfahrungen während des Besuchs werden unter der Kernnarration vermittelt: „Sachen die mich von den Ukrainer unterscheiden" (Z. 4–5). Damit positioniert sich die Erzählerin als eine Deutsche, die über das Verhalten der Menschen in der Ukraine „ziemlich schockiert" (Z. 7) war. Die ausgedrückte Überraschung von der Ukraine verdeutlicht das Fremdheitsgefühl, das Lena in diesem Land empfindet: Es wird nicht als ‚alte Heimat', sondern als unbekannter Ort charakterisiert. Auffallend ist, dass Lena durch die Beschreibung des Verhaltens der Menschen in der Ukraine als unhöflich und unhygienisch ihr eigenes Verhalten als deutsch darstellt. Lena macht hierbei klar, dass für sie eine Identifikation mit der ukrainischen Kultur nicht vorstellbar ist, da diese Kultur für sie mit Gefühlen von Irritation und Ekel verbunden ist.

Auch im weiteren Verlauf ihrer Erzählung bemüht sich Lena, ihr Leben in Deutschland als konfliktfrei und glücklich darzustellen. Auf eine Frage nach ihren Zukunftsplänen antwortet Lena, dass, nach den bevorstehenden Abiturprüfungen, sie plant, in Dresden zu bleiben und dort Mathematik oder Chemie an der Universität zu studieren.

Das biographische Narrativ von Lena zeichnet sich dadurch aus, dass er als die Geschichte eines schnellen und reibungslosen Prozesses erzählt wird. Ihr Akkulturationsnarrativ „ich bin eingedeutscht" wird durch Selbst- und Fremdpositionierungsaktivitäten und einem progressiven Aufbau ihrer Narration vermittelt.

Natascha

Auch die Narration von Natascha, 18 Jahre alt, ist durch die Akkulturationsstrategie Assimilation geprägt. Sie ist in Moskau geboren und kam mit fünf Jahren nach Deutschland. Ihre Mutter, eine Lehrerin, ist jüdisch und ihr Vater, ein Elektro-Ingenieur, ist russisch-orthodox. Sie wohnt in Hannover und besucht die 12. Klasse eines Gymnasiums. Sie war früher (bis zur 10. Klasse) oft in der liberalen jüdischen Gemeinde. Zum Zeitpunkt des Interviews besucht sie die Gemeinde allerdings nur an den Feiertagen. Auf die Erzählaufforderung reagiert Natascha mit einer Geschichte.

Segment 1: alles glitzert und glänzt

1   Ich fange an [.] mein erstes Erlebnis in Deutschland [.]
2   war als wir wir sind mit dem Zug nach Deutschland gekommen
3   mit meiner ganzen Familie also mit meinen Eltern
4   meinem älteren Bruder und meiner Großmutter
5   wir hatten nur ein Abteil für uns
6   für unsere ganzen Sachen und
7   also es war eigentlich ziemlich schrecklich
8   aber[.] ich hab in dem Moment realisiert
9   dass ich in ein anderes Land gekommen bin
10   weil wir sind am sechsten Dezember nach Deutschland gekommen
11   also es war Weihnachtszeit in Deutschland und
12   wir sind mit dem Zug gefahren und das war Nacht
13   und in Polen und Russland war es ganz dunkel
14   und dann sind wir über die Grenze gefahren
15   es war auf einmal die ganze Städte haben geleuchtet
16   weil es war Weihnachtzeit und überall waren die ganzen Häuser
17   so schön dekoriert und so schön beleuchtet und ich hatte so ein [-]
18   jah ich kann es gar=nicht beschreiben ich hab damals gefreu'
19   ich fand ich war ganz überwältig davon ich dachte Mensch
20   wo bin ich denn hier das ist hier so toll und so schön ist
21   und alles glitzert und glänzt in der Nacht [-]

Natascha eröffnet ihre Narration mit der szenischen Darstellung ihres „erstes Erlebnis[ses] in Deutschland" (Z. 1). Sie konstruiert ihr Ankommen in Deutschland als eine zweite Geburt. Die Hoffnungen und Erwartungen von dem neuen Land werden durch das Motiv des Lichtes symbolisiert. Im Unterschied zu dieser späteren Erfahrung wird ihre frühe Kindheit in Russland bis zu ihrem vierten Lebensjahr nicht narrativ ausgeführt, sondern lediglich durch das Motiv der Dunkelheit in die Erzählung integriert. In dieser Weise negiert Natascha gleich zu Beginn der Erzählung die Relevanz dieser Zeit für ihre Biografie.

Unter formalen Aspekten lässt sich das Segment in zwei Subsegmente unterteilen.

Im ersten Subsegment (Z. 1–7) beschreibt Natascha die Situation, in der sie als fünfjähriges Mädchen mit der Familie im Zug die deutsche Grenze überquert. Obwohl die Erzählaufforderung sich nicht auf Deutschland bezieht („wie du aufgewachsen bist, was in deinem Leben bisher passierte?"), legt Natascha die Frage so aus, dass es um ihr „Erlebnis in Deutschland" (Z. 1) geht. Ihre frühe Kindheit in Russland findet zunächst keinen Platz in ihrer Selbstnarration. Erst im Nachfrageteil, als sie darüber explizit befragt wurde, werden Ereignisse aus dieser Zeit geschildert.Indem die Kindheit in Russland als ‚Dunkelheit' dargestellt wird, wird auf der erzählerischen Ebene das Verständnis der Migration als eine zweite Geburt nahegelegt. Auch die Erwähnung des genauen Datums (Z. 10) wirkt wie ein Verweis auf ein Geburtsdatum.

In der Beschreibung der Situation werden die Beteiligten zunächst als eine Einheit durch die Oberkategorie „meine ganze Familie" erwähnt und dann durch ihre Familienrolle (Eltern, Bruder, Großmutter) konkret vorgestellt. Mit der Wiederholung der Possessivpronomen „mein" werden die anderen Familienmitglieder nur in ihrem Bezug zu Natascha charakterisiert. Sie haben in der Geschichte keine selbständige Existenz und ihre Namen, Persönlichkeitscharaktere und Handlungen werden nicht narrativ ausgeführt. Mit der sparsamen Fremdpositionierung der Familienangehörigen stellt sich Natascha in den Mittelpunkt der Erzählung.

Die Situation im Zug wird durch die Schilderung der räumlichen Verhältnisse während der Reise – „nur ein Abteil" (Z. 5) in Gegenüberstellung zu der Größe der Familie mit ihrem Gepäck („ganze Familie" Z. 3, „ganze Sachen" Z. 6) – dargestellt. Daraus zieht Natascha aus der heutigen Perspektive die Erkenntnis, dass es „eigentlich ziemlich schrecklich" (Z. 7) war.

Mit dem Wort „aber" (Z. 8) stellt Natascha im zweiten Subsegment (Z. 8–21) diese Feststellung ihren damaligen Empfindungen gegenüber. Natascha benutzt die Szene der Grenzüberschreitung als Metapher für die gesamte Migrationserfahrung. Sie wird nach dem typischen Muster des Auszugs „aus der Dunkelheit ins Licht" inszeniert. Gegenüber der absoluten Dunkelheit in Polen und Russland wird mit dem stilistischen Mittel der Reformulierung die deutsche Seite der Grenze als glitzernd und glänzend (Z. 21) beschrieben. Das erzählte Ich ist von der Situation überwältigt, fühlt sich als ob es in ein ‚Wunderland‘ kommt. Das erzählende Ich benutzt diese Szene, um die Hoffnungen und Erwartungen dem neuen Land gegenüber auszudrücken.

Mit der Kontrastierung zwischen der objektiven Situation („eigentlich ziemlich schrecklich" Z. 7) und der subjektiven Wahrnehmung („ich war ganz überwältig davon" Z. 19) positioniert sich Natascha als optimistisch. Die Migrationserfahrung wird als ein dramatisches und besonderes Erlebnis dargestellt, dessen Erfahrung bzw. Beschreibung möglicherweise von Erzählungen über die Ankunft im ‚gelobten Land‘ beeinflusst ist. Damit entstehen Parallelen zwischen dem Ankommen in Deutschland und in Israel.

Unter dem Aspekt der Gestaltung der Selbstnarration stellt das erste Segment, wie vorher bei Lena, eine progressive Narration dar, in der Natascha die Migration von Russland nach Deutschland als persönlichen Aufstieg inszeniert. Diese Form behält sie auch bei, als sie ihre Aufnahme in Deutschland, ihre sozialen Erfahrungen und ihre schulischen Leistungen beschreibt. Im weiteren Verlauf des Interviews grenzt sich Natascha von der Bezeichnung „Russin" und „Immigrantin" ab und besteht darauf, von ihrem Umfeld als „ganz normal wie jede Deutsche" wahrgenommen zu werden. Interessant ist, dass Natascha ihre ‚neue‘ deutsche Identifikation mit der jüdischen Identifikation verbinden will. Eine direkte Frage zur Bedeutung des Holocaust für sie, versteht sie als Kritik an dieser von ihr hergestellten Verbindung.

Segment 2: „in einem gesunden Rahmen"

1   M: Welche Bedeutung hat der Holocaust für dich?
2   N: Ich glaube dass es wichtig sich damit zu beschäftigen
3   aber in einem (.) gesunden Rahmen man darf davon sein Leben
4   nicht leiten lassen (.) man muss für sich prinzipiell
5   das mit Deutschland nicht unbedingt zusammenbringen (.)
6   wenn man mit der Geschichte befasst dann weiß man
7   nicht nur Deutschen haben so was früher gemacht auch die Spanier ja?
8   davor bestimmt noch paar Völker in Afrika
9   also muss man schon halb Europa ausschließen als Wohnraum
10 es gab genug Völker außerdem
11 die nicht sehr Judenfreundlich gestimmt waren
12 meine Großmutter behauptet immer noch das sind alle aber (lacht) (-)
13 ich habe für mich die Frage mit ja beantwortet (.)

14 ob ich mich ganz normal wie jeder Mensch hier zu Hause fühlen
kann (.)

In diesem Segment versucht Natascha argumentativ mit der Behauptung
umzugehen, dass nach dem Holocaust Juden in Deutschland nicht leben
dürfen. Obwohl die Frage nicht als Vorwurf formuliert wird, gerät die
Erzählerin unter Rechtfertigungsdruck und versucht, ihr Leben in
Deutschland moralisch zu verteidigen. Hierbei gibt Natascha ihre Hörer-
erwartung preis: Sie befürchtet für die Entscheidung, als Jüdin in
Deutschland zu leben, kritisiert zu werden und antizipiert eine fehlende
Akzeptanz seitens des Hörers und geht damit argumentativ um.

Im ersten Subsegment (Z. 2–5) versucht die Erzählerin das Verständnis für ihren Standpunkt zu vergrößern, indem sie ihren Umgang
mit dem Holocaust unter die Kategorie „gesunder Rahmen" (Z. 3) stellt.

Im zweiten Subsegment (Z. 6–14) versucht die Erzählerin ihre vorherige Behauptung, dass der Holocaust „nicht unbedingt [mit Deutsch-
land] zusammen[zu]bringen" (Z. 5) ist, historisch zu belegen. In diesem
Zusammenhang argumentiert sie, dass auch andere Völker „so was früher gemacht" (Z. 7) haben. Mit der Frage „ja?" (Z. 8) sucht Natascha
eine Bestätigung von ihrem Gegenüber für das gemeinsame Wissen um
die Vertreibung der Juden aus Spanien, das für sie den Ausgangspunkt
ihrer Argumentation bildet. Mit diesem Argument bezieht sich die Erzählerin auf das als kollektiv geltende Wissens um die Verfolgungsgeschichte der Juden in Spanien im Mittelalter, und versucht so die Geschichte des Holocaust zu relativieren. In Z. 9 gibt Natascha preis, worauf ihre Argumentation abzielt. Mit der Schlussfolgerung; „also muss
man schon halb Europa ausschließen als Wohnraum" (Z. 9) begründet
sie die Absurdität des vermeintlichen Verbots, dass Juden in Deutschland aufgrund des Holocaust nicht leben dürften.

Es mag von Interesse sein, die hier dargestellten Assimilationsnarrative im Lichte der Studienergebnisse von Jasinskaja-Lahti u. a. (2003)
zu betrachten. Jasinskaja-Lahti u. a. stellen fest, dass ausgerechnet zugewanderte Jugendliche in Deutschland, die Assimilationsstrategien
vornehmen, jegliche gesellschaftliche Unterstützung vermissen:

„Those immigrants in Germany who go against the current both in the society at
large and in their own community are likely to lack all support for their wish to
assimilate into the host society. Consequently, they suffered from psychological
distress more than did other immigrants in Germany" (ebd.: 94).

Natascha – wie Lena im ersten Fallbeispiel – stellt ihr Verhältnis zur
Mehrheitsgesellschaft als harmonisch und konfliktfrei dar. Sie betont die
Anerkennung und die Unterstützung ihres gesellschaftlichen Nahfeldes
und räumt potentielle Konfliktpunkte (wie der Last der Geschichte) aus

dem Weg. Die progressive Narration von Lena und Natascha, in der die Assimilation als ‚Erfolgsgeschichte' dargestellt wird, scheint daher im Widerspruch mit den Ergebnissen von Jasinskaja-Lahti u. a. zu stehen. Zu vermuten ist, dass, um eine innere Kohärenz im Akkulturationsnarrativ ‚Assimilation' herzustellen, die Jugendlichen, die diesem Typus zugeordnet werden können, Kritik an der deutschen Gesellschaft bewusst zu vermeiden versuchen. Möglicherweise nehmen sie an, dass Erzählungen über Ablehnung als Indiz betrachtet werden könnten, dass ihr Assimilationsprozess gescheitert sei.

6.1.2 Integrationsnarrativ

Die Akkulturationsstrategie Integration findet ihren Ausdruck in dem Narrativ „ich kann unterschiedliche Kulturen und Religionen verbinden". In solchen Narrativen behalten Jugendliche die Identität und die Kultur ihrer ethnischen Gruppe, zeigen sich aber zugleich offen für Kontakte und Partizipation in der deutschen Gesellschaft.

Die meisten zugewanderten Jugendlichen in dieser Untersuchung (acht Befragte) können dieser Gruppe zugeordnet werden. An dieser Stelle werden stellvertretend für die genannte Gruppe die Fallbeispiele von Yana und Sascha, beide 17 Jahre alt, dargestellt.

Yana

Yana, 17 Jahre alt, wurde in St. Petersburg geboren und kam im Alter von 13 Jahren nach Deutschland. Zum Zeitpunkt des Interviews lebte sie mit ihrer Mutter in Rostock, wo sie die zehnte Klasse des Gymnasiums besuchte. Mit sechs Jahren haben sich ihre Eltern scheiden lassen und kurz danach wurde der Kontakt mit dem Vater vollständig abgebrochen. Ihre Mutter, eine Chemikerin von Beruf, arbeitet in Deutschland Teilzeit als Verkäuferin.

Vor der Einwanderung war Yana in einer zionistischen Organisation engagiert und wollte nach Israel auswandern. Die Entscheidung ihrer Mutter, nach Deutschland zu emigrieren, traf sie unerwartet. Nach einer Phase, die Yana mit den Begriffen Frustration und Hilflosigkeit beschreibt, gelang es ihr, ein positives Verhältnis zu ihrer neuen Umwelt zu entwickeln. Im Folgenden werden fünf Segmente aus Yanas Haupterzählung ausgewählt, in denen die Entwicklung des Integrationsnarrativs dargestellt wird.

In der Auswahl der Segmente, die hier analysiert werden, werden einige Stationen des Akkulturationsprozesses von Yana skizziert: die Analyse beginnt im Segment, indem Yana ihre Reaktion auf die Entscheidung nach Deutschland zu kommen beschreibt und schließt mit der Darstellung ihrer Zukunftspläne.

Segment 1: „gar nicht mehr nach Deutschland"

1 also meine Mama sagte mir (.) dass wir halt nach Deutschland auswandern
2 würden? (..) was mir überhaupt nicht passte (..)
3 weil mein Umfeld war dann schon Sachnut
4 und wir sollten halt nach Israel gehen (.)
5 und jetzt Deutschland (-) ähm fand nicht so n toll (.) weil häh (.)
6 es halt immer noch dass es nach dem zweiten Weltkrieg
7 so immer noch diese Einstellung da gibt (.)
8 dass (..) Juden haben da auch keine Zukunft
9 und in dieser Zeit hab ich diese ähm (..) wie=soll=ich=sagen
10 also in dieser Quiz gewonnen wo ich nach Israel fahren durfte (..)
11 in dieser Zeit wo das alles mit Deutschland entscheiden sich sollte (..)
12 und ich bin auch äh nach Israel gefahren
13 obwohl meine Mama auch so dagegen war
14 aber da es=eine einmalige Gelegenheit war hat sie das doch zugelassen
15 ich war da ganz glücklich darüber und es war ganz toll
16 das also was ganz ganz anderes jetzt plötzlich
17 wenn ich nach Hause gekommen bin
18 wollt ich auch gar nicht mehr nach Deutschland
19 ich wollte nur nach Israel und
20 dann hat sich meine Mama doch entschlossen
21 nach Deutschland zu gehen (-)
22 ich war zwar dagegen aber ich konnte auch nicht mehr machen (.)
23 ich war aber auch total wu' wütend und böse (.) ähm
24 und gabs auch ganz viele Auseinandersetzungen
25 aber ich entscheide da nicht (.) also (.)
26 meine Mama hat für mich eine Autorität wo ich äh (..)
27 also ich bin so streng erzogen wurde (..)

Dieses Segment lässt sich in drei Subsegmente unterteilen: Im ersten Subsegment (Z. 1–9) begründet Yana ihre Abneigung gegenüber der Idee einer Auswanderung nach Deutschland. Im zweiten Subsegment (Z. 10–21) erzählt sie über ihren Besuch in Israel und resümiert im dritten Subsegment (Z. 22–27) die Ereignisse rückblickend von ihrem heutigen Standpunkt.

Das erste Subsegment beginnt mit der Ankündigung der Mutter, eine Auswanderung nach Deutschland zu beabsichtigen. Daraufhin kommentiert Yana, dass der Umzug ihr „überhaupt nicht passte" (Z. 2). Es findet jedoch kein Dialog zwischen Mutter und Tochter statt. Aus ihrer heutigen Position heraus erklärt Yana ihre damalige Ablehnung der Idee mit zwei Argumenten: Zum einen war sie durch ihr Engagement in der „Sachnut" (Sochnut: „Jewish Agency for Israel") von der zionistischen Ideologie beeinflusst. Die Aufforderung „wir sollten halt nach Israel gehen" (Z. 4) wird als moralischer Imperativ dargestellt. Zum anderen gibt Yana die „Einstellung" (Z. 7) wieder, dass Juden in Deutschland „keine Zukunft" haben (Z. 8). Diese Einstellung stellt sie zwar nicht als ihre eigene Position dar, sie beeinflusst aber dennoch ihre Vorstellung von Deutschland. Gleichzeitig betont Yana mit der Zeitmarkierung „immer noch" (Z. 6), dass die Gültigkeit dieser Überzeugung befristet ist.

Die Sprecherin stellt diese zwei Argumente mit einer gewissen inneren Distanz dar, die ihre heutige Position zu Deutschland und Israel zum Ausdruck bringt. Während die Argumentation im ersten Subsegment auch die Position des erzählenden Ichs zur Geltung bringt, wird im zweiten Subsegment (Z. 9–27) mit der Textsorte ‚Erzählung' die damalige Situation konstruiert.

Im Zusammenhang der Diskussion über die Einwanderung nach Deutschland erinnert sich Yana an ihre Reise nach Israel. Die Erzählwürdigkeit dieser Geschichte wird durch die zeitliche Parallelität zwischen der Reise und der Auswanderungsentscheidung begründet (Z. 11). Zudem wird der Konflikt mit der Mutter durch die Integration der Erzählung über die Reise nach Israel auf eine weitere Ebene gestellt und in den Zusammenhang des größeren Konfliktes um die Auswanderung eingeordnet. Hierbei wird die Mutter-Tochter-Beziehung in der Modalität eines Konfliktes dargestellt. Obwohl die Mutter letztendlich aufgibt, wird das ungleiche Machtverhältnis bereits in diesem Konflikt deutlich.

Die Reise nach Israel markiert einen Meilenstein in Yanas Verhältnis zu diesem Land. Der abstrakte Imperativ, nachdem man dorthin ‚gehen sollte', wird nun als Ausdruck von Yanas eigenem Willen dargestellt: „ich wollte nur nach Israel" (Z. 19). Der explizite Wille der Tochter wird mit dem Beschluss der Mutter kontrastiert. Mit dem Modalpartikel „doch" (Z. 20) deutet die Erzählerin die Rücksichtslosigkeit der Mutter an. Damit positioniert sich Yana implizit durch das Ausdrücken von Machtlosigkeit und Abhängigkeit von der Mutter.

Im dritten Subsegment (Z. 22–27) wechselt die Textsorte von der Erzählung zur Argumentation. Yana versucht ihre Niederlage in der Auseinandersetzung mit ihrer Mutter mit der Kategorie der ‚strenge

Erziehung' (Z. 27) zu rechtfertigen. Die Enttäuschung und das Gefühl von „nicht mehr machen können" (Z. 22) wird durch den Wandel von „ganz glücklich" (Z. 15) zu „wütend und böse" (Z. 23) ausgedrückt.

Der Verlust der Fähigkeit, autonom zu handeln, prägt auch den weiteren Verlauf des Narratives, vor allem in der Darstellung der ersten Tage in Deutschland:

Segment 2: „ein Schock"

1   wir mussten halt nach Mecklenburg-Vorpommern (..)
2   was für uns auch ein Schock war weil natürlich für uns
3   das Osten und Westen sind zwei unterschiedlichen Welten
4   und ja wir warn auch schockiert (lacht)
5   aber man konnte auch nichts mehr machen
6   und wir sind dann auch mit Bus gefahren nach einem kleinen Dörfchen
7   war das ein Haus wo ganz viele also halt Migranten
8   also ganz viele eigentlich auch unterschiedliche Menschen da waren
9   und haben wir auch ganz Schock also ein Schock gekriegt dass
10 also so was haben wir ja nicht erwartet

In diesem Segment, das durch die Textsorte ‚Erzählung' geprägt ist, erinnert sich Yana an ihre ersten Eindrücke von Deutschland. Mit der Eröffnung „wir mussten halt" (Z. 1) wird die Migration als fremdbestimmte Erfahrung konstruiert. Yana betont die ungleichen Machtverhältnisse zwischen den Migranten und den deutschen Migrationsbehörden, indem sie schildert, wie sie und ihre Mutter keinen Einfluss auf das Migrationsziel in Deutschland nehmen konnten. Im Gegensatz zu ihrer Fremdpositionierung im vorherigen Segment, wird nun auch die Mutter als machtlos dargestellt. Beide hofften darauf, in eine Großstadt geschickt zu werden, und waren deshalb enttäuscht, im „Osten" leben zu müssen. Die Kategorien „Osten" und „Westen" werden hierbei als „zwei unterschiedliche Welten" (Z. 3) definiert, um die damaligen Empfindungen zu vermitteln. Das Gefühl, von den Geschehnissen getrieben zu werden, bestimmt auch den weiteren Verlauf ihres Aufnahmeprozesses in Deutschland: Yana und ihre Mutter wurden in einem Heim für Kontingentflüchtlinge in „einem kleinen Dörfchen" (Z. 6) untergebracht, wo sehr „unterschiedliche Menschen" (Z. 8) lebten.

Die Reaktion von Mutter und Tochter wird mit der Wiederholung des Begriffs „Schock" charakterisiert. Damit bietet Yana nicht nur eine Beschreibung, sondern auch eine Erklärung ihrer Situation. Der Schockzustand lässt sich durch den vollständigen Zusammenbruch der Selbstorientierung verstehen. Die Person fühlt, dass ‚etwas Großes' mit ver-

138

heerenden Folgen in ihr Leben eingedrungen ist. Sie kann diese ‚Sache'
aber nicht beeinflussen oder ändern.

In beiden vorliegenden Segmenten, in denen Yana ihre Empfindungen kurz vor der Ausreise nach Deutschland und in den ersten Tagen im
neuen Land wiedergibt, lässt sich eine gemeinsame Struktur erkennen:
Der eigene Lebensentwurf der Erzählerin wird durch die so genannte
‚Verlaufskurve' zum Scheitern verurteilt. In Anlehnung an Strauss definiert Schütze den biographischen Ausdruck der Verlaufskurve so:

„die Betroffenen vermögen nicht mehr aktiv zu handeln, sondern sie sind durch als
übermächtig erlebte Ereignisse und deren Rahmenbedingungen getrieben und zu rein
reaktiven Verhaltensweisen gezwungen" (Schütze 1995: 126).

Der Prozess der Verlaufskurve hat ähnliche Merkmale bei unterschiedlichen Personen. Der entscheidende Punkt wird mit der „Grenzüberschreitung des Wirksamwerdens des ‚Verlaufskurvenpotenzials'" erreicht, in
dem die Person ihren Lebensalltag nicht mehr aktiv-handlungs-
schematisch gestalten kann. Sie kann zunächst nur noch konditionell
reagieren; „Erfahrungen des Schocks und der Desorientierung herrschen
vor" (ebd.: 129). Obwohl die Verlaufskurve eine feste Struktur hat,
weisen Riemann und Schütze darauf hin, dass die Person in unterschiedlichen Phasen den Weg aus ihr heraus finden kann (Riemann und Schütze 1991: 337).

In diesem Fall scheint die unmittelbare Zeit nach der Ankunft in
Deutschland den Höhepunkt der Verlaufskurve darzustellen. Allmählich
versucht Yana aktiver zu werden und eine neue Lebensorientierung
herzustellen. Solche Orientierung sucht sie zuerst bei der lokalen jüdischen Gemeinde:

Segment 3: „nur so Opas und Omas"

1   gleich nachdem wir nach Rostock gekommen
2   sind wir in die jüdische Gemeinde gekommen
3   also ich habe mir auch so vorgestellt dass es entweder wie so
4   unsere Synagoge in St. Petersburg ist oder ähm
5   halt wie unsere Aktivitäten in der Sachnut (..)
6   es war auch gar nicht so (.) es ist eine ganz kleine Gemeinde
7   würde ich sagen und es ist nicht so religiös
8   weil die Leute da auch nicht Ahnung davon haben (.)
9   es gibt Shabath und so aber das sind eher ältere Leute
10 also fast ausschließlich ältere Leute nur so Opas und Omas
11 dann gehe ich ab und zu hin (.) sie freuen sich zwar auch
12 genauso kann ich das auch zu Hause machen

Das Segment weist die Form einer zusammenfassenden Darstellung auf. Das Ankommen in Rostock wird mit dem Besuch der lokalen jüdischen Gemeinde in Verbindung gebracht. Yana hofft, auch in Rostock eine vergleichbare jüdische Umgebung zu finden, wie sie sie aus St. Petersburg kannte. Ihr Zugehörigkeitsgefühl zu der jüdischen Gemeinde und der „Sachnut" wird mit dem Pronomen der zweiten Person „unsere" (Z. 3, 4) ausgedrückt. Die Erwartung, entweder religiös oder ideologisch (zionistisch) Anschluss zu finden, wurde jedoch nicht erfüllt. Stattdessen stellte Yana fest, dass die „ganz kleine Gemeinde" (Z. 6) weder auf religiöser („nicht Ahnung" Z. 8), noch auf sozialer („nur so Opas und Omas" Z. 10) Ebene ihren Bedürfnissen entsprach. Die Fremdpositionierung der Gemeindemitglieder als „nicht so religiös" (Z. 7) und als Leute ohne Ahnung fungiert zugleich als Selbstpositionierung, eine Positionierung als jemand, der sich in Fragen der Religion gut auskennt.

In Z. 6 wechselt die erzählte Zeit von der Vergangenheit zur Gegenwart. Damit vermittelt die Erzählerin, dass ihre erste Erfahrung mit der Gemeinde und somit ihr Eindruck von dieser unverändert geblieben ist. Als Begründung ihrer vereinzelten Besuche („ab und zu" Z. 11) weist Yana auf die erfreuliche Reaktion der älteren Mitglieder hin. Sie stellt jedoch fest, dass ihr Bedürfnis nach Gesellschaft mit Gleichaltrigen in der jüdischen Gemeinde nicht erfüllt werden kann.

Es fällt auf, dass die jüdische Gemeinde keine Antwort auf die sozialen Bedürfnisse von Yana geben kann. Für Yana ist die Akkulturationsstrategie Isolation in diesem Kreis deshalb unbefriedigend. Sie sucht folglich in der Schule nach sozialen Kontakten und schildert ihre Integration in der Schule im Folgenden als eine positive Erfahrung.

Im nächsten Segment konstruiert Yana jedoch zunächst ein Integrationsnarrativ, das den Beweis ihrer sozialen Kompetenzen erbringt:

Segment 4: „offener Mensch"

1   dann hab ich eine Grüppchen gebildet meine Freundinnen
2   und sind wir alles immer weiter und weiter gegangen
3   und das fand ich auch so toll
4   dass wir unterschiedliche Kulturen und Religionen verbinden konnten (.)
5   ich war jüdisch zum Beispiel dann hat mir eine Freundin die Bahai ist
6   und dann (.) eine war christlich und andere war halt (.) atheistisch
7   also nicht so religiös und dann ich fand es auch Harmonie war auch da
8   aber ich glaube nur weil die das auch wollten

9   also sie wollten mich verstehen (.) sie wollten mich akzeptieren (.)
10   die die mich nicht akzeptieren wollten haben das auch nicht getan
11   dann war ich auch traurig darüber
12   dass ich nicht mit allen in Kontakt komme
13   da ich so eigentlich offener Mensch bin und immer irgendwie mit
     allen
14   unterhalten kann aber (.) es gab in der Klasse halt solche Menschen
15   die mich einfach (.) also die wollten mich gar nicht so
16   aber dann bin ich so Überlegung gekommen
17   dass man muss halt nicht alle als Freunde haben
18   egal ob man Deutsche oder halt Ausländer ist es gibt immer Leute
19   mit denen man sich gut versteht und mit denen man weniger gut
20   oder halt gar nicht richtig zu tun hat

Dieses Segment ist typisch für diese Integrationsstrategie, da Yana sich durch Offenheit zu anderen Kulturen behauptet, ohne ihre eigene Identität und kulturellen ihre Besonderheiten zu verschweigen.

Das Segment lässt sich in zwei Subsegmente unterteilen: Im ersten Subsegment (Z. 1–7) stellt die Erzählerin die Gruppe ihrer Freundinnen vor. Im zweiten Segment (Z. 8–19) wird über den Umgang mit denjenigen reflektiert, die Yana „nicht akzeptieren wollten" (Z. 9).

In der Darstellung ihres sozialen Umfelds im ersten Subsegment bezieht sich Yana zunächst auf ihr „Grüppchen". Sie übernimmt die Rolle der handelnden Person und eröffnet das Segment mit dem Selbstbezug „dann hab ich" (Z. 1). Die Kontinuität der Grüppchen über Zeit („immer weiter und weiter gegangen" Z. 2) und die Kategorisierung der Beziehungen als „Harmonie" (Z. 6) werden als Beweis dafür angeführt, dass Yana in ihrer Handlung erfolgreich war. Mit der Kategorisierung der Freundschaft als ‚harmonisch' versucht die Erzählerin ihre Behauptung zu belegen, dass das Grüppchen „unterschiedliche Kulturen und Religionen" (Z. 4) verbunden hat. Yana strebt nicht das Ziel an, als Deutsche wahrgenommen zu werden, sondern vielmehr zeigt sie sich zufrieden damit, dass jede im Grüppchen ihre Identität behielt und immer noch harmonisch mit den anderen umging.

Im zweiten Subsegment (Z. 8–20) kommt ein weiterer Aspekt der Akkulturationsstrategie Integration zum Vorschein. Yana macht darauf aufmerksam, dass die erfolgreiche Integration nicht allein von eigenen Leistungen, sondern auch von der gesellschaftlichen Akzeptanz abhängig ist. Als Kontrast zu dem Grüppchen schildert sie das Verhalten von denjenigen, die sie „nicht akzeptieren wollten" (Z. 10). In der Darstellung ihres eigenen Umgangs mit dem Problem unterscheiden sich das erzählte und das erzählende Ich: Während das erzählte Ich sich „traurig darüber" (Z. 10) zeigt, fällt Yanas Urteil zu dieser Situation aus ihrer heutigen Perspektive anders aus. Sie ist nicht bereit, ihre Konflikte mit anderen Schülern unter dem Erklärungsmuster der ‚Ausländerfeindlichkeit' zu interpretieren. Ganz im Gegenteil führt sie eine allgemeine Erklärung an, die den Konflikt als normale Situation zwischen Menschen erscheinen lässt: „es gibt immer Leute mit denen man sich gut versteht und mit denen man weniger gut oder halt gar nicht richtig zu tun hat" (Z. 17–19). Mit dieser Argumentation distanziert sich Yana explizit von den Kategorien „Deutsche" und „Ausländer" (Z. 17) als Erklärungsmuster für ihre Situation. Hierbei lehnt sie auch die Argumentationslinie ab, in der ‚Ausländer sein' mit Benachteiligung verbunden ist.

Zum Schluss ihrer Erzählung kommt Yana in die Gegenwart und entwirft ihre Zukunftspläne:

Segment 5: „meine letzte Station"

1   ich würde sagen dass ich mich sehr (.) wohl (.)
2   na sehr wohl nicht (.) also wohl hier fühle
3   aber (.) ich bin mir nicht sicher dass es meine letzte Station ist (..)
4   da ich also ich hab mir schon überlegt
5   wenn ich schon von Russland weg nach Deutschland umgezogen bin
6   dann schaff ich das auch irgendwie wieder
7   nach Amerika oder nach Frankreich oder nach (-)
8   halt nachher wieder nach Deutschland zu kommen
9   also es ist für mich kein Problem mehr

Dieses kurze Segment weist die Textsorte von Argumentation auf und dient als *Coda* der gesamten Erzählung: Der Erzählerin gelingt es, eine Verbindung zwischen ihrer Erfahrungswelt mit der Handlungsebene zu schaffen und dabei ihre Biografie als Ressource zu benutzen.

Das Segment wird mit einer Ankündigung eröffnet, die mit einer Selbstkorrektur präzisiert wird. Mit der Relativierung ihrer Aussage, sich in Deutschland „sehr wohl" (Z. 1) zu fühlen, legt Yana nahe, dass sie sich in Deutschland noch nicht ganz zu Hause fühlt. Immerhin bewertet sie ihre Integration als erfolgreich. Die Kernnarration des Segmentes besteht aus ihrer Selbstpositionierung in den Zeilen 5–6: „wenn ich schon von Russland weg nach Deutschland umgezogen bin dann schaff ich das auch irgendwie wieder". Die Sprecherin schreibt sich die Kompetenzen zu, einfach in verschiedene Länder auswandern zu können. Sie bildet eine Liste mit den Ländern Amerika und Frankreich, die ein offenes Ende hat („oder nach" Z. 7), um sich nicht auf ein bestimmtes Ziel festzulegen. Es fällt jedoch auf, dass sie zwei westliche Länder als Beispiele nennt, was ihre Präferenz für den „Westen" preisgibt. Die Möglichkeit nach Israel auszuwandern, das zu Beginn als ihr Wunschziel dargestellt wurde, wird nun nicht mehr erwähnt. Gleichzeitig betont Yana, dass für sie der Weg, „nachher wieder nach Deutschland" (Z. 8) zurückzukommen, immer offen sei.

Während die Emigration aus Russland durch das Prisma der kollektiven Identität („wir sollten nach Israel" – „Juden haben keine Zukunft in Deutschland") dargestellt wird, wird nun die Überlegung, ob man in Deutschland bleibt bzw. abwandert, als durchaus individuelle Angelegenheit verstanden. In den Mittelpunkt ihre Überlegungen stellt Yana ihre Kompetenzen und ihre Freiheit, als Individuum zu handeln und sich nicht durch Ideologien beschränken zu lassen.

In ihrer evaluativen Position zur eigenen biographischen Erfahrung stellt Yana den Umgang mit sozialen und familiären Konflikten in den Vordergrund. Das Integrationsnarrativ, das zunächst eine Form der Verlaufskurve aufweist, wird rückblickend als erfolgreich bewertet. Dessen positive Vollendung bedeutet jedoch nicht, dass Yana sich vollständig mit der deutschen Kultur identifiziert. Vielmehr wird unter erfolgreicher Integration die Kompetenz verstanden, sich als Russin und Jüdin in der deutschen Gesellschaft wohlfühlen zu können.

Sascha

Auch Sascha, 17 Jahre alt, kann der Akkulturationsstrategie *Integration* zugeordnet werden. Er wurde in Taschkent geboren und kam im Alter von 12 Jahren nach München. Sein Vater ist nichtjüdisch-russischer Herkunft und seine Mutter jüdisch-romanischer Herkunft. Beide haben in Usbekistan als Ingenieure im Bauministerium gearbeitet und sind zum Zeitpunkt des Interviews arbeitslos. Saschas älterer Bruder ist mit der Familie nach Deutschland eingewandert, studierte in München und lebt und arbeitet heute in einer Nachbarstadt. Sascha besucht die elfte Klasse eines Gymnasiums.

Auf die Eröffnungsfrage reagiert Sascha mit der Darstellung der Geschichte seiner Großeltern von mütterlicher und väterlicher Seite, die aus Rumänien bzw. aus der Ukraine nach Kasachstan eingewandert waren. Nach einer raffenden Beschreibung seiner Eltern kommt Sascha auf sich selbst zu sprechen. In der ersten Erzählung aus der dritten oder vierten Klasse geht es um seine Entscheidung, mehr über das Judentum zu erfahren. Hierbei betont der Sprecher, dass in seiner Familie keinerlei jüdische Traditionen vermittelt wurden.

In der Beschreibung seiner Erinnerungen an Taschkent gibt Sascha keinen Hinweis darauf, warum sich die Familie für eine Auswanderung entschieden hatte. Vielmehr legt er den narrativen Schwerpunkt seiner Erzählung auf die Art und Weise, wie diese Entscheidung gefallen ist. Da diese Beschreibung einen Kontrast zu Yanas Erzählung darstellt, wird hier dieses Segments vorgestellt.

Segment 1: „eine demokratische kollegiale Entscheidung"

1 irgendwann haben wir uns entschieden dass wir auswandern
2 und das fand ich sehr gut von meine von meinen Eltern
3 ich weiß nicht was sie dazu bewogen hat (..)
4 aber was ich gut fand wir saßen da zu viert das heißt eigentlich
5 ich muss sagen mit der Familie meines Vaters haben wir kein gutes
6 also kein enges Verhältnis und mit der Familie meiner Mutter
7 auch nicht (.) damals (..) und deswegen saßen wir da
8 also wir waren die einzige die dann auswandern würden (.)
9 wir saßen da zu viert also ich mit meinem zwölf Jahren keine Ahnung
10 vielleicht elf Jahren weil man zuerst mal erstmal
11 die Unterlagen einreichen und so weiter und sofort es dauert alles
12 dann hast du noch ein Jahr Zeit als ich vermute
13 das war irgendwann mit elf Jahren wir saßen alle da im Tisch
14 und haben und haben (.) kollegial entschieden wo wir hinfahren
15 also wo wir auswandern wir haben ähe dann eine Liste gemacht
16 mit ähm mit Israel Amerika Deutschland ähe Kanada
17 haben Pros und Kontras ähe ausgefüllt
18 also sehr rational rangegangen und haben wir uns dann entschieden
19 dass wird Deutschland sein ich kann mich nicht jetzt erinnern
20 was die Gründe waren oder was die Pros und Kontras
21 aber das ist mir quasi aber sehr stark im Gedächtnis geblieben
22 wie wir das gemacht haben also
23 es war eine demokratische kollegiale Entscheidung von von von
24 einem elfjähriger von einem vierundzwanzigjährigen und meinen
   Eltern

In diesem Segment, das die Textsorte ‚berichtende Darstellung' auf-weist, wird die Entscheidung der Familie resümiert. Die Kernnarration des Segments „es war eine demokratische kollegiale Entscheidung" (Z. 23) wird mehrmals betont. Der Sprecher konstruiert die Familie durch Werte von Gerechtigkeit, Rationalität und Demokratie. Die Eltern, wel-che die Kinder als gleichwertig behandeln, werden gelobt („das fand ich sehr gut von meine von meinen Eltern" Z. 2). Mit der Betonung seines gleichwertigen Mitbestimmungsrechts bei der Entscheidung im Alter von elf Jahren wird das erzählte Ich als verantwortungsvoller und überlegter junger Mann von den Eltern fremdpositioniert.

Gegenüber der detaillierten Darstellung des Entscheidungsprozesses werden die inhaltlichen Argumente und Motive für die Migration nicht erwähnt. Der Sprecher behauptet, dass er nicht weiß, warum sich die Familie für die Auswanderung entschieden hat (Z. 3). Die Zeitmarkierung „irgendwann" (Z. 1) zum Beginn des Segments schließt die Möglichkeit aus, dass die Entscheidung infolge eines bestimmten Ereignisses getroffen wurde. Auch über die Gründe dafür, Deutschland anderen Zielorten (Israel, Amerika und Kanada Z. 16) vorzuziehen, werden keine Angaben gemacht („ich kann mich nicht jetzt erinnern" Z. 19). Gerade weil Sascha seine Mitbestimmung in der Entscheidung betont, löst die fehlende Erinnerung an Entscheidungsmomente bzw. Gründe in seiner Erzählung eine gewisse Irritation aus. Die Entscheidung nach Deutschland auszuwandern wird dadurch legitimiert, dass die Rationalität und ‚Rechtmäßigkeit' des Entscheidungsprozesses in der Familie gezeigt wird.

Im Hinblick auf den Entscheidungsprozess fällt der Unterschied zwischen diesem Fall und der Erzählung von Yana auf, in deren Erinnerung, die Entscheidung nach Deutschland zu kommen, mit der Autorität der Mutter begründet wird. Auch in der Beschreibung des Neuanfangs unterscheiden sich die Fälle deutlich: Während Yana ihre erste Reaktion als einen ‚Schock' darstellt, konstruiert Sascha den Verlauf seiner Migration als Durchführung einer geplanten Aktion.

Segment 2: „das erste Jahr"

1   und dann als ich kam ich war zwölf
2   und es stand natürlich nie außer Frage
3   dass ich nicht studieren gehe also das heißt muss
4   ja es war auch nicht ähe (.) ja nein (.) du muss und immer der Beste
5   so dann hab ich erstmal die ersten acht Monate hab ich (.) ähm
6   ein Sprachkurs gemacht in München
7   es war sehr schön es war in der Sonnenstraße
8   hatte ich wirklich das Glück dass ich da gelandet bin
9   weil danach war ich in der Lage
10   das war das erste Jahr danach also das ein Jahr war um
11   danach war ich in der Lage zur Schule zu gehen
12   also das heißt die die die die ein ähe die Mathematik Physik Chemie
13   ohne Probleme also die Bildung in Russland
14   ist in Naturwissenschaftlichen Regionen viel viel besser
15   das heißt das was du was Kinder hier in der achten Klasse machen

16 in Mathematik haben wir schon in der sechsten oder in der
17 siebten gemacht also ich konnte das alles
18 das größte Problem war natürlich Geschichte in Russland hat so
19 ein ganz bestimmte
20 ich sag Russland es ist Kasachstan in in in der Ex-Sowjetunion
21 hat so eine bestimmte Geschichte auf bestimmten Ereignissen
22 und auch nicht immer wahrheitsgemäß
23 das war eigentlich relativ schwierig

In diesem Segment, das die Textsorte der berichtenden Darstellung aufweist, schildert Sascha seine Erfahrung im deutschen Schulsystem. Andere Dimensionen und Erfahrungen aus dem neuen Land werden ausgeklammert. Hierbei wird die biographische Erfahrung der Migration in erster Linie als eine Aufgabe des Individuums dargestellt, sich sprachlich und fachlich zu qualifizieren.

Gleich zu Beginn des Segments wird ein Hochschulstudium als primäres Ziel postuliert. Das Lernen der Sprache wird daher als ein Mittel verstanden, die Erfüllung dieses Zieles zu ermöglichen. Das Studium wird hierbei implizit als Maßstab für die erfolgreiche Integration verstanden. Es bleib offen, wer diese Forderung „nicht ähe (.) ja nein (.) du muss" (Z. 4) stellt: die Eltern, das soziale Nahfeld oder sogar der Erzähler selbst. Sascha zeigt sich mit der Aufforderung einverstanden und erfüllt die notwendigen Voraussetzungen dafür: Er lernt die Sprache schnell und wird auf dem Gymnasium zugelassen. Der Sprecher macht die Darstellung eigener Leistungen zum Schwerpunkt der Erzählung und betont dabei seine schnelle Integration: „danach war ich in der Lage zur Schule zu gehen" (Z. 11). Auch in seiner Beschreibung des Gymnasiums rückt Sascha seine schulischen Herausforderungen ins Zentrum der Erzählung. Er unterscheidet zwischen den Schulfächern Mathematik, Physik und Chemie auf der einen Seite, in denen er als Zuwanderer aus der Ex-Sowjetunion den Vorteil der besseren Bildung habe, und dem Fach Geschichte auf der anderen Seite, in dem er einen Nachteil gegenüber anderen Schülern hatte. Es fällt auf, dass die Position als Zuwanderer nicht unbedingt als Nachteil verstanden wird.

Im Anschluss an die Schilderungen seiner schulischen Erfahrungen zieht Sascha im letzten Teil seiner Erzählung eine Bilanz über sich selbst und sein Verhältnis zu Usbekistan:

Segment 3: „europäischer geworden"

1 also wenn ich mit meinen Freunden in Taschkent rede
2 dann ich merke dass ich andres bin also ich war damals schon andres

146

3   weil ich jüdisch war aber oder doch eine jüdische Familie geprägt
4   aber trotzdem jetzt bin ich ein anderer Mensch (.)
5   und ich halt mit meinen Freunden rede die da leben
6   und sie sagen dann du bist anders du bist nicht mehr
7   du bist nicht mehr die du warst
8   du bist europäischer geworden du denkst jetzt anders
9   du hast andere Ansichten

In diesem kurzen Segment reflektiert der Sprecher mit Hilfe von Selbst-
und Fremdpositionierung den Einfluss des Lebens in Deutschland auf
seine Identität. Das Segment weist die Textsorte ‚Argumentation' auf
und besteht aus kurzen Sätzen, zum Teil in direkter Rede.

Mit der Erwähnung der Freunde in Taschkent nimmt Sascha sein
früheres soziales Umfeld als einen Bezugspunkt, um seine Identitätsentwicklung infolge der Migration zu veranschaulichen. Obwohl es ihm
darum geht, die im Lauf der Jahre entstandene Distanz aufzuzeigen,
vermittelt Sascha zugleich mit der Bezeichnung „Freunde" (Z. 1) ein
positives Verhältnis zu seinem alten sozialen Umfeld. Seine These, von
der deutschen Kultur beeinflusst worden zu sein, wird anhand der Kategorie „andres" (Z. 2) argumentativ ausgebaut. Obwohl Sascha sich bereits in Usbekistan durch seine jüdische Abstammung als „andres" verstanden hatte, konstruiert er sich nun in den selbstbezüglichen Aspekten
seiner Darstellung als „ein anderer Mensch" (Z. 4). Im zweiten Teil des
Segments (ab Z. 6) wird die Perspektive der Freunde durch szenische
Präsenz und direkte Rede vermittelt. Die Freunde bekräftigen die selbstbezügliche Behauptung, indem sie auf die neuen Ansichten des Sprechers verweisen. Mit der Wiedergabe der Behauptungen seiner Freunde
macht Sascha implizit eine Aussage über seine gegenwärtige Identität.
Es fällt auf, dass er den Komparativ „europäischer" (Z. 8) verwendet.
Während Jugendliche, die die Akkulturationsstrategie ‚Assimilation'
übernehmen, sich als „Deutsche" bezeichnen, findet Sascha hier eine
offenere Kategorie, die seinen Bezug zu den russischen und deutschen
Kulturen beschreibt. Auch die Verwendung der Komparativkonstruktion
macht klar, dass sich der Sprecher zwar von der neuen Umgebung beeinflussen lässt, sich jedoch (noch) nicht als „Deutscher" oder „Europäer" fühlt. Er positioniert sich in der Mitte zwischen den Kulturen und
betont den prozesshaften Charakter seiner Identitätsentwicklung.

Zum Schluss seiner Stegreiferzählung kommt Sascha auf seine
Überlegungen zum Glauben zurück. Er grenzt sich von der jüdischen
Orthodoxie ab, die er als „statische Religion" bezeichnet, und definiert
sich als „radikaler Atheist".

Im Nachfrageteil habe ich Sascha gebeten, auf seine Migrationserfahrung einzugehen, woraufhin er seine Zukunftspläne vorstellt:

Segment 4: „radikaler Schnitt"

1 M: Kannst du noch erinnern oder (.) rekonstruieren wie du damals
2 die Einwanderung so ähe erlebt hast?
3 S: ich hab damals nicht komplett verstanden was passiert (.) glaub
   ich
4 ich hab nicht komplett verstanden was auf mich zukommt
5 man versteht zwar dass man in ein andres Land zieht man versteht
   das
6 es andres wird aber man die Dimensionen ist einem unklar
7 dir sind nicht alle Einzelheiten klar was wie dein Leben radikal
8 ändern wird man muss einmal ausgewandert sein damit man versteht
9 was das heißt wenn mich jemand fragt Sascha wieso willst du eigentlich
10 in München studieren du wohnst dort (..) warum nicht nach Berlin
11 zu ziehen? Oder wieso nicht in die Staaten zu gehen?
12 dann sage ich also (.) ich habe vor fünf Jahre einen radikalen Schnitt
13 gemacht in meinem Leben (.) dann will ich nicht noch nach fünf
   Jahren
14 dasselbe durchmachen (.) das kannst du von keinem verlangen
15 und bis man selbst durchgemacht hat wirst man das nie erfahren
16 was es heißt

In diesem Segment wird Sascha aufgefordert, über seine Erinnerungen an die Einwanderung zu erzählen. Seine Antwort baut er jedoch nicht als Erzählung, sondern als Argumentation auf, in der er die Behauptung aufstellt, dass die Einwanderung einen radikalen Schnitt in der eigenen Biografie bedeutet.

Sascha beschreibt die Einwanderung als abgeschlossenes Ereignis. Aus seiner evaluierenden Position heraus wird das erzählte Ich durch die Perspektive des Unverständnisses positioniert („ich hab nicht komplett verstanden" Z. 4). Das erzählende Ich wird hingegen als erfahrene Person dargestellt, die aufgrund ihrer biographischen Erfahrung, für ihre Zukunft bewusst entscheiden kann. Gerade weil der Integrationsprozess als abgeschlossen verstanden wird, schließt Sascha kategorisch die Möglichkeit aus, für das Studium in eine andere Stadt zu ziehen.

Es fällt auf, dass Sascha – genau wie Yana – seine Migrationserfahrung in den Vordergrund stellt, wenn er seine Zukunftspläne entwirft. Obwohl die beiden ihre Integrationsprozesse als erfolgreich bewerten, gehen ihre Zukunftspläne in gegensätzlichen Richtungen: Während Yana ein Verlassen Deutschlands in Erwägung zieht, betont Sascha seinen Wunsch, in München zu bleiben.

Die beiden Fallbeispiele demonstrieren zwei Verlaufsmöglichkeiten der Akkulturationsstrategie *Integration*. Biographisch wird diese Strategie unterschiedlich begründet: Yana baut ihre Geschichte als eine progressive Narration auf, die über den Konflikt mit der Mutter oder mit der Umgebung vorankommt. Die Integration zwischen den Kulturen ermöglicht es ihr, ihre Autonomie und ihre Wahlfreiheit unter Beweis zu stellen. Sascha hingegen konstruiert eine progressive Narration, die fast konfliktfrei verläuft. Er stellt die unterschiedlichen Kulturen als Ressourcen dar, die ihm dabei helfen, seine persönlichen Ziele zu erreichen.

6.1.3 Isolationsnarrativ

Das dritte Narrativ „wir halten immer zusammen" repräsentiert die Akkulturationsstrategie *Isolation*. Im Isolationsnarrativ werden zugleich die starke kulturelle Identifikation mit dem Geburtsland und die Entfremdung von der deutschen Umwelt in den Vordergrund gestellt. In den Erzählungen wird die ‚Peergroup', die sich ausschließlich aus anderen Migranten mit gleicher Herkunft zusammensetzt, als wichtiges Verbindungsglied zur Herkunftskultur dargestellt. Aus den für diese Studie erhobenen und ausgewerteten Interviews lassen sich drei Jugendliche in ihrer Akkulturationsstrategie dieser Kategorie zuordnen. Hier werden die Fallbeispiele von Stass, 18 Jahre, und Eyal, 16 Jahre alt, analysiert. Stass wanderte aus der Ukraine, Eyal aus Israel nach Deutschland ein.

Stass

Stass, 18 Jahre alt, wurde in der Stadt Berdytschiw in der Ukraine geboren und kam im Alter von vierzehn mit seiner Mutter und seinem Stiefvater nach Dresden. Sein älterer Bruder blieb in der Ukraine. Stass besucht die zehnte Klasse einer Realschule und engagiert sich als Jugendleiter in der jüdischen Gemeinde. Zum Zeitpunkt des Interviews war Stass bereits vier Jahre in Deutschland, konnte sich jedoch nur mit Mühe auf Deutsch artikulieren.

Stass reagiert auf die offene Einstiegsfrage, indem er die Entwicklung seiner jüdischen Identität zum Thema seiner Erzählung macht. Er beginnt mit dem Satz: „Also tja wenn ich war sechs Jahren alt eigentlich mein Mutti hat mit gesagt, dass Stass du bist eigentlich Jude". Infolge dieser Entdeckung schildert Stass eine Reihe von Ereignissen, die sein jüdisches Selbstverständnis geprägt haben. Besonders ausführlich erzählt er über die Zeit zwischen der vierten und der sechsten Klasse. Während dieser drei Jahre lernte Stass in einem kleinen jüdischen religiösen Internat („Jeshiva"). In der sechsten Klasse beschloss die Mutter, Stass zurück nach Berdytschiw zu holen. Stass zeigt sich mit dieser Entscheidung einverstanden und begründet sie mit der neuen orthodoxen Orientierung des Rabbiners. Stass beschreibt das Verhalten des Rabbiners als eine „schwarze Linie", weil er auf strenge Art und Weise die religiösen Gebote und Verbote in der Jeshiva durchgesetzt hat.

Die Rückkehr in die „normale" Schule zu Beginn der siebten Klasse fiel Stass schwer. Er kam zwar zurück in dieselbe Klasse, in der er zuvor unterrichtet worden war, musste jedoch feststellen, dass er sich dort fremd fühlte. Nach drei Jahren, in denen er nur mit Jungen gewesen war, fiel es ihm zunächst schwer, neben einem Mädchen zu sitzen: „die Unterricht fängt an und ich sitze mit ähe eine Mädchen ähe ich kann nicht beschreiben wie das Schreck (.) aber ich hab einfach zu sehr streng gesezen und fast keine Bewegungen gemacht".

Kurz vor dem Ende des achten Schuljahres erfährt Stass von seiner Mutter von der geplanten Auswanderung nach Deutschland.

Segment 1: „ganz schrecklich Situation"

1   naja dort hab ich zwei Jahre gelernt bis achte Klasse
2   und dann mein Mutti hat gesagt dass wir bekommen (-)
3   dass wir fahren nach Deutschland
4   und es war sehr schmerzlich für mich mit allen meine Freunde ähe
5   also ich fahre jetzt (.) nach Deutschland und sie bleiben dort
6   sie haben ich hab gesagt ich treffe bis heute mit diese Leute
7   und sie schreiben mir sie (.) telefonieren mir
8   diese Zeit und danach hab ich nach Deutschland gefahrt
9   naja (.) ich will nicht beschreiben diese Situation mit Integration ähe
10 alles was ich hab erlernt in meinem Leben kann ich jetzt wegschmeißen
11 ehrlich weil in Deutschland hab eine neue Leben angefangen
12 und naja ganz schrecklich Situation für mich persönlich
13 weil alle meine Freunde sind in der Ukraine es ist 2000
14 nicht 2000 (.) ungefähr 1000 Kilometer weit
15 und war eigentlich keine Freunde na ja
16 ich war eigentlich allein deshalb war es bei mir ganz schwer
17 diese Depression hat ungefähr vier Monate gedauert
18 dann hab ich kennengelernt mit zwei Jugendlichen
19 die haben aus Kaukasus gekommen Russland ja und naja dort war
20 dann war eigentlich nicht so schlimm

21   es gibt Leute mit denen kann ich sprechen Zeit verbringen
22   und ja es ist mehr oder weniger gut

In diesem Segment taucht das Thema Migration zum ersten Mal in der Erzählung auf. In einer zusammenfassenden Darstellung beschreibt der Erzähler seine Reaktion auf die Entscheidung, nach Deutschland auszuwandern, und seine Gefühle in der ersten Zeit im neuen Land.

Im ersten Subsegment (Z. 1–8) wird über die Entscheidung, nach Deutschland zu kommen, berichtet. Der Erzähler erfährt von seiner Mutter erst kurz vor der Ausreise von dem Vorhaben. Seine Rolle wird in der Modalität eines passiven Handelns vermittelt und die Entscheidung der Eltern wird nicht erklärt. Der Umzug wird in erster Linie durch die schmerzliche Trennung von den Freunden dargestellt. Hierbei betont der Sprecher, dass Migration vor allem die Trennung von Freunden bedeutet. Stass betont, dass nicht er allein die Trennung bedauert, sondern auch die Freunde, die sich bemühen, mit ihm aus der Ferne Kontakt zu halten: „sie schreiben mir sie (.) telefonieren mir" (Z. 7).

Im zweiten Subsegment (Z. 9–22) wird die „Situation mit Integration" (Z. 9) zum Thema gemacht. Obwohl Stass zu Beginn des Interviews erklärt, dass er diese „Situation" nicht beschreiben will (Z. 9), ist diese Erzählung durch Detaillierungszwang geprägt, da er seine „Depression" (Z. 17) in den ersten vier Monaten nach dem Verlassen der Ukraine plausibel machen will. Als Begründung seiner „schrecklichen Situation" (Z. 12) werden sowohl das Gefühl, dass sein früher erworbenes Wissen in Deutschland keinen Wert mehr hat („alles was ich hab erlernt in meinem Leben kann ich jetzt wegschmeißen" Z. 10), als auch das Gefühl der Einsamkeit, die durch die Trennung von den ukrainischen Freunden entstanden ist, angeführt. Die erzwungene Marginalisierung in der ersten Phase in Deutschland, die von Stass als „Depression" bezeichnet wird, kommt nach vier Monaten zum Ende. Als Schlüsselereignis nennt Stass die Bekanntschaft mit zwei Jugendlichen aus dem Kaukasus, die für ihn zu dieser Zeit die Peergroup in Deutschland waren. Mit der Beschreibung dieser Erfahrung stellt Stass seine Zufriedenheit im neuen Land in einen direkten Zusammenhang mit seinem sozialen Umfeld.

An dieses Segment anschließend stellt Stass seine schulische Eingliederung dar:

Segment 2: „hier auch der Beste"

1   (-) also dann hab ich eigentlich angefangen mit Sprachelernen
2   im DaF Unterricht (.) was bedeutet DaF?
3   DaF Deutsch als zweite Sprache eigentlich
4   es kann man nicht beschreiben wenn du bist vierzehn Jahren

5 und du gehst Deutsch lernen zusammen mit Kinder die zehn
6 oder elf Jahren (.) ja ich hab gedacht ich war ganz gut in der Ukraine
7 (.) was muss was kann verändert? Nichts (.) ich bin hier auch der
   Beste
8 und danach mein Klassleiterin hat gesagt
9 dass Stass du kannst nicht in Gy=du hast sehr große Potenzial
10 und aber du kannst nicht im Gymnasium lernen naja
11 du kannst in Realschule gehen das war eine Schock
12 in welche Klasse? sie hat gesagt achte Klasse
13 naja hab ich eigentlich achte Klasse in die Ukraine ähe abgeschlossen
14 und hier wieder in achte Klasse das war zweite Schock für mich
15 und sie hat gesagt du wurdest drei Tage in Schule gehen
16 und zwei Tage in DaF natürlich ist es unmöglich mit Zero
17 Deutschkenntnisse egal welches Klass ähe be=beenden ich hab
18 ich hab Jahr gelernt dieser Jahr gelernt ähe
19 zwischendurch in Schule hab ich etwas gemacht dann hab ich muss
20 ich noch mal das achte Klass wiederholt

In diesem Segment, das die Textsorte ‚berichtende Darstellung' aufweist, schildert Stass seinen schulischen Werdegang in Deutschland. Im
Mittelpunkt gibt er das Gespräch mit der Sprachlehrerin wieder, das als
Ursache seiner späteren Misserfolge dargestellt wird. Aus dem Gespräch
kommt der Konflikt zwischen dem Selbstanspruch des Sprechers, auch
in Deutschland der Beste zu sein, und seinen Schwierigkeiten in der
Sprachschule zum Ausdruck. Den Erfolgsanspruch begründet Stass mit
seinen früheren Leistungen: „ich war ganz gut in der Ukraine" (Z. 6).
Daraus kommt er zu dem Schluss, dass die Ursache der Misserfolge in
Deutschland nicht auf ihn zurückgeführt werden kann. Diese Behauptung formuliert er in Form einer Frage, die er selbst beantwortet: „was
muss was kann verändert? Nichts" (Z. 7). Stass erklärt diese Misserfolge
durch die äußeren Faktoren und Rahmenbedingungen, die ihn davon
abhielten, auch in Deutschland „der Beste" (Z. 7) zu sein. So beklagt er,
dass er als Vierzehnjähriger die Sprache zusammen mit Kindern lernen
musste (Z. 4–7), und dass er „mit Zero Deutschkenntnisse" (Z. 16–17)
in die Realschule geschickt wurde.

Das Gefühl des Sprechers, von den Instanzen nicht genug Anerkennung und Verständnis in seiner Situation zu bekommen, wird durch die
Wiedergabe des Gesprächs mit der Klassenleiterin vermittelt. Zweimal
betont Stass seinen Schock (Z. 11, 14) angesichts der Entscheidung, ihn
in die achte Klasse auf der Realschule zu schicken. Die doppelte Enttäu-

schung besteht darin, dass der Sprecher nicht auf das Gymnasium gehen durfte und zudem die achte Klasse wiederholen musste. Vor dem Hintergrund der Aussage der Lehrerin über sein „sehr große Potenzial" (Z. 9) stellt Stass diese Entscheidung als ungerecht dar. Hierbei legt er nahe, dass er falsch behandelt wurde. Dieses Erklärungsmuster, in dem Stass die Institutionen für seine eigenen Probleme verantwortlich macht, verwendet er wiederholt als er eine Bilanz über seine Erfahrung in der achten Klasse zieht: Mit der Behauptung „natürlich ist es unmöglich mit Zero Deutschkenntnisse egal welches Klass ähe be=beenden" (Z. 16–17) beschreibt Stass sein Scheitern als vorsehbar. Er selbst wird als Opfer der falschen pädagogischen Entscheidungen dargestellt.

Wie im vorherigen Segment zeichnet sich auch dieses Segment durch die Selbstpositionierung des Sprechers als Opfer ungerechter Behandlung aus. In der Darstellung seiner Geschichte verweist Stass auf die Migrationsbedingungen sowie auf die deutsche Kultur als Ursache seiner sozialen Isolation und seiner schulischen Misserfolge.

Im nächsten Segment wendet sich der Erzähler von diesem Thema ab und erzählt über seinen ersten Kontakt mit der jüdischen Gemeinde:

Segment 3: „einfach perfekt für mich"

1   dann ein Tag ähe jemand hat zu mir gekommen (.)
2   hat gesagt wir haben eine aktive ähe jugendliche jüdische Leben
3   und naja es ist schon interessant was haben sie dort ein Camp na o.k.
4   ich habe gedacht das es wird ein religiöses Camp
5   nein es war genauso wie bei erste Mal eine Kennenlernung mit Judentum
6   naja ich hab einfach so gesetzt wenn die Leute haben gebetet
7   ich ich brauche das nicht lesen ich kann das einfach sagen
8   weil ich weiß das und das hab ich einfach gelernt und der Madrich
9   und alle Leute war sehr bewundert woher kommst du eigentlich
10 ich komme aus Berdytschiw naje es und er hat gesagt
11 eine große jüdische Stadt und woraus kennst du die alle Gebete
12 und naja ich hab drei Jahre in Jeshiva gelernt
13 dort war ich bei Shavuot und erstes Mal in kann man sagen
14 drei Jahren hab ich Gefühl hab ich erst wieder erfühlt
15 dass ich bin eigentlich in Jeshiva dass ich bin
16 auch ein Teil von jüdisch Volk und naja die Gebete und die Leute
17 und dort hatte ich jetzt Freunde das war so
18 das war einfach perfekt für mich naja
19 auch weil ich hab dort Freunde von jüdische Migration

In diesem Segment, das durch die Textsorte ‚szenisch-episodische Erzählung' geprägt ist, wird die erste Begegnung von Stass mit der jüdischen Sphäre dargestellt. Diese Begegnung geschieht im Rahmen eines mehrtägigen jüdischen Ferienlagers, an dem er teilgenommen hat. Die religiöse Atmosphäre im Ferienlager erinnert Stass an die Zeit in der Jeshiva. Mit dieser Verknüpfung wird eine Kontinuität zwischen der Vergangenheit in der Ukraine und der Gegenwart in Deutschland hergestellt. Die Erfahrung in der Jeshiva erweist sich in diesem Kontext als eine wichtige Ressource, um Anerkennung in der jüdischen Gruppe zu bekommen.

Bereits in der Darstellung seiner Erwartungen aus dem Camp positioniert sich Stass als erfahrener Teilnehmer. Als solcher drückt er seine Enttäuschung aus, dass das Camp eher für Anfänger konzipiert wird („Kennenlernung mit Judentum" Z. 5) und deshalb nicht seiner Vorstellung von einem religiösen Camp (Z. 4) entspricht.

Mit einer szenisch-episodischen Erzählung über das Gebet auf dem Camp veranschaulicht der Sprecher seine überlegene Position durch die – im Vergleich zu den anderen – bessere Religionskenntnis: Während die Anderen aus dem Gebetsbuch vorgelesen haben, konnte der Erzähler die Gebete auswendig sprechen. In dieser Episode belegt der Erzähler in anschaulicher Form seine Behauptung, dass er über religiöse Erfahrung und Wissen verfüge. Er beweist beides dadurch, dass er mit seiner Vertrautheit im Gebet den „Madrich und alle Leute" (Z. 8–9) beeindrucken konnte. Stass benutzt das Interesse der Anderen und besonders des Madrichs für seine Person, um zu zeigen, dass sein Wissen mit großer Bewunderung quittiert wurde. Die Anerkennung wird noch größer als der Madrich herausstellt, dass Stass aus der für ihre jüdische Geschichte bekannten Stadt Berdytschiw kommt.

In der jüdischen Gruppe findet Stass die Anerkennung, die er in der Mehrheitsgesellschaft vermisst hat. Der Kernnarration in diesem Segment „der Madrich und alle Leute war sehr bewundert" (Z. 8-9) steht im klaren Gegensatz zur Kernnarration des ersten Segments „alles was ich hab erlernt in meinem Leben kann ich jetzt wegschmeißen": Während Stass sich in der Mehrheitsgesellschaft als jemand positioniert, der ungerecht behandelt wird, weil er für seine früheren Leistungen keine Anerkennung bekommt, positioniert er sich in der jüdischen Gruppe gerade durch die Bewunderung, die er mit seinen Kenntnissen aus der Ukraine vorweisen kann.

Besonders freut sich Stass darüber, sich wieder als Teil eines Kollektivs zu fühlen (Z. 16). Im Gegensatz zu der Enttäuschung von der deutschen Umwelt wird die jüdisch-russische Welt in Deutschland von ihm als „einfach perfekt für mich" (Z. 18) dargestellt. Hierbei wird die

154

Isolation im eigenen kulturellen Kreis als bevorzugtes Akkulturationsmuster propagiert. Diese Einstellung begründet Stass anschließend mit seiner Erfahrung in der Mehrheitsgesellschaft:

Segment 4: „kein Connection"

1 weil eigentlich mit Deutsche ich hab jetzt kein Connection
2 natürlich ich gehe hier in der Schule
3 aber ich habe keine deutsche Freunde warum? (-)
4 wenn du bist ein neue Schüler in der Ukraine
5 also alle andere Schüler frag dich äh wo bist du? was hast du gemacht?
6 zum Beispiel und hier in Deutschland niemand komm zu dir und frag
7 hey hallo wie geht's du musst erster gehen und wenn ich hab
8 einmal so ein Bekannte gesagt hallo zweimal Hallo
9 und er hat nie geantwortet warum muss ich noch einmal?
10 aber es ist Deutschland und hier gibt bestimmte Mentalität und Ordnung
11 und ich kann nicht verändern

Mit einem Rahmenschaltelement „weil" (Z. 1) verbindet der Erzähler diesen Abschnitt mit der episodischen Erzählung über das jüdische Camp und beginnt durch den Textsortenwechsel von Erzählen zu Argumentieren das nächste Segment. Seine Feststellung, dass die jüdisch-russische Gruppe „einfach perfekt" für ihn sei, wird in diesem Segment anhand seiner Erfahrung mit deutschen Jugendlichen argumentativ ausgebaut.

Um seine Behauptung, „kein Connection" (Z. 1) mit Deutschen zu haben, rechtfertigen zu können, beschreibt der Sprecher die Ablehnung, die er von den anderen Schülern erfahren hat. Die Handlung der deutschen Schüler wird von Stass moralisch verurteilt, indem er sie mit der normativen Umgangsweise in der Ukraine kontrastiert: In der Ukraine „alle andere Schüler frag dich äh wo bist du? was hast du gemacht?" (Z. 5). Das gegensätzliche Verhalten der deutschen Schüler wird zunächst als kultureller Unterschied definiert. Indem er seine eigenen gescheiterten Versuche beschreibt, soziale Kontakte mit den deutschen Schülern aufzubauen, versucht Stass seine Behauptung über die Unterschiede zwischen den Ländern geltend zu machen. Mit der rhetorischen Frage „warum muss ich noch einmal?" (Z. 9) sucht er bei dem Hörer eine Bestätigung für seine Erwartung, Gegenseitigkeit in der Beziehung mit den anderen Schülern zu finden. Mit dieser impliziten Selbstpositionierung als Opfer ungerechter Behandlung werden sowohl die Schüler als auch die gesellschaftlichen Normen („hier gibt bestimmte Mentalität und Ordnung" Z. 10) für seine Situation verantwortlich gemacht. Die Isolation in der jüdisch-russischen Gruppe wird von Stass nicht als eine wünschenswerte Situation dargestellt, sondern vielmehr als ein Zwang, der ihm durch das Verhalten seiner nichtjüdischen Umwelt auferlegt wurde und den er nicht verändern kann (Z. 11).

Nach vier Jahren in Deutschland fühlt sich Stass von der deutschen Kultur und Gesellschaft ausgeschlossen: Er empfindet seinen Eingliederungsprozess als eine persönliche Niederlage und vermisst soziale und kulturelle Anerkennung sowohl von den schulischen Instanzen als auch von den Mitschülern. Genau diese Anerkennung findet er unter Menschen in seiner Situation: anderen jüdischen Jugendlichen aus der ehemaligen Sowjetunion. In dieser Situation bietet die Übernahme der Akkulturationsstrategie ‚Isolation' für Stass die Möglichkeit, die Kontinuität und Kohärenz in seiner biographischen Narration aufrechtzuerhalten.

Eyal

Eyal, 16 Jahre alt, ist der einzige Zuwanderer in dieser Untersuchung, der nicht aus einer der GUS-Staaten kommt. Er wurde in Israel geboren und kam im Alter von drei Jahren mit seinen Eltern und seiner älteren Schwester nach Bonn. Dort ging er in den jüdischen Kindergarten und dann – nach dem Umzug der Familie nach Heidelberg – zur internationalen Schule, wo er zum Zeitpunkt des Interviews die zehnte Klasse besucht. Sein Vater arbeitet bei einer israelischen Firma und die Mutter ist als Krankenschwester tätig. Die Schwester studiert seit drei Jahren in Israel.

Auf die Eröffnungsfrage reagiert Eyal folgendermaßen:

Segment 1: „meine Familie"

1 meine Familie ist vor dreizehn Jahren 1995 glaub ich ähe
2 aus Ramat-Hashron nach Bonn gekommen
3 dies war mit der Arbeit meines Vaters
4 er begann dort bei (Firmenname) zu arbeiten
5 und wir meine Schwester und ich begannen unser Leben hier
6 sie hat schon mit der Schule angefangen
7 und ich war noch nicht im Kindergarten

Der Sprecher nimmt die Ankunft der Familie in Bonn als den Anfangspunkt seiner biographischen Erzählung. Auffallend ist, dass er die Kategorien ‚Einwanderung' oder ‚Migration' vermeidet und stattdessen das Verb ‚Kommen' benutzt. Damit legt er nahe, dass der Umzug damals nicht als endgültig betrachtet worden ist. Der Grund des Umzugs – die neue Arbeit des Vaters – wird durch ihre Bedeutung für die Kinder dargestellt: Während es für den Vater um berufliche Angelegenheiten ging, betont Eyal, dass für ihn und seiner Schwester damit eine neue Lebensphase – das Leben in Deutschland – begonnen hat (Z. 5).

Nach diesem kurzen Eröffnungssegment beschreibt Eyal in einer chronikartigen Darstellung die Ereignisse im jüdischen Kindergarten und während der ersten Jahre in der staatlichen Grundschule. Anschließend kommt er zur Erzählung über eine Begegnung mit israelischen Kindern im Sommercamp:

Segment 2: „The German"

1 in Sommerferien war ich schon immer in Israel bei meinen Großeltern
2 dann war ich einmal im Sommer in einer Gruppe
3 in einer israelischen Gruppe ähm von der wwf glaube ich
4 ähm (.) ähm eine wir machen immer ein so kleinen Gruppen
5 mit so Sommerprogramm egal ähm
6 und das ist natürlich ähm nur israelische Kinder
7 aus normalerweise aus ganz Israel und ähm
8 natürlich fragen alle am ersten Tag
9 hallo wer bist du blablabla und ähh
10 mit ähh (..) obwohl ich Zuhause die ganze Zeit Hebräisch spreche
11 habe ich doch ein Akzent äh in Hebräisch ähm aufgehoben
12 und sie sagten dass ähh sehr sehr deutsch und sehr englisch
13 das wird auf jeden Fall ähm bemerkt von den Kindern
14 und ähm kommt sofort die Frage von wo kommst du eigentlich
15 dann sage ich einfach (..) ich bin ähm äh Israeli
16 aber ich wohne in Deutschland
17 und dann von kleinen Kindern die so üblich ist
18 kommt natürlich diese Deutschland gleich Nazi ähh connection ähh
19 die dann ähh Verbindung wie dann auf mich also oft gesetzt wird
20 und ähm also es hat sich jetzt natürlich verringert
21 weil ich ähm mein Punkt verteidigen kann ähh
22 ich bin ich bin kein Nazi ich wo=wohne in Deutschland
23 das ist äh hat nix damit zu tun (.) und so weiter
24 und auch ähm die andern ähm Kindern verstehen
25 das sind auch nicht mehr Kinder
26 aber zu der Zeit war es ähh ähm ähm war ich sogar (..)
27 nicht mehr mit Namen angesprochen
28 sondern nur mit ähm the German (..)

29 und äh das es gab natürlich eine bestimmte ähm ..
30 einen bestimmten Einfluss auf mich aber ähh
31 kein kein so negatives denn ich selbst verstand noch nicht
32 was ist jetzt äh gemeint the German
33 ist es denn wirklich so negativ
34 ich hab einfach akzeptiert als sie kennen es doch nicht besser
35 dann bin ich das für sie und das ist äh für mich egal
36 ich weiß wer ich bin
37 das äh das stört mich nicht weil ähm ich weiß wer ich bin

In diesem Segment, das die Textsorte ‚szenisch-episodische Erzählung'
aufweist, beschreibt Eyal seine Begegnung mit israelischen Kindern
während eines Sommerprogramms. Das Segment wird von den vorherigen Ereignissen in der Erzählung durch die Erhöhung des Detaillie-
rungsgrads abgehoben. Im ersten Subsegment (Z. 1–7) wird die Situation als Hintergrundinformation vermittelt. Der Sprecher erinnert sich an
einen bestimmten Sommer in Israel, als er ausnahmsweise nicht bei
seinen Großeltern war. Im Kern der Erzählung baut Eyal das Verhältnis
zwischen ihm und den anderen Kindern auf: Er macht deutlich, dass
„nur israelische Kinder" (Z. 6) als Teilnehmer bei dem Camp dabei
waren. Mit der Kategorisierung der Gruppe als ausschließlich israelisch
betont Eyal seine eigene Zugehörigkeit als israelisch. Immerhin wird
seine besondere Position in der Gruppe preisgegeben: Während die
anderen Kinder „normalerweise aus ganz Israel" (Z. 7) kamen, wohnt
Eyal in Deutschland. Die Spannung zwischen dem israelischen Zugehörigkeitsgefühl und der Tatsache, dass der Sprecher in Deutschland lebt,
wird zum Thema des zweiten Subsegments (Z. 8–25) gemacht.

Im Erzählkern des Subsegments besteht die Spannung zwischen der
Selbst- und Fremdwahrnehmung des Sprechers. Er beklagt sich über
mangelndes Verständnis seitens der anderen israelischen Kinder und
rechtfertigt sich ihnen gegenüber mit der Ablehnung des Arguments
„Deutschland gleich Nazi" (Z. 18). Hingegen bekräftigt er die Selbstpositionierung als Israeli, der in Deutschland wohne. Mit der Formulierung
„aber ich wohne in Deutschland" (Z. 16) wird ein Widerspruch zwischen dem israelischen Zugehörigkeitsgefühl und dem Leben in
Deutschland konstruiert. Während der Sprecher mit diesem Widerspruch
umgehen kann, werden die anderen als ‚kleine Kinder' (Z. 17) dargestellt, die als solche diese mehrdeutige Situation nicht verstehen können.

Eyal resümiert, dass im Lauf der Zeit sich der Konflikt zwischen
seiner Selbstwahrnehmung und der Fremdwahrnehmung der Israelis
verringert hat und er gliedert diese Behauptung in einen argumentativen
Rahmen ein. Die positive Entwicklung über den Zeitverlauf schreibt er

sowohl seinen eigenen Kompetenzen (kann „mein Punkt verteidigen" Z. 21) als auch den ‚natürlichen' Reifeprozessen der Anderen („das sind auch nicht mehr Kinder" Z. 25) zu.

Im dritten Segment (Z. 26–37) wird die Reaktion des erzählten Ichs auf die damalige Situation thematisiert. Eyal beklagt den Mangel an Verständnis seitens der anderen Kinder für seine Situation als Israeli, der in Deutschland lebt. Mit der wörtlichen Wiedergabe der Bezeichnung „the German" (Z. 28) konstruiert Eyal seine Fremdwahrnehmung damals. Im letzten Teil des Segments (Z. 31–37) versucht er mit dieser Zuschreibung argumentativ umzugehen. Hierbei gerät der Erzähler in einen Rechtfertigungszwang: Er lehnt die Zuschreibung ab, indem er zunächst sein Unverständnis betont: „ich selbst verstand noch nicht" (Z. 31). Dem entgegen stellt er sein eigenes Selbstverständnis: „ich weiß wer ich bin" (Z. 40).

Die erste Begegnung als Kind mit anderen israelischen Kindern bringt das Selbstverständnis des Erzählers mit der Fremdwahrnehmung der (israelischen) Gesellschaft in Gegensatz. Zur Disposition steht der Identitätsanspruch von Eyal, als israelisch anerkannt zu werden, obwohl er in Deutschland aufwächst. Der Erzähler macht seinen Identitätsanspruch in diesem Segment durch die Darstellung eines Konfliktes geltend. Auch im weiteren Verlauf der Erzählung bemüht sich Eyal seine israelische Zugehörigkeit zu behaupten.

Segment 3: „als Israeli anerkannt"

1   ich habe es dann wieder letzte (..) ähm vorletzter Sommer erlebt
2   ähm (..) wir waren mit einem Jugendaustausch
3   mit äh ähm Kindern in in Südisrael
4   die Kindern haben uns also als deutsche Gruppe ähm kennen gelernt
5   und auch mich <u>sofort</u> als äh Nichtdeutscher erkannt und
6   haben mich ähm wegen meiner Sprache und wegen meines ähm ähm Benehmens
7   als Israeli anerkannt und nicht als Deutscher
8   denn sie erkannten sofort den Unterschied
9   zwischen ähm diesen zwei Kulturen
10 und ich hatte die israelische Seite der Kultur
11 vielleicht auch ein bisschen verändert durch das Deutschland Leben aber
12 sie erkannten sofort dass ich nicht so wie die deutschen Juden bin
13 und ich glaube dieses ähh diese Eigenschaft kommt ähm
14 sehr stark von äh von Zuhause von den Seiten meinen Eltern

In diesem Segment belegt der Erzähler anhand eines weiteren Beispiels zu einem späteren Zeitpunkt in seiner Biografie den Identitätsanspruch, als israelisch betrachtet zu werden. Hierbei wird die Zugehörigkeit als Israeli als Gegensatz zur Kategorie „Deutscher" (Z. 7) konstruiert. Eyal stellt die These auf, dass es um „zwei Kulturen" (Z. 9) geht und beansprucht aufgrund seiner Sprache und seines „Benehmens" (Z. 6) auf die „israelische Seite der Kultur" (Z. 10) eingeordnet zu werden.

In einer Belegerzählung wird durch die Darstellung der Begegnung mit israelischen Gleichaltrigen die israelische Zugehörigkeit unter Beweis gestellt. Die israelischen Kinder werden als diejenigen fremdpositioniert, die andere als ‚Israelis' anerkennen dürfen.

Während im ersten Segment die Anerkennung als Israeli verweigert wurde, zeigt sich Eyal nun stolz darauf, von den israelischen Kindern als Nichtdeutscher wahrgenommen zu werden: „sofort als äh Nichtdeutscher erkannt" (Z. 5). Mit dem Zeigwort „sofort", das dreimal (Z. 5, 8, 12) im Segment wiederholt wird, wird die Reaktion der Israelis als eindeutig und authentisch dargestellt. Der Einfluss der deutschen Kultur auf seiner Persönlichkeit wird zwar nicht verleugnet, jedoch mit den Wörtern „vielleicht" (Z. 11) und „ein bisschen" (Z. 11) relativiert und als unbedeutend dargestellt.

Die Selbstpositionierung als israelisch beschreibt Eyal als eine „Eigenschaft" (Z. 13), die durch die Eltern vermittelt wurde. Damit unterscheidet er sich von den „deutschen Juden" (Z. 12), die er auf ‚die deutsche Seite der Kultur' stellt.

Die beiden Erzählungen über die Begegnung mit Israelis fallen in der gesamten biographischen Erzählung in ihrer Ausführlichkeit auf. Eyal betrachtet diese Erfahrungen als Momente, in denen seine Selbstwahrnehmung als israelisch von einem ‚signifikanten Anderen' auf die Probe gestellt wurde.

Während Eyal ausführlich von den Besuchen in Israel berichtet, fällt die Beschreibung seines Schulalltags relativ kurz aus. Hier wird ein Abschnitt analysiert, in dem über die interkulturellen Beziehungen in der internationalen Schule berichtet wird.

Segment 4: „fast jeder anders"

1   ich finde es ähh sehr ähm sehr angenehm
2   in der internationalen Schule zu sein und ähm
3   also auf jeden Fall von diesem von diesem ähh
4   offenen Religion von alles es ist von dem
5   von dem Schuldirektor (.) es ist sehr streng ähhm (..)
6   was man sagt also über anderen Religionen anderer Kulturen

7   und so weiter das hat versucht versuchen alle so=w ähhm (..) ähh
8   so nett und freundlich und offen zu sein ähhm
9   wie wie es geht und ähh falls falls ähm man sich schon
10 lange kennt kann man äh sogar lachen und
11 weil es so so viele verschiedene Kulturen gibt
12 ähm es ist (.) es ist äh in Ordnung wenn wir Mensch
13 darüber lachen (.)
14 und ich glaube dass es ähm viel besser so als in einer deutschen Schule
15 weil sonst wäre äh die=Situati die Situation viel ähm
16 (.)wie sag ich ähh unangenehm weil ähhm
17 alle sind auf eine Seite alle sind ähm fast gleich und
18 dann steht man dort und man ist auf einmal anders
19 als äh als Alle und halt in der internationalen Schule
20 es ist wirklich fast jeder anders

In diesem Segment, das die Textsorte Argumentation aufweist, stellt Eyal die These auf, dass in der internationalen Schule der friedliche Umgang zwischen den Religionen und Kulturen gepflegt wird. Hierbei werden die Annahmen des Erzählers über interreligiöse und interkulturelle Beziehungen preisgegeben.

Im ersten Segment (Z. 1–13) wird das kulturelle Klima in der internationalen Schule thematisiert. Eyal lobt das Handeln des Schuldirektors, der sich „sehr streng" (Z. 5) darum kümmert, was „über andere Religionen anderer Kulturen" (Z. 6) in der Schule gesagt wird. Der Sprecher legt nahe, dass die Macht der schulischen Instanzen notwendig ist, um religiöse Freiheit („offene Religion" Z. 4) zu garantieren. Hierbei wird das Handeln der Schüler „so nett und freundlich und offen zu sein" (Z. 8) als eher extrinsisch motiviert dargelegt, das möglicherweise aus Angst vor Sanktionen geboren wird. Der Sprecher vertritt die Ansicht, dass die angenehme Atmosphäre in der Schule dadurch erreicht wird, dass man die interkulturelle Beziehung reguliert hat. So betont er, dass über das Thema zu lachen, eine lange Bekanntschaft voraussetzt (Z. 10).

In seiner Unterstützung dieses Umgangs vermittelt der Sprecher implizit ein bestimmtes Weltbild: Die Beziehungen zwischen den Kulturen und Religionen in der Schule bzw. in der Gesellschaft beinhalten ein gewisses Konfliktpotenzial. Mit strenger Kontrolle kann man die Menschen jedoch dazu bringen, friedlichen und freundlichen Umgang miteinander zu erlernen.

Im zweiten Subsegment (Z. 14–20) kontrastiert Eyal seine Schule mit einer deutschen Schule, um seine Behauptung zu belegen, dass die internationale Schule „viel besser" (Z. 14) ist. Auch hier wird der Vergleich unter dem Aspekt der kulturellen Differenz gezogen. Mit der Kategorie deutsche Schule verbindet Eyal kulturelle Homogenität, in der alle Schüler „fast gleich" (Z. 17) sind. Als Folge, äußert er Angst davor, „auf einmal anders" (Z. 18) zu sein. In der internationalen Schule hingegen kann Eyal die israelische Kultur beibehalten, ohne auffallen zu müssen, weil dort „fast jeder anders" (Z. 20) ist.

Mit der Darstellung seiner Schule durch die Perspektive der interkulturellen Beziehungen betont Eyal die Bedeutung dieses Aspekts im Schulalltag. Er beschreibt die Schule als Ort, an dem er sich als Israeli wohlfühlen kann. Zudem wird sein enges soziales Umfeld in der Schule als israelisch konstruiert.

Segment 5: wir Israelischen halten immer zusammen

1 auch von den äh Juden in meiner Schule
2 sind ähm also meine Lieblingsleute immer noch die
3 diese israelische Juden die es gibt äh vier von denen äh
4 ich natürlich alle kenne
5 es gibt nicht so viele Juden in der in der ganzen Schule
6 aber hm wir israelischen halten immer zusammen
7 und ähm äh genießen es auch unsere eigene Sprache zu sprechen
8 fühlen uns dabei sicher lachen über andere in auf Hebräisch
9 und so weiter alles was ähm Freunde von eine=a=eigenen Kultur
10 in einer anderen Kultur machen
11 und das ist natürlich nicht der Fall in ähm
12 wenn ich mit deutschen Juden zusammen bin
13 weil ich bin der Außenseiter ähm
14 ich bin der der fließend Iwrit kann und ähm
15 ich bin der der auf die internationale Schule geht
16 und Englisch fließend redet und das es so einfach nicht das gleiche
17 zwischen den deutschen und den israelischen Juden
18 also das ist anders

Nachdem Eyal in den Segmenten 1 und 2 seinen Anspruch auf israelische Identität anhand der Freundschaften mit Kindern bzw. mit Jugendlichen aus Israel geltend gemacht hat, baut er in diesem Segment sein soziales Umfeld in Deutschland auf. Interessanterweise erfolgt die Darstellung seiner israelischen Peergroup nicht anhand einer Kontrastierung mit der deutschen Gesellschaft, sondern über die Distanzierung von der deutsch-jüdischen Peergroup.

Im ersten Subsegment (Z. 1–10) verdeutlicht der Erzähler, dass sein Freundeskreis in der Schule aus Israelis besteht. Auf die israelischen Schüler verweist er mit Possessivpronomina der ersten Person und mit der Kategorisierung, die ein freundschaftliches und vertrautes Verhältnis anzeigen: „meine Lieblingsleute" (Z. 2). Die Kernnarration des Segments „wir israelischen halten immer zusammen" (Z. 6) zeichnet die Grenze der Gruppe und definiert wer dazugehört. Als Eigenschaften der israelischen Peergroup werden die gemeinsame Sprache (Z. 7), das Sicherheitsgefühl (Z. 8) und der gemeinsame Humor auf Hebräisch erwähnt. Obwohl Eyal die deutschen und englischen Sprachen fließend spricht, bezeichnet er die hebräische als „unsere eigene Sprache" (Z. 7). Hierbei wird die Sprache als Grundlage des israelischen Zugehörigkeitsgefühls konstruiert, die der israelischen Gruppe die Möglichkeit eröffnet, über andere auf Hebräisch zu lachen (Z. 8).

Im zweiten Subsegment (Z. 11–18) wird das Zugehörigkeitsgefühl in der israelischen Gruppe als Gegensatz zur Außenseiterposition (Z. 13) in der deutsch-jüdischen Gruppe aufgebaut. Die Außenseiterposition gegenüber den deutschen Juden konstituiert sich nicht als Nachteil, sondern sogar als der Ausdruck von der eigenen Überlegenheit („ich bin der der fließend Iwrit kann" Z. 14). Mit dem Wort „natürlich" (Z. 11) bemüht sich der Sprecher den Gruppenzusammenhalt der Israelis einerseits und die Distanz zu den anderen Gruppen in der Modalität einer objektiven Realität darzustellen. Sie sind durch die kulturelle Prägung und die soziale Realität bestimmt. Mit der Darstellung der Gruppenbeziehungen als eine objektive Sozialordnung schließt der Sprecher die Möglichkeit aus, seine Isolation in der israelischen Gruppe zu beenden. Auch an anderen Stellen im Interview drückt Eyal seine Meinung aus, dass die Israelis gegenüber den Anderen zu einander stehen. Sein Bezug zu Mitgliedern anderer Gruppen ist hingegen durch Distanz geprägt.

Im Nachfrageteil des Interviews begründet Eyal seine Identifikation als Israeli auch in Bezug auf die religiöse Praxis in seiner Familie:

Segment 6: Fremdwort Religion

1 M: Kannst du mir vielleicht darüber erzählen wie bei dir in der
   Familie
2 Judentum gelebt wird? (-)
3 E: Von Zuhause aus äh war Religion für mich eigentlich ein
   Fremdwort
4 ähm nicht im ganzen Sinne weil ähm es wird alles erklärt
5 es wird über Judentum (.) erklärt äh Sabbat äh
6 Feste werden gefeiert äh
7 aber mehr so ehe israelische Tradition wird weitergeführt
8 so Jom Haatzmaut und so (.)
9 auch einen Bar Mitzwa habe in Israel gemacht

10　es war also viel anders als Bar Mizwas in Deutschland ähm
11　wurde ich mal sagen von meiner äh Erfahrung
12　ich nehme die Religion nicht als Identität an
13　also ähm nicht äh jü=jüdisch sein ist
14　wenn ich ähm Sabbat feire und Koscher esse
15　jüdisch sein ist für mich israelisch sein

In diesem Segment thematisiert Eyal die religiöse Praxis Zuhause und bettet sie in seiner Selbstpositionierung als Israeli ein. Hierbei steht sein Identitätsanspruch im Einklang mit der Orientierung seiner Eltern. Wie in der Haupterzählung des Interviews bemüht sich Eyal auch hier, seine israelische Zugehörigkeit herauszustellen.

Im ersten Subsegment (Z. 3–11) geht der Sprecher auf die Frage ein, indem er die Religion als „ein Fremdwort" (Z. 3) definiert. Damit wird zunächst die Unterstellung zurückgewiesen, die in der Frage suggeriert wurde. Während in der gestellten Frage davon ausgegangen wurde, dass Judentum in der Familie „gelebt wird" (Z. 2), distanziert sich der Sprecher von der religiösen Definition. Als Alternative bietet Eyal die Kategorie „israelische Tradition" (Z. 7) an. Darunter werden sowohl nationale Feiertage wie der Unabhängigkeitstag Israels („Jom Haatzmaut" Z. 8) als auch religiöse Rituale wie Bar Mitzwa (Z. 9) verstanden. Auch die religiösen Rituale werden jedoch auf israelische Weise gestaltet. Es wird betont, dass die Bar Mizwa in Israel stattfand und dass sie „viel anders als die Bar Mizwas in Deutschland" (Z. 10) war. Es fällt auf, dass der Unterschied zwischen Bar-Mizwa in Israel und Deutschland nicht narrativ ausgeführt wird. Dem Sprecher geht es lediglich darum, seine Behauptung, dass in Israel „viel anders" (Z. 9) ist, geltend zu machen.

Die Unterscheidung zwischen der Religion und der israelischen Tradition wird im zweiten Subsegment (Z. 12–15) als übergreifender Identitätsanspruch formuliert. Die Möglichkeit, jüdisch zu sein, indem man religiöse Gebote hält, wird abgelehnt. Stattdessen wird die Idee postuliert, dass „jüdisch sein" (Z. 15) für den Sprecher „israelisch sein" (Z. 15) bedeutet. Mit der Gleichstellung der beiden Kategorien „israelisch" und „jüdisch" wird die Argumentation abgeschlossen. Diese Position wird mit der Behauptung kontrastiert, dass Judentum als Religion zu verstehen sei. Mit der Ablehnung der Religion als eine Grundlage der kollektiven Identität wird die Bedeutung der Bezeichnung „Fremdwort" (Z. 3) klar und eine Kohärenz und Kontinuität zwischen der Erziehung der Eltern und der Einstellung des Sprechers hergestellt.

Als letzter Abschnitt aus dem Interview wird hier Eyals Antwort auf die Frage nach seinen Zukunftsplänen analysiert.

Segment 7: Zukunftspläne

1   M: Kannst du mir vielleicht (.) über deine Pläne(.)
2   also über die Pläne für die nächste fünf sechs Jahre erzählen?
3   E: Ich bin wie gesagt sehr sehr ernst mit meiner Freundin zusammen
4   wir sind auch ähm über also ähe Distanz ähm kein normales Paar
5   sie wohnt in Natania eine also in Israel natürlich und ähm
6   das wird für mich die Zukunft mit ihr sein und da der Armeedienst
7   in Israel mir wichtig ist werde ich ihn nach der Schule ma-
    chen=mache
8   ich hoffentlich als nicht als einfacher Soldat sondern
9   als irgendwas wo ähm meine Talente benutzt werden
10 und dann auch das Studium in einer guten Uni
11 wahrscheinlich in Tel-Aviv oder Herzelia
12 und ähm ähe ja das wär dann sechs Jahre von jetzt
13 das erste Jahr von mein Studium(.) also nach drei Jahre
14 oder vier Jahren Armeedienst in Israel

Eyal reagiert auf die Frage über die Zukunft mit dem Verweis auf die Beziehung zu seiner israelischen Freundin. Die geplante Auswanderung nach Israel wird nicht explizit thematisiert, sondern lediglich beiläufig dadurch erwähnt: „das wird für mich die Zukunft mit ihr sein" (Z. 6). Als weiterer Anhaltspunkt im Land entwirft Eyal seine Pläne für den Armeedienst und das Studium. Es fällt auf, dass die Möglichkeit, in Deutschland zu bleiben, gar nicht zur Diskussion steht. Mit der Darstellung der geplanten Auswanderung bzw. Rückwanderung als Selbstverständlichkeit vermittelt Eyal den Eindruck, dass ihm die Entscheidung, Deutschland zu verlassen, leicht fällt. Diese Darstellung kann in diesem Fall als ein Ausdruck der Akkulturationsstrategie Isolation verstanden werden.

Zusammenfassend lässt sich aus der Auswertung der Fallbeispiele von Stass und Eyal festhalten, dass die Akkulturationsstrategie *Isolation* sowohl durch den symbolischen Bezug zum Herkunftsland, als auch durch die Erfahrung in Deutschland bestimmt werden kann. Während Stass sich von der deutschen Umgebung ausgeschlossen fühlt und die Isolationsstrategie als Ausdruck seiner Frustration übernimmt, zeigt das Fallbeispiel von Eyal, dass sich das Individuum auch ohne massive Integrationsprobleme für die Isolationsstrategie entscheiden kann. Eyal versteht sich zwar als „Außenseiter" in der deutschen bzw. in der deutsch-jüdischen Gesellschaft, jedoch interpretiert er diese Position als einen Vorteil und als Ressource, die er für die Begründung seiner israelischen Identität und zur Behauptung seiner Besonderheit verwendet. Auf dieser Grundlage werden andere Identifikationsmöglichkeiten wie religiöse Praxis oder Glaube abgelehnt. Im Erzählverlauf gerät Eyal immer wieder in Erklärungszwang, wenn er seine israelische Identität zu behaupten versucht. Mit der Suche nach Anerkennung und Bestätigung bei den israelischen Gleichaltrigen gibt der Sprecher seine Unsicherheit preis, ob er mit dem Identitätsanspruch israelisch zu sein, glaubwürdig wirkt. Mit den Grenzmarkierungsaktivitäten versucht er deshalb seine Zugehörigkeit zu belegen. Ganz im Sinne der These Fredrik Barths, dass der Kern der ethnischen Identität aus den Grenzziehungen und Zweiteilungen zwischen *in-group* und *out-group* besteht, betont Eyal den Zusammenhalt der ‚israelischen' Peergroup gegenüber anderen Gruppen (vgl. Kapitel 2.3.2 und Barth 1969). Um sich in der *in-group* zugehörig fühlen zu können, distanziert er sich von Elementen, die er als Teil der *out-group* versteht. Vor diesem Hintergrund kann man beispielsweise die argumentative Differenzierung von den deutschen Juden verstehen.

Es muss offen bleiben, ob sich der Unterschied in der narrativen Darstellung der Akkulturationsstrategie Isolation zwischen den beiden Fallbeispielen auf kulturelle Unterschiede zwischen israelischen und russischen Migranten in Deutschland zurückführen lässt. Diese Frage kann in diesem Rahmen nicht beantwortet werden, da Eyal als einziger israelischer Zuwanderer an dieser Studie teilnimmt.

6.1.4 Zusammenfassung

Die Analyse der Interviews in dieser Studie zeigt, dass zugewanderte jüdische Jugendliche in Deutschland heute in ihrem Umgang mit der Migrationsituation typische Akkulturationsstrategien der Assimilation, Integration und Isolation übernehmen. Die Akkulturationsstrategie Marginalisierung hingegen ist unter den befragten Jugendlichen nicht zu finden. In dieser Hinsicht unterscheiden sie sich von anderen jungen Zuwanderern nicht. Wie in der bereits zum Beginn dieses Kapitels zitierten Studie von Jasinskaja-Lahti u. a. (2003) unter 567 zugewanderten Adoleszenten in drei Staaten herausgestellt wurde, haben lediglich 1,8 Prozent der jungen Befragten die Akkulturationsstrategie ‚Marginalisierung' vorgenommen (ebd.: 89). Möglicherweise lässt sich die Marginalisierung empirisch nur schwer belegen. Berry verweist auf diese Problematik und stellt fest, dass Marginalisierung als „an option which is difficult to define precisely, possibly because it is accompanied by a good deal of collective and individual confusion and anxiety" zu verstehen ist (Berry 1983: 69).

Weiterhin zeigt die Analyse, dass die Akkulturationsstrategien sich narrativ artikulieren lassen. Es wurden drei Kernnarrationen herausgearbeitet, die mit den Akkulturationsstrategien korrespondieren: „ich bin eingedeutscht" (Assimilation); „ich kann unterschiedliche Kulturen und Religionen verbinden" (Integration) und „wir halten immer zusammen" (Isolation). Während die Akkulturationsnarrative von Assimilation und Integration immer die Struktur der ,progressiven Narration' aufweisen, zeigen die Fallbeispiele, dass Isolation sowohl als progressive (Eyal) als auch als regressive Narration (Stass) formuliert werden kann.

Die Akkulturationsstrategien schlagen sich auch in den Zukunftsentwürfen der Befragten nieder: Erwartungsgemäß ist Isolation oft mit Abwanderungsabsichten verbunden. In den Assimilationsnarrativen hingegen wird die Möglichkeit der Abwanderung nicht erwähnt oder kategorisch abgelehnt. Integrationsnarrative scheinen in dieser Hinsicht einen Mittelweg darzustellen: Während einige Befragte die Abwanderung nicht ausschließen (bspw. Yana), beschließen andere aufgrund ihrer Migrationserfahrung ihre Zukunft in Deutschland zu gestalten (bspw. Sascha).

Weiterhin zeigen sich bestimmte biographische Erfahrungen als Schlüsselereignisse, die für die Akkulturationsnarrative konstruierend wirken. Als solche Ereignisse lassen sich beispielsweise die Darstellung der Grenzüberschreitung bei Natascha, die Entscheidung über die Auswanderung in der Familie bei Sascha oder das jüdische Feriencamp bei Stass verstehen.

Das klassische Modell der Akkulturationsstrategien nach Berry sieht vor, dass die Zuwanderer zwischen zwei kulturellen Welten stehen: der Kultur des Herkunftslandes und der Kultur des Aufenthaltslandes. Im Fall jüdischer Zuwanderer ergänzt die Frage der jüdischen Identität einen weiteren Aspekt zu der Diskussion. Dieser Aspekt lässt sich aus zwei Perspektiven betrachten: Zunächst wird im Kapitel 6.2 die Frage nach den Selbst- und Fremdzuschreibungsprozessen gestellt, in denen Minderheitsidentität konstruiert wird. Dann wird im Kapitel 6.3 eine Typologie der jüdischen Identität entwickelt.

6.2 Das Dilemma des Mehrheits-Minderheits-Verhältnisses

In diesem Kapitel wird vor dem Hintergrund der strukturellen Beziehungen zwischen Minderheitsgruppe und Mehrheitsgesellschaft die Frage der persönlichen Identitätsentwicklungsprozesse untersucht. Bukow und Llaryora (1988) weisen darauf hin, dass die ethnische Identifikation häufig durch kulturelle Zuschreibungsprozesse von Angehörigen der Mehrheitsgesellschaft hervorgerufen wird. Bemerkenswert ist, dass auch die meisten der interviewten Jugendlichen in der Lebenserzählung die an der Schnittstelle mit der Mehrheitsgesellschaft entstehenden Konfliktsituationen ausführlich thematisieren. In den biographisch-narrativen Erzählungen kommen die subjektiven Wahrnehmungen der Beziehung sowie die unterschiedlichen Umgangsformen und Kommunikationsstrukturen besonders deutlich zum Ausdruck.

Zentraler Schlüssel zum Verständnis dieser Beziehungen zwischen dem Einzelnen und dem Kollektiv bzw. Minderheit und Mehrheit ist die Theorie des symbolischen Interaktionismus und der kritischen Rollentheorie. Die Beziehungen zwischen den Mitgliedern von Minderheits- und Mehrheitsgruppe kann hierbei als Interaktion zwischen Rollenträgern verstanden werden.[29]

6.2.1 Der Ansatz der kritischen Rollentheorie

Im Sinne der von Ralph Turner und Jürgen Habermas weitergeführten Theorie des symbolischen Interaktionismus werden gesellschaftliche Rollenerwartungen von Individuen produktiv verarbeitet. So übernehmen Subjekte nicht einfach eine sozial vordefinierte und formal festgelegte Rolle – wie Parsons Konzept des Strukturfunktionalismus meint – sondern die Rollen ergeben sich erst in den Interaktionen durch Gestaltungs- und Aushandlungsprozesse. Dies geschieht, indem Rollen ausprobiert und durch die Interaktionspartner bestätigt oder abgelehnt werden. Folglich können sie auch wieder verworfen werden. Rollenhandeln sollte demnach

„nicht als bloße Umsetzung von Vorschriften in die Tat [...] gedacht werden; vielmehr fordern die Definitionen der Beziehungen und Entwicklungen des Handlungsplans selbst aktive und kreative Leistungen der Interpretation und des Entwurfs" (Joas 1991: 143).

Turner spricht deshalb von „role-making", da die zu übernehmenden Rollen überhaupt erst als eine Voraussetzung für den von Mead beschriebenen Prozess des „role-taking" entstehen (Turner 1962: 22).

In der „kritischen Rollentheorie", die vor allem in den Arbeiten von Habermas (1973) wurzelt und von Döbert und Nunner-Winkler (1975) weiterentwickelt wurde, sind die Ansätze des symbolischen Interaktionismus Grundlage der Identitätstheorie. Habermas betrachtet „Rollenhandeln" zwar als einen bedeutsamen, zugleich aber nicht als einzigen Ausdruck menschlicher Handlungsmöglichkeiten. Unter Rückgriff auf Eriksons Theorie der Entwicklung einer Ich-Identität, schlägt Habermas ein Modell vor, das trotz aller gesellschaftlichen Zwänge das Potenzial

---

29 Ich verwende den Begriff „Rolle", wie von Kaufmann vorgeschlagen wird, in einer weiten Bedeutung, die mitunter die Begriffe Position, Stellung, Status, Attitüde und sogar den Interaktionskontext beinhaltet (Kaufmann 2000: 68).

des Individuums, „ein reflektiertes Verhältnis zu sich selbst" zu entwickeln und dadurch eine Autonomie zu gewinnen, hervorhebt (Habermas 1981: 115).

Habermas' Modell verankert die Entwicklung der Ich-Identität nicht allein in der kognitiven Beherrschung eines allgemeinen Kommunikationsniveaus, sondern verweist auf die Fähigkeit des Individuums, seine eigenen Bedürfnisse in diesen Kommunikationsstrukturen zu seinem Recht zu bringen:

> „solange sich das Ich von seiner inneren Natur abschnürt und die Dependenz von Bedürfnissen, die auf angemessene Interpretationen noch warten, verleugnet, bleibt die noch so sehr durch Prinzipien geleitete Freiheit gegenüber bestehenden Normensystemen in Wahrheit unfrei" (Habermas 1976: 74).

In Anlehnung an die drei von Piaget unterschiedenen Stufen kognitiver Entwicklung (präoperationales Denken, konkret-operationales Denken und formal-operationales Denken) unterscheidet Habermas drei korrespondierende Stufen der Identitätsentwicklung: die „natürliche Identität" des Kleinkindes, die „Rollenidentität" des Heranwachsenden und schließlich die höchste zu erreichende Stufe der „Ich-Identität".

In der Eingangsstufe der „natürlichen Identität" lernt der Säugling zwischen seinem eigenen Leib und der Umwelt zu unterscheiden. Er hat jedoch noch nicht ein bewusst empfundenes Innenleben und kann sich noch nicht in die Perspektive eines anderen versetzen (Habermas 1976: 79).

Beim Übergang in die zweite Stufe, der Rollenidentität, bildet das Kind sich zur Person, indem es sich die fundamentalen Rollen in seiner Familie (Geschlechts- und Generationsrolle) und später die Handlungsnormen erweiterter Gruppen (durch Integration in konkrete Institutionen und Gruppierungen wie Schule, Hort, Freundeskreis usw.) aneignet. So entsteht eine kollektive Identität, die dem Individuum Kontinuität und Stabilität verleiht.

Während auf der Ebene der „Rollenidentität" die distanzlose Übernahme von Rollenerwartungen im Interaktionsprozess dominiert, erreicht das Individuum auf dem Niveau der „Ich-Identität" – der dritten Stufe – die bewusste Distanz zu den verinnerlichten Verhaltensstandards, die ihm die Kritik an Gruppennormen ermöglicht. Diese Stufe ist erst nach dem Durchlaufen der Adoleszenzkrise im Anschluss an die Pubertät möglich (Habermas 1976: 85). Ich-Identität kann sogar, so Habermas, Döbert und Nunner-Winkler, nur im Verlauf einer Krise erreicht werden: Die Rollenidentität zerbricht,

„wenn Widersprüchlichkeiten zwischen Verhaltenserwartungen, denen das Individuum sich aufgrund eines komplexen Rollenhaushaltes oder seiner Teilhabe an unterschiedlichen subkulturellen Lebenswelten ausgesetzt sieht, nicht mehr einfach durch kulturell sanktionierte klare Rollen- oder Normenhierarchisierungen aufgelöst werden können, sondern nach individueller Konfliktlösungsfähigkeit verlangen. Identität lässt sich dann nur über die abstrakte Fähigkeit stabilisieren, sich in beliebigen Situationen als jemand zu repräsentieren, der auch angesichts widersprüchlicher Verhaltenserwartungen Konsistenz und Kontinuität aufrechterhalten kann." (Nunner-Winkler 1990: 370).

Verläuft der Prozess optimal, sollte im Übergang vom Jugendalter zum Erwachsenenleben eine prinzipiengeleitete Form der Ich-Identität entstehen. Hierbei entwickelt das Individuum die Fähigkeit, eine subjektive Sicht seiner Persönlichkeit und Individualität mit einer Außensicht zu verbinden und sich selbst von strikter Normenbindung und Normenbefolgung zu befreien (Hurrelmann 2002: 112). Eine vollständige Handlungsautonomie ist bei Habermas jedoch, wie Bittlingmayer und Bauer zu Recht kommentieren, der äußerst seltene Zustand, der struktureller Vorbedingungen, individueller Reifekrisen und kumulativer Lernprozesse als Voraussetzung bedarf (Bittlingmayer/Bauer 2006: 237).

Vor dem Hintergrund der kritischen Rollentheorie stellt sich die Frage nach dem Entwicklungsprozess der Rollenidentität. Bei Mitgliedern einer ethnischen Minderheitsgruppe lässt sich die Entwicklung von Rollenidentität als ein Prozess der ethnischen Sozialisation verstehen.[30] Es wird die Frage gestellt, wie jüdische Jugendliche in autobiographischen Stegreiferzählungen Prozesse der eigenen Identitätsentwicklung, der Rollenübernahme und der Rollendistanz in den Aushandlungsprozessen mit der Mehrheitsgesellschaft konstruieren.

Zunächst werden zwei Beispiele präsentiert, die diese Prozesse in der frühen Kindheit retrospektiv beschreiben. Im Sinne der kritischen Rollentheorie sind diese Erzählungen als Beispiele für den Übergang zwischen natürlicher Identität und Rollenidentität zu verstehen.

---

30 Phinney und Rotheram definieren ‚ethnische Sozialisation' als: „The developmental process by which children acquire the behaviors, perceptions, values, and attitudes of an ethnic group, and come to see themselves and others as members of such groups" (1987: 11).

6.2.2 Von der „natürlichen Identität" zur „Rollenidentität"

Benjamin

Benjamin ist zum Zeitpunkt des Interviews 19 Jahre alt. Er ist in München geboren und lebt dort mit seinen Eltern. Seine ältere Schwester ist bereits verheiratet und lebt in einer anderen Stadt. Der Vater ist in Deutschland aufgewachsen, lebte jedoch eine kurze Zeit in Israel, wo er Benjamins Mutter, eine gebürtige Israelin, kennenlernte. In München geht es der Familie materiell gut, der Vater ist selbständig im Privathandel tätig. Der Mutter war jedoch die Einwanderung nach Deutschland keinesfalls leicht gefallen und sie fühlte sich lange Zeit in Deutschland nicht heimisch.

Zum Zeitpunkt des Interviews steht Benjamin ein wichtiger Schritt bevor: Ein paar Wochen vor dem Gespräch hat er seine Abiturprüfungen abgeschlossen und wird drei Tage später nach Israel abreisen, um dort sein Studium an der Universität zu beginnen. Das Interview bezeichnet er deshalb im Vorgespräch als „Abschied von Deutschland". Auf die Erzählaufforderung reagiert Benjamin:

Segment 1: Anzug am Samstag

1   gut (-) also man kann so anfangen (.)
2   da ich eigentlich sehr sehr (.) jüdisch
3   aufgewachsen bin beziehungsweise jüdisch
4   traditionell in ner Familie wo auch (.) größern
5   Wert darauf gelegt wird dass man traditionell
6   aufwächst ähm (-) ich hatte immer schon
7   jüdische Freunde ich hatte-e (.)
8   immer schon jüdisches Umfeld und ähmm (-)
9   ich wusste nicht unbedingt am Anfang
10 dass ich anders bin als die andern Leute hier in Deutschland
11 dass es was besonderes ist dass ich jüdisch bin ämmm (-)
12 einfach auch die erste Erinnerung die ich
13 wo ich sagen kann
14 dass das auf jeden Fall dieses Gefühl hervorgebracht hat
15 waar (-) immer am Samstag?
16 also ich geh nich jeden Samstag in die
17 Synagoge aber wenn wir gegangen sind meine Eltern
18 haben mich mehr oder weniger
19 reingeschleppt in die Synagoge ähm (.) dass
20 <u>ich</u> als einziges am Samstag im <u>Anzug</u> auf

21 die Straße ging (.) also ich war keine=Ahnung
22 fünf Jahre alt? (.) und ich war der einzige der
23 äh=im Anzug auf die Straße ging
24 und alle Leute haben ein=n irgendwie so
25 angeguckt (-) wieso man so elegant
26 ist und man ist doch so jung vier fün=fünf
27 Jahre? wieso zieht man sich so
28 elegant an? und der Vater daneben auch mit so (-)
29 mit sein=n (.) mit'n Talit in der Hand (.) und
30 ich hab gemerkt dass die Blicke ein getroffen
31 haben (.) irgendwo das war so der erste Mo' wo ich
32 gedacht habe dass he' irgendwo bin ich doch so n
33 bisschen anders als die andern Leute hier in
34 Deutschland das ist nicht die Regel (-)
35 uund seitdem (.) jeden Samstag hab=ich mich immer
36 umgekuckt (.) wer schaut denn genau jetzt auf mich
37 also ähh seit diesem einen Augenblick war es
38 immer für mich so (.) hm? (.) ich ich ich bin
39 elegant angezogen und die andern sind nicht so

Im ersten Subsegment (Z. 1–11) konstruiert Benjamin die Welt, in der er in seiner frühen Kindheit aufgewachsen ist. Er geht dabei in seiner Selbstdarstellung Schritt für Schritt von innen nach außen: Familie, jüdische Freunde und jüdisches Umfeld. Im Mittelpunkt steht das „Ich" in seiner Beziehung zur Umwelt und seinen Empfindungen, seinem Wissen und Bewusstseinszustand. Mit der Trennung zwischen seinem eigenen Aufwachsen und dem Bezug zu der Familie sowie den Freunden konstruiert Benjamin sein erzähltes Ich als Subjekt, das im Einklang mit seiner näheren Umgebung aufwächst. Die doppelte Wiederholung des Prädikativs „traditionell" und des Temporaladverbs „immer schon" zeigt dieses Verhältnis in Form einer Stabilitätsnarration. In dieser Darstellung wird jüdisch mit vertraut und bekannt gleichgesetzt. Für das erzählte Ich rückt die nichtjüdische Umgebung noch nicht ins Bewusstsein, sondern wird lediglich aus der heutigen Perspektive impliziert. Das erzählte Ich wird dadurch als naiv – im Gegensatz zu dem erfahrenen erzählenden Ich – selbstpositioniert.

Benjamins erste Erfahrungen mit der nichtjüdischen Umwelt werden im zweiten Subsegment (Z. 12–34) wiedergegeben. Die Erhöhung des Detaillierungsgrades und der Wechsel der Textsorte von berichtender Darstellung in eine szenisch-episodische Erzählung erzeugt eine Spannungssteigerung. Benjamin konstruiert die szenische Darstellung eines Familienbesuches in der Synagoge bzw. des Weges in die Synagoge. Die Erinnerung des Sohns, der mit seinem Vater zusammen am Samstag in die Synagoge ging, wird hervorgerufen, um seinen Bezug zu einer ihm fremden Welt zu thematisieren. Während im ersten Subsegment die geschützte Welt der jüdischen Familie und Freunde dargestellt wird, erweitert sich im zweiten Segment der Blick zur anderen Welt. Das Weltbild des ersten Subsegments entpuppt sich in der Fortsetzung der Erzählung als naive Vorstellung, da es nur die innere Realität der jüdischen Welt zeigt. Implizit wird dadurch der Bezug zu seiner eigenen Welt hinterfragt.

Obwohl der Vater in der geschilderten Situation offensichtlich anwesend war, betont Benjamin zweimal (Z. 20, 22), dass er alleine war. Dadurch entsteht der Eindruck, als ob sich das Kind schutzlos und allein auf der Strasse befand, den Blicken der Leute ausgeliefert.

Die Machtlosigkeit und passive Rolle des Vaters in diesem Moment steht im Gegensatz zu seiner vorherigen Charakterisierung als dominante Person, welche die Erziehung des Kindes geprägt hat. Der Sohn wird in dem Bericht zunächst als Gegenstand behandelt („mehr oder weniger reingeschleppt" Z. 18-19) und dadurch dem Willen seiner Eltern bzw. seines Vaters unterworfen; im nächsten Schritt wird er allein auf der Straße zurückgelassen. Der Erzähler bildet somit zwei Kategorien: Zum einen wird die Kategorie ‚besonders sein' als solche konstruiert, die ausschließlich in der geschützten Welt der Eltern existiert. Die Kategorie ‚anders sein' hingegen wird als eine Außenperspektive aufgebaut, die durch die Übernahme des fremden Deutungsmusters bzw. der Rollenidentität entsteht.

Die andere Welt bleibt in der Erzählung befremdlich und unpersönlich. Die beteiligten Personen werden lediglich als „alle Leute" (Z. 24) genannt und über ihre Gedanken wird spekuliert.

Im dritten Subsegment (Z. 35–39) schließt Benjamin die Anekdote mit kurzer Evaluation ab, die eine Abfindung mit der Außenseiterposition ausdrückt. Er wundert sich nicht mehr über die Blicke, sondern akzeptiert sie.

Zusammenfassend lässt sich festhalten, dass die erste Begegnung mit der fremden Welt die bekannten Sicherheiten der natürlichen Identität des vier- oder fünfjährigen Benjamin erschüttert. Die absolute Macht der Eltern, die das Kind von zu Hause kannte, wird im zweiten Segment relativiert oder sogar ganz in Frage gestellt. Der Vater spielt keine vermittelnde Rolle mehr und gibt dem Kind keine Erklärungen oder Anweisungen, die den Umgang mit der neuen Situation erleichtern könnten. Das Verständnis und der Bezug des Erzählers zu seiner nichtjüdischen Umgebung werden durch diese Begegnung negativ geprägt. Benjamin inszeniert die Entdeckung der nichtjüdischen Welt des fünfjährigen erzählten Ichs durch Fremdpositionierung der ‚Leute auf der Straße'. Er unterstellt ihnen zwar keine negativen Absichten, aber interpretiert die Blicke als einen Ausdruck von Misstrauen. Die Fremdpositionierung der ‚Leute' impliziert eine Selbstpositionierung von Benjamin als ein „bisschen anders als die andern Leute" (Z. 33).

Nach dem zugrunde gelegten Stufenmodell von Habermas entspricht die narrative Erzählung in diesem Segment dem Übergang von der „natürlichen Identität" zur „Rollenidentität": Obwohl die familiäre Zugehörigkeit und die ersten Kontakte mit Gleichaltrigen bereits vorher vorhanden waren, entsteht erst in Folge der Begegnung mit der Mehrheitsgesellschaft ein jüdisches Zugehörigkeitsgefühl. Dies geschieht nicht als harmonischer Prozess, sondern durch einen Konflikt mit der fremden Umgebung. Demzufolge gelingt die Entwicklung der Rollenidentität in diesem Fall nicht allein durch einfache Übernahme von Gruppenhandlungsnormen, sondern durch empfundene Zuschreibungen von außen.

Exkurs: Narrationen von jüdischen Fremd- und Selbstwahrnehmungen in der ehemaligen Sowjetunion

Der Übergang von einer „natürlichen Identität" zur „Rollen-Identität" bei den zugewanderten Interviewpartnerinnen und Interviewpartnern fand nur bei den wenigsten – denjenigen, die im frühen Kindesalter eingewandert waren – in Deutschland statt. Die meisten von ihnen hatten ihre ersten Auseinandersetzungen mit jüdischen Selbst- und Fremdbildern in ihrem Heimatland. Dabei spielte die gesellschaftliche Wahrnehmung der Juden im russischen kulturellen Kontext eine wichtige Rolle. Der jüdisch-russische Dichter Joseph Brodsky schildert in seiner biographischen Erzählung „Erinnerungen an Leningrad" wie das Fremdbild von Juden in der Sowjetunion seine Selbstwahrnehmung prägte:

„Die eigentliche Geschichte des Bewusstseins beginnt mit der ersten Lüge. [...] Es war in einer Schulbibliothek, als ich einen Mitgliedsantrag ausfüllen sollte. Zeile fünf war natürlich „Nationalität". Ich war sieben Jahre alt und wusste sehr wohl, dass ich Jude war, aber der Aufsicht erzählte ich, ich wisse es nicht. Mit zweifelhafter Munterkeit schlug sie mir vor, nach Hause zu gehen und meine Eltern zu fragen [...] Weder schämte ich mich, Jude zu sein, noch scheute ich mich, das zuzugeben. [...] Ich schämte mich über das Wort „Jude", auf russisch „Jewrej". [...] Wenn man sieben ist, reicht der eigene Wortschatz aus, um die Seltenheit dieses Wortes zu erkennen, und es ist äußerst unangenehm, sich mit ihm identifizieren zu müssen; irgendwie geht es einem gegen das Proso-

174

diegefühl. Ich weiß noch, dass mir bei dem aus dem Jiddischen entlehnten russischen Schimpfwort „Shid" immer erheblich wohler war: Es war eindeutig beleidigend und dadurch nichtssagend, nicht mit Anspielungen befrachtet" (Brodsky 1987: 13–14).

Diese Anekdote sagt zwar nicht aus, in welcher objektiven Situation sich Juden in der Sowjetunion befanden. Sie kann jedoch etwas von dem subjektiven Identitätsgefühl eines jüdischen Kindes in diesem kulturellen Kontext vermitteln. Für Brodsky war das Wort Jude („Jewrej") selbst mit seinem eigenen Selbstverständnis als Jude nicht zu vereinbaren. Seine innere Identifikation als Jude wird durch die äußere Kategorie bedroht. Mit der Ablehnung der Zuschreibung verleugnet Brodsky seine jüdische Identität nicht, sondern distanziert sich von ihrer gesellschaftlichen Bezeichnung: Er schämt sich nicht für sein Jüdischsein, sondern dafür, sich mit der befremdeten Zuschreibung identifizieren zu müssen. Die Lüge, die durch die Diskrepanz zwischen Eigen- und Fremdwahrnehmung entsteht, stellt für ihn einen Ausweg aus diesem Konflikt dar.

Trotz der zeitlichen Distanz zwischen Brodskys Kindheit in den fünfziger Jahren und der Kindheit der Interviewten in dieser Studie, die in der postkommunistischen Ära verlief, beschäftigen sich einige der Interviewten mit dem gleichen Konflikt. Vor dem theoretischen Hintergrund des Habermasschen Modells werde ich hier die narrative Darstellung einer Kindheit in einer postsowjetischen Gesellschaft anhand des Fallbeispiels von Dima analysieren.

Dima

Dima ist zum Zeitpunkt des Interviews 16 Jahre alt und lebt mit seiner Mutter in Hannover. Mit sechs Jahren kam er mit seinen Eltern und Großeltern aus der Ukraine nach Deutschland. Der Vater lebt aus beruflichen Gründen in einer anderen Stadt und die Mutter arbeitet als Sekretärin in der lokalen jüdischen liberalen Gemeinde. Dima selbst war zum Zeitpunkt des Interviews als Jugendleiter im liberalen Jugendzentrum engagiert.

Wie bei Benjamin wurde auch hier das erste Segment des Interviews ausgewählt.

Segment 1: „zu gefährlich"

1   das (.) erste woran ich mich wirklich (.) erinnere
2   weil (.) also spezielle Sachen
3   die mir meine Eltern n später erzählt haben (.)
4   das woran ich mich erinnere is ähm (-)

5   als ich ungefähr (.) wahrscheinlich vier fünf Jahre alt war (-)
6   das war in Lemberg in der Ukraine (-)
7   da wo ich geboren bin ahm (.)
8   ich weiß dass ich nichts von Lemberg weiß (.)
9   außer unserer Wohnung (-)
10 uund (.) das ist weil der (.) Antisemitismus in der Ukraine (.)
11 so groß war
12 dasss (.) n Jude in jedem Kindergarten n Schimpfwort war (-)
13 n normales Schimpfwort was auch die Erzieher (.)
14 und jedes Kind benutzt hat (.)
15 uund ich deswegen auch nicht im Kindergarten war (-)
16 meine Eltern wollten das nicht (-)
17 uund ich auch (-) so gut wie gar keine (.) Freunde aus (.)
18 also aus unserem haus zum Beispiel hatte
19 ich hatte Freunde (.) nur aus der Klicke
20 aus der von den Freunden aus dem Freundeskreis von meinen Eltern
21 uund (.) ich war auch nur bei denen zu hause
22 oder bei uns zu hause(-)
23 nie auf der Strasse (.) nirgendwo
24 s war einfach (-) zu gefährlich (--)

Dima reagiert auf die Eröffnungsfrage mit Gedanken zur Form seiner ersten Erinnerungen. Es fällt ihm schwer zwischen seinen eigenen Erinnerungen an Geschehenes und die Erinnerungen der Eltern an seine frühe Kindheit, die ihm später erzählt wurden, zu differenzieren. Dima macht sich die Version der Eltern zu eigenen, indem er sie in der Modalität einer Gewissheit dargestellt.

Die Auswahl der Erinnerung ist daher nicht willkürlich, sondern ein Teil der „Familiennarration", die von den Eltern an den Sohn weitergegeben wurde.

Im Kern der Familienerzählung steht die räumliche Trennung zwischen der gefährlichen Welt draußen einerseits und der sicheren Familienwohnung bzw. den Wohnungen der Freunde der Familie andererseits. Die Gefahr, die durch den Antisemitismus in der Ukraine empfunden wurde, wird jedoch nicht konkretisiert. Durch die Pauschalisierung der Bedrohung werden jeder Erwachsene und jedes Kind im Kindergarten und auf der Straße zur potenziellen Gefahr. Als einzigen gesellschaftlichen Kontakt in dieser Zeit werden die Freunde aus der „Klicke" (Z. 19) erwähnt. Die Abgrenzung von der öffentlichen Sphäre in der Ukraine führt jedoch nicht zwangsläufig zur differenzierten jüdischen „Rollenidentität". Da das Kind keine andere Realität kennt, verbindet es noch nicht die eigene Isolation mit seiner Position als Jude. Ähnlich wie in

Benjamins Fall entsteht die „Rollenidentität" bei Dima erst in der unmittelbaren Begegnung mit der nichtjüdischen Umwelt. Im zweiten Segment, das unmittelbar auf das bereits analysierte Eröffnungssegment folgt, erzählt Dima von seiner ersten Begegnung mit dieser Umwelt.

Segment 2: „nicht geschämt"

1   eine Sache kann ich mich erinnern (-)
2   das war nicht in der Wohnung (-)
3   das war im Bus (.) äh in einem Linienbus (-) äh
4   der vollgestopft war (-)
5   und dann hat mich ne Frau auf'n Schoß genommen (-)
6   und hat mich natürlich auf ukrainisch gefragt (.)
7   ja (.) m-m-wie heißt du denn Junge
8   uund ich hab sie nicht verstanden weil (.)
9   ich kein ukrainisch konnte
10 und ich war ja nur die ganze zeit zu Hause
11 uuund (.) jeder Ukrainer kann russisch deswegen
12 hat se mich noch=mal auf russisch gefragt wie ich heiße
13 und da hab ich ihr geantwortet (.)
14 uund dann fragte sie mich (.)
15 ja warum kannst du denn kein ukrainisch? (-)
16 n meinte ich ja weil meine Mutter mir das nicht beibringt (.)
17 ja was bringen dir denn deine Eltern bei?
18 meine Eltern bringen mir (.) Mathematik bei (-)
19 dann hat=sie mich gefragt was ich kann
20 dann konnte ich zählen auf äh (.) vier verschiedenen sprachen
21 uund eine davon war hebräisch äh
22 ich konnte auf hebräisch von (.) eins bis zehn zählen (-)
23 dann war ich noch auf englisch deutsch und (.) russisch eben (.)
24 hh+ uuund .. na dann hat sie mich gefragt ..
25 warum ich das auf Hebräisch kann?
26 und dann (.) meinte ich ja weil ich n Jude bin (--)
27 uuund (-) der gesamte Bus
28 der vollgestopft war mit den Leuten (-)
29 war auf einmal still
30 man konnte jede Fliege hören die da (.) durchgeflogen ist (.)
31 uuund meine Mutter stand auch n bisschen weiter weg
32 weil (.) es so voll war
33 dass sie nicht zu mir durchkommen konnte (.)
34 bis wir ausgestiegen sind
35 ähm bis ich dann (.) über=denn=Kopfen rübergegeben wurde

36 wie so ne Vase zu meiner Mutter (-)
37 war (.) Todesstille in dem Bus (.)
38 weil das wahrscheinlich nicht normal war
39 dass (.) n Junge von sich aus (.) <u>Zugab</u> sozusagen
40 dass er Jude war (.) weil (-)
41 für <u>die</u> war das wahrscheinlich ein-n-n etwas was schamhaftes
42 oder (.) etwas was man eben nicht sagt (.) ähm (-)
43 ich bin aber seehr stolz darauf ähm
44 dass ich mich nicht geschämt hab
45 weil ich so erzogen (.) von meinen Eltern (.)
46 dass ich stolz darauf bin Jude zu sein

Nachdem Dima seine Isolation von der Umgebung im vorherigen Segment thematisiert hat, kommt er zu einer szenisch-episodische Erzählung, die eine Begegnung mit dieser Umgebung behandelt. In der alltäglichen Situation des vollgestopften Busses nimmt eine freundliche uk-
rainische Frau das Kind auf den Schoß. Der Dialog zwischen den beiden
wird ausführlich und in einer wörtlichen Rede wiedergegeben und bildet
den Hauptteil der Anekdote. Durch den Hinweis im ersten Segment auf
die Gefahr in der öffentlichen Sphäre kann der Zuhörer den Dialog aus
doppelter Perspektive verfolgen. Zum einem handelt es sich um ein
normales Gespräch in einer alltäglichen Situation. Zum anderen drücken
die Fragen der Frau ein immer größeres Misstrauen aus und implizieren
gleichzeitig die Gefährlichkeit der Außenwelt. Die dramatische Spannung wird durch die Inszenierung des Kontrastes zwischen der Frau und
dem Kind erzeugt. Während bei der Frau langsam ein Verdacht wächst,
bleibt das Kind in seiner völligen Naivität, ohne die vermeintliche Gefahr zu ahnen. Unbefangen – sogar mit Stolz – erzählt er von seinen
mathematischen Leistungen und demonstriert seine Sprachkenntnisse.
Die Anekdote kommt zu ihrem Höhepunkt, als Dima der fragenden Frau
antwortet, dass er Jude ist. Wie in dem gesamten Dialog ist dem erzählten Ich auch in der Pointe die soziale Bedeutung seiner Aussage nicht
bewusst. Er gibt seine Religionszugehörigkeit preis, weil es ihm als eine
Selbstverständlichkeit erscheint. Hier wird der Gegensatz zu Brodsky
deutlich: Während sich der siebenjährige Brodsky der sozialen Realität
bewusst ist und sowohl die innere als auch die von Außen auferlegte
Kategorie kennt, kennt Dima nur seine innere Wahrnehmung des Jüdisch-seins. Erst die Reaktion der Fahrgäste macht ihm klar, dass er
offenbar gegen ein gesellschaftliches Tabu verstoßen hat: Im Bus
herrschte auf einmal eine „Todesstille" (Z. 37) und Dima wird wie ein
Gegenstand behandelt, wie eine Vase.

Im letzten Abschnitt des Segments (ab Z. 38) interpretiert Dima die Reaktion der Fahrgäste und sein eigenes Verhaltens in der Situation. Er verknüpft sein damaliges Verhalten mit seiner heutigen Selbstpositionierung als stolzer Jude. Der minimale Unterschied zwischen der Positionierung des erzählten Ichs als „nicht geschämt" und dem erzählenden Ich als „stolz Jude zu sein" liegt darin, dass das „nicht schämen" in diesem Fall ein Ausdruck von kindlicher Naivität war. Erst die Reflexion über die Konfliktsituation eröffnet Dima die Möglichkeit, die Selbstbezeichnung „Jude" mit einem Gefühl von Stolz zu verbinden. Im Unterschied zu Brodsky, der seine kindliche Reaktion mit der Verletzung seiner Integrität verbindet, stimmen das erzälte- und das erzählende Ich in Dimas Narration überein. Wie Brodsky ist sich Dima heute des Unterschieds zwischen der äußeren und inneren Wahrnehmung bewusst, positioniert sich aber als jemand, der seine Identifikation mit der eigenen Gruppe nach außen demonstriert.

Durch die Analyse der Erzählungen von Benjamin und Dima wird die Bedeutung der ersten Begegnung mit der nichtjüdischen Umwelt für die narrative Identität festgestellt. Es wird deutlich, dass die erste Begegnung mit der nichtjüdischen Umgebung in der frühen Kindheit wesentliche Voraussetzung für die Entwicklung von Zugehörigkeitsgefühl und Rollenidentität ist.

6.2.3 Auseinandersetzung mit Konfliktsituationen

In diesem Kapitel werden an dieses Ergebnis anschließend die Auseinandersetzungen jüdischer Jugendlicher mit der nichtjüdischen Gesellschaft in der Schulzeit analysiert. Die Fallbeispiele von Dima und Benjamin werden mit zwei weiteren Fallbeispielen kontrastiert. In allen Fallbeispielen werden Konfliktsituationen und Kontroversen im Schulalltag thematisiert. Aus den jeweiligen Verhaltensstrategien lassen sich Rückschlüsse über die unterschiedliche Persönlichkeitsstruktur der Interviewten und ihre individuelle Wahrnehmung des sie umgebenden sozialen Umfelds ziehen.

<u>Hilfe von den Instanzen holen (Dima)</u>

Nach der Auswanderung aus der Ukraine lebte der sechsjährige Dima mit seiner Familie zunächst einige Monate in einem deutschen Heim für Kontingentflüchtlinge. Mit sieben Jahren zog er mit der Familie nach Hannover und wurde in einer städtischen Grundschule eingeschult. Später ging Dima auf ein Gymnasium und wurde Mitglied der liberalen Gemeinde. Den Schwerpunkt der narrativen Erzählung über die Jahre seiner Schulzeit legt Dima auf die Schilderung der Konflikte, die zwischen ihm und seinen Mitschülern – wegen seiner jüdischen Zugehörigkeit – entstanden. In der Beschreibung seines Handelns in diesen Situationen verfolgt Dima ein typisches Verhaltensmuster, das zusammengefasst werden kann unter „Hilfe von den Instanzen holen".

Segment 1: „sofort zum Lehrer"

1 ich weiß jetzt nicht wie das jetzt ist aber lange Zeit gab es (.)
2 war ich der einzige Jude auf ungefähr sechshundert Leute von der Schule
3 uund (.) da ich eben so erzogen wurde dass ich (.) stolz drauf bin
4 Jude zu sein (.) hab ich da nie ein Geheimnis draus gemacht
5 und es gab eben n-so ein paar Situationen (.) in denen eben mm
6 ich weiß nicht ob+ also das warn Antisemitische Äußerungen
7 das ist kein-m-m-m ich weiß nicht ob man das wirklich
8 als Antisemitismus einschätzen kann (..)
9 äh von Jungs (.) mal so eben Sprüche von anstatt von nem Schimpfwort
10 (.) irgendwie so weiß nicht Dummkopf Arschloch oder so
11 du du Jude oder du Neger (.)
12 also halt auch rassistischer ähm (.)Ausdrücke
13 uuund (..) es gab dann auch größere Sachen
14 wo das auch wirklich in meine Richtung gesagt wurde ähm (..)
15 also (.) eigentlich ha' sind das für die wahrscheinlich Kleinigkeiten
16 ähm (.) als ich irgendwie in die Klasse reinkam
17 und einer an mir vorbeiwollte irgendwie ganz schnell rauslaufen (.)
18 und er irgendwie sowas meinte wie aus dem Weg du Jude (.)
19 na ist ja eigentlich nichts Beleidigendes in dem Sinne dran (.)
20 aaber (.) in der Situation soo gesagt (.) äh fand ich das nicht okay
21 (..) uund ähm dann bin ich auch sofort zum Lehrer gegangen uund äh ..
22 war auch schon aufm Weg zum Sekretariat (.) ähm
23 dann hat mich der Junge eben eingeholt und entschuldigt
24 und sich die ganze Zeit entschuldigt
25 und äh sich auch wo-Wochen danach entschuldiget
26 weil ich das eben (.) ich ihm eben nicht verziehen habe
27 und bis ich ihn dann letztendlich die Hand gegeben hab
28 so als Zeichen dafür dass ich ihm verziehen hab

Dieses Segment, in dem Dima das Thema von Konflikten in der Schule ausführt, kann der Textsorte der ‚berichtenden Darstellung' zugeordnet werden. Das erste Subsegment (Z. 1–4) beschreibt die Situation in der

Schule im Hinblick auf das Verhältnis zwischen Juden und Nichtjuden und liefert damit eine Art der Hintergrundinformation. Dima positioniert sich als „der einzige Jude" (Z. 2) und als jemand, der „nie ein Geheimnis draus" (Z. 4) macht. Dies wird als eine Leistung hervorgehoben, die er auf seine Erziehung zurückführt. Zugleich wird sie implizit als Mut definiert, nicht allein weil der Erzähler eine kleine Minderheit war, sondern auch mit der Benennung der Mitschüler als „Leute" (Z. 2): eine Fremdpositionierung, die gewisse Distanz ausdrückt.

Im zweiten Subsegment (Z. 5–12) leitet der Erzähler das Thema ein, indem er die „Situationen" (Z. 5) in seiner Klasse zu kategorisieren versucht. Die Frage, ob die Äußerungen als antisemitisch bezeichnet werden sollen, wird in den Vordergrund gerückt. Die Ausdrücke „du Jude" oder „du Neger" (Z. 11) werden in ihrer Verwendung als eine Beleidigung verstanden: Dima beklagt, dass sie „anstatt von nem Schimpfwort" (Z. 10) gesagt wurden.

Im zweiten Subsegment (Z. 13–36) wird ein Fall dargestellt, den Dima der Kategorie „größere Sachen" (Z. 29) zuordnet. Seine Sichtweise des Betroffenen wird damit der Perspektive der Jungen, die solche Situationen als „Kleinigkeiten" (Z. 31) abtun, gegenübergestellt. In der kurzen Darstellung des Falls wird die Beleidigung wörtlich wiedergegeben, jedoch über die unmittelbare Reaktion von Dima nicht berichtet. Wie bereits zuvor macht Dima klar, dass für ihn in der Situation entscheidend ist, ob das Wort „Jude" als eine Beleidigung verstanden werden soll. Diesem Kriterium entsprechend befand er die Aussage als „nicht okay" (Z. 36).

Im dritten Subsegment (Z. 29–36) steht Dimas Reaktion auf die Beleidigung im Zentrum. Er setzt sich nicht mit dem Jungen auseinander, sondern geht „sofort zum Lehrer" (Z. 29). Die Reaktion des Erzählers wird durch seine Handlung und nicht durch seine emotionalen Empfindungen charakterisiert. Auf Grundlage moralischer Werte „fand ich das nicht okay" (Z. 20); Dimas Reaktion ist ein sachlicher Vorgang. Zuerst wendet er sich an die Instanz des Lehrers. Das Gespräch mit dem Lehrer wird nicht wiedergegeben, da der Erzähler sich auf die Beschreibung der Reihenfolge seiner Handlungen konzentriert. Nach dem Gespräch mit dem Lehrer befand sich Dima „auch schon aufm Weg zum Sekretariat" (Z. 30). Die Instanz „Sekretariat" wird somit als noch höher und bedrohlicher dargestellt als ein Gespräch mit dem Lehrer. Die Intention, sich dort zu beschweren, reichte aus, um den Jungen dazu zu bewegen, sich bei Dima zu entschuldigen. Die detaillierte Darstellung der Entschuldigung wird als Rechtfertigung der Entscheidung, sich an die nächst höhere Instanz zu wenden, verwandt, auch wenn dieser Schritt letztlich nicht vollzogen wird: Der Junge entschuldigt sich auf dem Weg zum Sekreta-

181

riat, dann entschuldigt er sich „die ganze Zeit" (Z. 32) und auch noch „Wochen danach" (Z. 33). Mit der Wiederholung der Entschuldigung demonstriert Dima, dass er selbst die Entscheidungsfreiheit hat, die Entschuldigung anzunehmen oder abzulehnen. Somit wird die Androhung, sich an die Behörden zu wenden, als effektive Maßnahme bewertet: Mit der Verweigerung, die Entschuldigung anzunehmen, definiert sich Dima nicht mehr als Opfer, sondern durch seine Stärke. Dima stellt nicht die Frage, ob die Entschuldigung ehrliche Reue ist oder lediglich einen Ausdruck der Angst vor institutionellen Sanktionen artikuliert. Der Junge wird durch die wiederholten Entschuldigungen als schwach und hilflos fremdpositioniert. Mit der Geste, in der Dima die Hand reicht, zeigt er sich als derjenige, der die Episode „letztendlich" (Z. 35) selbst bestimmt.

Im Anschluss an diesen Vorfall beschreibt Dima eine weitere Auseinandersetzung mit einem Jungen in der Schule. Auch hier wird nach dem Prinzip des „Wenden an die Instanzen" gehandelt.

Segment 2: „Noch einen Vorfall"

1   das war aber das harmlosere von ähm es gab halt eben in meiner Klasse
2   noch einen Vorfall dass eben wir (..) wir hatten Geschichte
3   und Nationalsozialismus ist eben in dem Buch drin ähm (.) als Teil
4   und ähm es war Pause und ein Junge hat da in dem Buch rumgeblättert
5   und dann ist er eben auf Kapitel Nationalsozialismus gestoßen
6   und grundsätzlich wegen deren ich weiß nicht (.)
7   Patriotismus oder sowas äh machen die sehr gerne Witze über (.)
8   Nationalsozialismus über Hitler also <u>tun</u> so sozusagen als ob sie
9   nationalistisch <u>wären</u> (.) das sind sie nicht das weiß ich aber (.)
10 die spielen das halt so als Spiel
11 da war eben ein Foto von einem äh Juden im KZ (.)
12 wahrscheinlich schon tot (.) war (.) irgendwie auf der Erde liegend
13 uuund (.) er guckt sich das Foto an und ruf mich zu ihm an
14 so hey Dima komm mal her äh meinte erkennst du den
15 uuund . das war das härteste was äh was ich halt so erfahren habe (.)
16 ich weiß nicht was ich gemacht hab ich war so wütend
17 dass er überhaupt bei dem Thema so niederträchtig
18 also ich bin aus der Klasse rausgelaufen mit Tür geknallt
19 und direkt zum Sekretariat ohne irgendwelche Lehrer
20 ich wollte einfach dass er von der Schule fliegt oder äääh (..)
21 auf jeden Fall dass was mit ihm passiert

22 ich stand schon im Sekretariat und er hat mich
23 genauso wie der andere Junge eingeholt
24 uuund auch entschuldigt entschuldigt entschuldigt
25 und d-das war grade der Junge
26 der eigentlich so ein Mitläufer ist (.)
27 der das eigentlich gar nicht so von sich aus sagt
28 sondern so mit den anderen weil er so dazugehören will
29 uund das wusste ich auch und deswegen hab ich das dann gelassen
30 weil ich wusste dass er eigentlich nett ist
31 na hab ich das halt eben bei der Sekretärin auch nicht gesagt
32 ich glaub es gab dann auch noch mal ein Gespräch mit Lehrer
33 da hat er sich offiziell entschuldigt (.) weiß nicht mehr genau

Der Umgang mit den Bemerkungen von Klassenkameraden wird auch in diesem Segment thematisiert. Mit dem metanarrativen Kommentar über die Erzählwürdigkeit: „das war aber das harmlosere" (Z. 1) wird eine Steigerung zwischen dem ersten und zweiten Fall markiert. Das Segment wird in Form einer szenischen Erzählung mit einem Höhepunkt und szenischer Präsenz aufgebaut.

Im ersten Subsegment (Z. 1–10) wird nach der Ankündigung der Erzählwürdigung die Situation in der Klasse als Hintergrundinformation beschrieben. Der Erzähler macht klar, dass das Thema Nationalsozialismus nicht im Unterricht selbst, sondern durch ‚Zufall' in der Pause aufkam, weil der Junge auf das Kapitel „gestoßen" (Z. 5) war. Allerdings hat die Neigung der Jungen, über das Thema Witze zu machen, zum eigentlichen Vorfall geführt. In seiner Ausführung versucht Dima die Einstellung der Jungen zu kategorisieren. Es fällt auf, dass er sich bemüht, ein differenziertes Bild der Jungen zu vermitteln. Die Kategorie „Patriotismus" (Z. 7) wird nahegelegt und die Möglichkeit wird abgelehnt, dass der Junge wirklich nationalistisch ist. Hierbei stellt Dima die These auf, dass der Nationalismus für die Jungen lediglich ein „Spiel" sei (Z. 10).

Im zweiten Subsegment (Z. 11–17) kommt die Anekdote zum ihren Höhepunkt, der mit szenischer Präsenz markiert wird. Der Verlauf der Ereignisse wird durch die Handlung des Jungen bestimmt: Er findet das Bild, ruft Dima zu sich und stellt ihm die provokative Frage. Während die Frage wortwörtlich wiedergegeben wird, bleibt die Reaktion des Erzählers zunächst unklar („ich weiß nicht was ich gemacht hab" Z. 16). Die Problematik der Frage wird zunächst erklärt und im Vergleich zu anderen Aussagen („das härteste" Z. 15) bewertet. Hierbei wird die Emotionalität des Erzählers („so wütend", Z. 16) begründet. Die tiefe

Verletzung führt jedoch nicht zur direkten Konfrontation zwischen den beiden Schülern.

Im dritten Subsegment (Z. 18–24) wird die Reaktion des Erzählers dargestellt. Er beantwortet die provokative Frage seines Mitschülers nicht, sondern läuft dramatisch aus der Klasse „mit Tür geknallt" (Z. 18) direkt zum Sekretariat. Mit der Wendung an das Sekretariat beabsichtigt Dima, dass gegen den Jungen institutionelle Sanktionen verhängt werden: „dass er von der Schule fliegt oder äääh (..) auf jeden Fall dass was mit ihm passiert" (Z. 20–21). Wie im vorherigen Segment ließ sich Dima aber von den Entschuldigungen des Junges besänftigen und legte keine Beschwerde im Sekretariat ein. Auch hier wie in der anderen Geschichte reicht die Drohung, um den Jungen in Angst zu versetzen: Er rennt hinter Dima her aus der Klasse und entschuldigt sich immer wieder „entschuldigt entschuldigt entschuldigt" (Z. 24).

Im vierten Subsegment (Z. 25–33) begründet der Erzähler seine Entscheidung, sich nicht im Sekretariat zu beschweren. Nach der ersten emotionalen Reaktion von Wut zeigt Dima eine gewisse Empathie zu dem Jungen. Er unterscheidet zwischen der Beleidigung und der Person selbst, die ihn verletzt hat. Die Person wird als „eigentlich nett" (Z. 30) fremdpositioniert und Dima findet eine soziale Erklärung für sein Verhalten: „weil er so dazugehören will" (Z. 28). Vor diesem Hintergrund begnügt sich Dima mit einer ‚offiziellen Entschuldigung' bei dem Lehrer.

Aus den beiden Beispielen lässt sich ein Handlungsmuster als Reaktion auf rassistische Bemerkungen von Mitschülern ableiten. Die Wendung an die schulischen Instanzen oder nur die Androhung, sich an diese Instanzen zu wenden, werden von Dima als Umgangsstrategie in seiner Situation als Mitglied einer Minderheit gewählt. Der Weg zum Sekretariat symbolisiert die Option, Hilfe von den Instanzen zu bekommen. Diese Macht benutzt Dima, wenn er in seinem jüdischen Zugehörigkeitsgefühl verletzt wird. In beiden Vorfällen wurde eine zufriedenstellende Lösung gefunden, die mit einer Entschuldigung der Jungen endete. Dennoch bewirkten weitere Vorfälle, dass Dima einen Klassenwechsel beantragte:

Segment 3: „sehr zufrieden"

1   uuund es gab aber noch danach die ganze Zeit (.) Sprüche wie du
    Jude
2   und solche Sachen und grundsätzlich
3   dass man sich über das Thema Nationalsozialismus
4   darüber in einer ironischen Weise irgendwie unterhält

5   konnte ich nicht ab (..)
6   deswegen hab ich auch beantragt dass ich die Klasse wechseln (.)
7   also kann in eine andere (.) wo die sehr
8   ich weiß nicht toleranter oder (.) normaler war
9   und dann letztendlich durfte ich dann wechseln
10   jetzt bin ich in der anderen Klasse
11   und bin da jetzt auch sehr zufrieden mit

In diesem Segment berichtet Dima von seinem Klassenwechsel. Das Segment wird durch den Kondensierungszwang gestaltet und weist die Textsorte der Argumentation auf. Weitere Erfahrungen nach den Vorfällen werden lediglich gerafft dargestellt. Die Konflikte werden nicht ausgeführt, sondern zusammenfassend kategorisiert: zum einen „Sprüche wie du Jude" (Z. 1) und zum anderen der ironische Bezug zum Nationalsozialismus. Diese beiden Kategorien korrespondieren mit den Beispielen und verlangen daher keine weiteren Erklärungen. Wie in den einzelnen Konflikten sucht Dima Hilfe bei den Instanzen, indem er einen Klassenwechsel beantragt. Auch diese Vorgehensweise erweist sich für ihn als erfolgreich: Er durfte in eine neue Klasse wechseln, in der er sich heute wohl fühlt. Mit dem Wort „letztendlich" (Z. 9) wird angedeutet, dass das Verfahren lange gedauert hat, bis der Antrag genehmigt wurde. Dima führt nicht aus, mit welcher Begründung der Wechsel beantragt wurde, und ob etwas getan wurde, um die Situation in der Klasse zu verbessern. Der narrative Schwerpunkt des Segments liegt vielmehr in der Darstellung des Klassenwechsels als eine geeignete Lösung für das Problem.

Zum Abschluss des Themas evaluiert Dima seine Position in Deutschland im Zusammenhang mit seinen Erfahrungen in der Klasse:

Segment 4: „in Schutz genommen"

1   ich bin froh eigentlich dass ähm bin sehr froh
2   dass in Deutschland das normale ist dass man alles toleriert
3   was ja eigentlich im Gegensatz ist zu dem ähm (.) Land
4   zu zur Ukraine aus dem (.) wir eben geflohen sind de facto (.)
5   weil ich eben zum Lehrer gehen kann und sagen kann (.)
6   er hat mich beleidigt (.) er hat mich in meinem Glauben verletzt
7   oder in meiner Zugehörigkeit zum Judentum ähm (.)
8   und dass ich dann von den Autoritäten von den höheren Instanzen (.)
9   eben in Schutz genommen werden kann in Deutschland (..)
10   dass ich hier in eine Gemeinde gehen kann (.)
11   dass ich Judentum ausleben kann in Deutschland (..)

12 das ist sehr positiv ähm das könnte ich da bestimmt nicht
13 und das war bestimmt auch einer der wichtigsten Gründe
14 warum meine Eltern mich sozusagen hergebracht haben

In dem Segment „in Schutz genommen" baut Dima seine Eigentheorie aus. Er nimmt von den Vorfällen in der Klasse Abstand, und reflektiert bzw. rechtfertigt sein Handeln dadurch, dass er es in eine Theorie einbettet. Die Eigentheorie entsteht durch Dimas Vergleich zwischen der Ukraine, seinem Geburtsland, und Deutschland, seinem jetzigen Wohnort. Dima legt die Interpretation nahe, dass die Familie wegen ihrer jüdischen Herkunft in der Ukraine gelitten hat, und bringt dieses dadurch zum Ausdruck, dass er die Emigration im Nachhinein „de facto" (Z. 4) als Flucht darstellt. Den Unterschied zwischen den Lebensrealitäten in den Ländern betrachtet er aus der Perspektive der Möglichkeit der Minderheit, sich an die Instanzen zu wenden, um in Schutz genommen zu werden. Während solche Vorgehensweisen in der Ukraine nicht vorhanden waren, hebt er diese Möglichkeit in Deutschland hervor. Dima benennt drei Beispiele für Beschwerden, die in Deutschland den Anspruch auf institutionellen Schutz legitimieren. Er geht in seiner Darstellung vom Allgemeinen zum Spezifischen: eine unbestimmte Beleidigung, eine Glaubensverletzung (möglicherweise auch von anderen Religionen) und eine Verletzung in Bezug auf die Zugehörigkeit zum Judentum. In allen Fällen stellt die Wendung an die höheren Instanzen eine effektive Lösung der Probleme dar: Der Erzähler wird „in Schutz genommen" (Z. 9).

Das Weltbild, das Dimas Eigentheorie erkennen lässt, liefert eine Erklärung für sein Handeln in den beiden Vorfällen. Dima baut eine Welt auf, in der er von höheren Instanzen in Schutz genommen wird. Sein entschiedenes Vorgehen gegen die Provokationen seiner Klassenkameraden gründet auf der Sicherheit, die er von der schulischen Instanz bekommt. In dieser Welt werden die Beziehungen innerhalb der Peergroup durch die symbolische und reale Macht der Instanzen geregelt.

Vermeidung von Direktheit (Gabriel)

Eine weitere typische Form der Auseinandersetzung mit Konfliktsituation ist die Vermeidung von Direktheit. Eine solche Umgangsform ist im Fallbeispiel von Gabriel, 19 Jahre alt, zu erkennen.[31] Sein Vater ist während der siebziger Jahre aus Ungarn nach Deutschland eingewandert

---

31 An dieser Stelle werden zwei Segmente aus dem Interview mit Gabriel analysiert. Weitere Aspekte seiner Narration werden im Kapitel 6.3.1 dargestellt.

und seine Mutter kam zu dieser Zeit aus der Slowakei. Nachdem die Eltern geheiratet hatten, lassen sie sich in Frankfurt nieder. Der Vater eröffnete eine Apotheke, in der auch die Mutter arbeitet. Gabriel hat zwei jüngere Schwestern und zum Zeitpunkt des Interviews schreibt er sein Abitur. Hier werden zwei weitere Segmente ausgewählt, in denen die Struktur ‚Konfrontationsvermeidung' als vorherrschende Kommunikationsstruktur in Konfliktsituationen angewandt wird.

Segment 1: Konfrontationen aus dem Weg gehen

1   es gab auch bei uns in der Schule
2   da wir in dem Elisabetengymnasium[32] sind und
3   sehr hohe Raten an jüdischen Schülern haben immer
4   gab es oftmals Probleme
5   wenn zum Beispiel der Spruch gekommen
6   du bist doch eigentlich Jude
7   und ich bin jemand der der geht oftmals Konfrontation aus dem Weg
8   und dafür gibt es auch andere Freunde die sich dann schlagen
9   dass bin nicht ich deshalb
10 in solche Sekunde weiß ich nicht was ich machen soll
11 ob ich mich umdrehen soll ob ich ihm sagen soll ich bin stolz darauf
12 oder ob ich ihm sagen soll willst du mich damit beleidigen
13 dann gehe ich einfach weiter und überlege mir
14 es lohnt ehe nicht mit ihm zu reden und
15 solche Sprüche hat man öfter gehört

In diesem Segment wird eine Belegerzählung in einen argumentativen Zusammenhang funktional eingebunden. Mit dieser Darstellung begründet der Erzähler sein Verhalten in Konfliktsituationen. Interessanterweise werden die Probleme durch die „sehr hohen Raten an jüdischen Schülern" (Z. 3) erklärt. Damit wird impliziert, dass die Auffälligkeit der jüdischen Schüler der Auslöser der Konflikte ist. Die vorliegende Darstellung eines Konflikts wird als „Beispiel" (Z. 5) bezeichnet. Es wird kein einziger konkreter Fall beschrieben, sondern durch die Wiedergabe ‚typischer' Ereignisse ein allgemein gültiger Sachverhalt veranschaulicht.

Wie bei Dima wird die Aussage „du bist doch eigentlich Jude" (Z. 6) als Beispiel herangezogen, um solche „Probleme" (Z. 4) zu diskutieren. Bevor Gabriel seine Reaktion darauf reflektiert, positioniert er sich als jemand, „der oftmals Konfrontationen aus dem Weg (geht)" (Z. 7)

---

32   Die Namen aller Schulen wurden in der vorliegenden Arbeit anonymisiert.

und begründet diese Selbstpositionierung mit einer Fremdpositionierung: „dafür gibt es auch andere Freunde die sich dann schlagen" (Z. 8). Vor dem Hintergrund seiner Selbstpositionierung werden zwei mögliche Reaktionen abgelehnt, die mit einem direkten Konflikt verbunden sind; Stattdessen entscheidet er sich für eine dritte Umgangsmöglichkeit „gehe ich einfach weiter" (Z. 13). Die Entscheidung, einen Konflikt zu vermeiden und die Beleidigung zu ignorieren, begründet Gabriel mit den Argumenten „es lohnt ehe nicht mit ihm zu reden" (Z. 14) und „solche Sprüche hat man öfter gehört" (Z. 15). Die beiden Argumente drücken Skepsis in Bezug auf die Möglichkeit aus, ein positives Ergebnis aus einem Gespräch zu erzielen.

Im zweiten Segment vergleicht Gabriel sein Verhalten in Deutschland und in Amerika:

Segment 2: in Amerika

1   Wenn ich in Amerika bin lasse ich meine Kipa
2   nachdem ich morgens Tfilin gelegt hab lasse ich sie immer auf
3   hier mache ich das nicht weil ich hier ähe ich will nicht sagen
4   Respekt davor vor den anderen Leuten hab
5   aber ähe ich Konfrontation auf dem Weg gehen will
6   und ich weiß dass in Amerika weniger Konfrontation damit gibt
7   weil man dort andres miteinander umgeht
8   aber hier lasse ich mir an dem ein Tag
9   wenn ich im Anzug in die Synagoge laufe
10   die zwanzig fünfundzwanzig Minuten trage ich mein Hut
11   and den Feiertagen und meine Kipa an den normalen (.) Samstagen
12   und ich weiss=ich=sehe dass die Leute mich angucken

In diesem kurzen Segment nimmt Gabriel die Kategorien Amerika und Deutschland als Grundlage, um sein religiöses Verhalten zu begründen. Er stellt sein eigenes Handeln in ein Kausalitätsverhältnis zu den sozialen Bedingungen in den zwei genannten Ländern. Hierbei wird das Verhaltensmuster aus dem vorherigen Segment ‚Konfrontationen aus dem Weg zu gehen' auch hier geltend gemacht. Mit einer Selbstkorrektur wird klargemacht, dass sein Handeln sich nicht moralisch mit „Respekt" (Z. 4), sondern praktisch (Konfrontationsvermeidung) begründen lässt. Die Kategorie ‚Amerika' wird dadurch gekennzeichnet, dass sie einen Kontrast zu Deutschland darstellt. Der Erzähler kontrastiert sein Handeln in Amerika, wo er die Kipa immer trägt (Z. 2), mit seinem Verhalten in Deutschland, wo er sie lediglich am Samstag auf dem Weg in die Synagoge trägt. Mit der genauen Zeitangabe „zwanzig fünfundzwanzig

Minuten" (Z. 10) macht Gabriel sein Zugeständnis deutlich, die Kipa auf sehr begrenzte Zeit zu tragen.

Die Begründung der unterschiedlichen Verhaltensweisen in Amerika und in Deutschland ist auf seine unterschiedliche Wahrnehmung der Menschen in der jeweiligen Gesellschaft abgeleitet. Der Erzähler stellt die These auf, dass man in Amerika „weniger Konfrontation damit gibt weil man dort andres miteinander umgeht" (Z. 6–7). Die Entscheidung, auch in Deutschland die Kipa auf dem Weg in die Synagoge zu tragen, wird daher als ein Kompromiss zwischen seinen religiösen Bedürfnissen und den Wünschen verstanden, Konfrontation zu vermeiden. Die Bemerkung über die Blicke der Leute zum Schluss des Segmentes macht klar, dass der Kompromiss auf einer prekären Basis steht, bzw. dass sie seitens des Erzählers als solche wahrgenommen wird.

Zusammenfassend kann festgestellt werden, dass sich in den Handlungen Gabriels die Struktur der ‚Konfrontationsvermeidung' erkennen lässt. Diese Struktur kommt sowohl in seinen Beziehungen zu den andern Schülern als auch in der Gestaltung seiner religiösen Praxis zum Ausdruck. Sein Verständnis von dem Leben in Deutschland ist dadurch geprägt, dass Juden in ihrer Auffälligkeit Konflikte hervorrufen. Deshalb versucht er in seiner religiösen Praxis und seinem Umgang mit dem nichtjüdischen Umfeld diese Auffälligkeit zu minimieren und dadurch offene Konflikte zu verhindern.

Als Kontrast zu dieser vergleichsweise typischen Umgangsform wird im Folgenden ein weiteres Handlungsmuster anhand des Beispiels von Benjamin vorgestellt.

Von Vermeidung zur Konfrontation (Benjamin)

Benjamin macht die Auseinandersetzung mit der nichtjüdischen Welt zum zentralen Thema seiner Narration. Bereits das Eröffnungssegment der Stegreiferzählung „Anzug am Samstag" thematisiert die erste Begegnung mit dieser Welt. Im Erzählverlauf werden weitere Stationen beschrieben, in denen er in dem vertrauten jüdischen Umfeld bleibt: Er geht in den jüdischen Kindergarten und besucht die jüdische Grundschule und betont den hohen Stellenwert des engen Familienkreises. Ein biografisches Schlüsselereignis stellt der Grundschulwechsel zwischen der dritten und der vierten Klasse dar: Nachdem sich Benjamin mit einem Lehrer in der jüdischen Grundschule gestritten hatte, entschieden sich die Eltern ihren Sohn in eine staatliche Grundschule zu schicken. Die narrative Darstellung seiner Erfahrungen in der nichtjüdischen Klassengemeinschaft zeigen, dass Benjamin zwischen zwei Formen des Verhaltens als Jude in der nichtjüdischen Umwelt unterscheidet: Vermeidung von Konflikten, die er für Selbstverleugnung hält, oder eine Bereitschaft zur Konfrontation, die er als Beweis für starken Charakter versteht.

In diesem Segment erzählt Benjamin von einem Vorfall in der staatlichen Grundschule:

Segment 1: Antijüdischer Witz

1 so an eine Situation in der Schule kann ich mich erinnern
2 es gab einen unangenehmen Moment ähm (.)
3 ich hab natürlich (.) ich war nicht mit jedem gleich gut befreundet
4 nicht jeder in der Schule hat mich gefragt ob ich jüdisch bin
5 aber je länger ich einfach auf der Schule war wusste desto mehr war
6 ich mir bewußt dass ich der einzige Jude bin auf der ganzen Schule (.)
7 zusammen noch noch mit Muslimen und kleinen auch andern Minderheit
8 aber halt sehrsehr vielen Christen und ich wusste einfach dass
9 ein bisschen anders bin (.)
10 jedenfalls hat mich ein Tag saß ich neben einem Jungen
11 und da meint er so erzähl mir mal ein Witz (..) und das war in dem Witz
12 der ging über Auschwitz (.) in jeden Fall ein antijüdischer Witz (.)
13 ich hab ihn angeguckt (..) und das war so ein Moment in meinem Leben
14 wo ich gesagt hab also wo ich wirklich feige war (.)
15 seit dem Zeitpunkt hab ich mir geschworen
16 du wirst nie wieder so feige sein und nicht sagen dass du jüdisch bist
17 weil vor was willst du Angst haben und
18 ich hab einfach nichts gesagt dazu (.)
19 ich hab einfach mein Mund gehalten und hab (.) bisschen dumm gelächelt
20 dabei natürlich mochte ich den Jungen dann ab dem Zeitpunkt nicht mehr
21 aber das hat er hat nichts daran geändert
22 dass ich einfach still dagesessen bin
23 warum weil ich mich in der Unterzahl gefühlt hab und nicht stark genug
24 vom Charakter auch her nicht stark genug um ihm zu sagen hör mal zu
25 was du sagst ist scheiße (..) jedenfalls ich hab da geschwiegen

26 und seit dem Zeitpunkt war irgendwie ein unangenehmes Gefühl
27 in der Klasse weil ich gedacht immer macht hier ja Antijudenwitze
28 und was ist wenn der weiß dass ich jüdisch bin
29 ähm wird's dann Anti-Benjamin-Witze geben
30 äh wird's dann so ne Welle machen und keiner wird mich mehr
     mögen
31 ich bin lieber ruhig und sag nicht dass ich jüdisch bin (.)
32 hat auch irgendwie insofern funktioniert

In diesem Segment erzählt Benjamin von einem Vorfall, in dem er einen antisemitischen Witz von einem Mitschüler erzählt bekommt. Diese episodische Schilderung kann in der autobiographischen Gesamtdarstellung als Schlüsselerzählung betrachtet werden, da der Erzähler auf diese Erfahrung im weiteren Verlauf der Narration immer wieder zurückgreift. Sprachlich ist sie durch eine Erhöhung des erzählerischen Auflösungsgrads, zunehmende Dramatisierung und pointierte Darstellungsweise gekennzeichnet und weist die Textsorte einer szenisch-episodischen Erzählung auf.

Im ersten Subsegment (Z. 1–9) wird ein Abstrakt mit dem Inhalt der kommenden Erzählung narrativ angekündigt. Der Vorfall wird als ein ‚unangenehmes Moment' bezeichnet und damit als eine negative Erfahrung kategorisiert. Daraufhin gibt der Erzähler als Hintergrundinformationen zu verstehen, dass nicht alle von seiner Religionszugehörigkeit gewusst hatten. Damit wird die Frage vorweggenommen, warum der Junge nicht wusste, dass Benjamin Jude ist. Eine weitere Hintergrundinformation, die in diesem Subsegment angesprochen wird, wird durch die Selbstpositionierung als „der einzige Jude" (Z. 6) unter „sehr sehr vielen Christen" (Z. 8) vermittelt. Dies wird später als eine Erklärung für die Reaktion auf den Witz verwendet.

Im zweiten Subsegment (Z. 10–25) wird der Kern der Geschichte wiedergegeben. Benjamin erzählt keine Details über den Jungen und wiederholt den Witz nicht, sondern kategorisiert ihn kurz als einen „antijüdischen Witz" (Z. 12). Im Gegensatz dazu macht die Reaktion auf den Witz den narrativen Schwerpunkt des Segments aus. Sie wird detailliert dargestellt und ausführlich diskutiert. Das erzählende Ich macht dem damaligen erzählten Ich einen Vorwurf, dass er „wirklich feige war" (Z. 14). Die Handlung des Erzählers wird kritisch dargestellt: „ich hab einfach mein Mund gehalten und hab (.) bisschen dumm gelächelt" (Z. 19). Die Selbstkritik richtet sich gegen die damalige Entscheidung, auf den Witz nicht zu reagieren und damit eine offene Konfrontation zu vermeiden. Da keine Auseinandersetzung zwischen Benjamin und dem Jungen stattfindet, macht die Konfrontation zwischen dem erzählenden-Ich und dem erzählten Ich den Höhepunkt der Erzählung aus, der mit szenischem Präsens und wörtlicher Rede markiert wird. Die Situation wird durch die direkten Vorwürfe an das erzählte Ich dramatisiert: „du wirst nie wieder so feige sein und nicht sagen, dass du jüdisch bist, weil vor was willst du Angst haben" (Z. 16–17). Das Modalverb „willst" suggeriert dass die Angst nicht durch objektive Gefahr, sondern vielmehr durch die eigene Entscheidung ausgelöst wurde. Während das Reaktionsmuster „Schweigen" als der Ausdruck von Angst und Schwäche verstanden wird, formuliert Benjamin die passende Antwort auf den Witz: „hör mal zu was du sagst ist scheiße" (Z. 24–25). Damit stellt er eine offene Konfrontation mit dem Jungen als das richtige Handeln in dieser Situation dar. Es geht ihm im Vordergrund nicht darum, den Jungen aufzuklären, sondern seine Aufrichtigkeit gegen sich selbst zu bewahren.

Im dritten Subsegment (Z. 26–32) reflektiert Benjamin retrospektiv die Wirkung des Vorfalls auf seine damaligen Beziehungen in der Klasse. Er rekonstruiert, wie damals aufgrund eines einzigen Vorfalls sein Gefühl in der Klasse unangenehm wurde. Aus dieser Situation werden die Gedanken der anderen Schüler abgeleitet, sodass bei Benjamin damals der Verdacht entstand, dass in der Klasse „immer" (Z. 27) Antijudenwitze gemacht würden und er selbst ein Ziel dieser Witze werden könnte. Mit dieser Reflexion macht Benjamin klar, dass das Reaktionsmuster von Vermeidung und Verschweigung eigener jüdischen Identität weitere Konsequenzen mit sich zieht: Beeinträchtigung der Beziehung mit den anderen Schüler sowie ein unangenehmes Gefühl und Angst. Damit wird die Vermeidung als mögliche Umgangsstrategie als unvorteilhaft und problematisch dargestellt.

Nach dem Ende des Schuljahres wechselte Benjamin auf das Ludwig-Gymnasium, wo er seine Freunde aus der jüdischen Grundschule wieder traf. Er beschreibt die Zeit im Gymnasium durch die Schilderung einer starken Beziehung zu den jüdischen Schülern. Von den nichtjüdischen Schülern, sagt Benjamin, hat er sich selbst „regelrecht abgeschottet". Über seine sozialen Beziehungen zwischen der fünften und elften Klasse reflektiert er:

1 jedenfalls es ging immer so weiter ich kam wieder sozusagen
2 zurück in dieses Ghetto (.)was ich nicht als schlimm empfand
3 weil ich fühl mich sehr sehr wohl muss ich sagen und ich hab auch sowas
4 entwickelt (.) wie ne leichte Abneigung gegen die Deutschen
5 beziehungsweise die nichtjüdischen Leute

Nachdem er wegen schlechter schulischer Leistungen das Ludwig-Gymnasium in der elften Klasse verlassen musste, trennte sich Benjamin wieder von der starken jüdischen Peergroup. Er wechselte auf ein privates Gymnasium, wo er sein Abitur machte. Die Situation im neuen Gymnasium beschreibt er im folgenden Segment:

Segment 2: „gefestigter Charakter"

1 ich war wie gesagt bis zur elften Klasse war ich
2 auf dem Ludwig-Gymnasium (.) das war einfach ein unglaubliches Gefühl
3 und das war eins was ich vermisst habe
4 nachdem ich von der Schule gegangen bin das war (.)
5 da ist man erstmal in ein Loch gefallen (.) man ist so lange Zeit
6 in so einer starken Gruppe und dann kommt man in eine Schule
7 ich muss sagen wir warn auch drei jüdische Leute bei hundertzwan-zig
8 Schülern aber es war nicht mehr derselbe (.)
9 man war nicht mehr diese große Gruppe
10 sondern jetzt war ich wieder die Minderheit (..)
11 aber im Gegensatz zu damals in der vierten Klasse war ich so
12 dass mein Charakter so gefestigt war und so stark (.)
13 dass ich vor keinem wirklich keinem Angst hatte
14 so Streit mit jemand zu kriegen wenn ich sage ich bin jüdisch (.)
15 ich geh nach Israel nach dem Studium
16 den Leuten (.) meine Meinung offen wegen der Politik in Israel
17 zu sagen (.) auch wenn es nicht immer gut ankommt ((lacht))
18 ich hab mich einfach sozusagen geoutet als jüdi' als Jude
19 und ich hatte überhaupt kein Problem damit (.)
20 weil ich wusste es ist etwas worauf ich stolz sein kann (.)

Dieses Segment ist als Gegensatz zum Segment eins aufgebaut. Während im ersten Segment die damalige Umgangsform der Konfliktver-meidung durch Verschweigung der jüdischen Identität kritisiert wurde, versucht der Sprecher seine Selbstpositionierung als jemand, der ‚keine Angst' hat, argumentativ zu belegen. Hierbei wird das Beziehungsmus-ter von Juden und Nichtjuden durch die vorherrschende Struktur der Konfrontation dargestellt.

Im ersten Subsegment (Z. 1–10), das die Textsorte berichtender Darstellung aufweist, vergleicht Benjamin das Ludwig-Gymnasium mit der privaten Schule. Der Wechsel in das Privatgymnasium ist der letzte Lebenseinschnitt des Erzählers. Er kategorisiert seine neue Situation als „wieder die Minderheit" (Z. 10) und nimmt dabei Bezug auf seine Erfahrung in der vierten Klasse. Es fällt auf, dass die Kategorie „Minderheit" als eine subjektive Empfindung konstruiert wird. Die ‚starke‘ jüdische Gruppe im Ludwig-Gymnasium war objektiv betrachtet zwar auch eine Minderheit, sie wurde jedoch von Benjamin nicht als solche wahrgenommen. Die Kategorien ‚Mehrheit sein‘ und ‚Minderheit sein‘, sind deshalb keine objektiven Kriterien, sondern vielmehr eine Markierung der Grenze zwischen geschützten und ungeschützten sozialen Räumen. Wie in der vierten Klasse stellt der Gymnasiumswechsel den Erzähler in eine Minderheitsposition, in der er ohne die Absicherungen der starken Peergroup auskommen muss. Mit der Bezeichnung ‚stark‘ (Z. 6) bezieht sich der Erzähler implizit auf die Gruppe als Ressource von Sicherheit in der Begegnung mit der nichtjüdischen Umwelt. Es fällt ihm deshalb zunächst schwer, sich von ihr zu trennen: „man (ist) erstmal in ein Loch gefallen" (Z. 5). Mit den anderen zwei jüdischen Schülern im privaten Gymnasium, meint Benjamin, konnte er keine starke Gruppe bilden: „es war nicht mehr derselbe" (wie im Ludwig-Gymnasium) (Z. 8).

Im zweiten Subsegment (Z. 10–20) nimmt Benjamin eine explizite Selbstpositionierung vor, indem er einen Vergleich mit seiner Persönlichkeit in der vierten Klasse zieht. Die Adjektive „gefestigt" (Z. 12) und „so stark" (Z. 12) stehen im Gegensatz zu der Darstellung seines damaligen Charakters in der vierten Klasse, den er als schwach und feige bezeichnet. Aufgrund dieser Eigenschaften behauptet der Erzähler „vor keinem wirklich keinem Angst" (Z. 13) zu haben. Mit der Gegenüberstellung von Stärke und Schwäche sowie Mut im Vergleich zu Angst wird eine Konfliktsituation inszeniert. Benjamin macht klar, dass er dieses Mal auf die Konfrontation vorbereitet ist. Solche Konfrontation wird als unvermeidbar dargestellt, wenn der Erzähler seine Identität offen zeigt. Obwohl die Aussagen „ich bin jüdisch (.) ich gehe nach Israel nach dem Studium" (Z. 14–15) eine faktische Situation beschreiben, werden sie von dem Erzähler als Anlass zum Streit dargestellt. Die Entscheidung, nach Israel zu gehen, wird in diesem Zusammenhang als Stellungsnahme bzw. Provokation Benjamins gegenüber seinem sozialen Umfeld verstanden. Mit diesem Akt suggeriert der Sprecher, dass er sich bewusst entschlossen hat, nicht in Deutschland zu leben. Diese Position offen zu vertreten ist für ihn ein Beweis dafür, dass er sich seit der vierten Klasse verändert hat. Als einen weiteren Konfrontationsgrund benennt Benjamin seine Haltung zur Politik in Israel. Seine Einstellung wird nicht wiedergegeben, sondern lediglich durch die negativen Reaktionen der anderen Menschen charakterisiert, die dadurch implizit als anti-israelisch fremdpositioniert werden. Benjamin hingegen positioniert sich als jemand, der die offene Konfrontation nicht scheut und seine authentische Identität in den Vordergrund stellt.

Der Wandel von der früheren Position, dem Versuch seine Identität zu verstecken in der dritten Klasse, zu seiner heutigen Position (,stolz zu sein') beschreibt Benjamin mit dem englischen Verb ,outing' ("geoutet", Z. 18). Damit ordnet er seine persönliche Entscheidung in einen bestimmten politischen Kontext ein: Der soziale Akt des outing wird in seiner Rezeption mit dem Kampf für Anerkennung von benachteiligten Minderheiten (im Vordergrund der homolesbischen Gemeinschaft) assoziiert. Das Gefühl, stolz jüdisch zu sein, wird daher als eine bewusste Entscheidung dargestellt.

In diesem Fallbeispiel kommt das Verhaltensmuster „Konfrontation" durch eine starke Identifikation mit dem Kollektiv zum Ausdruck. Benjamin glaubt, dass er seine authentische Identität nur ausdrücken kann, wenn er bereit ist, seine Umgebung herauszufordern und in Konflikt zu treten. Im Gegensatz zu Dima verlässt sich Benjamin in solchen Konflikten nur auf seinen eigenen Charakter und nicht auf Hilfe aus den Instanzen.

Interpersonale Bewältigung (Salina)

Anhand des Fallbeispiels von Salina wird eine weitere typische Verhaltensstrategie demonstriert, in der die Kooperation und der Dialog als vorherrschende Umgangsform zwischen Juden und Nichtjuden dargestellt wird und daran anschließend die durch eine Kontroverse aufgerührte Anspannung interpersonal bewältigt wird. Dieses Kommunikationsmuster ist in der Studie ausschließlich bei weiblichen Interviewpartnerinnen zu erkennen gewesen.

Salina ist zum Zeitpunkt des Interviews sechzehn Jahre alt. Sie ist als Einzelkind in Taschkent (Usbekistan) aufgewachsen und kam im Alter von neuen Jahren nach Deutschland. Ihr Vater ist Muslim und ihre Mutter jüdisch, wobei beide nichtreligiös sind. Der Vater ist Bauingenieur und die Mutter arbeitet als Übersetzerin. Salina engagiert sich in zahlreichen sozialen Aktivitäten als Schülervertreterin im Gymnasium und Jugendleiterin in der Dresdner jüdischen Gemeinde.

Die Stegreiferzählung eröffnet sie mit der Beschreibung ihrer Familie, die die Erzählerin als eine „sehr multikulturelle Familie" bezeichnet. Vor allem wird das Schicksal der Oma, die im Zweiten Weltkrieg aus der Ukraine nach Taschkent geflohen ist, ausführlich erzählt. Weiterhin erzählt Salina über ihre ersten Schuljahre in Taschkent und ihren ersten Besuch im Alter von acht Jahren im Jugendzentrum der jüdischen Gemeinde dort. Vor diesem Besuch, sagt Salina, wusste sie nicht, dass sie jüdisch ist.

Die Entscheidung der Familie, nach Deutschland zu kommen, wird mit der Sorge des Vaters über die Zukunft in Usbekistan angesichts der unstabilen politischen Lage und der Korruption vor Ort erklärt. Salina erwähnt, dass sie dabei zwar „Mitstimmenrecht" hatte, sich jedoch keine Meinung dazu bildete: „war mir eigentlich egal".

Im ersten Jahr in Deutschland hat die Familie in einer kleinen Stadt in einem Heim für Kontingentflüchtlinge gelebt. Dieses Jahr bezeichnet Salina als „belastend" und merkt, dass die Begeisterung ihres Vaters „schnell vergangenen" war, da er sich „alles anders vorgestellt" hatte. Salina selbst ging in diesem Jahr zu einer Sprachschule. Mit dem Umzug nach Dresden verbessert sich die Situation: Der Vater fand Arbeit, die Familie mietete eine Wohnung und Salina besuchte das Gymnasium. Dort entstehen ihre ersten sozialen Kontakte mit der deutschen Umgebung, die sie wie folgt darstellt:

Segment 1: „gut aufgenommen"

1   dann bin ich in der Schule eingeschult wurde in der Gymnasium
2   wo ich auch jetzt bin und da habe ich mich auch gut eingelebt
3   am ersten Jahr war natürlich schwer für mich
4   weil ich die Sprache nicht verstand
5   aber die Jugendliche waren auch mich sehr gut aufgenommen
6   sie waren irgendwie begeistert Ausländer wow
7   o.k. was neues und äh
8   natürlich gab's positive und negative Erfahrungen
9   aber sehr viele positive
10 weil ich hatte Glück in eine ganz gute Klasse herein zu kommen
11 und die Jugendliche die Kinder es waren Kinder fünfte Klasse
12 sie waren sehr tolerant zu mir und haben mich auch aufgenommen
13 obwohl ich nichts konnte eigentlich
14 aber danach habe ich die Schule ähm wiederholt die fünfte Klasse
15 weil ich hatte Probleme und das habe ich freiwillig gemacht
16 also (.) ich ich werde nicht sagen dass es irgendwie blöd
17 dass dass ich die fünfte Klasse noch mal äh wiederholt habe
18 das hat was gebracht ich habe meine Noten verbessert dadurch
19 und habe meine Sprache verbessert
20 da habe ich musste ich mehr mehrfach die Klasse wechseln aber
21 ich hab mich eingewohnt und weil ich bin offen zu Menschen
22 ich kann mit Menschen kommunizieren und (.)
23 ich hatte eigentlich damit kein Problem

In diesem Segment erzählt Salina von ihrem ersten Jahr im Gymnasium. In den Mittelpunkt werden die Beziehungen zu den anderen Schülern gestellt sowie ihre Aufnahme als Ausländerin in die Klassengemeinschaft beschrieben.

Im ersten Subsegment (Z. 1–13) werden die Erfahrungen in Form einer zusammenfassenden Darstellung wiedergegeben. Bereits im Eröffnungssatz wird das Resultat vorweggenommen, in dem Salina ankündigt, dass sie sich im Gymnasium gut eingelebt hat. In den Mittelpunkt stellt Salina die Bewältigung der objektiven Schwierigkeiten, die ihr aufgrund ihrer mangelnden Sprachkenntnisse entstanden. Die Bereitschaft der anderen Kinder ihr dabei zu helfen wird betont. Dadurch legt Salina nahe, dass der soziale Faktor für ihren Integrationsprozess entscheidend war. Indem sie die Mitschüler als begeistert beschreibt, eine Ausländerin kennen zu lernen („Ausländer wow", Z. 6), erachtet Salina ihre eigene Position als vorteilhaft und bewertet die Situation als Immigrant in der Klasse positiv. Negative Erfahrungen werden nur kurz erwähnt (Z. 8), jedoch nicht ausgeführt. Die Tatsache, dass die Erfahrungen überwiegend positiv waren, erklärt Salina als „Glück" (Z. 10), das Glück in eine tolerante Klasse eingeordnet worden zu sein.

Im zweiten Subsegment (Z. 14–23) setzt sich die Erzählerin damit auseinander, dass sie die fünfte Klasse wiederholen musste. Sie argumentiert, dass das zweite Jahr auf dem Gymnasium sinnvoll genutzt wurde. Während das erste Jahr durch sozialen Erfolg gekennzeichnet wurde, gibt Salina zu, dass sie auch Probleme hatte und betont, dass sie sich freiwillig dafür entschieden hat, ein Jahr in der Schule sitzen zu bleiben (Z. 15). Die Verbesserung der Noten und der Sprache belegen die Behauptung der Sprecherin, dass die Entscheidung der Wiederholung der fünften Klasse nicht „blöd" (Z. 16) war. Darüber hinaus wird der Umgang mit dem häufigen Klassenwechsel als Ressource gedeutet und steht für die Selbstpositionierung „offen zu Menschen" (Z. 21). Es fällt auf, dass hier eine neue Erklärung für die gute Integration vorgeschlagen wird. Während im ersten Subsegment das Glück, in eine tolerante Klasse zu kommen, als entscheidend galt, schreibt Salina sich selbst im zweiten Subsegment die Kompetenz zu, sich gut anpassen zu können: „ich kann mit Menschen kommunizieren" (Z. 22).

Auch im darauf folgenden Segment steht die Selbstpositionierung des offenen und kommunikativen Menschen im Mittelpunkt:

Segment 2: „vielleicht russisch oder deutsch"

1 mein Freundeskreis ist sehr multikulti
2 also ich hab auch jüdische Freunde sehr viele jüdische Freunde
3 die sind oder hier geboren oder auch Auswanderer aus Sowjetunion
4 aber sie reden miteinander in Deutsch

197

5   und äh die andere Freunde kommen aus Afrika Afghanistan
    Deutschland
6   also ich hab auch viele deutsche Freunde
7   und ich bin der Meinung es ist egal wer du bist
8   Hauptsache dein Herz und wie du bist
9   aber mir ist egal also (.)
10 ich lege dafür nicht den Wert ich hab sogar mehr deutsche Freunde
11 aber es heißt nicht also Deutsch gut oder so es mir egal
12 hauptsache wie der ist und ähh
13 viele wissen dass ich jüdisch bin aber ich auch ich ähm sage auch
14 dass ich auch vielleicht russisch oder deutsch bin
15 aber ich interessiere mich gern oder mehr oder weniger für Juden-
    tum
16 und das wissen meine Freunde und falls irgendwelche Fragen auf-
    tauchen
17 oder Probleme sie konnten auf mich wenden oder zum Beispiel
18 es gibt ja Tage wo ähm irgendwelche (.) also einfache Jugend
19 Jugendliche sagen mir auch du Jude und so weiter
20 dann kann man ruhig darüber sprechen und wir können ruhig mitein
21 miteinander reden wie und was was und warum er da falsch gesagt
    hat

In diesem Segment baut Salina ihre Selbstpositionierung als eine offene
Person zur Eigentheorie über sich selbst und die Welt aus. Die Darstellung ihres sozialen Umfelds und ihres Handelns wird evaluativ und
argumentativ vermittelt.

Im ersten Subsegment (Z. 1–12) charakterisiert Salina ihren Freundeskreis mit dem Darstellungsverfahren der Listenbildung. Unter die
Oberkategorie „sehr multikulti" (Z. 1) unterscheidet sie in ihrem Freundeskreis zunächst zwischen jüdischen und anderen Freunden. Unter den
jüdischen Freunden wird zwischen Auswanderern und ‚Alteingesessenen' unterschieden. Für die anderen Freunde werden die unterschiedlichen Herkunftsländer (Afghanistan, Deutschland) und Kontinente (Afrika) aufgezählt. Durch die umfangreiche Liste versucht die Sprecherin zu
zeigen, dass sie ausnahmslos für Angehörige aller Kulturen und Religionen offen ist. Diese Weltanschauung kondensiert sich in der Aussage
„es ist egal wer du bist Hauptsache dein Herz und wie du bist" (Z. 7–8).
Im zweiten Subsegment (Z. 14–22) baut die Erzählerin auf die
Selbstdarstellung als offener Mensch auf und nimmt eine Selbstpositionierung als ‚Expertin' für interreligiöse und kulturelle Fragen vor. Die
Sonderposition als Tochter einer jüdischen Mutter und eines muslimi-
schen Vaters verwendet Salina als Ressource, um ihre ‚Objektivität' im

Thema Religion zu beweisen. Das Wissen, dass sie jüdisch ist, wird durch ihre eigene Aussage in Frage gestellt und relativiert. Mit der Erwähnung der Möglichkeiten „vielleicht russisch oder deutsch" (Z. 15) zu sein, benennt Salina die Kulturen nicht als Gegensätze sondern als unterschiedliche Bestandteile ihrer Identität. Mit der Subjektivierung ihrer religiösen Zugehörigkeit wird die Position der Erzählerin in ihrem Wahrheitsanspruch modularisiert: Mit den Modalpartikeln „vielleicht" (Z. 15) und „mehr oder weniger" (Z. 16) vermeidet Salina, sich auf eine bestimmte Position festzulegen. Sie erhält sich die Freiheit, ihre Meinung und Position in unterschiedlichen Situationen zu modifizieren. Auf diese Art und Weise macht die Sprecherin ihren Anspruch auf Objektivität und Offenheit geltend. Mit dem Angebot, sich an sie zu wenden, schreibt sie sich die Kompetenz zu, ihre Mitschüler zu beraten: „falls irgendwelche Fragen auftauchen oder Probleme sie konnten sich an mich wenden" (Z. 17–18).

Es fällt auf, dass der Beratungsansatz von Salina ebenfalls als Lösung ihrer eigenen Konflikte mit anderen Jugendlichen vorgeschlagen wird. Hierbei positioniert sie sich nicht als Opfer, sondern als Expertin, die mit dem Problem professionell umgeht. Die Gründe für das „falsche" Verhalten des Jungen werden von Salina mit den Fragen „wie", „was" und „warum" analysiert und problematisiert.

Die Situation wird in der Modalität einer theoretischen Möglichkeit dargestellt. Es geht der Sprecherin vermutlich nicht um die Wiedergabe eines konkreten Vorfalls, sondern vielmehr darum, ihre Vorstellung von einer Mehrheits-Minderheits-Beziehung zu entwerfen. Sie baut eine Welt auf, in der die Fähigkeit und der Wille von Menschen aus verschiedenen Kulturen und Religionen, sich miteinander zu befreunden, hervorgehoben werden. Der Dialog und das Gespräch begründen die Basis dieses friedlichen Umgangs. In den selbstbezüglichen Aspekten ihres Erzählens positioniert sich Salina als objektive Instanz zu interreligiösen Fragen und Konflikten. Hierbei werden die Vernünftigkeit der Personen und ihre Kompetenz, ‚ruhig miteinander zu reden‘, als Grundlage des friedlichen Umgangs miteinander vorausgesetzt.

Die Fallbeispiele im Vergleich

In den dargestellten Fallbeispielen wurden vier unterschiedliche Umgangsformen von Jugendlichen mit Mehrheits-Minderheits-Konflikten erarbeitet, die narrativ konstruiert werden. Hierbei entwerfen die Jugendlichen ihr Verhältnis zum Umfeld vornehmlich durch Positionierungsaktivitäten. Bei Dima und Gabriel steht die Selbstpositionierung als Opfer ungerechter Behandlung im Vordergrund. In Benjamins Erzählung wird mit der Kritik des erzählenden Ichs an seiner damaligen Handlung die Selbstpositionierung als starke und konfliktfähige Person vorgenommen. Salina schreibt sich die Kompetenzen von Kommunikationsfreude und Offenheit zu und stellt sich so als Expertin und Vermittlerin dar.

In der sozialen Dimension der Identität werden in den Beispielen vier unterschiedliche Weltkonstruktionen entworfen. Dima baut seine Welt in der Ukraine und in Deutschland judenfeindlich auf. Während man in der Ukraine schutzlos gegen Antisemitismus war, zeichnet sich die Situation in Deutschland dadurch aus, dass man sich hier an die Hilfe der Instanzen wenden kann. Die Auseinandersetzung mit Beleidigungen betrachtet er daher vor allem als eine Angelegenheit der schulischen Instanzen (Lehrer, Sekretariat). Gabriel versteht die Sichtbarkeit von Juden in der öffentlichen Sphäre als eine Ursache von Konflikten. Folglich ist er bereit, sein eigenes Verhalten zu beschränken, um Konfrontation zu vermeiden.

Benjamins Weltbild ist, wie bei Dima und Gabriel, durch grundlegenden Konflikt zwischen Juden und Nichtjuden geprägt. Trotz oder sogar wegen dieses Konflikts legt er Wert darauf, für seine Identität und seinen Glauben geradezustehen. Hierbei stützt sich Benjamin nicht auf andere Instanzen oder auf die jüdische Peergroup, sondern stellt seinen „gefestigten Charakter" als Ressource in der Auseinandersetzung mit der Umwelt ein. In diesem Weltbild wird die Konfrontationsbereitschaft des Individuums mit seiner sozialen Umwelt als ein Teil der gelungenen persönlichen Entwicklung erachtet.

Die konfliktgeprägten Weltbilder von Dima, Gabriel und Benjamin unterscheiden sich grundsätzlich von Salinas Vorstellung. Sie baut eine Welt auf, in der Harmonie und Dialog zwischen allen Kulturen und Religionen herrschen. In dieser Welt können sich Mitglieder einer Minderheit mit der Mehrheitsgruppe durch Gespräche und Reflexionsprozesse miteinander verständigen. In dieser Welt wird gerade die Differenz als Vorteil betrachtet. Aus ihrer Selbstpositionierung als ‚Expertin' werden auch Konfliktsituationen durch Unwissenheit verursacht, die jedoch durch Aufklärung im Gespräch beseitigt werden können.

Im Folgenden soll der Unterschied zwischen den beiden Grundstrukturen der Harmonie vs. Konflikt anhand von zwei Einzelfallanalysen vertieft werden. Hierbei geht es mit der Darstellung der Einzelfallanalysen darum, den jeweiligen Fall in seiner Ganzheit und Komplexität zu betrachten, um so zu genaueren und tiefgreifenderen Ergebnissen zu gelangen. Aus diesem Grund fallen die beiden Einzelfallanalysen im nächsten Abschnitt ausführlicher als die bisher dargestellten Fallbeispiele aus.

Da das Thema Umgang mit dem Holocaust ein Schwerpunkt in den beiden Stegreiferzählungen darstellt, wird hier zunächst über die Bedeutung des Themas in der narrativen Identität jüdischer Jugendlicher reflektiert.

6.2.4 Der Holocaust als Thema in der Auseinandersetzung mit der nichtjüdischen Umwelt

Dan Dinar charakterisiert die unterschiedlichen Perspektiven von Juden und nichtjüdischen Deutschen in Bezug auf das Thema Holocaust als „gegensätzliche Wahrnehmungen und Reaktionsmuster" (Diner 1988: 245). Diners Ansatz folgend schließt die „negative Symbiose" die Möglichkeit aus, eine gemeinsame Verarbeitung der Perspektiven der beiden genannten Personengruppen als Umgang mit der Vergangenheit zu entwickeln. Anhand der autobiographischen Erzählungen wird hier gezeigt, dass Diners These in der Tat eine vorherrschende Form der Auseinandersetzung mit Konflikten darstellt. Jedoch lassen sich in anderen Interviews auch ein zweites Aufarbeitungsmuster der Vergangenheit feststellen, das durch die Suche nach einer gemeinsamen Basis für Juden und Nichtjuden bestimmt wird.

Für die Diskussion über den Umgang mit dem Holocaust werden im Folgenden die Beispiele von Michelle und Jael dargestellt. Die beiden Mädchen wurden in Deutschland geboren. Ihre Großeltern (bei Jael nur väterlicherseits) sind Shoa-Überlebende.

Die Auswahl der zwei Fallbeispiele von Mädchen, die in Deutschland geboren wurden, ergab sich aus der Auswertung der Interviews. Es hat sich herausgestellt, dass der Holocaust mehrheitlich durch ‚alteingesessene' Jugendliche thematisiert wird. Zuwanderer hingegen neigten dazu, das Thema weniger narrativ zu entfalten.

Einzelfallanalyse: ‚Negative Symbiose' als vorherrschende Kommunikationsstruktur (Michelle)

Michelle ist zum Zeitpunkt des Interviews 16 Jahre alt. Das Interview fand, nach ihrem Wunsch, im „pädagogischen Zentrum" einer jüdischen Jugendorganisation statt, in der Michelle in dieser Zeit als Jugendleiterin tätig war.

Die Spontanerzählung ist relativ lang und detailliert (28 Min.). Das Interview beginnt zwar als Erzählung, wird jedoch immer häufiger durch die Textsorte der Argumentation geprägt. Die Analyse des Textes belegt, dass die Erzählpassagen zunehmend im Interview als Belegerzählungen in argumentativen Zusammenhängen funktional eingebunden werden, um Einstellungen und Behauptungen zu untermauern.

Michelle wurde in Frankfurt geboren, wo sie bis zum Zeitpunkt des Interviews noch lebt. Ihre Eltern, ursprünglich aus Wien, zogen Ende der siebziger Jahre in diese Stadt. Zurzeit von Michelles Geburt war die Familie bereits finanziell gut situiert. Der Vater ist ein erfolgreicher Geschäftsmann und die Mutter engagierte sich ehrenamtlich in der jüdischen Gemeinde. Michelle ist die jüngste von drei Schwestern. Obwohl die Eltern sich nicht als religiös definierten, hielten sie zunächst die jüdischen Speisegesetze (Kaschrut) ein und gingen regelmäßig am Samstag in die Synagoge. Nachdem die Großeltern gestorben waren und die sieben bzw. neuen Jahre älteren Schwestern zwecks Auslandsstudiums das Elternhaus verlassen hatten, änderte sich die religiöse Praxis der Familie. Die Feiertage wurden nicht mehr im intimen Familienkreis der Großeltern, der Eltern und der Töchter zu Hause gefeiert, sondern wurden zunehmend entweder bei offiziellen Gemeindeveranstaltungen oder auf sozialen Treffen mit anderen Familien begangen. In ihrer Erzählung vermisst Michelle die familiäre Intimität aus ihrer frühen Kindheit und macht sich Vorwürfe, nicht mehr dafür getan zu haben, sie aufrechtzuerhalten. Beispiel für die Änderung in der familiären Praxis ist die Tradition des Aufbaus einer ‚Sukah' (Laubhütte) für das Laubhüttenfest. Michelle erinnert sich nostalgisch an die Zeit, als die Familie gemeinsam in der ‚Sukah' saß. Nachdem die Schwestern das Haus verlassen hatten, haben die Eltern diese Tradition nicht weitergeführt.

Ihre Erklärung verbindet Michelle mit ihrer Position in der Familie: „Das liegt daran, weil ich irgendwie auch nicht mehr so darauf bestanden habe und meine Mutter die Arbeit für mich alleine nicht mehr gemacht hat." Für den Abbruch der Tradition, den Michelle offensichtlich bedauert, nennt sie zwei Gründe: ihre eigene Nachgiebigkeit und die fehlende Motivation der Mutter, die Arbeit für Michelle zu leisten. Mit diesen beiden Argumenten hinterfragt Michelle ihre Position in der neuen Familienkonstellation.

Michelle entwickelt die Narration zu ihrer jüdischen Sozialisation entsprechend den verschiedenen Stationen jüdischer Erziehung. Dabei formuliert sie ihre Kernnarration folgendermaßen: „bis dahin bin ich wie in einem jüdischen Ghetto aufgewachsen".

Mit dem aufgeladenen Begriff des Ghettos suggeriert sie zwar eine negative Interpretation ihres Aufwachsens in jüdischer Umgebung, führt aber dazu aus: „hatte nur jüdische Freunde (..) die ich bis jetzt noch habe". Mit der zweifachen Verwendung des Verbs „haben" in Vergangenheits- und Gegenwartsform werden die Beziehungen als Eigentum dargestellt und damit implizit eine Selbstpositionierung hergestellt. Das jüdische Ghetto konstruiert Michelle nicht als enge und bedrückende Umgebung, sondern als Ort, an dem langjährige Freundschaften entstehen.

Über ihre sozialen Kontakte mit Nichtjuden im frühen Alter sagt Michelle: „Meine Mutter erzählt mir dass ich im Sandkasten mit nichtjüdischen Leuten gespielt habe hhh (.) ähm jedoch kann ich mich an die Zeit nicht erinnern." Als Gegensatz zu den jüdischen Freunden entwirft Michelle die Kategorie der „nichtjüdischen Leute". Die Bezeichnung der kleinen Kinder im Sandkasten als „Leute" macht klar, dass das „Ghetto" auch durch Denk- und Rollenstrukturen konstruiert wird. Michelles Erinnerung richtet sich an der Zeit aus und nicht an den beteiligten Personen bzw. Kindern. Mit der Wiedergabe der Darstellung ihrer Mutter ohne Ausführungen ihrer eigenen Perspektive vermittelt Michelle, dass dieses Ereignis nicht Teil ihrer eigenen Narration ist.

Sehr strukturiert geht Michelle chronologisch weiter in die Zeit im jüdischen Kindergarten, die sie mit positiven Erinnerungen assoziiert. Der Kindergarten hat Michelle „gut gefallen", da sie dort Freunde kennen gelernt hat und dort „schon früh" jüdische Feste gefeiert wurden.

Angeschlossen an die Kindergartenzeit führt sie ihre Erzählung weiter zur Zeit in der jüdischen Grundschule. Der Wechsel zwischen dem jüdischen Kindergarten und der jüdischen Grundschule markiert einen Abschnitt in Michelles Biografie. Die naive Frühkindheit endet und die Phase der „Grundschulkarriere" beginnt, die durch Leistungserwartungen und Aufstiegshoffnungen geprägt ist. Die Kategorien der jüdischen Freunde und Feste werden durch die leistungsbezogene Kategorie des Wissens ersetzt. In mehreren Selbst- und Fremdpositionierungsaktivitäten stellt sich Michelle als jemand dar, der sich gerne und erfolgreich Wissen aneignet. Dies geschieht sowohl in den allgemeinen Fächern („Lesen und Schreiben und Rechnen"), als auch in Bezug auf jüdische Inhalte („Religionswissen", „Iwrithunterricht"). Die Grundschule fasst Michelle schließlich argumentativ zusammen: „dass die Zeit war wo ich am meisten mit dem Judentum selber zu tun hab, weil ich auch äh mein ganzes Wissen wie gesagt daher habe".

Mit zehn Jahren finden zwei Ereignisse in Michelles Leben statt, die sich in ihrer narrativen Identität niederschlagen. Nach dem Ende der jüdischen Grundschule wechselt sie in ein nichtjüdisches Privatgymnasium. Gleichzeitig tritt Michelle einer zionistischen Jugendorganisation bei. Der Wechsel von der geschützten jüdischen Umgebung hin zum Privatgymnasium fiel Michelle besonders schwer. Sie ist zwar weiterhin auf ihre schulischen Leistungen stolz („während der ganzen Zeit ääh hab ich eigentlich eine gute Schulkarriere gehabt"), kommt jedoch immer wieder auf die Probleme mit den neuen Klassenkameraden zu sprechen.

Die autobiographische Erzählung, die bisher als lineare und chronologisch-progressive Narration formuliert wurde, muss hier komplexer und entsprechend detaillierter gestaltet werden. Während der Text an anderen Stellen überwiegend durch kürzere berichtende Erzählungen und Argumentationen geprägt ist, was durch einen Kondensierungszwang zu erklären ist, thematisiert Michelle ihr Verhältnis zu den nichtjüdischen Klassenkameraden ausführlich. In diesen Segmenten werden szenischepisodische Erzählungen und langatmige Argumentationen verwendet, die einen Detaillierungszwang der Erzählerin andeuten. Es ist deshalb sinnvoll, diese Segmente ausführlich zu analysieren.

Bereits in der ‚Sandkastengeschichte' thematisierte Michelle ihre Distanz zu den nichtjüdischen Peers. Die Bedeutung dieses Segments liegt darin, dass es die sozialen Kontakte mit Nichtjuden marginalisiert, indem sie durch die Mutter vermittelt werden. Auf der sprachlichen Ebene baut Michelle in dieser Geschichte eine Welt auf, die durch die Kontrastierung zwischen „nichtjüdischen Leuten" und „jüdischen Freunden" geprägt ist. Diese Kontrastierung wird nun in Bezug auf den Schulwechsel wieder aufgegriffen und argumentativ ausgebaut:

Segment 1: nichtjüdische Leute

1 dann kam ich auf die Schillerschule das n Gymnasium hier in Frankfurt
2 wo ich das erste Mal intensiven Kontakt mit ähm
3 nichtjüdischen (.) Leuten hatte
4 also auch mich mit ihnen angefreundet hab
5 jedoch muss ich sagen
6 dass niemand dieser Ff=dieser (.) ähm nichtjüdischen Leute
7 die ich da kennengelernt hab (.) in einem so engen Freundeskreis
8 mit mir stehen wie meine jüdischen Freunde?

Michelle berichtet sachlich über den Neuanfang in der Schillerschule. Wie sie später im Nachfrageteil erläutert, entschieden sich die Eltern, Michelle in dem Privatgymnasium anzumelden, da in Frankfurt kein jüdisches Gymnasium existierte. Das Privatgymnasium galt deshalb durch den relativ großen Anteil jüdischer Schüler für die Eltern als bessere Alternative zu staatlichen Gymnasien.

Das distanzierte Verhältnis zu „nichtjüdischen Leuten" (Z. 6) kommt nicht nur durch die Wortwahl „Leute", sondern auch durch die Aktivitätsbeschreibungen zur Geltung. Michelle definiert die Beziehung zu ihren Mitschülern als „intensiven Kontakt". Diese eher ungewöhnliche Bezeichnung der sozialen Beziehungen zwischen Mitschülern deutet auf formelle Beziehungen hin und lässt offen, ob diese Erfahrung positiv oder negativ war. Der Zusatz „auch mich mit ihnen angefreundet hab" (Z. 4) verweist darauf, dass „anfreunden" nicht das einzige Beziehungsmuster war. Die passive Rolle der Klassenkameraden in dieser Konstruktion suggeriert, dass Michelle als Neuankömmling sich in diese Konstellation erst einfinden musste. Die Vergangenheitsform macht klar, dass diese Phase bereits hinter ihr liegt. Die Implikationen dieses Prozesses werden mit der Phrase „jedoch muss ich sagen" (Z. 5) resümiert. Auffallend ist, dass Michelle dabei die Struktur der ‚Sandkastengeschichte' wiederholt („jedoch kann ich mich an die Zeit nicht erinnern"), indem sie den ohnehin begrenzten Kontakt mit den Nichtjuden in der Vergangenheit mit Bezug auf ihren heutigen Standpunkt relativiert. Mit der Argumentation entfaltet sie den Kontrast nicht nur qualitativ (Leute-Freunde), sondern auch quantitativ (niemand-alle). Mit der Selbstkorrektur und der damit verbundenen Ablehnung der Bezeichnung Freunde („Ff=dieser ähm nichtjüdischen Leute" Z. 6) demonstriert Michelle ihre Ressentiments und schafft den Eindruck, dass sie sich demonstrativ von ihnen distanziert.

Michelle schließt zwar freundschaftliche Beziehungen mit Nichtjuden nicht aus, macht aber klar, dass sie nicht auf der gleichen Ebene wie die Freundschaften mit Juden sind. Die beiden Gruppen werden durch ihre Nähe oder Distanz zu ihr fremdpositioniert. Dabei stellt sich Michelle in den narrativen Mittelpunkt, während die anderen entsprechend ihrer Gruppenzugehörigkeit ihre Position zugeschrieben bekommen.

Im nächsten Teil ihrer Erzählung greift Michelle auf die Beziehungen mit den nichtjüdischen Klassenkameraden ausführlich zurück. Dieses Mal wird die allgemeine Konstruktion anhand von Beispielen konkretisiert.

Segment 2: die Blicke

1   äh' den Leuten aus der Klasse un' äh also ist=nen dann so bewußt
2   es gab den Holocaust das leugnen sie auch nicht (.)
3   sie sagen sie sind keine Antisemiten
4   sie haben nichts gegen Juden
5   Die sin' sind auch mit mir eigentlich befreundet (-)
6   jedoch dann wenn es zu [Sirenengeräusch, Unterbrechung 6s]
7   jedoch dann wenn es zum Thema Judentum kam
8   kamen erstmal sofort die Blicke auf mich
9   und auf meinen jüdischen Klassnkameraden (-) ähm (-)
10 so die empfanden immer was anderes
11 was ich auch gar nicht leugne weil ich (.) denk auch
12 dass ich irgendwo n bisschen anders bin durch meine Erziehung

13 ähm (.) h jedoch dann hat man gemerkt
14 wenn es Diskuss zu Diskussionen kam
15 warn die immer erst mal zurückhaltend (.) weil die Angst hatten
16 irgendetwas Falsches zu sagen beziehungsweise uns zu verletzen
17 oder so aber man wusste dass sie ihre eigene Meinung haben
18 und wären wir nicht da
19 hätten sie sie auch ge=ähm laut geäußert? hh (-)
20 und genau aus diesem Grunde meiner Meinung nach
21 und weil es in den Medien so publiziert wird äh
22 dass sie das Tätervolk sind praktisch hhh=ähm (-)
23 kamen dann unterschwellig doch so Bemerkungen ja
24 man <u>darf</u> ja nichts sagen man <u>darf</u> seine Meinung nicht äußern
25 <u>weil</u> ihr ja jüdisch seid und weil ihr anders seid
26 man muss <u>ja</u> schonvoll mit euch umgehen hhh und (.) dann abeer ähm
27 und dann aber auch immer=äh von dem Themaa Judentum
28 gelangweilt warn so (.) ja wir wollens nicht mehr hören
29 wir können=s gar nicht mehr hören
30 aber dann wenn man nachgefragt hat
31 sie im Prinzip überhaupt keine Ahnung haben
32 was wirklich in der Shoa stattfand hat . ähm
33 was in den Konzentrationslagern sich abgespielt hat
34 obwohl sie so getan ha=immer aber als wüßten sie's (--)

Wie im Segment 1 entwickelt Michelle ihre Argumentation hier mit der adversativen Konjunktion „jedoch" in einem Widerspruchstopos. Die Analyse des Segments 1 ergibt, dass diese rhetorische Struktur im Einklang mit der Sinnebene des Textes steht, welche einen Kontrast zwischen den sozialen Welten der Juden und Nichtjuden vermittelt. In diesem Segment wird der Kontrast in Struktur und Inhalt beibehalten und entfaltet.

Dieses Segment unterscheidet sich von Segment 1 in zweierlei Hinsicht: Zum einen gerät Michelle hier durch die Argumentation in Detaillierungszwang, da sie ihre Stellung plausibel machen will. Deshalb ist dieses Segment durch einen höheren Auflösungsgrad geprägt. Zum anderen fallen die Fokussierungen in den beiden Segmenten unterschiedlich aus. In Segment 1 steht Michelle selbst im Mittelpunkt des Textes. In diesem Segment versucht sie die innere Welt ihrer Klassenkameraden zu rekonstruieren. Ihre eigenen Gedanken und Dispositionen kommen dabei nur implizit zur Geltung.

Michelle beginnt ihre Argumentation mit zwei Reformulierungen, mit denen sie rhetorisch unbestimmte Klassenkameraden gegen unausgesprochene Vorwürfe verteidigt. Wie im Segment 1 werden die nicht-jüdischen Klassenkameraden von Michelle als „Leute" pauschalisiert und entsprechend undifferenziert behandelt. Während die erste Reformulierung eine Modalität der Objektivität übernimmt („es gab den Holocaust das leugnen sie auch nicht" Z. 2), drückt Michelle schon in der zweiten Reformulierung durch die indirekte Rede („sie sagen", Z. 3) einen gewissen Zweifel an der Richtigkeit der Behauptung aus. Das letzte Argument in diesem Subsegment bezieht sich nicht wie die anderen auf die Einstellung der Klassenkameraden, sondern auf ihre Beziehungen zu Michelle. Die Klassenkameraden sind dabei die handelnden Akteure, da sie Michelle ihre scheinbare Freundschaft anbieten. Michelles Zweifel an dem Wert dieser Freundschaft wird an der Verwendung des Wortes „eigentlich" deutlich.

Im zweiten Subsegment (Z. 6–12) entwirft Michelle eine typische Situation, in der es „zum Thema Judentum kam" (Z. 7). Die Analyse des gesamten Segmentes zeigt, dass hier Judentum als Metonymie[33] für Holocaust verwendet wird. Die nichtjüdischen Schüler werden durch ihre Verhalten charakterisiert: Ihre Blicke richten sich in einer reflexartigen Bewegung auf Michelle und ihre jüdischen Klassenkameraden. Die Bedeutung dieses Moments liegt jedoch nicht darin, dass die jüdischen Schüler ausgeschlossen würden. Vielmehr interpretiert Michelle die Situation als eine, die bereits vorhandene grundlegende Unterschiede zum Vorschein bringt. Die Erfahrung des „anders sein" wird dabei als objektive Realität und nicht als Ergebnis von sozialem Ausschluss verstanden. Mit dem Verweis auf die Erziehung als Deutungsmuster reflektiert Michelle die Einflüsse ihrer eigenen Sozialisation in den jüdischen Erziehungseinrichtungen.

Im dritten Subsegment (Z. 13–19) gibt Michelle ein bestimmtes Handlungsmuster aus ihrer Klasse wieder. Ohne das genaue Thema der Diskussion oder die Meinungen der Schüler dazu anzugeben, stellt Michelle eine Konfliktsituation dar. Sie wiederholt dabei den rhetorischen Widerspruchstopos, den sie bereits in der ‚Sandkastengeschichte' und am Anfang dieses Segmentes benutzt hat, um den Gegensatz zwischen der Zurückhaltung der Klassenkameraden und deren Wunsch, ihre Meinung laut äußern zu dürfen, zu vermitteln. Sie positioniert sich und die anderen jüdischen Schüler als solche, die durch ihre Anwesenheit die freie Kommunikation und Offenheit in der Klasse beeinträchtigen.

---

33 Bei der Metonymie wird ein Ausdruck für Sachverhalte benutzt, die zu denjenigen, die mit dem Ausdruck üblicherweise bezeichnet werden, in sachlichem (assoziativem, funktionalem, kausalem etc.) Zusammenhang stehen (Lucius-Hoene und Deppermann 2004: 220).

Im vierten Subsegment (Z. 20–34) konstruiert Michelle den Höhepunkt der Erzählung, der durch eine erzählerische Dramatisierung mit szenischem Präsens und wörtlicher Rede markiert wird. Mit dem Verweis auf die „Medien" (Z. 21) und die Anwendung des Fachbegriffs „Tätervolk" (Z. 22) positioniert sich Michelle als Expertin, welche die Terminologie des Erinnerungsdiskurses gut beherrscht. Ihre Erklärung für die Handlungen der Klassenkameraden wird entsprechend nicht aus der Perspektive einer Mitschülerin, sondern aus der einer Fachexpertin dargestellt. Sie liefert zuerst mit der Verbindung zwischen Mediendiskussion und den „unterschwelligen" (Z. 23) Bemerkungen eine sozialpsychologische Erklärung. Zum Schluss zieht sie eine pädagogische Bilanz über das mangelnde Wissen der Klassenkameraden.

Michelles Anspruch auf die Expertenrolle steht im klaren Gegensatz zu der Fremdpositionierung der Klassenkameraden. Mit der Technik der wörtlichen Rede charakterisiert Michelle die Klassenkameraden als einfach und unreflektiert. Der erste Vorwurf wird direkt an die Juden gerichtet und wendet sich gegen ihre bloße Anwesenheit in der Klasse: „man darf seine Meinung nicht sagen" (Z. 24) weil jüdische Schülerinnen und Schüler im Klassenzimmer anwesend sind. Mit der Reformulierung „weil ihr ja jüdisch seid und weil ihr anders seid" (Z. 25) wird die Kategorie ‚Jude' mit der Kategorie ‚anders' gleichgesetzt.

Der zweite Vorwurf „wir wollen's nicht mehr hören wir können=s gar nicht mehr hören" (Z. 28–29) schwächt den Vorwurf ab, da sie nicht direkt an die Juden gerichtet, sondern gegen das, was Michelle als das ‚Thema Judentum' bezeichnet. In der Tat benutzt sie den Begriff Judentum als Metonymie zum Holocaust. Der Stellenwert der Shoa in Michelles Narration ist so zentral, dass sie selbst nicht zwischen Judentum und Holocaust differenziert. Gleichzeitig suggeriert Michelle, dass in der Wahrnehmung der Gesellschaft das Judentum mit dem Holocaust gleichgesetzt würde.

Zum letzten Vorwurf der Klassenkameraden formuliert Michelle ihre eigene Antwort, welche deren Behauptung zu widerlegen versucht. Mit der Antwort positioniert sie sich als Autorität zum Thema Holocaust und „entlarvt" das Unwissen der Klassenkameraden.

Segment 3: sie sollten gedenken

1   und dann auf heute zurückzugreifen
2   weil wir immer weil die Juden ja angeblich immer appellieren
3   dass sie etwas tun müssten
4   wovon ich auch vollkommen überzeugt bin
5   weil hhh+ ä=ich denke (.) nicht wir sollten ständig

6 gedenken sondern (.) sie sollten gedenken
7 was sie getan haben (.) dafür will ich nicht
8 die Schuld der Generation heute geben
9 weil dazu haben se nicht die Schuld
10 aber dennoch können sie ja weiter gedenken
11 <u>ohne</u> eben sich so schuldig zu fühlen
12 das tun sie aber nicht

Während im Segment 2 die Klassenkameraden, ihre Handlungen und Gedanken von Michelle ausführlich dargestellt, reflektiert und kritisiert werden, wendet sich der Blick im dritten Segment auf Michelle selbst bzw. auf ihre Gruppe. Die Erzählerperspektive wird jedoch auch hier aus der Außensicht gewählt. Im Kontrast zu der detaillierten Beschreibung der Klassenkameraden im zweiten Segment, fällt hier der Bezug zur eigenen Wahrnehmung deutlich kürzer aus.

Die Kontrastierung ‚wir – sie' wird nun nicht mehr anhand der Klassensituation gezeigt, sondern als generelles Erklärungsmuster für die Beziehung zwischen Juden und Nichtjuden in Deutschland verwendet. Michelle vertritt in diesem Segment zwei gegensätzliche Positionen. Die Juden werden zunächst als diejenigen fremdpositioniert, welche die Deutschen zwingen wollen, des Holocaust zu gedenken. Mit dem Wort „angeblich" suggeriert Michelle, dass diese Behauptung falsch sei. Damit werden die Deutschen implizit als diejenigen fremdpositioniert, die den Juden falsche Absichten unterstellen.

Dann erklärt Michelle jedoch, dass sie „vollkommen überzeugt" (Z. 4) davon sei, dass die Juden diese Rolle übernehmen sollten. Die provokante Behauptung, „sie sollten gedenken, was sie getan haben" (Z. 6-7), revidiert sie mit der Feststellung, dass sie die Schuld für die Vergangenheit nicht der heutigen Generation geben möchte. Michelle lehnt den Vorwurf ab, dass die Juden für das Gedenken des Holocaust appellieren. Jedoch positioniert sie sich gleichzeitig als jemand, der diese Forderung erhebt.

Die Relevanz des Themas Holocaust für die Beziehungen von jüdischen und nichtjüdischen Schülern wird anhand von Michelles Fallbeispiel klar. Sie verwendet den politischen Erinnerungsdiskurs als Ressource in ihrer Selbstpositionierung und als Erklärung für die Auseinandersetzung mit den Klassenkameraden. Michelle nimmt die Diskrepanz zwischen ihrer jüdischen näheren Umgebung und der nichtjüdischen Umwelt in ihrem Bezug zum Thema Holocaust wahr. Wie bei Dima und Benjamin wird die Struktur des Konflikts als Beschreibung der Verhältnisse zu den anderen Schülern übernommen. Mit dem Bezug zum politischen Erinnerungsdiskurs wird ein Erklärungsmechanismus dieses Kon-

flikts angeboten. Die ‚negative Symbiose', die von Diner als eine Erklärung einer besonderen Situation aufgestellt wurde, scheint in der Fallstruktur von Michelle einen konkreten Ausdruck zu finden.

Wie bereits anhand des Fallbeispiels von Salina gezeigt wurde, stellt
die Kommunikationsstruktur ‚Kooperation und Vermittlung' einen Gegensatz zur Struktur ‚Konflikt' dar. In der Einzelfallanalyse von Jael
wird die Kommunikationsstruktur „Kooperation und Vermittlung" in
Bezug auf das Thema Holocaust näher beleuchtet.

Einzelfallanalyse: Produktive Verarbeitung des Themas Holocaust in der Peergroup (Jael)

Jael, 18 Jahre alt, besuchte zum Zeitpunkt des Interviews ein staatliches
Gymnasium. Sie wurde in Düsseldorf geboren und ging zunächst in
einen nichtjüdischen Kindergarten und besuchte danach eine jüdische
Grundschule. Ihr Vater – Sohn jüdisch-polnischer DPs – wuchs in Israel
und Düsseldorf auf, studierte in Deutschland und Amerika und ist heute
als Wissenschaftler in Deutschland tätig. Jaels Mutter, Ärztin von Beruf,
wurde in der Tschechoslowakei geboren und kam mit ihren Eltern Ende
der fünfziger Jahre nach Deutschland. Nachdem sie Jaels Vater geheiratet hatte, begann die Mutter einen langen Prozess des Übertritts zum
Judentum, der erst nach der Geburt von Jaels jüngerer Schwester abgeschlossen wurde. Als Folge mussten auch die beiden Mädchen im frühen
Alter einen Übertrittsprozess durchlaufen. Jael ging zuerst in einen
nichtjüdischen Kindergarten und wurde im Alter von sechs Jahren in
einer jüdischen Grundschule eingeschult. In der fünften Klasse wechselte sie auf ein städtisches Gymnasium.

Der Kontakt zu Jael erfolgte nach dem ‚Schneeballprinzip'. Das Interview fand in der Wohnung ihrer Familie in Düsseldorf statt. Bevor
ich mit der Aufnahme beginne, erinnert sich Jael, dass sie bereits einmal
im Rahmen einer Studie befragt wurde. Sie interessiert sich, ob es um
das gleiche Interview geht. Daraufhin erkläre ich, dass ich mich für ihre
eigene Lebensgeschichte und ihre persönlichen Erinnerungen interessiere.[34] Auf die Einstiegsfrage, ob sie erzählen könne, wie sie aufgewachsen ist, antwortet Jael mit der Darstellung der Lebensgeschichte ihrer
Eltern:

---

34 In diesem Kapitel werden vier Segmente aus dem Interview unter dem Aspekt des
    Verhältnisses zur Mehrheitsgesellschaft analysiert. Daraufhin werden im folgenden
    Kapitel (6.3.1) weitere Segmente dargestellt, in denen Jael ihren Bezug zum Juden-
    tum thematisiert.

Segment 1: ganz besondere Situation

1   gut also ich bin achtzehn Jahre alt (.) und ich glaub
2   ich hab eine ganz besondere Situation hier in (.) in Deutschland
3   weil meine Mutter (.) ü=übergetreten ist (..)
4   uund mein Vater (.) ist jüdisch
5   meine Mutter kommt ursprünglich aus der Tschechoslowakei (.)
6   und ist als Flüchtling hierhergekommen
7   und mein Papa ist auch als Flüchtling
8   also seine Familie nach'm KZ
9   nach Deutschland gekommen
10 und später dann nach Israel gegangen
11 nachdem sie dort keinen (.) Boden
12 ja kein (.) keine Existenz sich wirklich aufbauen konnten
13 <u>mus</u>sten sie wieder nach Deutschland zurück
14 und sind halt dort geblieben
15 und so ist mein Vater hier aufgewachsen
16 und meine Mutter auch (..)
17 jedoch beide als als Flüchtlinge eigentlich
18 und nicht als ihr Zuhause hier in Deutschland (..)
19 (..) mein Papa hat sehr (..) hat sehr wenige deutsche Freunde
20 aber hat hier studiert also ist nicht sofort ins Ausland gegangen
21 studieren (..) und hat so meine Mutter kennengelernt und
22 auch ihre Freunde (.) ihr Freundeskreis (.) und so haben sich
23 deren beide Freundeskreise vermischt (..) und äm und
24 so bin ich aufgewachsen mit diesen (.) Familien (.)
25 und die beste Freundin von meiner Mutter (.) deren Kinder
26 warn auch meine besten Freunde als kleines Kind (..)
27 und mit denen bin ich auch sehr eng aufgewachsen

Im ersten Subsegment (Z. 1–4) reagiert Jael auf die Erzählaufforderung mit einem metanarrativen Kommentar über die Erzählwürdigkeit und Relevanz ihrer Geschichte, der zugleich als eine Selbstpositionierung funktioniert. Mit der Entscheidung, ihre Erzählung mit der Geschichte ihrer Familie zu beginnen, baut Jael ihre eigenen Erfahrungen im Einklang mit der Lebensgeschichte ihrer Eltern auf und stellt eine Kontinuität zwischen den Generationen her. Sie präsentiert sich als Person, deren Familiengeschichte außergewöhnlich ist. Die Besonderheit beruht zunächst darauf, dass ihre Mutter übergetreten und ihr Vater jüdisch ist. Die Erzählerin stellt ihre gegenwärtige „Situation" (Z. 2) als eine direkte Folge der Biografien ihrer Eltern dar und verwendet damit diese Ereignisse, um sich selbst zu präsentieren. Die besondere Situation wird zunächst durch die unterschiedlichen biographischen Eigenschaften (Übergetreten vs. jüdisch) erklärt.

Im zweiten Subsegment (Z. 5–14) stellt Jael die Kategorie „Flüchtling" (Z. 7) als biographische Gemeinsamkeit zwischen den Eltern in den Mittelpunkt ihrer Ausführungen. Es fällt auf, dass die Migration der Mutter aus der Tschechoslowakei lediglich erwähnt, die Geschichte des Vaters jedoch auch erklärt wird. Jael begründet die Einwanderung der Familie ihres Vaters nach Deutschland damit, dass sie sich in Israel keine Existenz hatten aufbauen können. Darüber hinaus betont sie, dass die Familie nach Deutschland zurückkehren musste. Mit dem Modalverb „müssen" (Z. 13) wird die Migration nach Deutschland nicht als Ergebnis einer freien Wahl, sondern vielmehr als Zwang dargestellt. Die Formulierung „halt dort geblieben" (Z. 14) legt nahe, dass es sich dabei um keine bewusste Entscheidung der Großeltern handelt. Damit beantwortet Jael implizit die Frage, warum die Großeltern nach dem Holocaust nach Deutschland zurückgekehrt sind.

Im dritten Subsegment (Z. 15–18) wird anhand der biographischen Erfahrungen der Eltern als Flüchtlinge, ihre Position zu Deutschland herausgearbeitet. Jael behauptet, dass die beiden Eltern Deutschland nicht als ihr Zuhause empfunden haben. Mit dieser Feststellung wird dem Verständnis der Erzählerin über ihre eigene „ganz besondere Situation" (Z. 2) in Deutschland eine weitere Bedeutung hinzugefügt: Die Besonderheit der Familienbiografie wird nicht allein von der Religion der Eltern sondern auch von ihren Geschichten als Flüchtlinge abgeleitet. Implizit wird hierbei auch Jaels Verhältnis zu Deutschland zur Disposition gestellt.

Im vierten Segment (Z. 19–27) stellt Jael eine Kontinuität zwischen dem Freundeskreis ihrer Eltern und ihrer eigenen sozialen Umwelt her. Durch ihre ‚besondere Situation' schafft sie sich einen Zugang sowohl zur jüdischen als auch zur nichtjüdischen Welt. Die Sprecherin hebt die Entscheidung des Vaters hervor, nicht sofort – wie es vermutlich die meisten Juden in seinem Alter machten – nach der Schule ins Ausland zu gehen. Der ‚vermischte' Freundeskreis der Eltern, der sich aus Juden und Nichtjuden zusammensetzt, ist die natürliche Umgebung, die Jael seit ihrer Geburt kennt. Auch hier stellt Jael sich selbst in Einklang mit ihrer Eltern: Die Kinder der besten Freundin ihrer Mutter waren auch ihre eigenen besten Freunde.

In den nächsten Segmenten konstruiert Jael eine detaillierte Erzählung, welche die Beziehungen in der Familie und ihre Kontakte mit Freunden seit der frühen Kindheit thematisiert. In einem langen Segment erzählt Jael über ihre Freundschaft mit Sabrina, die sie für „fast meine Schwester" hält. Sabrina stellt für Jael eine typische beste Freundin dar. Seit ihrer frühen Kindheit übernachten sie beieinander und verbringen viel von ihrer Freizeit zusammen. Dieses Beziehungsmuster entspricht den Eigenschaften von Mädchenfreundschaften in der Adoleszenz.[35] Diese engste Beziehung mit einem nichtjüdischen Mädchen wird von Jael auch genutzt, um ihre allgemeine Vorstellung über Beziehungen mit Nichtjuden zu entwerfen. Sie erzählt von ihrem Besuch in der Kirche bei Sabrinas Konfirmation und auch eine kurze Anekdote über die Verwirrung von Sabrina angesichts der zahlreichen Gäste bei ihrer Bat-Mitzwa Feier. Dabei konstruiert sie ein humorvolles und entspanntes Beziehungsmuster zwischen gleichaltrigen Juden und Nichtjuden.

Auch der Wechsel in die jüdische Grundschule hat nicht dazu geführt, dass Jael ihre Kontakte mit den nichtjüdischen Freunden abbrechen musste, da sie in ihren Freizeitaktivitäten ihre nichtjüdischen Freunde traf. Jael positioniert sich durch ihre Kompetenz, mit Juden und Nichtjuden zurechtzukommen, und zeigt sich stolz darauf, wie sie in den beiden Welten erfolgreich agieren kann. Als sie nach der vierten Klasse in ein nichtjüdisches Gymnasium wechselte, konnte sie diese Kompetenz unter Beweis stellen. Sie greift auf ihre besondere Situation zurück, wenn sie den Unterschied zwischen ihr und den anderen jüdischen Schülern im Gymnasium hervorhebt.

Segment 2: mit allen in Kontakt zu kommen

1 und da denk ich auch hat wieder ne Rolle gespielt dass
2 meine Mutter eben (.) eben nicht jüdisch ist
3 und dass ich nicht in dieser (-)
4 in dieser (.) Art Familie aufgewachsen bin
5 nicht in einer . ganz jüdischen Familie (-)
6 von diesen alteingesessenen Juden
7 die (.) schon (.) seit (.) seit ihrer Kindheit
8 auch die Eltern sich kennen
9 die sind (.) hier sind zusammen aufgewachsen
10 und dann haben sie geheiratet
11 und sind hiergeblieben ihr ganzes Leben lang

---

35 Flaake und John (1993) stellten fest, dass Mädchenfreundschaften eine wichtige Stabilisierungsfunktion haben, sie geben emotionalen Halt im Klassenverband und schützen vor Diskriminierung. Die beste Freundin fungiert sowohl „als Repräsentantin des Ich-Ideals als auch als bestätigende ‚Gleiche' mit der sie Phantasien agiert, Geheimnisse teilt, sich selbst in und mit der anderen entdecken kann" (Flaake und John 1993: 206).

12 und ihre Kinder sind mit den Freunden
13 v mit den Kindern von ihren Freunden (-)
14 und so war das halt nicht bei mir (--)
15 ja und ich (.) ja ich versuch es auch immer einfach
16 mit allen in Kontakt zu kommen (.)
17 und ich sehe auch dass sie (-) dass (.)
18 da einfach immer sehr viel Interesse kommt (.) von der Seite

In diesem Segment führt Jael die Selbstpositionierung aus dem ersten und zweiten Segment fort und kontrastiert sie mit Fremdpositionierung des jüdischen Milieus. Obwohl sie über den inzwischen abgeschlossenen Übertritt der Mutter erzählt hat, bezeichnet Jael ihre Mutter als „nicht jüdisch" (Z. 2). Damit deutet sie auf die Tatsache hin, dass der Übertritt der Mutter nicht gesellschaftlich anerkannt ist. Die Mutter und damit auch Jael selbst sind deshalb in einer prekären Situation innerhalb des jüdischen Milieus. Freilich wird diese besondere Situation der Familie aus einer neuen Perspektive behandelt: Jael stellt die Frage zum Umgang mit der nichtjüdischen Umwelt in den Mittelpunkt.

Als Kontrast zu ihrer eigenen Familiensozialisation hatten die anderen jüdischen Schüler im Gymnasium, die in einer von ihr genannten ganzen jüdischen Familie aufgewachsen sind, bisher keinen Kontakt mit Nichtjuden. Wie in den anderen Segmenten wird der biographische Ablauf als Erklärungsmuster für Einstellungen und Handlungen bevorzugt. In diesem Fall erklärt sie die Probleme der Kinder, mit nichtjüdischen Schülern umzugehen, durch die Verschlossenheit der Eltern. Jael porträtiert eine Geschichte von zwei Generationen, die sich von ihrer Umgebung abkapseln. Dieses Familienmodell wird als geschlossene Welt bezeichnet: Die Eltern sind unter ihresgleichen aufgewachsen, haben sich miteinander verheiratet und heute wachsen ihre Kinder – Jaels Generation – unter sich auf. Diese Sozialisation wird mit einer geographischen Behinderung verknüpft: Die Eltern sind ihr ganzes Leben lang „hiergeblieben" (Z. 11).

Mit ihrer Kritik an der Geschlossenheit der alteingesessenen Familien stellt Jael die Machtverhältnisse auf den Kopf. Ihre prekäre Position in der jüdischen Gruppe wird in der neuen Situation des Gymnasiums als vorteilhaft präsentiert.

Segment 3: immer zu erklären

1 und ich bin auch gewöhnt immer zu erklären
2 dass ich jüdisch bin es immer zu sagen
3 und mit den Leuten drüber zu reden
4 und ich muss sagen ich hab s=sehr selten

5   negative Erfahrungen damit gemacht (..)
6   aber was ich oft (.)
7   welche Erfahrung ich oft gemacht hab (.)
8   war (.) dass ich auf Unwissenheit gestoßen bin
9   dass die Leute gar nicht wussten
10   n was genau jüdisch ist
11   oder manche für manche Menschen war ich
12   der ((lacht)) erste Jude den sie gesehen haben
13   (.) also eigentlich schon ziemlich seltsam (..)
14   und immer wenn dann so
15   ob ich jetzt eine Begegnung hatte
16   mit einem Kind was mir (.) was so unfreundlich war
17   oder (.) was (..) also darüber wurde immer vieel gesprochen
18   und irgendwie überlegt wo kann die Ursache sein
19   also da (.) da h+ hab ich ziemlich Glück
20   dass ich mit mein Eltern das so viel reflektieren kann
21   und somit sind die meisten Gefühle
22   die ich hab nicht soo (.) verschlossen
23   tja (.) ich weiß schon warum und ich weiß auch ungefähr
24   wie ich wie ich (.) unangenehmen Situationen ausweichen kann
25   oder (.) oder schlichten kann je nachdem

In diesem Segment behandelt Jael ihre Position als Jüdin in einer nicht-jüdischen Gesellschaft und der Umgang damit in der Familie. Das erste Subsegment (Z. 1–13), in dem ihre Erfahrungen in den Begegnungen beschrieben werden, weist die Textsorte der berichtenden Darstellung auf. Jael positioniert sich als jemand, der „immer" gewohnt ist, das Judentum zu erklären. Mit den Verben „erklären" (Z. 1) und „reden" (Z. 3) zeigt sich Jael, wie Salina, als eine ‚Expertin', die ihr Wissen mit den Anderen gerne teilt. Die Selbstpositionierung als ‚Expertin' wird durch Selbstzuschreibung von routinierten Erfahrungen („gewöhnt immer", Z. 1) gestützt. Ihre Handlungen beschreibt die Sprecherin dementsprechend nicht als spontane Reaktion, sondern als professionelle Routine: Zuerst sagt sie immer, dass sie jüdisch ist, und daraufhin redet sie mit den Leuten darüber. Sie übernimmt damit die Aufgabe, die Leute über das Judentum aufzuklären und setzt sich sinnvoll dafür ein, die Unwissenheit der Leute zu beseitigen. Ihre kompetente Handlung beweist sie dadurch, dass sie zwischen Unwissenheit und negativen Erfahrungen unterscheiden kann. Jael zeigt sich dabei von Unwissenheit nicht betroffen sondern amüsiert. Sie geht mit der Unwissenheit produktiv um, indem sie als ‚Expertin' das Thema erklärt.

Im zweiten Subsegment (Z. 14–25) behandelt Jael die Begegnungen, die sie vorher als sehr seltene negative Erfahrungen bezeichnete. Dazu wird ein Beispiel kurz erwähnt, dass ein Kind „so unfreundlich" (Z. 16) war. Jedoch die Beschreibung „unfreundlich" wird nicht erklärt oder kommentiert. Die Vagheit des Falls steht im Kontrast zu der detaillierten Beschreibung des Umgangs mit ihm. Damit legt Jael den narrativen Schwerpunkt der Erzählung auf den Umgang der Familie mit dem Thema. Sie stellt heraus, dass über jeden Vorfall „vieel gesprochen" (Z. 17) und „überlegt" (Z. 18) wurde, um die Ursache zu klären. Die Eltern werden als Menschen fremdpositioniert, mit denen man „so viel reflektieren kann" (Z. 20). Mit der Übernahme einer psychologischen Terminologie in den Begriffen „reflektieren" (Z. 20) und „schlichten" (Z. 25) stellt Jael ihre eigene Umgangsstrategie in Konfliktsituationen in Einklang mit dem professionellen Handeln der Eltern. In der Beschreibung ihrer eigenen Erziehung entwirft Jael das Bild einer Welt, die durch Verständnis und Rationalität geprägt ist. Diesem Weltbild entsprechend kann das Verhalten der Menschen zwar falsch sein, jedoch lässt es sich rational erklären („ich weiß schon warum" Z. 23). Folglich kann man damit rational umgehen, wenn darüber ausführlich reflektiert und die Ursache geklärt wird. Die beiden dargestellten Umgangsformen mit unangenehmen Situationen sind „ausweichen" (Z. 24) oder „schlichten" (Z. 25). Diese beiden Umgangsstrategien haben gemeinsam, dass sie einer Eskalation entgegenwirken. Die Option der Ausweichung ist eine Vorsichtsmaßnahme, die vor dem Auftritt eines offenen Konflikts vorgenommen wird. „Schlichten" hingegen wird dann eingesetzt, wenn ein offener Konflikt zum Vorschein kommt. Das Ziel hierbei besteht darin, eine Eskalation zu verhindern und einen Kompromiss zwischen den Seiten zu finden.

Im darauffolgenden Segment setzt sich Jael weiterhin mit ihrer Position als Jüdin in Deutschland auseinander. Wie bei Michelle, nimmt die Frage des gesellschaftlichen Umgangs mit der Shoa eine wichtige Rolle dabei ein.

Segment 4: das Referat

1 jetzt erinnere ich auch an einen auch
2 Diskussion mit meinem Geschichtslehrer auf der Musterschule (-)
3 der hat behauptet dass (.) ähm
4 dass das Ausmaß des Holocaust nie so groß gewesen wäre
5 wenn die Juden sich verteidigt hätten ..
6 also die Juden hatt also er hats so dargestellt
7 als hätten die Juden mit sich machen lassen

8   und (.) ja es war okay für sie
9   sie haben sich nicht gewehrt (-)
10   und es hat mich persönlich sehr verletzt
11   weil ich dachte
12   mein Opa (-) der hätte sich bestimmt (.) nicht alles gefallen lassen
13   und es gab auch Aufstände
14   davon wusste ich ja? (.)
15   daraufhin hab ich mich mit m=meinen jüdischen
16   und nichtjüdischen Freunde in der Klasse (.) zusammengetan
17   und wir haben ein Referat freiwillig gemacht
18   also ohne es ihm zu sagen
19   über (.) Aufstände in allen (-)
20   wir haben eben ja überall recherchiert (.)
21   mit Hilfe von meinem Vater (-)
22   und haben ihm das dann vorgelegt und gesagt
23   wir würden's gern halten
24   weil das stimmt nicht
25   was Sie gesagt haben (-)
26   wir wollen das nicht so sitzen lassen
27   und dann hat er uns erlaubt
28   das Referat zu halten
29   und war dann .. und hat dann seine Antwort
30   dass heißt er hat's gar nicht so gemeint
31   das war eher dass er gemeint hat (.)
32   sie durften keine Aufstände machen
33   sonst wären sie erschossen worden
34   was ja stimmt aber das ist was ganz anderes (--)

Die Narration im vierten Segment führt Jael durch den Wechsel der Textsorte und des zeitlichen Auflösungsgrades ein. Dieses Segment weist die Form einer Anekdote mit erzählerischem Höhepunkt und szenischer Präsenz auf.

Im Anschluss an ihre Ausführungen zu ihrem Umgang mit negativen Erfahrungen erinnert sich Jael an die Diskussion mit einem Geschichtslehrer. Damit hängt auch diese Erzählung mit der Oberkategorie „Umgang mit Unwissen" zusammen. Jedoch handelt es sich hier um einen Sonderfall, weil gerade derjenige, der für die Vermittlung der Geschichte zuständig ist, in der Anekdote als unwissend entlarvt wird. Während vorher das Unwissen in Bezug auf die Frage „was genau jüdisch ist" gestellt wurde, behandelt die Anekdote eine spezifische Frage, nämlich die Frage nach dem jüdischen Widerstand während der NS-Zeit.

Im ersten Subsegment (Z. 1–14) beschreibt Jael die Situation als „Diskussion" (Z. 2) mit dem Geschichtslehrer. Jaels eigene Position als Schülerin wird damit als gleichwertig zum Lehrer eingeordnet und sie positioniert sich als jemand, der auf gleicher Augenhöhe mit dem Lehrer diskutiert. Die Beschreibung der Situation als Diskussion und nicht Streit oder Konflikt bestätigt das rationale Weltbild, das in den vorherigen Segmenten konstruiert wurde. Jael gibt die Behauptung des Geschichtslehrers wieder und legt sie dar. Argumentativ wird die Behauptung zugespitzt und ad absurdum geführt („es war okay für sie", Z. 8).

Jael reflektiert ihre eigene Betroffenheit infolge der Behauptung des Lehrers und begründet sie mit der Vorstellung ihres Opas. In den Vordergrund stellt sie auf diese Art wiederum ihre Familienbiografie und damit ihren persönlichen Bezug zum Thema. Auffallend ist, dass ihre Betroffenheit zuallererst als Enkelin und nicht als Jüdin hergestellt wird.

Im zweiten Subsegment (Z. 15–26) erzählt Jael von der Vorbereitung für das Referat. Sowohl die Auswahl des Mediums als auch die Zusammenstellung des Teams stehen im Einklang mit Jaels Kernnarration: „mit allen in Kontakt zu kommen". Das Referat als didaktisches Mittel ist in der Schule ein gängiges Medium. Mit der Entscheidung, den Lehrer damit zu überzeugen, wendet Jael seine eigenen Mittel gegen ihn an und belässt die Diskussion innerhalb der Klasse und auf inhaltlicher und nicht emotionaler Ebene. Jael hebt hervor, dass sie sich sowohl mit jüdischen als auch mit nichtjüdischen Freunden zusammengetan hat, um das Referat vorzubereiten. Während die Trennung in Michelles Erzählung zwischen den jüdischen und den nichtjüdischen Schülern liegt, setzt Jael alle Schüler in einen gemeinsamen Kontrast zum Lehrer.

Die Komplizenschaft zwischen den Schülern, die durch den Vater legitimiert und unterstützt wird, markiert den Höhepunkt der Erzählung: das Gespräch mit dem Lehrer. Es wird in wörtlicher Rede und szenischer Präsenz wiedergegeben. Die Gruppe erreicht ihr Ziel, das Referat halten zu dürfen, indem sie das fertig gestellte Referat dem Lehrer vorlegen und ihm einen direkten Vorwurf machen. Eine Dramatisierung entsteht dabei durch die vermeintliche Überraschungs des Lehrers, der dazu gezwungen wird, die Erlaubnis zu erteilen.

Im dritten Subsegment (Z. 27–34) wird das Ergebnis der Handlung vorgestellt. Jael rekonstruiert die neuen Argumente des Lehrers und zeigt damit, dass er seine Behauptung revidiert hat.

Mit der Referatsgeschichte wirft Jael ein charakteristisches Licht auf ihre Handlung und auf ihr Weltbild. Ihre Handlung verankert sie in ihrem optimistischen Verständnis von Gesellschaft, in der die Juden und die Nichtjuden gemeinsam gegen Unwissen wirken.

Die Fallstrukturen im Vergleich

Die Biografien und der Familienhintergrund von Michelle und Jael zeichnen sich durch zahlreiche Gemeinsamkeiten aus, die den Vergleich zwischen den Fallstrukturen ermöglichen. Zunächst weisen beide eine starke und stabile jüdische Identität auf, die in unterschiedlichen Lebensbereichen und Konstellationen zum Ausdruck kommt. Diese Selbstverständnisse prägen ihre narrative Identität. Ihre Sozialisation verläuft über die jüdische Grundschule (bei Michelle auch über den jüdischen Kindergarten) und sie werden zum Zeitpunkt des Interviews in einem nichtkonfessionellen Gymnasium unterrichtet. Die beiden engagieren sich in den Jugendvereinen der jüdischen Gemeinden, nehmen an Ferienlagern und Seminaren der ZWST teil und beteiligen sich regelmäßig an diversen Gemeindeaktivitäten.

In ihrer Familienbiografie fallen auch einige Gemeinsamkeiten auf: Beide wurden in Westdeutschland in nichtdeutsche Familien geboren, die der oberen Mittelschicht angehören und in Großstädten wohnen. Die Eltern sind Mitglieder einer orthodoxen Einheitsgemeinde, definieren sich selbst jedoch als traditionelle, jedoch nicht als religiöse Menschen. Dementsprechend halten die Eltern einige jüdische Gebote und Traditionen, sie besuchen die Synagoge an den hohen Feiertagen, fasten am ‚Jom Kipur' und halten bestimmte Speisegesetze (bei Michelles Familie werden die koscheren Speiseregeln vollständig und bei Jael lediglich ansatzweise eingehalten). Als biographisch bedeutender Unterschied erweist sich, dass Michelles Eltern jüdisch geboren wurden, wohingegen Jaels Mutter als erwachsene Person konvertierte.

In den beiden Interviews fallen auch einige Gemeinsamkeiten hinsichtlich formaler Aspekte auf: In ihren relativ langen Stegreiferzählungen (Michelle – 28 Minuten, Jael – 24 Minuten) zeigen sie eine hohe narrative Kompetenz. Die Vorgabe, ihre Geschichte chronologisch zu erzählen, erfüllen sie besonders gut. Sie beginnen in der Familie vor ihrer Geburt und beenden ihre Erzählung in der Gegenwart. Gleichzeitig sind die Narrationen thematisch klar strukturiert und nachvollziehbar. In den beiden Interviews bildet die innere und äußere Auseinandersetzung mit dem Judentum und Jüdischsein die zentrale Drehscheibe der Erzählung.

Aufgrund dieser gemeinsamen Merkmale der beiden Interviewpartnerinnen erscheint hier ihr jeweils gegensätzliches Verständnis des Umgangs mit der Mehrheitsgesellschaft besonders interessant. Ausgehend von den Befunden der Interpretation lassen sich die beiden Fallstrukturen in ihrer narrativen Identität auf mehreren Dimensionen vergleichen:

Tabelle 3: ein Vergleich der Fallstrukturen

Dimension narrativer Identität	Michelle	Jael
jüdische Identifikation	stark	stark
Bedeutung des Holocaust	Widerspiegelung des Erinnerungsdiskurses	familiärer Bezug (Großvater)
sozialer Netzwerktypus	Klicke	individualisierte Freundschaftsnetzwerke
vorherrschende Verhaltensstrategie	Konflikt	interpersonale Bewältigung
Selbsteinschätzung	unreflektiert	reflektiert
vorherrschendes Handlungsmuster	traditionsorientiert	menschenorientiert
Dimension narrativer Identität	Michelle	Jael
dominante Selbstpositionierung	Leiterin	Vermittlerin, ‚Expertin'
Teilidentitäten	ausschließlich im jüd. Kontext	in jüdischen und nichtjüd. Kontexten
Kompetenzen des Rollenhandels	unreflektierte Rollenübernahme	Rollendistanz und Ambiguitätstoleranz

Michelle wuchs in geschlossener und behüteter Umgebung auf. Mit der Kernnarration – „wie in einem jüdischen Ghetto aufgewachsen" – vermittelt Michelle ihre Angst vor der nichtjüdischen Welt. Diese Kernnarration gewinnt durch den biographischen Verlauf an Bedeutung. So postuliert sie: „ich bin im Schutze meiner Familie aufgewachsen". Die Kernfamilie ist jedoch nicht allein der Ort der Sicherheit, sondern auch der Raum, wo Intimität und Zugehörigkeitsgefühl entstehen kann. Die jüdischen Feiertage mit den Eltern und den älteren Schwestern blieben in Michelles Erinnerung die ersten religiösen Erfahrungen. Nachdem die Schwestern das Elternhaus verlassen haben, vermisst Michelle diese Art von Religiosität und Tradition. Jaels Kernnarration, die sie bereits zur Eröffnung ihrer Erzählung formuliert, lautet: „ich hab eine ganz besondere Situation". Die Besonderheit ihrer Situation, die sie aus der Übertrittsgeschichte ihrer Mutter ableitet, verwendet sie als Identitätsressource. Über ihre eigene Familiengeschichte entwickelt Jael ihre sensible Position innerhalb und außerhalb des jüdischen Milieus. Jael vertritt eine sehr reflektierte, zum Teil kritische Einstellung in Bezug auf die jüdische Welt, die sie kennt. Diese Position gewann sie durch die langjährige Auseinandersetzung der Familie bzw. der Mutter mit der Gemeinde und den rabbinischen Instanzen, um die Anerkennung als Jüdin zu bekommen. Dieses bedeutende biographische Ereignis verarbeitete sie nicht als Trauma, sondern als Möglichkeit, eine reflektierte Position zu entwickeln. Gleichwohl wurde ihre jüdische Identifikation nicht in Frage gestellt sondern neu definiert. Aus dieser reflektierten Position zeichnet sich Jaels Erzählung durch ein hohes Maß an Rollendistanz[36] und Ambiguitätstoleranz[37] aus.

Auch in Bezug zur jüdischen Identifikation fallen hier die unterschiedlichen Identitätsentwürfe auf. Michelle entwickelt ein starkes Zugehörigkeitsgefühl durch die Gruppenbindung mit anderen jüdischen Gleichaltrigen. In diesem sozialen Netzwerktypus, die der Sozialpsychologe Heiner Keupp als Klicke definiert, pflegt sie enge Freundschaften mit andere jüdischen Jugendlichen. Mit Gleichaltrigen außerhalb dieser Gruppe entstehen zwar Bekanntschaften, jedoch kaum Freundschaften.[38]

Jaels Selbstpositionierung als jemand, der „einfach mit allen in Kontakt zu kommen versucht", spiegelt sich in der Rezeption des sozialen Umfelds wieder. Jaels sozialer Netzwerktyp entspricht dem von Keupp definierten Typ der „individualisierten Freundschaftsnetzwerke" (vgl. Keupp u. a. 1999: 158). Sie pflegt Freundschaften mit jüdischen und nichtjüdischen Gleichaltrigen und teilt ihre Freizeit zwischen Aktivitäten

---

36   Rollendistanz ist eine im hohen Maße identitätsfördernde Qualifikation im Sinne von freier Gestaltung der Rolle. Es ist die Fähigkeit, sich von der sozialen Rolle in manchen Bereichen strategisch absetzen zu können (vgl. Hurrelmann 2002: 110-111)
37   Unter Ambiguitätstoleranz wird die Fähigkeit verstanden, Unklarheiten und Spannungen im Rollengefüge zu ertragen und dennoch handlungsfähig zu bleiben (vgl. Hurrelmann 2002: 111)
38   Fischer (1982) hat in seinen Untersuchungen von Netzwerken in Klein- und Großstädten die Subjektivität der Unterscheidung zwischen Bekanntschaft und Freundschaft gezeigt. Bekanntschaften werden theoretisch von Freundschaften als wesentlich diskreter und weniger offen unterschieden.

in der jüdischen Gemeinde und zwischen Mitgliedschaft in anderen Organisationen (bspw. in der Tanzgruppe) auf.

In den narrativen Erzählungen von Michelle und Jael nimmt die Auseinandersetzung mit dem Holocaust bzw. mit der Position als Nachfolger der Opfer in Deutschland eine auffällig große Rolle ein. Die beiden verbinden ihre jüdische Identität implizit und explizit mit dem Holocaust und fühlen sich verantwortlich, dass die Erinnerung an die Shoa aufrecht erhalten bleibt. Gerade von diesem gemeinsamen Standpunkt aus werden die unterschiedlichen Identitätskonstruktionen und Umgangsstrategien ersichtlich. Michelle geht in ihrer Rolle als Stimme der Opfer auf und ist deshalb nicht in der Lage, sich ihrer Umgebung gegenüber reflektierend und interpretierend zu verhalten. In ihrem Weltbild überträgt sie den Erinnerungsdiskurs bzw. die Rolle der Juden in diesem Diskurs in ihre eigene Schulklasse. Aus der Analyse ist festzustellen, dass Michelle bei der unreflektierten Übernahme ihrer Rolle im Erinnerungsdiskurs einen Preis zahlt, der ihr eine belastungsfreie Interaktion mit den anderen Schülern kaum zulässt. Wie sie sich mit der Rolle der Nachfolgerin der Opfer identifiziert, erwartet Michelle von ihren nichtjüdischen Schulkameraden, dass sie die Rolle der Nachfolger der Täter übernehmen werden, was immer wieder zu Konflikten mit den Mitschülern führt.

Jael dagegen geht mit ihrer Position reflektiert um. Ihr Bezug zum Thema Holocaust entsteht durch ihre eigene Erinnerung an ihren Großvater und nicht durch Reproduktion des öffentlichen Erinnerungsdiskurses. Sie begibt sich nicht in Konflikt mit den anderen Schülern, sondern kooperiert mit ihnen, um ein gemeinsames Ziel zu erreichen. Sie positioniert sich nicht als Autorität zum Thema Holocaust und beansprucht keine Sonderposition, sondern definiert ihre Position als Vermittlerin und ‚Expertin‘, die den Gruppen die Thematik näher bringen kann.

6.2.5 Zusammenfassung

In den in diesem Kapitel dargestellten Fallbeispielen wurde die Komplexität des Verhältnisses der Mitglieder einer Minderheit zur Mehrheitsgesellschaft gezeigt. Es wurde die Frage behandelt, wie das Verhältnis der Minderheit zur Mehrheitsgesellschaft narrativ hergestellt und dargestellt wird. Dieser Aspekt der Identitätsarbeit kommt in Erzählungen aus unterschiedlichen Phasen der Biografie der Befragten zum Ausdruck: von Begegnungen aus dem frühen Kindesalter bis zu Erzählungen aus dem Schulalltag. In den Lebensgeschichten werden Zugehörigkeitsentwürfe in den unterschiedlichen Lebensphasen verhandelt. Es wurde festgestellt, dass in ihrem Alltag jüdische Jugendliche in Deutschland Selbst- und Fremdzuschreiben verarbeiteten, die mit der Position der Juden in dem deutschen Gegenwarts- und Vergangenheitsdiskurs verankert sind. Vor dem Hintergrund der ,negativen Symbiose', wie von Diner definiert wurde, wurden zunächst vier typische Verhaltensstrategien zum Umgang mit Konflikten erarbeitet: *Hinwendung zu Instanzen, Vermeidung von Direktheit, Konfrontation* und *interpersonale Bewältigung*. Diese vier Grundstrukturen lassen sich durch die biographische Stegreiferzählung erkennen und vermitteln die Grundeinstellungen der Befragten zu ihrem sozialen Umfeld. Wie die Untersuchungsergebnisse zeigen, wird durch Verhaltensstrategien *Hinwendung zu Instanzen* und *Vermeidung von Direktheit* bewusst versucht, die direkte Konfrontation mit anderen Schülern zu umgehen. Auch die Konfliktlösung gestaltete sich nach der Auseinandersetzung indirekt, was oftmals zur Distanzierung der Beteiligten führt. In den Verhaltensstrategien *Konfrontation* und *interpersonale Bewältigung* hingegen werden Kontroversen offen ausgetragen, was zur gegenseitigen Anerkennung führen kann.

Als besonderer Schwerpunkt der Studie wurde im letzten Teil des Kapitels das Thema Umgang mit dem Holocaust im schulischen Kontext behandelt. Hierfür wurden zwei Einzelfallanalysen vorgelegt. Bei der Betrachtung diese Fälle wird deutlich, dass die Diskrepanz zwischen der jüdischen und der nichtjüdischen Perspektive im Hinblick auf das Thema eine Herausforderung für jüdische Jugendliche darstellt. Der Holocaust ist für die ,alteingesessenen' Jugendliche nach wie vor eine zentrale Perspektive und Deutungsmuster, ihre Umgebung zu interpretieren. Zugleich wurde gezeigt, dass in ihrer produktiven Verarbeitung der Realität das Thema Holocaust in zwei gegenseitigen Formen – als gemeinsame Grundlage für Kooperation oder als Grenzlinie zwischen Juden und Deutschen – entworfen wird. Die Grundstrukturen von *Konfrontation* und *interpersonaler Bewältigung* sind hierbei auch bei der Kontroverse über das Thema Holocaust wiederzuerkennen.

Da es sich hier um quantitative Forschung handelt, kann hier nicht auf Korrelationen zu sozialisatorischen Rahmenbedingungen hingewiesen werden, die den Unterschied zwischen den Typen begründen. Immerhin fallen bei der Analyse der Erzählungen zwei Relevanzfaktoren auf, die in der Bestimmung der Verhaltensstrategien entscheidend sind. Zum einem stellte sich bei der Auswertung heraus, dass sich der Typus *interpersonalen Bewältigung*, der hohe Selbstreflexion verlangt, nur weiblichen Befragten zuordnen lässt (insgesamt vier Mädchen). Die männlichen Befragten neigten dazu, die Verhaltensstrategie *Vermeidung von Direktheit* zu übernehmen. Dieser Befund bestätigt Forschungsergebnisse über typische Geschlechtsunterschiede der Beziehungsstrukturen in der Peergroup. Maria von Salisch verweist beispielsweise darauf, dass interpersonale Lösungsstrategien zwischen Freunden geschlechtspezifisch sind: „Enge Freundinnen (neigen) als eher enge Freunde dazu [...], die von der Kontroverse aufgerührte Anspannung interpersonal zu bewältigen" (1992: 54).

Ein weiterer Relevanzfaktor bei der Bestimmung der Verhaltensstrategien gestaltet sich durch das soziale Umfeld im Sozialisationsverlauf. Die Untersuchungsergebnisse zeigen, dass die Befragten, die bereits im frühen Alter gesellschaftlichen Kontakte außerhalb des jüdischen Umfelds hatten, eher versuchten, die Konflikte durch beiderseitige Bemühungen um Einsicht und Selbstreflexion gemeinsam zu lösen.

Nach diesem Einblick in die Verhaltensstrategien der Beziehungsstrukturen von jüdischen und nichtjüdischen Jugendlichen soll nun in der dritten Typologie der Arbeit die Frage der jüdischen Identifikation erörtert werden.

6.3 Typologie der jüdisch-religiösen und ethnischen Sozialisation

Die im Kapitel 6.2 vorgestellte Typologie hebt die Wechselbeziehung zwischen Subjekt und Gesellschaft hervor: Durch Übernahme der von den anderen erwarteten Rollenidentität, durch Partizipation am Lebensmodell der Bezugsgruppe, durch Rezeption der Fremdzuschreibung der Mehrheitsgruppe und zugleich durch eigene Gestaltung der zugedachten Rolle und die produktive Verarbeitung der Realität verhandeln jüdische Jugendliche ihre Zugehörigkeitsentwürfe und eignen sich das Modell an, mit dem die Bezugsgruppe die Welt deutet. Ausgehend von diesem interaktionistischen Ansatz wird in diesem Kapitel den sozialkulturell vermittelten Inhalten und Symbolen im jüdischen Kollektiv nachgegangen, die im Laufe des Sozialisationsprozesses tradiert werden. In der Analyse der narrativen Erzählungen wird danach gefragt, woran die Jugendlichen ihre Zugehörigkeit zum jüdischen Kollektiv festmachen und welche Identitätsentwürfe sich dabei feststellen lassen. Die Ergebnisse der Analyse lassen sich in der Typologie drei zentralen Zugehörigkeitsentwürfen zuordnen: (i) Identifikation mit der Orientierung der Eltern, (ii) Identifikation mit der Gemeinde- und Jugendarbeit sowie (iii) Identifikation mit dem Glauben und der religiösen Erfahrung.

6.3.1 Identifikation mit der Orientierung der Eltern

In der psychologisch-pädagogischen Forschung wird oftmals auf die herausragende Bedeutung der Eltern für die primäre religiöse und ethnische Sozialisation hingewiesen. Die Eltern geben über ihr Erziehungsverhalten diejenigen Einstellungen und Verhaltenserwartungen an die Kinder weiter, die ihnen in ihrem eigenen Erfahrungshorizont und ihrer Wertstellung besonders wichtig sind. Die Familie als Sozialisationsinstanz führt die Kinder in die Gesellschaft ein und hilft ihnen, ausgewählte Versionen der Kultur einer Gesellschaft, Vorgeschichte, Milieu und familiäre Erfahrungen zu erwerben (vgl. Helve 1991; Hurrelmann 2002).

Die Bedeutung der Familie bzw. der Eltern in der Vermittlung von Verhaltensweisen, Vorstellungen, Werten und Gesinnungen der jüdischen Gruppe bildet in dieser Studie bei den erzählten Lebensgeschichten von zehn Jugendlichen – davon acht ‚Alteingesessene' – einen Schwerpunkt.

Die Erzählerinnen und Erzähler bieten mit der Darstellung ihrer frühkindlichen Erfahrungen in der Familie eine Erklärung für ihre jüdische Identität in der Gegenwart. Im Folgenden werden weitere Segmente aus den Interviews mit Jael und Gabriel, deren Fallbeispiele bereits im Kapitel 6.2 vorgestellt wurden, analysiert. Anhand dieser Fallbeispiele werden zwei unterschiedliche Ausdrucksformen der frühkindlichen Prägung in der Familie diskutiert und ihre typischen Merkmale abstrahiert.

<u>Familiengeschichte als Identitätsentwurf (Jael)</u>

Im Kapitel 6.2.4 wurden drei zentrale Segmente aus dem Interview mit Jael, einer 18-Jährigen aus Düsseldorf, präsentiert. Die Analyse in diesem Kapitel schließt sich den aus der ersten Auswertung bereit gewonnenen Erkenntnissen an und soll dazu dienen, den Aspekt der Tradierung jüdischer Identität in der Familie näher zu beleuchten.

Bereits im Eröffnungssegment untermauert Jael mit dem Verweis auf die Lebensgeschichten ihrer Eltern die Behauptung, in „ganz besonderer Situation" in Deutschland zu sein. Vor allem der Übertritt der Mutter zum Judentum und die Biografie der Eltern als Flüchtlingskinder belegen diese Selbstpositionierung und stellen Jaels narrative Identität in den Einklang mit der Familiengeschichte. Im weiteren Verlauf der Erzählung rekurriert Jael mehrmals auf diese Struktur, indem ihre Verbindung mit den Eltern bzw. mit der Familiengeschichte als Erklärungsmuster für ihre Ansichten und ihr Handeln angeführt wird. Als Beispiel wird nun ein Segment analysiert, welches das Verhältnis der Erzählerin zur Religion thematisiert.

Segment 1: traditionell aufgewachsen

1 also wir (.) wir sind traditionell aufgewachsen (.) würde ich sagen
2 mein Papa war früher noch ein bisschen auch heute
3 seit meine Großeltern gestorben sind (.)
4 ist er etwas religiöser geworden und geht öfters in die Synagoge
5 aber wir versuchen einfach (.) die Feiertage
6 so zu ((lacht)) feiern wie sie kommen und
7 und Schabbat versuchen wir auch immer zu feiern (.)
8 also schon von klein auf (.) eine zeitlang wollt warn wir Koscher (.)
9 das haben wir jetzt mehr oder weniger aufgegeben (.)
10 ich hab auch schon sehr früh Israel kennengelernt
11 schon als ich (.) noch ganz klein war
12 und nicht genau wusste wo der Unterschied ist
13 zwischen Deutschland und Israel
14 und somit ist das ein zweites Land
15 was mich sehr geprägt hat vor allem weil auch mein Vater
16 immer sehr sehnsüchtig ist nach dem Land
17 dass heißt er (.) er ist immer wirklich
18 wenn er dort ist so (.) ich denk auch
19 mein Vater ist ein anderer Mensch
20 wenn er hier ist und wenn er in Israel ist (..)
21 und das hab ich schon sehr früh gespürt (..)
22 und hab dadurch auch den Unterschied irgendwie gespürt
23 ich wusste nicht was worin er ist aber ich habe ihn gespürt

In diesem Segment beschreibt Jael in einer berichtenden Darstellung die religiöse Praxis zu Hause und baut in einer Argumentation ihren Bezug zu Israel als „ein zweites Land" (Z. 14) auf.

Im ersten Subsegment (Z. 1–9) wird zunächst die religiöse Praxis thematisiert, welche in den Alltag der Familie eingebettet wird. Die Erzählerin vermittelt mit den Pronomina der zweiten Person „wir" (Z. 1) ihr Zugehörigkeitsgefühl zu der Familie und hebt die Gemeinsamkeiten mit ihrer Schwester hervor. Während die Familie als Ganzheit als „traditionell" (Z. 1) beschrieben wird, fällt auf, dass der Vater durch einen gewissen Wandel in seinem Bezug zum Judentum charakterisiert wird: Jael merkt, dass er „etwas religiöser geworden" (Z. 4) ist. Diesen Wandel stellt sie in ein kausales Verhältnis zum Tod der Großeltern. Der Rest der Familie tendiert hingegen dazu, die Religion weniger zu achten. So stellt Jael fest, dass ihre Familie eine zeitlang „Kosher" (Z. 8) war.

Es fällt auf, das der Ausdruck „wir (waren) Koscher" (Z. 8) doppeldeutig ist: Zum einen beschreibt er die religiöse Praxis in Bezug auf die Speisereglung in der Familie. Zum anderen wird der Ausdruck im alltäglichen Sprachgebrauch dazu verwendet, die moralische Richtigkeit des Handelns zu bezeichnen. Die Widerholung des Verbs „versuchen" (Z. 5, 7), die mit dem Lachen (Z. 6) pointiert wird und das ‚Eingeständnis‘, dass die Beachtung der Kashrut aufgegeben wurde, wirken apologetisch, als ob sich Jael gewissermaßen entschuldigt, dass sie die Tradition nicht konsequenter einhält. Ihre eigene religiöse Praxis als Individuum jedoch wird nicht zur Disposition gestellt, sondern ausschließlich durch die Perspektive der Familie dargestellt.

Im zweiten Subsegment (Z. 10–23) thematisiert Jael ihren Bezug zum Land Israel. Ihre Verbindung zum Land, das sie schon sehr früh kennenlernte, wird durch die Beziehung zu dem Vater vermittelt. Die Erzählerin nimmt die Empfindung ihres Vaters wahr und leitet davon ihr Verständnis von dem Land ab. Da der Vater in Israel „ein anderer Mensch" (Z. 19) ist, wird folglich ein „Unterschied" (Z. 12) zwischen Deutschland und Israel postuliert. Mit der Fremdpositionierung des Vaters als „sehr sehnsüchtig" (Z. 16) nach dem Land wird seine Verbindung zu Israel nicht nur als Vorliebe oder sentimentale Neigung, sondern als existenzielle Notwendigkeit dargestellt. Es fällt auf, dass Jael selbst ihre emotionale Verbindung zum Land durch die Beschreibung des Vaters ausdrückt. Die emotionelle Reaktion des Vaters hat sie „schon sehr früh gespürt" (Z. 21) und auf ihren eigenen Bezug zum Land übertragen. Es zeichnen sich hierbei zwei Verbindungsformen zum Land Israel ab: Im Gegensatz zum direkten Verhältnis des Vaters, das vermutlich aus seinen eigenen Kindheitserfahrungen hervorgeht, entwickelt Jael ihren Bezug durch die Übertragung und die Projektion ihrer väterlichen Vorstellung auf ihre Welt.

Aus dem Segment wird die Bedeutung der Familie als Instanz und des Vaters als Identifikationsfigur für die narrative Identität der Erzählerin klar. Jael baut ihr eigenes religiöses Verständnis und ihren Bezug zu Israel im Einklang mit der von ihr wahrgenommenen Gesinnung ihrer Eltern auf. Vor diesem Hintergrund bekommt die Übertrittsgeschichte der Mutter eine besondere Bedeutung in Jaels Narration.

Segment 2: akzeptiert in der Gemeinde

1 (--) mm der Übertritt von meiner Mutter (.) ä=ähm (.)
2 wurde nicht gleich akzeptiert (.)
3 also man hat ihn zuerst anerkannt
4 aber (.) dann später wurde er revidiert

5 und der war nicht richtig koscher gemacht (.)
6 dass heißt insgesamt ich (.) mussten wir noch
7 einmal übertreten (.) wir alle zusammen (.)
8 war sehr anstrengend (-)
9 den haben wir hier beim [Name eines Rabbiners] gemacht (-)
10 und der wurde dann auch zwei Jahre später (.) gesagt
11 dass er in Israel nicht anerkannt ist
12 und dann mussten wir noch mal (.) ein drittes Mal
13 und das war auch noch mal ein (-)
14 also sehr sehr prägend schon für mich (.)
15 weil ich einfach gesehen hab dass (-)
16 wie viel ich tun muss und meine Mutter
17 dass wir (.) das wir akzeptiert werden
18 in der Gemeinde und
19 einfach fü=für diese Religion (--)
20 und das hat uns auch zum Teil ziemlich fertiggemacht
21 aber=s (.) also ich hab auch gesehen
22 wie sehr meine Mutter es wollte
23 es war nicht wegen meinem Pap=pa unbedingt (-)
24 sondern sie wollte wirklich
25 ein äm Jude sein und diesen Glauben haben (.)
26 und sie weiß auch heute
27 mehr als viele andere Menschen die ich (.)
28 also wo ich denke die sind schon (..)
29 sehr lange in der (.) jüdischen Tradition aufgewachsen

In diesem Segment wird die Geschichte des Übertritts als Schlüsselereignis dargestellt, welches die Beziehung von Jael und ihrer Mutter
prägt. Im ersten Subsegment (Z. 1–12) wird mit einer chronikartigen
Darstellung über die zwei gescheiterten Übertrittsversuche der Mutter
berichtet, die zur Folge hatten, dass auch die beiden Töchter schließlich
einen Übertritt vollziehen mussten, obwohl sie von Geburt an jüdisch
erzogen worden waren. Die Darstellung dieses Leidensweges der Familie wird in Form eines Kondensierungszwangs vermittelt. Die Gründe
für die Aberkennungen der Übertritte werden nicht ausgeführt („nicht
richtig Koscher gemacht", Z. 5). Dass die ablehnenden Instanzen legitim
und ihre Entscheidungen richtig waren, wird von Jael nicht in Frage
gestellt. Ihre eigenen Gefühle und die Konsequenzen für die Familie
werden nur knapp wiedergegeben. Die evaluativen Elemente in der
Darstellung beziehen sich auf das Verhalten des Rabbiners in Deutschland („nicht richtig koscher gemacht" Z. 5) und die Bedeutung dieser
Erfahrung für die Familiemitglieder („war sehr anstrengend" Z. 8). Dass

sie selbst konvertieren musste, beschreibt Jael als eine große emotionelle Zumutung („anstrengend" Z. 8, „ziemlich fertig gemacht" Z. 20), jedoch nicht als eine Erfahrung, die ihre jüdische Identität in Frage gestellt hat. Im zweiten Subsegment (Z. 13–29) reflektiert Jael die Bedeutung der Ereignisse für die Beziehung in der Familie und für ihr Verhältnis zu der Mutter. Jael und ihre Mutter werden in dem Wunsch vereint, als Juden von der Gemeinde und von den religiösen Instanzen anerkannt zu werden (Z. 17–18). Vor dem Hintergrund der wiederholten Übertrittsversuche wird die Zugehörigkeit zur jüdischen Religionsgemeinschaft nicht als Selbstverständlichkeit, sondern als das Ziel vieler Anstrengungen verstanden. Die Mutter wird anhand ihres starken eigenständigen Willens („nicht wegen meinem Pap=pa „ Z. 23) und ihrer breiteren Religionskenntniss („mehr als viele andere Menschen" Z. 27) fremdpositioniert. Hierbei setzt die Sprecherin ihre jüdische Identität, welche bisher hauptsächlich durch die Identifikation mit dem Vater und seiner Familiengeschichte konstruiert wurde, in Bezug zu den Leistungen der Mutter.

In den beiden Segmenten aus der Haupterzählung stellt Jael die Identifikation mit den Eltern in den Mittelpunkt ihrer Narration. Die Konstitution ihrer eigenen jüdischen Identität in der Erzählung wird als direkte Folge dieser Identifikation dargestellt. Diese Kernnarration zieht sich durch die gesamte biographische Erzählung (vgl. Kapitel 7.2.4). Im Nachfrageteil wurde Jael explizit mit der Frage konfrontiert, was es für sie bedeutet, jüdisch zu sein.

Segment 3: „auch meine Geschichte"

1 Hm (3 Sek.) das ist schwer (..) es heißt für mich (..)
2 es ist eine (..) Lebensrichtung die ich habe (..)
3 und auch hab ich das Gefühl dass ehm irgendjemand auf mich kuckt (..)
4 bei allem was ich tue (..) also das ist zum einen natürlich (.)
5 was ist richtig und was nicht richtig geht (.)
6 von meinen Eltern aus auch weil mein Papa seit ich klein war
7 mir abends (.) religiöse Geschichten vorgelesen hat
8 also (.) die ganzen Hagadot die (.) eine tiefere Bedeutung haben (.)
9 und die auch Prinzipien erklären (.) also miteinander leben (..)
10 und meinem Papa war's auch immer sehr wichtig
11 dass er die Tradi=Tradition weiterführt
12 weil (.) wir eine Verbindung haben zum ganz berühmten Rabbiner
13 Rabbiner der sehr verehrt wurde (..)
14 und auch mein Opa und meine Oma warn sehr religiös
15 als sie (.) Noch vor dem Ka-Zett (..) und danach haben sich sehr (.)

16 sie sich von der Religion mehr oder weniger distanziert
17 haben zwar noch (paar Bräuche) eingehalten
18 aber es war kein Vergleich zu dem Leben davor (..)
19 und da wollte mein Papa glaube ich wieder anknüpfen an dieses Leben
20 und das hat er auch in in mich und meine Schwester also einge-pflanzt
21 dieses back to the roots (.)
22 also ich und meine Schwester hat hat dann mit dreizehn entschlos-sen
23 dass sie koscher isst und dass sie wenn sie heiraten wird (.)
24 also absolut religiös sein wird
25 ich denke auch es ist jedem seine eigene Entscheidung im Endeffekt (..)
26 man man ist doch sehr geprägt von dem was man mit seiner Familie erlebt
27 und natürlich bedeutet für mich auch einfach
28 die Geschichte meiner Großeltern (.) das bedeutet für mich auch (.)
29 Jude zu sein (.) weil meine Geschichte haben (.) nun mal (.)
30 Die Hölle durchgemacht und so lang ich lebe werd ich das nicht (.)
31 nie leugnen können und es ist auch meine Geschichte

Die Erzählerin reagiert nach einer kurzen Denkpause auf die Frage und kommentiert zunächst, dass es ihr schwer fällt, die Frage zu beantworten. Daraufhin stellt sie im ersten Subsegment (Z. 1–5) zwei Kategorien vor: Zum einen Judentum als „Lebensrichtung" und zum anderen als Glaubensrichtung („das Gefühl dass irgendjemand auf mich kuckt" Z. 3). Anhand dieser Kategorien versucht Jael zwischen „richtig" (Z. 5) und „nicht richtig" (Z. 5) zu differenzieren. Es fällt auf, dass die beiden Kategorien besonders raffend dargestellt werden. Erst im zweiten Subsegment (Z. 6–13) baut Jael ihr Verständnis von Judentum als Form der Familiengeschichte narrativ auf. Auch hier betont Jael den Einfluss des Vaters auf ihren Weg. Die Erinnerung an die Abende, an denen der Vater Geschichten erzählt hat, stellt die religiöse Sozialisation als Teil der liebesvollen und warmen Tochter-Vater-Beziehung dar. Darüber hinaus wird die Rolle des Vaters in der religiösen Aufklärung hervorge-hoben. Der Vater wird als aktiv handelnde Person fremdpositioniert, die Jael mit ihrem wichtigen Vorvater (‚ganz berühmten Rabbiner' Z. 12) verbindet. Die Familienatmosphäre wird durch Vernunft und Verständ-nis („Prinzipien erklären" Z. 9) geprägt.

Im dritten Subsegment (Z. 14–26) stellt die Erzählerin die religiöse Orientierung ihres Vaters in den Einklang mit einer langen Familientradition, die durch den Holocaust abgebrochen wurde. In seinem eigenen Verhalten und mit der Erziehung der beiden Töchter versucht der Vater, die Tradition wiederherzustellen. Dies wird aus der Perspektive der Töchter unter dem Motto „back to the roots" (Z. 21) vermittelt. Es fällt auf, dass die Entscheidung des Vaters nicht durch die Religion oder den Glauben, sondern als „wieder anknüpfen" (Z. 19) an das Leben seiner Familie vor dem Zweiten Weltkrieg erklärt wird. Die Geschichte der Familie und die Tradition werden somit als die treibenden Kräfte hinter dem Handeln des Vaters verstanden. Die wiederhergestellte Familientradition wird dann von Jaels Schwester aufgegriffen, als sie sich mit dreizehn Jahre entschließt, nur kosher zu essen und in der Zukunft „absolut religiös" (Z. 24) zu sein. Die Idee, religiös zu sein, wurde bei den Schwestern von dem Vater „eingepflanzt" (Z. 20). Mit der Metapher der ‚Einpflanzung' wird suggeriert, dass die Verbindung mit der Familiengeschichte im jungen Alter vermittelt wird und dann mit der Person organisch wächst. Auf der kollektiven Ebene wird durch die Religion eine Verknüpfung mit einer langjährigen jüdischen Tradition wiederhergestellt, nachdem sie im Holocaust abgebrochen wurde. Zum Abschluss dieses Subsegments wird die Kernnarration „man ist doch sehr geprägt von dem was man mit seiner Familie erlebt" (Z. 26) als allgemeine Lehre formuliert. Jaels eigene Erfahrung wird in Form einer sozialen Regel formuliert.

Im letzten Subsegment (Z. 27–31) wird eine weitere Ebene der Identifikation mit der Familiengeschichte entfaltet. Jael stellt ihren Bezug zur Geschichte der Großeltern im Holocaust in den Vordergrund. Die Relevanz dieser Verbindung zu Jaels eigener Geschichte wird in Zeilen 29 und 31 betont. Mit der Bezeichnung „natürlich" (Z. 27) und „einfach" (Z. 27) wird die Identifikation durch die Leiden der Großeltern durch ihre Selbstverständlichkeit und als ein fester Bestandteil der jüdischen Identität dargestellt. Mit der Formulierung „so lang ich lebe werd ich das nicht (.) nie leugnen können" (Z. 30–31) legt Jael nahe, dass ihr die Identifikation mit der tragischen Geschichte der Großeltern nicht leicht fällt. Immerhin nimmt sie diese Geschichte bewusst in ihr Selbstverständnis auf.

Zusammenfassend lässt sich feststellen, dass Jael in ihrer Erzählung die Identifikation mit ihren Eltern und mit der Familiengeschichte als Ressource benutzt, um ihre eigene jüdische Identität darzustellen. Wie die Analyse zeigt, wird die Familie als ein harmonisches Umfeld gestaltet, in dem einander Vernunft, Anerkennung und gegenseitige Unterstützung entgegengebracht werden. In der temporalen Dimension wird die familiengeschichtliche Identifikation dargestellt, indem eine Kontinuität zwischen der Erzählerin und den vorherigen Generationen hergestellt wird. Jael positioniert sich ganz im Einklang mit der Orientierung ihrer Mutter, die für die Anerkennung als Jüdin kämpft und mit dem Selbstverständnis ihres Vaters, der sich als Träger langjähriger jüdischer Traditionen versteht. Zudem baut Jael die Entwicklung weiterer Aspekte der jüdischen Identität – etwa der Bezug zu Israel – als Folge der Identifikation mit ihrem Vater auf. Eine weitere Ebene der jüdischen Identifikation wird durch die Leiden der Großeltern während des Holocaust und die Erfahrung der Eltern als Flüchtlinge konstruiert.

Nachdem die biographische Erzählung von Jael als Beispiel für den Typus ‚Elternorientierung' dargestellt wurde, soll nun anhand des Fallbeispiels von Gabriel eine weitere Ausdifferenzierung dieses Identifikationsmusters erfolgen.

Religiöse Praxis als ‚Familiennormalität' (Gabriel)

Im Kapitel 6.2 wurden Auszüge aus dem Interview mit dem 19 jährigen Gabriel aus Frankfurt diskutiert, die seinen Umgang mit Konfliktsituationen zeigen. In diesem Kapitel soll die Begründungsstruktur seiner jüdischen Identität anhand des ersten Teils seiner biographischen Narration analysiert werden.

Segment 1: „eine jüdischreligiös-traditionelle Familie"

1 o.k. also ich wurde am 12. April 1989 in Frankfurt geboren
2 meine Eltern stammen beide nicht aus Deutschland
3 mein Vater kommt ursprünglich aus Ungarn
4 und meine Mutter stammt aus der Slowakei
5 wir sind eine jüdischreligiös-traditionelle Familie
6 das wurde mir auch vom Ersten so beigebracht
7 es wurde mir vorgelebt so von meinem Vater von meinen Großeltern
8 zum Beispiel in Sabbat in die Synagoge gehen
9 das war für mich für mich eine normale Sache zu der Zeit
10 kannte ich noch nicht andres
11 als kleine Junge vier fünf Jahre alt wusste ich
12 samstags laufe ich mit meinem Großvater
13 oder mit meinem Vater in die Synagoge
14 dann kam ich in den jüdischen Kindergarten
15 war sofort auch mit jüdischen Leuten zusammen und völlig integriert und
16 im Kindergarten wurde auch schon für mich normale Realität praktiziert

17 wie der Sabbat am Freitag die jüdische Lieder singen
18 man musste mit Kipa Kipa hat man getragen beim Essen
19 und immer hat man die Bracha davor gesagt
20 und meine Eltern haben mich schon sehr früh
21 zur Religionsunterricht geschickt zum Rabbiner
22 wo ich auch zuerst ein bisschen hebräisch gelernt habe
23 und dann gelernt habe wie zu beten
24 wie man sich in einem Gebetsbuch zurechtfindet
25 und was die wichtigste Gebete sind
26 meine Eltern haben probiert mich in diese Richtung ein bisschen
27 zu führen das Leben so zu führen wie sie es durchführt haben
28 und wie ihre Eltern es ihnen gezeigt haben

In diesem Eröffnungssegment thematisiert Gabriel gleich zu Beginn der Erzählung seine religiöse Sozialisation im näheren Familienumfeld, im jüdischen Kindergarten und im Religionsunterricht. Das Segment weist die Textsorte von berichtender Darstellung aus und lässt sich in zwei Subsegmente unterteilen.

Im ersten Subsegment (Z. 1–13) wird gleich zur Eröffnung der Erzählung die Familie in den Mittelpunkt gestellt. Nach der formalen Angabe des Geburtsdatums und des Geburtsortes stellt Gabriel seine Eltern vor. Die Eltern werden mit ihrer Herkunft („nicht aus Deutschland" Z. 2), ihrer religiöse Orientierung („eine jüdischreligiös-traditionelle Familie" Z. 5) und ihrer Erziehungsform („vom Ersten so beigebracht" Z. 6) vorgestellt. Hierbei positioniert sich Gabriel im Einklang mit der religiösen Orientierung der Eltern. Damit wird Kontinuität und Kohärenz zwischen der Weltanschauung der Eltern und der Erziehung in der Familie hergestellt. Der jüdischreligiös-traditionelle Bezug wurde von dem Vater und den Großeltern „vorgelebt" (Z. 7): Der Vater und der Großvater werden von dem Erzähler hierbei als Vorbilder seiner Kindheit dargestellt, die seine religiöse Sozialisation von frühester Kindheit an prägten. Es fällt dabei auf, dass die religiöse Erziehung als eine männliche Angelegenheit dargestellt wird: Die Mutter erfüllt scheinbar hinsichtlich der Religiosität und der Tradition in der Familie keine Vorbildfunktion für Gabriel. Am Beispiel des wöchentlichen Synagogenbesuchs wird die religiöse Praxis dargestellt. Hier unterscheidet der Sprecher zwischen seiner eigenen Perspektive als vier- bzw. fünfjähriges Kind und der gesellschaftlichen Realität in Deutschland. Er betont, dass für ihn der Synagogenbesuch „eine normale Sache" (Z. 9) und „normale Realität" (Z. 16) war. Der Sprecher macht hierbei klar, dass seine Kindheitswelt vollständig durch die Sozialisation in der Familie und die ihm dort vermittelte Tradition bestimmt war.

Im zweiten Subsegment (Z. 14–28) wird das Gemeindeleben im Einklang mit und als eine Erweiterung der Familiensphäre beschrieben. Sowohl der jüdische Kindergarten als auch der Religionsunterricht bei dem Rabbiner zeichnen – genau wie die Familie – eine „normale Realität" (Z. 16) aus, die sich durch eine gewisse Praxis vollzieht. Diese Normalität entstand durch bestimmte Merkmale und Traditionen wie Lieder, Kipa (Kopfbedeckung) und Gebet. Auch hier fällt auf, dass Gabriel seinen Weg nicht durch Neuentdeckungen und Veränderung, sondern durch Kontinuität konstruiert: Der jüdische Kindergarten stellt hierbei eine natürliche Fortsetzung der Familiennormalität dar. Im jüdischen Kindergarten war er „sofort auch mit jüdischen Leuten zusammen und völlig integriert" (Z. 15). Die schnelle und vollständige Integration wird durch die Praktizierung der „normale(n) Realität" (Z. 16) begründet. Hierbei wird die religiöse Praxis als Stabilisierungsfaktur und als Quelle von Sicherheit und Vertrauen in der Welt während der Kindheit dargestellt.

Zum Schluss wird die Familiennormalität, die im ersten und zweiten Subsegmente postuliert wird, mit der religiösen Orientierung der Eltern verknüpft. Die Eltern werden durch ihren Einfluss auf die Entwicklung des Sprechers fremdpositioniert („in diese Richtung ein bisschen zu führen" Z. 26–27). Die religiöse Praxis wird als Teil einer Tradition dargestellt, die von Generation zu Generation vermittelt wurde und die Kontinuität wird sowohl in der Verbindung mit den vorherigen Generationen als auch in der Darstellung der Phasen in eigener Biografie herund dargestellt.

Die Weltvorstellung, die im ersten Segment skizziert wurde, wird anschließend im zweiten Segment ausgebaut:

Segment 2: „Normalität"

1 für mich war zu Beginn normal dass wenn mein Vater reingekommen ist
2 hat er erst die Mesosa geküsst dann meine Mutter
3 für mich war normal
4 dass ich zu linken Seite von meinem Vater saß freitagabends zum Sabbat
5 dass ich meinem Vater hinterher gelaufen bin
6 beim Händewaschen nach dem Kiddusch
7 und danach man ruhig sein muss wenn das Brot gab
8 wo ich zum Beginn nicht wusste warum?
9 ich hab einfach gemacht weil man es mir so beigebracht hat
10 zu der Zeit wusste ich dass wir jüdisch sind

11 ich wusste auch dass auch nichtjüdische Leute gibt
12 so was der Unterschied zu der Zeit war für mich war noch nicht so
   klar
13 und das war für mich die Normalität dass dass keine Probleme gab
14 dass dass ich mit etwas gelebt habe was mir seitdem ich geboren bin
15 in die Wiege gelegt worden ist
16 dass mein Vater mich jeden Nacht
17 als ich ins Bett ging gesegnet hat
18 dass er sein hand auf meinem Kopf gelegt hat
19 und ein Segenspruch gesagt hat und ich nicht schlafen konnte
20 bis er nicht nach Hause kam und mich nicht gesegnet hat und
21 das hat sich bei mir im Kopf eingeprägt
22 ich bin 19 Jahre alt und mein Vater macht es noch ab und zu immer
   noch
23 er kommt immer ins Zimmer und segnet mich
24 und ab und zu kriege ich einfach Gänsehaut
25 weil ich sage das ist so etwas Wertvolles wichtig ist
26 was man nicht verlieren darf dass ich mir auch sage
27 dass ich das auch weitergeben will weil das das sind so Kleinigkeiten
28 die halten die Tradition und die Religion einer Familie zusammen
29 und das ist Normalität die ich immer noch verspüre
30 auch jetzt mit den ganzen anderen Fakten die ich
31 natürlich in den letzten Jahren auch erlebt habe und gelesen
32 und gehört habe und selber mitbekommen habe
33 ist es jetzt immer noch für mich Normalität

In diesem Segment, das die Textsorte Argumentation aufweist, wird das
Thema ‚Normalität' zur Kernnarration gemacht. Im ersten Subsegment
(Z. 1–15) kommt Gabriel auf die vorbildliche Rolle des Vaters in der
Vermittlung der religiösen Praxis zurück. In der Darstellung seines familiären Nahfeldes wird diese religiöse Praxis als eine alltägliche Routine dargestellt, die durch den Vater vorgeführt wird: Als Beispiel werden
die Bräuche von ‚Mesusa[39] küssen' beim Eingang des Hauses (Z. 2) und
das Händewaschen nach dem Kiddusch[40] (Z. 6) erwähnt, um den ‚normalen' religiösen Alltag im Elternhaus unter Beweis zu stellen. Die
harmonische Integration der Religion im Leben kommt im Verhalten des
Vaters zum Ausdruck: Das religiöse Ritual (Mesusa küssen) wird –
genau wie andere familiäre Rituale (Mutter küssen) – als ein Teil des

---

39 Eine Schriftkapsel, welche sich im traditionellen jüdischen Haushalt an jedem Tür-
    rahmen befindet.
40 Ein Segenspruch, der am Freitagabend gesprochen wird.

Alltags dargestellt. Es fällt auf, dass die Gestaltung der religiösen Rituale in der Familie durch die Präsenz des Vaters geprägt wird: Gabriel betont immer seine eigene Position im Hinblick auf den Vater („zu linken Seite" Z. 4, „hinterher" laufen Z. 5).

Die Kernnarration der Normalität kommt nicht durch die Suche nach Sinn und Bedeutung zum Vorschein („wo ich zum Beginn nicht wusste warum?" Z. 8). Vielmehr betont der Sprecher die religiöse Sozialisation, die sich durch die ‚vorgelebte' Lebensform in der Familie vollzog. Dementsprechend erfolgt die Übernahme der Elternorientierung durch die Gestaltung von Kontinuität im familiären und gemeinschaftlichen Nahfeld.

Im zweiten Subsegment (Z. 16–33) weist der Sprecher einem bestimmten Ritual besondere Bedeutung zu: der Segnung durch den Vater. Im Unterschied zu den anderen Riten, die Gabriel im vorherigen Subsegment beschreibt, ist die Segnung nicht ein Teil der jüdischen „Mitzwot" (Gebräuche). Es handelt sich um ein besonderes Vater-Sohn-Ritual, dass Gabriel mit dem Judentum verbindet. Mit diesem Ritual wird eine Verbindung zwischen Vergangenheit und Gegenwart geschaffen: Der Sprecher betont, dass obwohl er inzwischen 19 Jahre alt ist, ihn der Vater immer noch segnet (Z. 22). Dieses Verhalten des Vaters wird nicht als unangemessen zu Gabriels Alter verstanden, sondern als „etwas Wertvolles wichtig" (Z. 25) dargestellt. Der Sprecher will dem Vorbild des Vaters folgen und auch diese Familierituale weitergeben (Z. 27). Er bewertet sie als die „Kleinigkeiten", die „die Tradition und die Religion einer Familie zusammen" halten (Z. 28).

Zum Schluss verbindet Gabriel die Beschreibung der Familiensituation mit der Kernnarration. Die Stabilität und Kontinuität zwischen Vergangenheit, Gegenwart und Zukunft wird durch die Kategorie Normalität angeschlossen, die auch im Verlauf der persönlichen Entwicklung über die Jahre aufrechterhalten wird. Die jüdische Identifikation wird damit als organische und natürliche Entwicklung innerhalb der Familie konstruiert.

Zusammenfassung zum Typus „Identifikation mit der Orientierung der Eltern"

Unter dem Typus der Identifikation mit der Orientierung der Eltern wurden zwei unterschiedliche Fallbeispiele vorgestellt: Im Fall von Jael haben die Lebensgeschichten der Eltern und Großeltern als ein zentraler Entwurf eine konstituierende Funktion für die Konstruktion ihrer eigenen Identität. Gabriel wird vornehmlich von dem väterlichen Vorbild hinsichtlich seiner religiösen Praxis geprägt.

Aus den beiden Fallbeispielen lassen sich die Strukturmerkmale des Typus erkennen:

- Einbettung eigener religiöser und ethnischer Orientierungen im familiären Kontext: In den biographischen Narrationen wird die Familie in ihrer Funktion als primäre Sozialisationsinstanz als entscheidend für die Entwicklung eines religiösen und ethnischen Zugehörigkeitsgefühls dargestellt.
- Herstellung von Kontinuität und Kohärenz über Generationen hinweg: Der Typus bemüht sich, im Einklang nicht allein mit den Eltern zu stehen, sondern sich auch mit der Generation der Großeltern und sogar mit Personen aus der entfernten Familiengeschichte (wie berühmte Rabbiner aus der Familie) zu präsentieren.
- Soziale Einbettung der religiösen Praxis: Das Lernen von religiösen Ritualen wird als Teil der Sozialisation in der Familie dargestellt. Die Vermittlung oder Auseinandersetzung mit Glaubensfragen wird hingegen nicht thematisiert.

6.3.2 Religiöse und ethnische Vergemeinschaftung im Jugendverein und in der Gemeinde als Relevanzfaktor in der Begründung jüdischer Identität

Während der Typus der „Elternorientierung" oftmals die jüdische Identität der ‚Alteingesessenen' repräsentiert, zeigt sich der Typus der „Religiöse und ethnische Vergemeinschaftung im Jugendverein und in der Gemeinde" als charakteristisch für Zuwanderinnen und Zuwanderer. Von zwölf Interviewten, die sich diesem Typus zuordnen lassen, wurden neun in der ehemaligen Sowjetunion geboren.

In diesem Kapitel wird anhand der Fallbeispiele von Alex, Mascha und Ilona der Idealtypus dargestellt, der seine jüdische Identität über die Sozialisationsinstanz Gemeinde bzw. Jugendverein gewinnt.

<u>Anschlussfaktor Jugendarbeit (Alex)</u>

Alex, 16 Jahre alt, lebt zum Zeitpunkt des Interviews mit seiner Mutter, seinem Stiefvater und seinem jüngeren Halbbruder in Hannover und besucht die zehnte Klasse einer Realschule. Im Alter von fünf Jahren kam Alex mit seiner Familie aus Armenien nach Deutschland. Seinen biologischen Vater hat Alex nie gekannt. Seine Mutter ist Jüdin und der Stiefvater ist russisch-orthodox, beide haben jedoch keine Bindungen zu institutionalisierter Religion.

Alex antwortet auf die Eingangsfrage besonders kurz: Insgesamt dauert die Stegreiferzählung lediglich eineinhalb (!) Minuten.

Segment 1: „jetzt muss ich Madrich werden"

1 M: ja (.) ich möchte dich bitten zu erzählen wie du aufgewachsen
   bist
2 und was (.) was in deinem Leben bisher passierte
3 A: also ich bin halt in Armenien aufgewachsen
4 dass war halt damals die Zeit als die Sowjetunion auseinander
5 gebrochen ist (.) daran erinnere ich mich nicht so ganz besonders
6 weil ich schon mit fünf Jahren her gekommen nach Deutschland (.)
7 ich hab noch kleine Erinnerung daran
8 aber damals hat sich Judentum gar nicht in meinem Leben
9 so abgespielt (..)
10 ehrlich gesagt wusste ich damals nicht was Judentum wirklich ist
11 ((lacht)) (-) dann bin ich nach Deutschland gekommen
12 und (..) circa mit zwölf dreizehn hab ich mitbekommen dass ich
13 was jüdisches in mir habe und bin mit circa vierzehn mit meinen
   Eltern
14 in die jüdische Gemeinde gekommen und dann hat mir sehr gut
   gefallen
15 wir waren in einem Gottesdienst
16 dann bin ich halt auf das Machane gefahren (..) 2005 und dann
17 ich hat so ein Gefühl das ist unbeschreiblich das hat so
18 Gemeinschaftsgefühl gehabt und so das hat wirklich spaß gemacht
19 und dann hab ich mir vorgenommen jetzt muss ich Madrich werden
20 und ich will unbedingt weitermachen (hier gibt) gute Leute
21 tolle Leute und ja das war einfach prächtig (..)
22 dann habe ich da angefangen und nach den Seminaren gefahren
23 und bin jetzt Madrich (5 Sek.) ja?

Alex baut die Erzählung chronologisch durch Zeitraffung von seiner frühen Kindheit bis in die Gegenwart auf. Die Erzählung weist die Textsorte der berichtenden Erzählung auf und lässt sich in drei Subsegmente unterteilen. Im ersten Subsegment (Z. 3–10) reagiert Alex auf die Eingangsfrage „wie bist du aufgewachsen?" zunächst mit einer knappen Antwort „ich bin halt in Armenien aufgewachsen" (Z. 3). Er führt keine weiteren Details über sich selbst, seine Familie oder seine soziale Umgebung in diesem Land aus, sondern stellt die politische Situation in dieser Zeit (den Zusammenbruch der Sowjetunion) dar. Die Angabe seines jungen Alters zum Zeitpunkt der Auswanderung nach Deutschland führt der Sprecher als Erklärung für seine „kleine Erinnerung" (Z. 7) an diese Zeit an. Anschließend wird die Frage der Bedeutung des Judentums zu dieser Zeit als ein Maßstab zur Erzählwürdigkeit seiner Lebensgeschichte aufgestellt (Z. 8): Mit der ‚Zugabe', nicht gewusst zu haben, „was Judentum wirklich ist" (Z. 10), wird die Relevanz dieser Zeit für das Thema negiert und mit einem Lachen (Z. 11) pointiert.

Im zweiten Subsegment (Z. 11–14) werden drei Ereignisse mit ihrer biographischen Bedeutung erwähnt: Mit fünf Jahren kam Alex nach Deutschland, mit zwölf oder dreizehn erfuhr er von seiner jüdischen Abstammung und mit vierzehn ging er zum ersten Mal in die jüdische Gemeinde. Alex baut seine Beteiligung in den Ereignissen in einer passiven Modalität auf. Die jüdische Zugehörigkeit wird nicht als eine Folge seines Sozialisationsprozesses, sondern als spätere Entdeckung dargestellt. Die passive und neutrale Darstellung der Entdeckung („habe ich mitbekommen" Z. 12) deutet darauf hin, dass das erzählte Ich nicht selbst die Suche initiiert hat. Er kann die neue Information erstmal nicht verarbeiten und definieren. So stellt er für sich fest, „ich (habe) was jüdisches in mir" (Z. 12–13). Mit dieser Bezeichnung wird das Jüdisch-Sein naturalisiert: Es wird zwar als Teil des Sprechers – jedoch aber als etwas Fremdes – dargestellt. Es scheint deshalb, dass das erzählte Ich damit erstmal nicht umgehen kann.

Zwei Jahre später, als Alex in die jüdische Gemeinde geht, beginnt diese Erkenntnis eine konkrete Bedeutung zu bekommen. Den Besuch in der Gemeinde mit seinen Eltern erwähnt Alex als entscheidend für seine Biografie. Als Folge entscheidet er sich an dem Feriencamp („Machane") teilzunehmen. Es fällt auf, dass die Entscheidung in die Gemeinde zu kommen, auch von den Eltern getragen wird. Damit wird das Engagement in der Gemeinde von ihnen genehmigt und sogar unterstützt. Immerhin erfüllen die Eltern in der Durchführung der religiösen Praxis keine Vorbildfunktion.

Im dritten Subsegment (Z. 15–23) werden die Aktivitäten in der Gemeinde bzw. im Jugendverband beschrieben. Die Ereignisse werden als Aufstiegsgeschichte miteinander verkettet: Zunächst kommt Alex mit den Eltern zu einem Gottesdienst, daraufhin fährt er auf das „Machane", wo er sich dafür entscheidet, „Madrich" (Jugendleiter) zu werden. Gerade weil die Erzählung im Allgemeinen so kurz und sachlich gefasst wird, fällt der Bericht über das „Machane" durch die Wiedergabe der Emotionen auf. Daraufhin wird die biographische Bedeutung dieses Ereignisses hervorgehoben. Mit dem Ausdruck „Gemeinschaftsgefühl" (Z. 18) konstruiert der Erzähler das „Machane" als ein soziales Ereignis, durch das eine Zugehörigkeit durch gemeinsame Erfahrung mit Peers geschaffen wird. Mit dem Verweis auf die sozialen Aspekte der Jugendarbeit begründet Alex seine Entscheidung, „Madrich" zu werden. Die Fremdpositionierung der anderen Jugendlichen als „gute Leute tolle Leute" (Z. 20–21) verdeutlicht die soziale Motivation hinter der Entscheidung, sich im Jugendverband der Gemeinde zu engagieren. Der positive Eindruck von den anderen Jugendlichen wird als eine Begründung vorgebracht, einen Aufstieg in dem Jugendverband anzustreben: Alex setzt sich als Ziel, Jugendleiter zu werden („jetzt muss ich Madrich werden" Z. 19). Die Teilnahme an Seminaren wird daraufhin als ein Mittel dargestellt, dieses Ziel zu erreichen. Die Stegreiferzählung wird mit der Ankündigung seines Erfolgs beendet: „bin jetzt Madrich" (Z. 23). Damit positioniert er sich in seiner heutigen Situation im Vordergrund durch die Leitungsfunktion in der Jugendgruppe. Dem Sprecher geht es darum, seinen Aufstieg in die Position eines Madrichs nachzuzeichnen und seine Biografie im Lichte dieses Erfolgs darzustellen.

Im Nachfrageteil des Interviews wurde Alex nach seinem Verständnis von Judentum gefragt.

Segment 2: „das was Jugendliche halt machen"

1   M: was bedeutet für dich Jude zu sein?
2   A: für mich Jude zu sein? zu einem Volk zu gehören dass wirklich was
3   Großartiges geschafft hat also ein Teil davon zu sein einfach
4   ehrlich gesagt die Religion nicht so wirklich großen bedeutet
5   was was für mich viel bedeutet ist die Jugendgruppe unsere Machanot
6   weil da fühle ich mich wirklich wohl und ich weiß nicht
7   es halt wenn man mit ähh ähh
8   mit Jugendgruppe wirklich unterwegs ist
9   dann hat man wirklich viel spaß und so weiter
10 es ist soo (.) Jugendliche
11 also das was Jugendliche halt machen
12 macht vielmehr spaß
13 und ich weiß nicht
14 die Gemeinde sagt mir nicht so viel aber
15 das Jugend Jugendbereich natürlich

Alex antwortet auf die Frage mit Argumentation. Zunächst unterscheidet er zwischen der Volkszugehörigkeit und der jüdischen Religion. Während er stolz darauf ist, ein Teil eines Volks zu sein, „dass wirklich was Großartiges geschafft hat" (Z. 3), lehnt Alex religiöse Bezüge zum Judentum ab. Die Kategorie „Zugehörigkeit" wird damit von ihm als Gegenteil zur Kategorie „Religion" benannt: Nicht der Glaube und die Riten, sondern das Gefühl ein Teil eines Kollektivs zu sein wird als Sinn und Zweck seines ‚Jüdisch-Seins' dargestellt. Mit dem Ausdruck „ehrlich gesagt" wird die Ablehnung der Religion in einer Form eines Geständnisses formuliert. Damit versucht der Sprecher die Akzeptanz seiner Position zu vergrößern.

Nach dieser kurzen Stellungsnahme zu den Themen Volk und Religion setzt sich der Erzähler mit der Frage der Zugehörigkeit zur jüdischen Jugendgruppe auseinander. Während die ersten Themen raffend formuliert werden, fällt die Darstellung der Jugendgruppe und ihrer biographischen Bedeutung detaillierter aus. Wie im vorherigen Segment versucht Alex auch an dieser Stelle seine Gefühle in der Jugendgruppe zu beschreiben. Diesmal steht nicht die Position als Jugendleiter, sondern der „Spaß" (Z. 9, 12), dabei zu sein, im Mittelpunkt. Es fällt auf, dass die sozialen Aktivitäten weder durch die institutionelle Anbindung an die jüdische Gemeinde, noch durch irgendwelche religiösen Inhalte dargestellt werden. Vielmehr handelt es sich um allgemeine Jugendkultur: „das was Jugendliche halt machen macht vielmehr Spaß" (Z. 11–12). Die komparative Konstruktion „vielmehr Spaß" wird nicht abgeschlossen. Der Sprecher lässt mit dieser Äußerung offen, womit die Aktivitäten des Jugendverbands verglichen werden. Der darauf folgende Abschluss des Segmentes legt jedoch nahe, dass Alex sich von den anderen Angeboten der Gemeinde distanziert. Hierbei entwirft der Sprecher die jüdische Identifikation durch seine Mitgliedschaft in der Jugendgruppe. Auch im Fallbeispiel von Mascha wird dieses Identifikationsmuster dargestellt.

„Über die Praxis" (Mascha)

Mascha ist zum Zeitpunkt des Interviews 17 Jahre alt. Sie wurde in Jekaterinburg am Ural in Russland geboren und hat eine Schwester, die zwei Jahre älter ist als sie. Die Familie zog Ende der neunziger Jahre nach Berlin, als Mascha neun Jahre alt war. Ihre Eltern, die in Russland als Lehrer tätig gewesen waren, haben in Berlin einen russischen Lebensmittelladen eröffnet. Mascha besucht die elfte Klasse einer gymnasialen Oberstufe und plant nach dem Schulabschluss für ein Jahr nach Israel zu reisen.

Mascha hat erst nach der Einwanderung erfahren, dass ihr Vater aus einer jüdischen Familie stammt. Da ihre Mutter nichtjüdisch ist, entschied sie im Alter von 14 Jahren zu konvertieren. Zum Zeitpunkt des Interviews hat sie bereits die Übertrittsprüfungen abgeschlossen.

In ihrer biographischen Erzählung nimmt Mascha erst im letzten Drittel ihrer Erzählung einen Bezug zum Judentum. Diese Stelle im Interview wird hier analysiert.

Segment 1: „am Anfang war ich nicht so begeistert"

1 dass ich (.) jüdische Wurzeln habe es ist mir erst in Deutschland
2 richtig klar geworden als meine Schwester und ich ähm Anfang
3 noch keine wirklichen Aktivitäten hier (.) hatten ähm
4 beiden unseren Eltern haben gesagt gehen doch in die jüdische Gemeinde
5 guck doch mal da gibt's ähh Religionsunterricht bei Frau Doktor
6 Rosenbaum heißt sie ähm (-)und sie meinten geh doch mal schau mal
7 worum es geht das sind auch mehr Leute und Ludmila und ich
8 haben wir uns erstmal gewehrt (.)sind mit Händen und Füßen
9 las uns in Ruhe wir wollen nicht und dann haben sie uns aber überredet
10 dass wir doch hingehen (.)
11 das muss man noch sagen dass mein Vater jüdisch ist meine Mutter nicht
12 und deswegen halachisch gesehen war ich damals nicht jüdisch
13 bis ich dann Übertritt gemacht habe und (.)
14 ja am Anfang war ich nicht so begeistert von der ganzen Sache
15 vor allem als bei mir erzählen was ich nicht machen darf und dies
16 und das und ganzen Speisegesetze und ich hab mich einfach nur naja (.)
17 na nicht belästigt aber irgendwie doch schon irgendwo belästigt gefühlt
18 was wollt ihr von mir ich hab jetzt seit seit neuen Jahren so gelebt
19 und schon als Kind war es mir im Prinzip irgendwie alles komisch
20 rein verdächtigt aber meine Schwester war von Anfang an begeistert
21 und wir sind (.) ich habe das Religionsunterricht besucht haben ähm
22 (..) andere Kinder kennengelernt die gleichen (..) ähm Hintergrund
23 wie wir hatten also aus Russland und so weiter kamen und (.) jaah
24 irgendwann ich weiß nicht mehr wie alt ich war vielleicht (..) elf
25 zwölf ähm da habe ich angefangen Tennis zu spielen und
26 mein Training fiel auf dem gleichen Tag wie der Religionsunterricht
27 und natürlich habe ich das als Gelegenheit genutzt und das Ganze
28 ausfallen zu lassen und ich habe einfach kein Lust
29 meine Schwester ist immer aktiv geblieben ist und hat auch schon
30 das Jugendarbeit angefangen als sie schon vielleicht fünfzehn war
31 sechzehn uuund ja ich bin halt so zusagen immer indirekt
32 mit der Gemeinde in Kontakt geblieben über meine Schwester
33 weil sie ja wir haben halt viele gemeinsame Freunde und ich war mal

34 ab und zu in Kinderveranstaltungen da oder große Feiertagen
35 das hat mich schon noch interessiert aber ansonsten war ich halt
36 Kosmopolitin und alle Völker sind gleich und ähh und so weiter
37 so ungefähr eingestellt und ähm (..)

Im ersten Segment beschreibt Mascha den Anfang ihres Kontakts zur jüdischen Gemeinde, welche gleichzeitig ihre erste Verbindung zum Judentum darstellt. Das Segment lässt sich in drei Subsegmente unterteilen.

Das erste Subsegment (Z. 1–13) wird mit der Ankündigung eröffnet, dass Judentum in der Familie erst in Deutschland zum Thema geworden ist. Die thematische Verbindung zwischen der Migration und der jüdischen Zugehörigkeit begründet Mascha durch die Suche der Eltern nach neuen Kontakten in dem neuen Land. Es fällt auf, dass die Motivation der Eltern, die beiden Schwestern in den Religionsunterricht zu schicken, nicht religiös ist. Vielmehr steht der Mangel an sozialen „Aktivitäten" (Z. 3) für die Mädchen im Vordergrund. Die Eltern hoffen, dass Mascha und ihre Schwester in der Gemeinde „mehr Leute" (Z. 7) kennenlernen würden.

Die Teilnahme an dem Religionsunterricht wurde Mascha und ihrer Schwester durch die Eltern vorgeschrieben. Die Schwestern haben sich zunächst „mit den Händen und Füßen" (Z. 8) gewehrt, sich dann aber überreden lassen. Mit der Beschreibung ihres Widerstands charakterisiert Mascha den Beitritt in die Gemeinde nicht als natürliche Fortsetzung der Sozialisation in der Familie, sondern als Verletzung ihrer eigenen Autonomie. Die Aufforderung, sich auf einmal einer neuen Religionsgemeinschaft anzuschließen, ruft bei der Erzählerin Irritation hervor. Nicht allein dass sie selbst von Zuhause das Judentum nicht kannte, auch „halachisch gesehen" (Z. 12) wurde sie in der Gemeinde nicht als jüdisch anerkannt.

Im zweiten Subsegment (Z. 14–23) rekonstruiert Mascha aus der Perspektive der damaligen Verhältnisse ihre Wahrnehmung der jüdischen Religion bzw. der jüdischen Gebote und Verbote. Sie kontrastiert ihre eigene Irritation („rein verdächtigt" Z. 20) über die jüdische Lebenseinstellung mit der Begeisterung ihrer Schwester. Im Unterschied zu den Eltern, die die Verbindung zum Judentum als eine soziale Angelegenheit betrachteten, stellt Mascha ihre Erfahrung in der Gemeinde zunächst durch die Perspektive der religiösen Praxis dar. In ihrer Kernnarration wird das Judentum als ein fremder Eingriff in ihr Leben dargestellt, wie es bisher war: „was wollt ihr von mir ich hab jetzt seit seit neuen Jahren so gelebt" (Z. 18). Allein die Möglichkeit, andere Kinder kennenzulernen, die aus gleichem Migrationhintergrund kamen, wird schon in dieser ersten Begegnung mit der Gemeinde als positiv betrachtet. Die ersten drei Jahre, in denen Mascha an dem Religionsunterricht teilgenommen hat, werden nicht narrativ ausgeführt. Mascha nimmt jedoch implizit Bezug zu ihrem Verhältnis zum Judentum in dieser Zeit, indem sie im dritten Subsegment (Z. 24–37) beschreibt, wie sie im Alter von elf bzw. zwölf mit dem Religionsunterricht aufhörte. Die Tennisstunde stellt die Erzählerin als eine neue „Gelegenheit" (Z. 27) dar, die sie genutzt hat, um den Religionsunterricht ausfallen zu lassen. Es fällt auf, dass Mascha nicht allein auf den Religionsunterricht Bezug nimmt, sondern ihr Verhältnis zur Gemeinde („das Ganze" Z. 27) thematisiert. Entscheidend dabei ist die Selbstpositionierung des erzählten Ichs als „Kosmopolitin" (Z. 36), die die damalige Ablehnung von Religion und ethnischer Identifikation begründet („alle Völker sind gleich" Z. 36). Mit dieser Kategorisierung des erzählten Ichs positioniert sich die Erzählerin durch ihre damaligen Einstellungen. Die Vermeidung von Gemeindeaktivitäten, die zunächst durch den Mangel an „Lust" („einfach kein Lust" Z. 28) erklärt wird, präsentiert Mascha als Ausdruck einer Weltanschauung. Biographisch wird diese Phase als ein Moratorium dargestellt, in der die Erzählerin ihre eigenen Ideen entwickelt hat.

Im zweiten Segment beschreibt Mascha ihre Rückkehr zu der Gemeinde.

Segment 2: „mit dem Judentum identifiziert"

1 ja ich weiß nicht wie es dann angefangen hat aber irgendwie kam ich

2 über die Praxis halt über Kinderferienlager über (..) indirekte Kontakt

3 so (.) zum Judentum (.) doch dazu (-) wieder zu Religionsunterricht

4 gekommen es hat mich auch viel mehr interessiert das war auch sozusagen

5 meine persönliche Entscheidung dass ich wieder hingehen will

6 so hat mich die Religionslehrer mit offenen Armen wieder aufgenommen

7 und ähhm (..) ja ich hab dann so zusagen meinen eigenen Weg gefunden

8 erstmal ja über diese Religionsunterricht über die Praxis

9 mit den Kindern die (-) ehrlich gesagt irgendwann auch nach Israel

10 gefahren meine Schwester und ich um unsere Freunde Verwandte

11 zu besuchen weil wir haben auch nicht immer Israelis

12 hier in der Gemeinde und haben wir uns angeschaut und war schon ein

13   ein wichtiges Erlebnis das erste Mal in Jerusalem das erste Mal
14   vor der Klagemauer das erste Mal (.) das erste Mal im heiligen Land
15   so zu sagen es war schon schon beeindruckend
16   und ja irgendwann habe ich mich dann wirklich mit dem Judentum
17   identifiziert und es hat mir nicht gereicht dass ich so zu sagen
18   fühle ich mich selber jüdisch (.) war aber halachisch nicht
19   und dann habe ich beschlossen dass ich ein Übertritt machen möchte
20   das ich gemacht jetzt ja und dann bin ich dafür jüdisch

Im zweiten Segment beschreibt die Erzählerin ihre Rückkehr in die Gemeinde, die anschließend zu der Entscheidung führt, zum Judentum überzutreten. Im ersten Subsegment (Z. 1–15) eruiert Mascha die Gründe, die sie in die Gemeinde zurückgeführt haben. Im Vordergrund werden die sozialen Aspekte als entscheidend dargestellt: Mascha zeichnet ihren Weg zum Judentum „über die Praxis" (Z. 2, 8) nach. Mit der Aufstellung der Kategorie ‚Praxis' schließt Mascha die Möglichkeit aus, durch theoretische oder spirituelle Überlegungen den Weg zum Judentum gefunden zu haben.

Der Neubeginn wird als der Ausdruck der erworbenen Autonomie dargestellt. Während Mascha mit neun Jahren von ihren Eltern gezwungen worden war, in die Gemeinde zu gehen, betont sie nun, dass der Weg zurück ihre „persönliche Entscheidung" (Z. 5) war. Die Behauptung ihren „eigenen Weg" (Z. 7) gefunden zu haben, begründet Mascha anhand ihrer Tätigkeit in der Gemeinde. Sie engagiert sich in der Kinderarbeit, nimmt an den Religionsunterrichten teil und war in Israel. Gerade die Erfahrung des Besuchs in Israel hebt Mascha als wichtigen Bestandteil ihrer jüdischen Identität hervor.

Im zweiten Subsegment (Z. 16–20) wird der Übertritt als eine Folge des Identifikationsprozesses mit dem Judentum dargestellt. In den Mittelpunkt stellt Mascha den Konflikt zwischen der Selbstidentifikation als jüdisch („fühle ich mich selber jüdisch" Z. 18) und dem halachischen Gesetz, wonach sie als nichtjüdisch galt. Mit der raffenden Erwähnung des Übertritts („das ich gemacht jetzt ja und dann bin ich dafür jüdisch" Z. 20) macht Mascha klar, dass es sich nicht um eine bedeutende identitätsstiftende Erfahrung handelt. Vielmehr geht es ihr mit dem Übertritt darum, eine notwendige Maßnahme zu vollziehen, um die Anerkennung der Gemeinde zu bekommen. Auch im Nachfrageteil vermied Mascha eine Beschreibung des Übertrittsprozesses. Möglicherweise nimmt sie den Übertritt als eine Erfahrung wahr, die mit ihrer Selbstpräsentation als autonome und selbständige Person nicht im Einklang steht und versucht deshalb, diese Erfahrung ausschließlich aus der Perspektive ihres Ergebnisses darzustellen.

Selbstverwirklichung in der Gemeinde (Ilona)

Die Mehrheit der Befragten aus dem Typus ‚religiöse und ethnische Vergemeinschaftung im Jugendverein und in der Gemeinde' konstruieren ihren Anschluss an die Gemeinde vornehmlich über die Peergrouperfahrungen. Eine andere Möglichkeit der Gemeindeidentifikation lässt sich in zwei weitere Interviews erkennen. Es handelt sich um einen Typus, der unter der Institution Gemeinde den Ort versteht, der ihm institutionelle Rahmen für Selbstverwirklichung anbietet. Er sucht deshalb eine Gemeinde, die ihm in seinem Selbstverständnis Anerkennung anbietet. Der Typus der ‚Selbstverwirklichung in der Gemeinde' versteht weder das soziale Umfeld, noch den Glauben an Gott als die zentrale Begründung seines Mitgliedschaftsentwurfs. Seine jüdische Identifikation wird als eine logische Folge einer intellektuellen Überlegung dargestellt. Er bemüht sich daher, seine Mitgliedschaft in der jüdischen Gemeinde mit rationalen Argumenten zu begründen.

Das Fallbeispiel von Ilona, 18 Jahre alt, ist für diesen Typ charakteristisch. Sie ist in der Ukraine geboren und wanderte im Alter von vier Jahren mit ihrer Familie nach Deutschland aus. Zum Zeitpunkt des Interviews besucht Ilona die 13. Klasse in einem Gymnasium und wohnt mit ihrer Mutter in Köln. Die Mutter arbeitet als Sekretärin auf der Messe und mit dem Vater hat Mascha seit der Scheidung der Eltern sieben Jahre zuvor keinen Kontakt mehr. Sie hat einen 27-jährigen älteren Bruder, der in einer anderen Stadt wohnt. Ilona engagiert sich als Jugendleiterin in der Kölner liberalen Gemeinde.

Die Haupterzählung eröffnet Ilona mit ihrer Erinnerung an den Abschied von ihren Freunden in der Ukraine. Anschließend geht sie auf die Situation mit ihrer Mutter im „Lager" für Kontingentflüchtlinge in Deutschland ein. Nach dem Ankommen in Köln erzählt Ilona über ihre Erinnerung aus der Grundschule und dem Gymnasium. Wie bei Alex und Mascha fällt bei Ilona auf, dass das Thema Judentum erst im Jugendalter in ihrer Erzählung vorkommt. Im folgenden Segment wird das Thema Judentum zum ersten Mal im Interview erwähnt:

Segment 1: „was ist es überhaupt das Judentum"

1 und dann war ich fast zwölf so und dann zu meine Mama gesagt
2 ja was ist es überhaupt das Judentum und
3 ja mach schon deine Bat Mitzwa und wirst du schon herausfinden
4 und so also ich kann nicht sagen dass wir
5 eine sehr religiöse Eltern hatten
6 so für sowjetisches Verhältnis war es religiös
7 das heißt meine Großmutter hat Matze gebacken

8   und sie hat auch einmal im Jahr gefastet
9   sobald wo ich wüsste wozu sie fastet aber sie wusste sie hat
10 sie muss fasten ja? hat sie gefastet
11 und sie haben verbotenes Radio gehört meisten jiddische Nachrich-
    ten
12 und so also für russische Verhältnisse war es schon religiös
13 aber natürlich nicht nicht in dem Sinne wie man hier gewöhnt ist
14 und hier lebt ähm oder was hier als religiös gilt
15 und sind wir in Kantstraße gegangen und sie hatten zu der Zeit
16 ein sehr sehr orthodoxe Rabbiner aus Israel
17 so ein junge Bursche so Mitte dreißig Anfang dreißig
18 mit einer Frau und ein Schar von Kindern
19 ein groooß schmal so wie ich mir hier es vorstelle
20 wirklich ein leidendes Gesicht im langen schwarzen Bart ((lacht))
21 und ganz ganz so ganz leidend die ganze Zeit er hat nur gelitten
22 wirklich für das ganze jüdische Volk er hat nur gelitten
23 und dann kam meine Mutter zu ihm und meinte
24 ja ich habe eine Tochter sie ist ein Gemeindemitglieder
25 ((in einer männlichen Stimme:)) sie sagen sie hat ein Mädchen?
26 ja und sie wird zwölf na ja kommen Sie zum Schachrit<u>gottesdienst</u>
27 machen Sie eine kleine Spende
28 und damit hat sich das doch <u>mein=Gott</u> (.)
29 und was heißt sie braucht hebräisch lernen Quatsch
30 das ist ein Mädchen sie wird sowieso ja nie zur Thora hin muss
31 wofür sie braucht das denn? (.)
32 da hat mich die Wut gepackt also man sollte sich nicht wissend
    machen

Dieser Interviewausschnitt wird durch die Textsorte der szenisch-episodischen Erzählung geprägt. Im ersten Subsegment (Z. 1–14) löst ein kurzer Dialog mit der Mutter eine Auseinandersetzung mit dem Thema Religion im familiären Umfeld aus. Im zweiten Subsegment (Z. 15–22) wird die Figur des orthodoxen Rabbiners charakterisiert und im dritten Subsegment (23–32) wird das Gespräch mit ihm wiedergegeben und eine kurze Evaluation gezogen.

Obwohl Ilona seit ihrer frühen Kindheit gewusst hat, dass sie jüdisch ist, wurde das Judentum in ihrer Familie nicht praktiziert. Vor diesem Hintergrund konstruiert Ilona ihre Entdeckung ihrer jüdischen Zugehörigkeit als Teil eigener Identitätssuche, die im Zusammenhang der Persönlichkeitsentwicklung im Jugendalter erklärt wird. Ilona positioniert sich als aktiv handelnde Person, die gezielt nach Antworten auf Fragen nach ihrer Identität sucht. Die Gestaltung des Dialogs mit der

Mutter zum Beginn des Segmentes wird durch den Kondensierungs-zwang geprägt. Mit der Frage „was ist es überhaupt das Judentum?" (Z. 2), die Ilona an ihre Mutter stellt, positioniert sie sich als ein neugieriges Mädchen, das um Aufklärung bittet. Die Mutter, die mit dem Positionie-rungsakt der Tochter zugleich als kompetente Ansprechpartner zur reli-giösen Aufklärung fremdpositioniert wurde, weist mit ihrer Antwort diese Positionierung zurück. Stattdessen macht sie die Tochter dafür verantwortlich, selbst ihren religiösen Weg herauszufinden. Das Ver-weigern einer inhaltlichen Antwort legt nahe, dass die Mutter selbst das Wissen nicht hat oder zumindest nicht in der Lage zu erklären ist, was Judentum ist. Dadurch, dass die Erzählerin anschließend den religiösen Hintergrund der Mutter erklärt, wird diese Vermutung bekräftigt.

Der Vorschlag eine Bat Mitzwa zu machen geht an der Intention der Tochter vorbei. Während die Erzählerin um Erklärung bittet, schlägt die Mutter einen Ritus vor. Damit sucht die Mutter um Hilfe in den Ge-meindeinstitutionen bei der religiösen Sozialisation der Tochter.

Die Auseinandersetzung mit dem religiösen Hintergrund der Eltern in der Sowjetunion wird in Bezug zu der Antwort der Mutter gesetzt. Die Kategorie religiös „für sowjetisches Verhältnis" (Z. 6) wird von Ilona im Hinblick auf drei Tätigkeiten dargestellt: Matze[41] backen an Pessach,[42] Fasten in heiligen Tagen und hören von Nachrichten eines verbotenen jiddischen Radiosenders. Obwohl diese Beispiele die Religi-osität der Eltern beweisen sollten, fällt es auf, dass im Vordergrund die Religiosität der Großmutter dargestellt wird. Nicht die Mutter, sondern die Großmutter backt die Matze und fastet. Zum einen wird die Religio-sität der Eltern durch die Verwandtschaft mit der Großmutter bewiesen. Zum andern wird das Hören von jiddischen Nachrichten im verbotenen Radio als eine religiöse Ausdrucksform verstanden. Die Kategorie ,reli-giös für sowjetisches Verhältnis' besteht somit nicht aus religiösen Merkmalen im engeren Sinn, sondern weist vor allem familiäre Bezüge und politische Gesinnung aus. Mit der Kategorisierung „wie man hier gewöhnt ist" (Z. 13) stellt Ilona die Konvention in Deutschland als Ge-genentwurf zum russischen Verständnis dar. Mit der Darstellung des Kontrasts zwischen den russischen und deutschen Auffassungen des Judentums wird die Inkompetenz der Mutter in Bezug auf die religiöse Aufklärung plausibel gemacht. Die Abweichung der Mutter wird daher nicht durch den Mangel an Willen sondern mit dem fehlenden Wissen erklärt. Mit dem Verweis der Tochter an die Gemeinde versucht die

---

41 Ungesäuertes Brot, das in der Pessach-Woche gegessen wird.
42 Ein zentrales Fest, das die Befreiung der Israeliten aus der Sklaverei in Ägypten bezeichnet.

Mutter aus der Bedrängnis zu kommen, da sie selbst den Bedürfnissen der Tochter nicht nachkommen kann.

Im zweiten Subsegment (Z. 15–22) steht die Charakterisierung des orthodoxen Rabbiners im Mittelpunkt. Der Textausschnitt ist durch eine Beschreibung dominiert, mit der Ilona ihre Welt und die Welt des orthodoxen Rabbiners kontrastiert. Wie im Fallbeispiel von Alex wird der erste Besuch in der Gemeinde als eine gemeinsame Erfahrung von Kind und Eltern dargestellt. Die Mutter ist genau wie die Tochter in der Gemeinde in eine neue und fremde Situation geraten. Die Befremdung von der Gemeinde wird zunächst durch die „sie"-Klassifikation (Z. 15) und dann mit der Charakterisierung des Rabbiners artikuliert. Mit der übertriebenen Beschreibung seiner Figur wird er als Karikatur und Archetyp orthodoxer Rabbiner skizziert. Als Ressource werden verbreitete Stereotype über orthodoxe Rabbiner benutzt, um einen komischen Effekt auszulösen: „sehr sehr orthodox" (Z. 16), mit einer „Schar von Kindern" (Z. 18) und „ein leidendes Gesicht im langen schwarzen Bart" (Z. 20). Das Motiv des Leidens greift Ilona mit mehreren Reformulierungen auf. Mit dem Lachen (Z. 20) markiert Ilona dem Hörer, dass es hier um humoristische Anekdote geht. Der leichtsinnige, humorvolle Erzählstil wird mit der leidenden passiven Figur des Rabbiners kontrastiert.

Im dritten Subsegment (Z. 23–32) wechselt die Textsorte vom Beschreiben zur szenisch-episodischen Erzählung im engeren Sinne, die mittels Reinszenierung und szenischer Präsenz vermittelt wird. Der zentrale Erzählstil ist die Wiedergabe wörtlicher Rede des Rabbiners mit entsprechender Stimme und Akzent.

Der Dialog zwischen der Mutter und dem Rabbiner verdeutlicht nicht allein das Befremden von der orthodoxen Gemeinde, sondern macht auch klar, dass die Mutter nicht in der Lage war, eine vermittelnde Funktion zwischen der Gemeinde und ihrer Tochter zu übernehmen. Sie vermeidet klare Forderung zu stellen, sondern begnügt sich mit der Darstellung der faktischen Lage: „ich habe eine Tochter sie ist ein Gemeindemitglieder" (Z. 24). Daraufhin geht der Rabbiner auf ihre Wünsche nicht ein, was die Hilflosigkeit der Mutter verdeutlicht.

Die Figur des Rabbiners, die im vorherigen Subsegment bildlich satirisch dargestellt wurde, kommt nun in einer direkten Rede zu Wort. Der Rabbiner lehnt die Ideen der Mutter rücksichtslos ab. Seine Skepsis und Vorbehalte gegenüber der Mutter werden durch die Formulierung der Frage („sie sagen sie hat ein Mädchen? Z. 25) und den Wortpartikel „na ja" (Z. 26) artikuliert. Mit seinen Vorschlägen, dass Ilona an einem Schacharitgottesdienst (Morgengebet) teilnehmen wird und eine „kleine Spende" (Z. 27) geben soll, geht der Rabbiner auf die Wünsche von Ilona und ihrer Mutter nicht ein. Die Positionierung des Rabbiners als

Vertreter einer ultrakonservativen Weltanschauung erfolgt zum Schluss mit den Ausrufen „mein=Gott" (Z. 28) und „Quatsch" (Z. 29), die seinen moralischen Standpunkt ausdrücken sollen und eine andere Position mit Hinweis auf die Geschlechterrollen („das ist ein Mädchen" Z. 30) schroff zurückweisen.

Erst zum Abschluss der Erzählung nimmt Ilona explizit eine Position ein. Ihre persönliche Betroffenheit macht sie mit einem Hinweis auf einen allgemeinen Wert geltend: Die Vorschläge des Rabbiners stehen im Widerspruch mit dem Wert der Aufklärung, wonach Menschen sich wissend machen sollen.. Durch die Kontrastierung mit der Figur des Rabbiners positioniert sich Ilona als aufgeklärt und wissbegierig. Der Abschluss des Segments wirft neues Licht auf die Aufforderung der Mutter: „mach schon deine Bat Mitzwa und wirst du schon herausfinden" (Z. 3). Ilona findet zuerst heraus, was orthodoxes Judentum ist und stellt fest, dass dieser Weg ihr nicht passt. Die Suche nach einer Gemeinde, die ihre Ansprüche erfüllt, behandelt Ilona im nächsten Segment.

Segment 2: „gar keinen anderen Weg gibt"

1 und dann habe ich ganz zufällig über eine Freundin erfahren ähm (-)
2 dass es hier eine Gemeinde gibt <u>noch</u> eine Gemeinde gibt
3 und das eine Frau eine Jugendarbeit macht
4 und dann bin ich (.) und Susanne halt halt so Jugendgruppen gemacht
5 so Unterricht so jüdische Geschichte und so
6 und dann habe ich Susanne gesehen und ich war so begeistert von ihr
7 weil sie war <u>soo</u> intellig` sie ist immer noch so intell<u>ig</u>ent
8 und so wissend und so schlagfertig und ich war so begeistert (..)
9 und das hat mich alles (.) und die mehr ich darüber erfahren habe
10 mit der Zeit ist so (-)
11 ja desto mehr habe ich verstanden wie sehr das eigentlich
12 mit meiner mit meiner ähm mit meiner Denkweise übereinstimmen
13 mit meiner Art überhaupt ja Sachen wahrzunehmen Sachen zu verstehen
14 Sachen einzuordnen obwohl ich das ja nicht wirklich irgendwie
15 beigebracht bekommen hätte und das finde ich auch so gut daran
16 ich ich wurde nicht (.) ich wurde nicht in einem Glauben erzogen
17 sondern ich bin schon als ja nicht als Erwachsenen Mensch
18 aber jeden Fall eine Persönlichkeit die bis zu einem bestimmten

19 Grad entwickelt hat (.) bin ich zudem gekommen und ziemlich objektiv
20 also ich hatte weder irgendwelche Gegenpropaganda
21 noch hatte ich irgendwas was mich wwoooh oder so
22 überhaupt nicht und ich jetzt noch überhaupt nicht
23 ein tiefreligiöser Mensch bin überhaupt nicht aber ähm (-)
24 ich war sehr verblüfft ich war sehr verblüfft am Anfang
25 wie sehr wie sehr die Sache zu mir passt
26 und daran bestätige ich mit jedem Jahr und mit jeder Erfahrung
27 und mit jedem Tag eigentlich mehr dass es ist für mich persönlich
28 gar keinen anderen Weg gibt als liberales Judentum
29 das ist für mich die optimale Form und für mich
30 die einzigmögliche Form Judentum zu leben
31 so dass ich mit mir selber im Einklang bin und ist mein Ideal
32 und den ich bin mal als eine Frau im 21. Jahrhundert aufgewachsen
33 mit dem Denken und das mit den Werten so das hier im Westeuropa
34 und wenn ich politisch gesellschaftlich beruflich finanziell
35 gleichberechtigt bin und unabhängig bin
36 ich verdiene mein eigenes Geld seitdem ich zwölf bin ich arbeite (.)
37 wie kann ich mich selber religiös degradieren
38 und sagen du bist nicht koscher du kannst die Thora nicht anfassen (-)
39 das ist das ist für mich mit mir und und mit meinem Respekt
40 mir gegenüber als Person absolut unvereinbar (-)

Das vorliegende Segment kann in drei Subsegmente unterteilt werden: Zunächst, im ersten Subsegment (Z. 1–8) beschreibt Ilona die biografischen Umstände, die sie in die liberale Gemeinde geführt haben. Anschließend im zweiten Subsegment (Z. 9-31) erklärt Ilona die Gründe, warum sie sich bis heute in der Gemeinde engagiert. Im letzten Teil des Segmentes (Z. 32–40) wird ihr Mitgliedschaftsentwurf als eine Form der Selbstpositionierung verwendet.

Ilona stellt in dieser Erzählpassage zunächst ihre erste Begegnung mit der liberalen Gemeinde dar, anschließend reflektiert sie ihr Verhältnis zu dieser Institution. Das erste Subsegment (Z. 1–8) ist durch die Textsorte der berichtenden Darstellung geprägt. Ilonas Erfahrungen werden retrospektiv und kondensiert wiedergegeben. Ihr Weg in die liberale Gemeinde erfolgt über den Kontakt zur Jugendarbeiterin Susanne. In der narrativen Darstellung dieser Beziehung hebt Ilona die intellektuelle Kompetenz der Jugendleiterin hervor, die ihre eigenen Ansprüche erfüllt und die sie deshalb als Grund für den Beitritt in die Gemeinde benennt.

Das zweite Subsegment (Z. 9–25) ist durch die Textsorte der Argumentation geprägt. Ilona versucht zu zeigen, dass ihre Entscheidung, ein Mitglied der liberalen Gemeinde zu werden, nicht mit dem Verlust ihrer persönlichen Autonomie verbunden ist. Ihre Kernnarration lautet dabei: „wie sehr die Sache zu mir passt" (Z.25). Mit der Bezeichnung „Sache" kategorisiert Ilona die Lebensform des liberalen Judentums. Die Zugehörigkeit zur religiösen Gemeinde hat nicht sie geformt, sondern die Institution passt ‚zufällig' zu ihr.

Um die Akzeptanz ihres Standpunktes zu stärken, entfaltet die Erzählerin in diesem Subsegment drei Argumentationsstränge: Zum einen betont sie in einer Selbstpositionierung die Übereinstimmung zwischen ihrer „Denkweise" (Z. 12) und dem liberalen Judentum. Mit den Verben „erfahren" (Z. 9), „verstehen" (Z. 11, 13), „wahrnehmen" (Z. 13) und „einordnen" (Z. 14) wird die religiöse Anbindung nicht als spirituelle Haltung, sondern vielmehr als kognitiver Prozess dargestellt. Damit bestimmt Ilona die Diskussion über ihre religiösen Entscheidungen als eine Frage der Rationalität.

Zum anderen benutzt Ilona ihre eigene Biografie als Ressource, um zu zeigen, dass sie sich „ziemlich objektiv" (Z. 19) als gereiftes Individuum für die liberale Richtung entschieden hat. Darüber hinaus wehrt sich Ilona gegen die Möglichkeit, dass sie durch ein besonderes Ereignis (Z. 21–22) den Weg zur Religion gefunden habe. Solch ein übersinnliches Ereignis hätte dem dargestellten rationalen Zugang widersprochen. Gleichwohl grenzt sich Ilona mit Nachdruck von der Kategorie „tiefreligiöser Mensch" (Z. 23) ab. Dadurch betont sie auch für den religiösen Bereich ein Primat der rationalen Autonomie im Gegensatz zu einer mystischen Versunkenheit.

In den Mittelpunkt ihrer Darstellung stellt Ilona somit ihre Autonomie und Freiheit als Individuum, diejenige religiöse Institution zu wählen, die ihrem Werte- und Normensystem entspricht. Ihre Bindung zur liberalen Gemeinde wird somit als Ergebnis ihrer freien Entscheidung konstruiert.

In der Konklusion des Subsegments wird die logische Schlussfolgerung aus der Kernnarration gezogen. Weil das liberale Judentum zu Ilona so gut passt, handelt es sich für sie um die „optimale Form" (Z. 29), Judentum zu leben. Mit der Selbstkorrektur von der optimalen zur einzig möglichen Form (Z. 30) verweist Ilona darauf, dass die Wahl ihres religiösen Weges nicht im Gegensatz zu ihren Werten und Idealen stehen darf. Mit ihrem Weltbild betont Ilona, dass die Religion bestimmten Werten untergeordnet ist. Diese Werte führt Ilona im dritten Subsegment (Z. 32–40) argumentativ aus. Mit der Selbstpositionierung und Kategorisierung „eine Frau im 21. Jahrhundert" (Z. 32) markiert sie ihre

Zugehörigkeit zu einem bestimmten Milieu. Unter dieser Kategorie bildet Ilona eine Liste, die verschiedene Aspekte der Gleichberechtigung der Frau auf der gesellschaftlichen Ebene zeigen (Z. 34). Ihre Entscheidung für die liberale Gemeinde wird dabei als Einzelfall im breiteren Kontext dargestellt. Die Begründung ihres Rechts auf Gleichberechtigung begründet sich daher nicht theologisch, sondern historisch anhand der sozialen Realität in Westeuropa im 21. Jahrhundert. Die Kategorie der Frau im 21. Jahrhundert wird mit der orthodoxen Sichtweise kontrastiert. Mit einer rhetorischen Frage: „wie kann ich mich selber religiös degradieren" (Z. 37) positioniert sich Ilona, als eine selbständige Person, die eine Verantwortung für die Konsequenzen ihrer Entscheidungen übernimmt.

Nachdem Ilona ihr Verhältnis zum liberalen und orthodoxen Judentum dargestellt hat, bezieht sie sich im folgenden Segment auf die Bedeutung des Glaubens und der Religion in ihrem Selbstverständnis.

Segment 3: ganz bewusst suche

1 der religiöse Teil ist für mich mit den Jahren immer
2 wichtiger geworden (-)
3 ich weiß nicht vielleicht ist es meine persönliche schwäche
4 man sagt immer dass Religion eigentlich rein psychologisch (-)
5 eine Psycho=Psycholenkung ist dass man sich selbst damit Power gibt
6 ok vielleicht ist es so ich kann es nicht beurteilen
7 aber dann hilft es mir auf jeden Fall für mich ist Gott
8 und ist auch Gebet in bestimmten Situationen sehr wichtig
9 und es ist für mich oftmals sehr sehr heilsam
10 zum Gottesdienst zu kommen wenn die Gemeinde betet
11 und ich bete auch für mich dann
12 dann komme ich am Freitagabend dann komme ich runter
13 dann es ist für mich (.) dann fängt wirklich Shabbes an
14 natürlich das ist es ein Ritual was ich mir selber geschaffen habe
15 zu einer festgefügten (.) zu einer festgefügten Zeit
16 zu einem festgefügten Ort natürlich es ist mir alles verständlich
17 aber mir hilft es und für mich ist es auch ein Ritual was mir (..)
18 ein bestimmten Takt gibt im Leben (.)
19 von dem ich mich losreißen kann
20 aber den ich manchmal auch ganz bewusst suche
21 und der manchmal wie nach Hause kommen ist
22 das ist absolut vertraut und du kennst das alles
23 und das ist wie so wie so eine Art Meditation

24   das gibt dir Ruhe

Das Segment kann in zwei Subsegmente unterteilt werden. Im ersten Subsegment (Z. 1–8) nimmt Ilona Stellung zu der Behauptung, dass Religion eine „Psycholenkung" (Z. 5) ist. Im zweiten Subsegment (Z. 9–24) wird die argumentative Position anhand einer kurzen Belegerzählung ausgebaut. Die Textsorte des Segmentes ist von zusammenfassenden Darstellungen und argumentativen Passagen geprägt, die in den jeweiligen Ausführungen aufeinander bezogen werden.

Im ersten Subsegment stellt die Erzählerin mit dem Ausdruck ‚religiöser Teil' klar, dass Religion nur im Verhältnis zu anderen Teilidentitäten verstanden werden kann. Dieser Identitätsteil wandelt sich und gewinnt neue Bedeutungen im Verhältnis mit der persönlichen Entwicklung im Lebenslauf.

Die Argumentation beginnt mit einem taktischen Zugeständnis: Aus der geltenden Konvention her „man sagt immer" konstruiert Ilona die Behauptung, dass Religion eine „Psycholenkung" sei. Damit wehrt sie sich gegen den möglichen Vorwurf, naiv und unreflektiert zu sein. Durch diese formale und strukturierte Erzählform positioniert sich Ilona als bedachte und selbstkritische Person, die ihre Positionen begründend darlegen kann. Sie versucht die Behauptung nicht zu widerlegen, sondern verlegt die Diskussion von der Logik des Wertrationalismus hin zum Zweckrationalismus. Es geht nicht um die Frage, ob Gott existiert, sondern ob der Glaube für das Individuum sinnvoll ist. Gott und das Gebet werden dabei von Ilona gemeinsam als Mittel zum Zweck verstanden. Die Argumentationslinie geht ‚von unten nach oben', aus den Bedürfnissen des Individuums hervor. Da die religiöse Erfahrung entsprechend in der realen Welt und im logischen Erklärungsrahmen liegt, verzichtet sie auf transzendentale Argumente und Verweise auf übernatürliche Erlebnisse.

Im zweiten Subsegment geht es Ilona darum, ihre Autonomie und Gestaltungsfreiheit zu behaupten. Sie stellt den Schabbat-Gottesdienst als ein Ritual vor, das sie sich selbst geschaffen hat. Damit versucht sie ihren Anspruch auf ein vollständig autonomes Handeln auch im Rahmen der religiös geregelten Praxis geltend machen. Die beanspruchte Autonomie wird auch durch die Behauptung gestärkt, dass sie sich von dem religiösen Takt „losreißen kann". Im Gegensatz zur rationalen und „ganz bewussten" Teilnahme am religiösen Leben markiert das Verb „losreißen" und das Modalverb „kann" die Möglichkeit des Individuums, in einer emotionalen, unberechenbaren Weise zu agieren. Durch die Möglichkeitsentwürfe des Gestaltens und des Abbruchs stellt die Erzählerin klar, dass die Steuerung der Handlung bei ihr liegt. Sie schließt ihre

Argumentation mit einer persönlichen Bilanz über die Bedeutung der Religion in ihrem Leben ab. Mit dem Vergleich zur Meditation wird die Religion als Technik dargestellt, die Ilona dabei hilft, Ruhe zu finden. Zusammenfassend lässt sich feststellen, dass die Zugehörigkeit zur Gemeinde einen Schwerpunkt in dem Entwurf von Ilonas narrativer Identität ausmacht. Da sie in einer ukrainisch-jüdischen Familie aufwuchs und der Großteil ihrer Sozialisation in Deutschland stattfand, nimmt sie die unterschiedlichen Ansätze der religiösen Identifikation in den beiden Kulturen wahr. Dies setzt sie als biographische Ressource ein, wenn sie ihre Eigentheorie entwirft. Der lange evaluativ ausgebaute eigentheoretische Einschub dient in ihrer Erzählung als Rechtfertigung ihrer religiösen Überzeugung. Hierbei grenzt sich Ilona von dem orthodoxen Judentum ab und bemüht sich, das liberale Judentum als „die optimale Form" für sich auszuzeichnen.

Sie positioniert sich als selbständige, autonome Person, die sich „ganz bewusst" der Religion bedient, um ihren gesellschaftlichen und politischen Werten treu zu bleiben und ihre individuellen Ziele zu erreichen. Dabei werden die Gemeinde, das Gebet und sogar Gott als Mittel zum Zweck dargestellt. Religion stellt Ilona nicht als etwas Absolutes dar, das außerhalb des Menschen steht, sondern als ein Konstrukt, dessen man sich auf dem Weg zur Selbstverwirklichung bedienen kann.

Ilonas Eigentheorie kann den Eindruck erwecken, dass es sich hierbei um jenen postmodernen Ausdruck von Religiosität handelt, den der amerikanische Religionsforscher Vincent J. Miller als „pick and choose" Religiosität (2005: 156) definiert. Miller behauptet mit Hinweis auf den christlichen Glauben und die religiöse Praxis in Amerika, dass in der Postmoderne die Individuen zunehmend ihre moralische Bindung an Systeme und Gemeinschaften verlieren. Stattdessen analysiert er, dass „Konsumenten" von Religion in einem Menü von spirituellen Angeboten „suchen und wählen", und dass so eine Gesellschaft entsteht,

„where we are so free to choose our religious identities inevitably produces seekers who move from tradition to tradition and lift elements willy-nilly without commitment to the overarching goals of any one tradition" (Miller 2003: 139).

Die nähere Analyse des Interviews zeigt jedoch, dass in diesem Punkt eine Diskrepanz zwischen der Darstellungsmodalität und der tatsächlichen Lebenspraxis der Sprecherin besteht. Während Ilona die institutionellen Rahmen einer einzigen Gemeinde akzeptiert und ihre kollektive religiöse Praxis übernimmt, bemüht sie sich stets, ihre vollständige Autonomie und Unabhängigkeit zu betonen. Mit der Bemerkung, „wie sehr" sie selber am Anfang verblüfft war, dass „die Sache" zu ihr so gut passte, versucht Ilona zu argumentieren, dass sie keine Anpassungsprozesse an die vorhandenen Gemeindestrukturen leisten musste, um als aktives Mitglied angenommen zu werden. Ilona ist sich bewusst, dass für eine aktive Teilnahme am Gemeindevollzug bestimmte Anpassungen erwartet werden; sie begegnet diesen Vorstellungen, indem sie ihre eigene Überraschung ausdrückt und so die Anpassung mit dem Zufall begründet, um ihren Anspruch auf vollständige Autonomie beibehalten zu können.

Ilona sucht und findet in der Gemeinde einen Ort, der ihr Orientierung gibt und ihren Alltag strukturiert. Gerade weil ihr von zu Hause der religiöse Hintergrund fehlt, versteht Ilona ihre Entscheidung, sich in der Gemeinde zu engagieren, als Ausdruck ihres freien Willens und ihrer Entscheidungsfreiheit. Wie in den Fallbeispielen von Alex und Mascha bildet auch für Ilona die Identifikation mit der Gemeinde den zentralen Relevanzfaktor in ihrer jüdischen Identität. In diesen Fällen wird die sozialisatorische Bedeutung der Gemeinde- und Jugendverbandstruktur als identitätsstiftende Einrichtungen – besonders angesichts fehlender religiöser Orientierung im Elternhaus – erkennbar.

Zusammenfassung zum Typus „Religiöse und ethnische Vergemeinschaftung im Jugendverein und in der Gemeinde"

Unter dem Typus der „Religiösen und ethnischen Vergemeinschaftung im Jugendverein und in der Gemeinde" – der für die zugewanderten Jugendlichen charakteristisch ist – wurden drei Fallbeispiele vorgestellt, die in ihren jeweiligen biographischen Verläufen und in der Festlegung der narrativen Schwerpunkte einige Gemeinsamkeiten aufweisen:

- Keine bzw. geringe religiöse Prägung im Elternhaus: Aus den Interviews geht hervor, dass mehrere zugewanderte Interviewte erst nach der Abreise nach Deutschland über ihre jüdische Abstammung in Kenntnis gesetzt wurden. Zudem ist es keinesfalls eine Seltenheit, dass ein Elternteil nichtjüdisch ist. Folglich spielt für diesen Typus die Familie in der Formierung der jüdischen Identität im Vergleich zur Institution Gemeinde eine zweitrangige Rolle. Aus den Erzählungen wird klar, dass die Eltern oftmals von der Gemeinde erwarten, den Kindern das Wissen und die Tradition zu vermitteln, welche von ihnen verwehrt wurden.
- Die Gemeinde als primäre religiöse Sozialisationsinstanz: Die Begegnung mit den Sozialisationseinrichtungen der Gemeinde wie Kinder- und Jugendverband, Religionsschule und sogar Sportverband werden von den Interviewten als Schlüsselerfahrungen in die narrative Erzählung eingebettet. Da die Eltern aufgrund ihrer mangelnden religiösen Kenntnis keine Vorbildfunktion in der religiösen

Sozialisation erfüllen, wird die jüdische Identität hauptsächlich durch die Gemeinde tradiert.

- Gemeinde als Integrationseinrichtung: Neben der Aufgabe der religiösen Sozialisation scheint die Gemeinde für die Jugendlichen eine Integrationsfunktion zu erfüllen. Vor allem die Begegnung mit Gleichaltrigen mit einem ähnlichen biographischen Hintergrund wird als Motivationsfaktor für die Teilnahme an den Aktivitäten erwähnt.

- Gemeindeengagement als Möglichkeit für Selbstentfaltung und Anerkennung: Aus den narrativen Erzählungen der Jugendlichen wird die Bedeutung der außerschulischen Aktivitäten in der Gemeinde für die Entwicklung und Entfaltung des Selbstwertgefühls hervorgehoben. Der Aufstieg in den Hierarchien im Jugendverband ist eine wichtige Quelle für Anerkennung, besonders für junge zugewanderte Jugendliche, die sich in der deutschen Gesellschaft neu orientieren müssen.

6.3.3 Glaube als Basis der Identifikation (Adrian)

Glaubensvorstellungen kamen in den erhobenen und ausgewerteten Interviews wenig zum Ausdruck. Einige Interviewte lehnten den Glauben an Gott ab, andere bekannten sich zwar dazu, gläubig zu sein, führten jedoch ihre Gottes- oder Glaubensvorstellung nicht narrativ aus. Dieser Befund lässt sich durch bestimmte Eigenschaften der jüdischen Religion erklären, die Praxis und Riten stärker als theoretisch-abstrakte Glaubensvorstellungen betont (vgl. Müller 2007: 273). Eine weitere mögliche Erklärung dafür ist, dass Jugendliche aufgrund der Endtraditionalisierungsprozesse sich schwer tun, Religiosität narrativ darzustellen (vgl. Köbel 2007: 153). Es ist deshalb nicht verwunderlich, dass der einzige Interviewte, der seine jüdische Identifikation auf eine Glaubensbasis stellt, ein Konvertit ist.

Adrian, neunzehn Jahre alt, entschied sich im Alter von sechzehn Jahren für den Übertritt zum Judentum. Er in einer kleinen Stadt im Ruhrgebiet aufgewachsen; sein Vater ist Schlosser und die Mutter, eine Textilfacharbeiterin von Beruf, ist zum Zeitpunkt des Interviews seit einigen Jahren arbeitslos. Adrian hat einen sechs Jahre älteren Halbbruder aus der ersten Ehe des Vaters. Zum Zeitpunkt des Interviews lebt er seit vier Jahren in Berlin, engagiert sich in der jüdischen Gemeinde und bereitet sich auf das Schauspielstudium vor. Sein Alltag ist durch die religiöse Praxis geprägt: Er achtet darauf, Koscher zu essen, feiert die religiösen Feiertage und hält die Fasttage, geht am Samstag in die Synagoge und nimmt an den Veranstaltungen der liberalen Gemeinde regelmäßig teil. Auch beruflich wünscht er sich, neben einer Schauspiel-karriere, als Kantor tätig zu sein.

Adrian dachte lange darüber nach, bevor er seine Bereitschaft signa-lisierte, an dem Interview teilzunehmen. Nach einigem Zögern im Vor-feld lässt sich Adrian auf das Interview ein: In einer außergewöhnlich langen Stegreiferzählung (93 Minuten) stellt Adrian seine ganze Le-bensgeschichte mit hoher narrativer Kompetenz dar. Die Stegreiferzäh-lung wird mit einer Episode aus der frühen Kindheit eingeleitet, in der Adrian mit seinem Opa spielt. Die Erzählung verläuft weiter über szeni-sche Episoden im Elternhaus und im protestantischen Kindergarten, in der Grundschule, Regionalschule und Waldorfschule, die Adrian bis zum Verlassen des Elternhauses bzw. bis zum Umzug nach Berlin be-suchte.

Im ersten Teil des Interviews macht Adrian die Selbstpositionierung des „Außenseiters" gegenüber den anderen Kindern zur Kernnarration der Erzählung. Er beschreibt Fälle von Mobbing im Kindergarten und in der Schule, die er auf sein Übergewicht zu dieser Zeit zurückführt („ ich war dick und pummelig"). Auch im Elternhaus beklagt sich Adrian über Mangel an Verständnis für seine sozialen Probleme. Zu seinem Vater hat er „nie guten Kontakt gehabt (.) nie so einem Vater-Sohn Verhältnis so ein richtiges" und bemerkt, dass er „immer Mamakind war". Jedoch auch mit der Mutter, resümiert er, wurde über soziale Probleme nicht gesprochen: „ich hatte nie das Gefühl gehabt ich kann mit meiner Mutter da über alles <u>reden</u> ja also (.) über viel reden aber nicht über alles nicht über schwächen".

Kindheitsreligiosität

Im ersten Teil des Interviews stehen die Themen der inneren Familien-beziehungen und die sozialen Probleme im Kindergarten und in der Grund- bzw. Realschule im Vordergrund. In diesem Zusammenhang wird das Thema Religion am Anfang des Interviews in zwei kurzen Segmenten behandelt. In der ersten Anekdote, die das zweite Segment des Interviews bildet, stellt Adrian seinen religiösen Hintergrund mit Hinblick auf die Eltern und die Großmutter dar.

Segment 1: „ganz schönes Gebet"

1   Ich bin protestantisch beziehungsweise evangelisch erzogen worden
2   wenn man es so sagen kann weil meine Eltern eigentlich sehr
3   ja sehr atheistisch leben also meine Eltern sind (.)
4   glauben nicht an Gott weder meinen Vater noch meine Mutter

5 sie (gehen) auch beide nicht in die Kirche ähm
6 und wenn dann hat meine Großmutter mit mir gebetet
7 also wenn meine Eltern waren mal berufstätig
8 und da hat mich meine Großmutter meistens immer am festgebracht
9 mit mir immer die Hausaufgaben gemacht
10 wenn ich von der Grundschule heim gekommen bin
11 und dann hat sie auch abends mich dann mal gewaschen
12 und ins Bett gebracht und hat sie mir auch immer so
13 ganz schönes Gebet gesagt irgendwie und ja also sie war
14 die einzige reli=Religiosität die ich in meiner Familie erlebt habe

In diesem Segment reflektiert Adrian in einer zusammenfassenden Darstellung die religiöse Orientierung in seinem näheren Familienumfeld. Im ersten Subsegment (Z. 1–5) stehen die Eltern im Vordergrund und im zweiten Subsegment (Z. 6–14) werden die Handlungen der Großmutter dargestellt.

Das Segment beginnt mit einer Selbstpositionierung, die durch Fremdpositionierung korrigiert wird. Die Feststellung, dass der Sprecher evangelisch erzogen wurde, kontrastiert er mit dem Atheismus der Eltern. Hierbei wird zuerst der Glaube an Gott und dann der Kirchenbesuch als Ausdruck der Religion gebracht. Adrian stellt damit in seinem Verständnis von Religiosität den Glauben vor den Ritus.

Im zweiten Subsegment wird der Atheismus der Eltern mit der Religiosität der Großmutter kontrastiert. Die Großmutter, die die Verantwortung über die Erziehung des Kindes übernimmt, vermittelt ihm ihre religiösen Vorstellungen. Das Gebet unterscheidet sich von den anderen alltäglichen Aufgaben, indem es als „immer so ganz schönes Gebet" (Z. 12–13) charakterisiert wird. Mit dem Adjektiv „schön" nimmt Adrian keinen inhaltlichen Bezug zum Gebet, sondern bewertet es entsprechend seines ästhetischen Wertes. Weiterhin fällt auf, dass in der Darstellung der anderen Aufgaben die passive Konstruktion benutzt wird, wohingegen das Gebet durch aktive Beteiligung des Erzählers konstruiert wird („mit mir gebetet" Z. 6).

Mit der Darstellung seiner ersten religiösen Erfahrung grenzt sich Adrian von seinen Eltern ab. Das Gebet wird als ein Moment der Intimität dargestellt, der nur mit der Großmutter möglich war („sie war die einzige reli=Religiosität" Z. 13–14). Wie im Fallbeispiel von Gabriel findet Adrian Intimität in der Familie durch die religiöse Praxis. Jedoch im Unterschied zu Gabriel, benutzt er die Intimität mit der Oma, um eine Distanz zu den Eltern und deren atheistischer Orientierung zu artikulieren.

Im zweiten Segment des Interviews wird anhand der Beschreibung des Kindergottesdienstes die Frage der Religiosität in der frühen Kindheit thematisiert. Um die Lesbarkeit zu erleichtern, wird hier das Segment nicht vollständig wiedergegeben, sondern nur kurz zusammengefasst.

Zwischen seinem vierten und zehnten Lebensjahr besucht Adrian regelmäßig einen Kindergottesdienst. Im Gegensatz zu dem Kindergarten und der Grundschule, die er aus der Perspektive des „Außenseiters" beschreibt, fühlt sich Adrian im Rahmen des Kindergottesdienstes sehr wohl. Dies erklärt er dadurch, dass dort Geschichten aus dem Alten Testament nachgespielt wurden. Adrian verbindet in seiner Bewertung der Situation das Medium mit dem Inhalt: „ich fand schon damals irgendwie spannend Schauspieler zu werden und dann vor dem Publikum zu spielen (.) und gleichzeitig sogar (war's) so früh irgendwie so prägend für mich dass ich mich dann (.) später entschlossen hab zum Judentum zu konvertieren". In diesem Satz entwirft Adrian seine Eigentheorie. Sowohl der Übertritt zum Judentum als auch die angestrebte Karriere als Schauspieler führt das erzählende Ich in die damaligen Verhältnisse zurück. Adrian bildet kausale Verbindungen zwischen zwei unterschiedlichen Sinnwelten – das gute Gefühl vor Publikum zu spielen und die spätere Entscheidung zum Judentum zu konvertieren – um eine Verbindung zwischen Vergangenheit und Gegenwart herzustellen. Wie sein Zugehörigkeitsgefühl zum Judentum wird auch der Wunsch des erzählenden Ichs, Schauspieler zu werden, aus der Vergangenheit abgeleitet und suggeriert somit eine Kontinuität.

Dieses Segment unterscheidet sich von dem Segment „ganz schönes Gebet" dadurch, dass hier nicht Religiosität *per se* begründet wird. Vielmehr geht es dem Erzähler darum, eine Eigentheorie zu entwickeln, die den späteren Übertritt plausibel machen soll. Die zwei Anekdoten fallen dennoch in ihrer Gemeinsamkeit in der Gesamtdarstellung der Kindheit auf. Während Adrian in der Erzählung oft auf die Schwierigkeiten mit den Eltern und seine Außenseiterposition in der Kindergesellschaft eingeht, werden die ersten religiösen Erfahrungen mit Gefühlen der Geborgenheit, Vertrautheit, Anerkennung und Kontinuität konnotiert. Die religiös geprägten Momente werden hierbei als geschützte und glückliche Sphäre im Kontrast zu den anderen Erfahrungen im Kindesalter charakterisiert.

Identitätsfindung in der Frühadoleszenz

Mit zwölf Jahren gelang Adrian das „Abhauen" aus dem Elternhaus für ein paar Tage zu einer Brieffreundin in eine andere Stadt. Das „Abhauen" markiert eine Kehrtwende im Wandlungsprozess von Adrians Biografie: von der passiven Annahme seines Schicksals hin zur aktiven Suche und Verantwortungsübernahme. Ganz im Sinne des von Schütze beschriebenen biographischen Wandlungsprozesses entdeckt Adrian in sich – mehr oder weniger verwundert – neue Kräfte, mit denen er zuvor überhaupt nicht gerechnet hatte (Schütze 2001: 142). Dementsprechend wechselt auch die Selbstpositionierung vom ‚Opfer' zum ‚Einzelgänger'. So setzt Adrian seine Forderung gegenüber den Eltern durch, von der Regionalschule auf die Waldorfschule zu wechseln.

Die biographische Wandlung in der Jugendphase schlägt sich auch in der Auseinandersetzung mit der Religion und religiösen Fragen nieder. Zum ersten Mal traut sich Adrian, kritische Fragen über seine Herkunft zu stellen und versucht, ein eigenes moralisches Weltbild zu gestalten. Die Phase der Identitätsfindung und die Suche nach religiöser Orientierung im Jugendalter werden hier anhand von drei Segmenten analysiert.

Segment 2: „ein jüdischer Name"

1   und dann hab ich auch Mal meine Großmutter gefragt
2   warum heißen wir dann Blumenfeld mit Nachname
3   es ist ein jüdischer Name
4   und dann hat sie ähm und dann hat sie so
5   ja irgendwie ganz komisch reagiert
6   und abgewunken hat gesagt ähm ähm (.) ja (..)
7   genau wie hat sie dann gesagt? (-)
8   na dann hab ich erstmal davon gehört
9   weil irgendwie was meine Mutter irgendwie
10 was von jüdischen Hintergrund von meinem Großvater gesagt hat
11 im Gespräch mit meinem Vater äh und (..)
12 und dann hab ich da so=zu=sagen meine Großmutter gefragt irgendwie
13 aber meine Großmutter wollte eben nicht zu drüber=reden
14 sie hat halt gesagt ja ähm (..) äh ähm darüber reden wir nicht
15 und äh sag so was nicht und äh irgendwie so was ähm ähm
16 oder das hat jetzt keine Rolle es spielt jetzt keine Rolle mehr
17 iregndwie so (-)

Das Segment weist die Textsorte ‚berichtende Darstellung' auf. Adrian stellt zwei Situationen dar, in denen er seine Großmutter mit Fragen über eine mögliche jüdische Herkunft konfrontiert. Im ersten Subsegment (Z. 1–7) bezieht sich die Frage auf den Familiennamen Blumenfeld, den Adrian als „jüdischen Namen" (Z. 3) definiert. Die wortwörtliche Antwort der Großmutter wird nicht wiedergegeben sondern aus der Erzählerperspektive evaluiert. Adrian empfand die Antwort als „ganz komisch" (Z. 5), da die Großmutter dem Thema auszuweichen versuchte („abgewunken" Z. 6).

Die Spekulation nach einer jüdischen Abstammung der Familie wird von dem Erzähler im zweiten Subsegment (Z. 8–17) bekräftigt. Als Indiz dafür nennt er eine Bemerkung der Mutter in einem Gespräch mit dem Vater. Mit der Wiederholung des Wortes „irgendwie" (Z. 9) vermittelt der Erzähler den Eindruck, dass seine Anwesenheit in dieser Situation zufällig war. Er wendet sich mit der Frage nach seiner Herkunft nicht an die Eltern, sondern an die Großmutter. Damit legt er nahe, dass das Thema ein Tabu in den gespannten Eltern-Sohn-Beziehungen war.

Später wendet sich Adrian mit der Bitte um Erklärung erneut an die Oma. Ihre Antwort signalisiert zuerst eine Verweigerung, sich mit dem Thema zu befassen („darüber reden wir nicht" Z. 14). Später deutet sie an, dass das Thema mit Scham beladen ist („sag so was nicht" Z. 15).

Die Formulierung der Antwort der Oma ist besonders interessant. In einer Selbstkorrektur „das hat jetzt keine Rolle es spielt jetzt keine Rolle mehr" (Z. 16) bestreitet die Großmutter die Wahrhaftigkeit der Vermutung über die jüdischen Wurzeln nicht. Vielmehr versucht sie, die Behauptung aufgrund ihrer Relevanz zu den zeitlichen Umständen abzulehnen. Mit dem Komparativ „mehr" (Z. 16) legt der Erzähler die Vermutung nahe, dass früher – vielleicht während der NS-Zeit – die jüdische Herkunft eine größere Rolle gespielt hat.

Die Diskussion über vermeintliche jüdische Wurzeln der Familie taucht in der Narration nicht mehr auf. Das Segment bekräftigt zwar die Vermutung, dass der Großvater von väterlicher Seite Jude gewesen war, lässt jedoch die Familiengeschichte weiterhin im Dunkeln. Es fällt auf, dass Adrian aufgibt, weitere Indizien dafür zu suchen bzw. eine umfassende Aufklärung anzustreben und seinen späteren Übertritt nicht als Folge oder Konsequenz seiner familiären Herkunft darstellt. Vielmehr versucht er, den Übertritt theologisch durch sein Interesse für die Religion und den Glauben zu begründen. So wird im darauffolgenden Segment von dem Religionsunterricht in der Grundschule erzählt:

Segment 3: „ganz tollen Lehrer"

1 und dann war meinen Interessen im Religionsunterricht
2 immer alles was=was mit mit Judentum zu tun hatte
3 und wir hatten dann auch in der Schule
4 hatten wir auch einen ganz tollen Lehrer gehabt der Herr <u>Kra</u>use (..)
5 und der war auch mal in ähm in Israel gewesen für längere Zeit
6 ich glaube ein halbes Jahr ähm
7 und er hat auch da viel über Judentum gelernt und so und äh
8 es war im evangelischen=Religionsunterricht ähm (.)
9 aber in der evangelischen Religionsunterricht waren eigentlich nur
10 ich und eine Katho<u>lik</u>in die da drin waren äh interessiert
11 so an Religion die Anderen haben dann immer Hausaufgaben gemacht
12 oder Vokabeln gelernt ((lacht))
13 und dann haben wir eben dort viel über das Judentum gelernt
14 und ähm (..) ja ich fand das halt irgendwie (.)

Nachdem Adrian im vorherigen Segment die These aufgestellt hat, dass seine Familie jüdische Wurzeln hat, behandelt er eine weitere Ebene in seiner Biografie, die mit dem Judentum verknüpft ist. Das Segment, das die Textsorte Erzählung aufweist, stellt den evangelischen Religionslehrer Herrn Krause als eine signifikante Person in der Identitätsfindung des Erzählers vor.

Adrian positioniert sich in dieser kurzen Erzählung durch sein Interesse für das Judentum. Hierbei werden rückblickend die Kindheitserinnerungen im Lichte der späteren Entscheidung für den Übertritt dargestellt. Es fällt auf, dass mit der Formulierung „immer alles was=was mit Judentum zu tun hatte" (Z. 2) das Interesse für das Judentum als besonders intensiv und umfassend im Vordergrund gestellt wird.

Auch der Lehrer Herr Krause wird durch das Interesse für das Judentum fremdpositioniert. Mit dem gemeinsamen Interesse entsteht eine Verbindung zwischen dem Lehrer und dem Schüler. Es fällt auf, dass sich der Sprecher nicht für das Thema Judentum interessiert, weil er den Lehrer „toll" (Z. 4) findet, sondern er den Lehrer wertschätzt, weil beide ein gemeinsames Interesse teilen. Mit der Erwähnung seiner Zeit in Israel und sein Wissen über das Judentum wird das Interesse des Lehrers als *kollektiv geltender* Maßstab dargestellt.[43]

---

43 Mit „Kollektiv" ist in diesem Zusammenhang keine bestimmte große Gemeinschaft gemeint, sondern der Adressatenkreis dieser Interviewsituation. Möglicherweise spielt dabei eine Rolle, dass der Interviewer selbst jüdisch ist (vgl. Lucius-Hoene/ Deppermann 2004: 163).

Das erzählte Ich wird von den anderen evangelischen Schülern unterschieden, indem es sich zusammen mit einer „Katholikin" (Z. 10) für das Thema interessiert, während die anderen „immer Hausaufgaben gemacht oder Vokabeln gelernt" haben (Z. 11–12). Das Paradox, dass ausgerechnet die Außenseiterin und Außenseiter, die einzige Katholikin und das erzählte Ich, Interesse für den evangelischen Religionsunterricht zeigten, wird mit dem Lachen (Z. 12) pointiert. Der Erzähler konstruiert damit den Unterschied zwischen ihm und den anderen Schülern, welcher im weiteren Verlauf seiner Narration wieder aufgegriffen wird. Die Zuneigung zum Judentum wird hierbei von Adrian als Bestandteil seiner Biografie dargestellt. Im darauffolgenden Segment wird diese Zuneigung argumentativ ausgebaut:

Segment 4: „total wiedergefunden"

1   dann habe ich mich halt mehr auch mit den Schriften
2   und so befasst also mit mit der mit der mit der Torah und ähm (..)
3   und und ich hab mich daran einfach irgendwie total wiedergefunden
4   weil ich immer schon ein kleines (.) ähh
5   also schon bevor ich konfirmiert wurde mit zwölf (.) dreizehn ähm
6   dann habe ich schon in der Bibel gelesen
7   dann habe ich halt im Buch Jesaja. im alten Testament
8   also in der hebräischen Bibel gelesen dass ähmm
9   ja die Ankunft des Messias und weil ich ja so=zu=sagen
10 als damals von der tolle idealistische Vorstellung
11 von der Welt hatte ich werde Mal Engel
12 und mache Gutes auf den Welten
13 am schönsten=wär=es=doch=wenn alle Vegetarier sind
14 und die Tiere sich auch nicht mehr essen
15 und alle Frieden finden und alle sich vertragen auf der Welt
16 ist also ist äh äh ist meine idealistische Vorstellung und mein Wunsch
17 und das habe ich immer im Buch Jesaja gefunden
18 die Ankunft des Messias wo da steht äh
19 ja da seien die Wölfe bei den äh Lämm(r)n=hausen
20 und die Böcke bei den äh Löwen=lagen ein kleinen Jungen wird Mafi
21 und (.) äää Ti äh Wildtiere miteinander treiben
22 und solch Sache also wurde ein totaler Frieden auf der Welt
23 der auch das Tier also (.)
24 das das dann ist so was für mich die Ankunft des Messias
25 und eben wenn dann im im Konfirmationsunterricht

26 oder im Religionsunterricht Jesus als Messias dargestellt wurde
27 habe ich gedacht Moment das kann ja nicht sein
28 ich meine was ist das dann für ein Messias wenn ich Fernsehe (..)
29 ((lacht)) sehe dass jeden Tag Menschen auf der Welt ermordet
30 worden werden und Tiere geschlachtet und das alles
31 und es gab für mich einfach keinen Messiasfigur (.)
32 und das das hat mir von Anfang an nicht gereicht irgendwie

Im vorherigen Segment belegte Adrian sein Interesse für das Judentum durch eine Erzählung. In diesem Segment versucht er dieses argumentativ zu begründen. Dafür verwendet er die Textsorte der Argumentation in zwei Formen: Zunächst wird im ersten Subsegment (Z. 1–16) seine eigene „idealistische Vorstellung" im Einklang mit der hebräischen Bibel dargestellt. Anschließend wird im zweiten Subsegment (Z. 17–32) die christliche Vorstellung über Jesus argumentativ abgelehnt und das jüdische Messiasverständnis geltend gemacht.

Der Übergang von dem vorherigen Segment, das in der Mitte eines Satzes abgebrochen wurde („ja ich fand das halt irgendwie" Z. 14 im Segment 3), erfolgt mit dem Rahmenschaltelement „dann" (Z. 1). Mit dem Wechsel der Textsorte von der Erzählung zur Argumentation wird der Fokus in diesem Segment auf die Begründung des moralischen Standpunkts gerichtet. Dabei verwendet der Erzähler die utopische Prophezeihung von Jesaja als einen Bezugspunkt, um seine eigene religiöse Vorstellung mit dem Judentum in Einklang zu bringen.

Zunächst bettet Adrian sein Interesse für die hebräische Bibel in den Kontext seiner Kindheit ein. Mit der Zeitmarkierung „immer schon" (Z. 4) und der Wiederholung des Adverbs „schon" (Z. 5, 6) konstruiert er seine Auseinandersetzung mit dem Judentum bzw. dem Alten Testament durch die Selbstnarration von Kontinuität und Stabilität. Es handelt sich dabei nicht um eine neue Entdeckung, sondern um einen kontinuierlichen Prozess der Identifikation mit der Religion. Dementsprechend lautet die Kernnarration des Segmentes: „ich hab mich daran einfach irgendwie total wiedergefunden" (Z. 3). Das Verb „wiederfinden" verweist auf eine Wiederentdeckung von etwas, das bereits vorher vorhanden war. Die Schriften sind für Adrian wichtig, weil sie mit seiner eigenen individuellen „idealistischen Vorstellung" (Z. 10, 16) übereinstimmen und ihm somit eine Bestätigung seiner Position geben. Es handelt sich hierbei auch um eine implizite Selbstpositionierung als wertorientierte Person, die ihren Glauben von Idealen ableitet.

Auf den selbstbezüglichen Aspekten wird in diesem Segment eine Einheit zwischen dem erzählten und erzählenden Ich hergestellt. Die idealistische Vorstellung des erzählten Ichs, ein Engel zu werden, und

„Gutes auf den Welten" (Z. 12) zu tun, wird von dem erzählenden Ich aufgegriffen und mit seiner aktuellen Idealvorstellung, dass „alle Frieden finden" (Z. 15) ergänzt. Damit schafft der Erzähler in der temporalen Dimension Kontinuität und Kohärenz zwischen Vergangenheit und Gegenwart.

Im zweiten Subsegment (Z. 17–32) führt Adrian eine theologische Diskussion, in der die jüdische und die christliche Vorstellung der Messias-Ankunft kontrastiert werden. In den Mittelpunkt der theologischen Argumentation wird die Vision von Jesaja aus dem Alten Testament gestellt. Mit dem stilistischen Mittel des Zitats macht der Erzähler die Bibel zum Gegenstand seiner theologischen Argumentation. Als Relevanzkriterien in Glaubensfragen macht er sowohl Wahrheits- als auch Moralanspruch geltend. Seine Ablehnung von Jesus als „Messiasfigur" (Z. 31) wird theologisch begründet. Als einen ‚Beweis' gegen die christliche Messiasvorstellung bringt Adrian das Argument, „dass jeden Tag Menschen auf der Welt ermordet und Tiere geschlachtet" (Z. 29–30) werden.

In diesem Segment leitet Adrian den Glauben aus seiner Wahrnehmung der realen Welt und aus seinem moralischen Urteil ab. Seine Annäherung an das Judentum wird mit der philosophischen und theologischen Suche nach Sinn und Wahrheit erklärt.

Umzug nach Berlin und Übertritt

Im Alter von fünfzehn Jahren verlässt Adrian angesichts fortdauernder Konflikte mit den Eltern deren Haus und zieht in eine betreute Wohngemeinschaft in Berlin. Die Zeit in Berlin charakterisiert er als aufregend und ereignisvoll. Die neuen Lebensumstände haben jedoch zunächst nur wenig Einfluss auf die religiöse Praxis in Berlin: Nach wie vor besucht Adrian die Kirche, um seinen religiösen Bedürfnissen nachzukommen:

Segment 5: „immer nur Gott"

1 auch in Berlin äh ich habe mich für das Judentum interessiert
2 und dann bin ich auch Mal ähm (.) ich bin damals aber noch
3 ähm in der Kirche gegangen ab und zu
4 weil mir das so=zu=sagen irgendwie gefehlt hat
5 also irgendwie Religion schon aber aber immer nur Gott ja
6 ich hab auch wenn ich gebetet habe und so (.)
7 habe ich auch immer nur an Gott gebetet als als alleinigen
8 Jeje=Jesus Christus und Maria und so was

9   da konnte ich nie was mit=anfangen

In diesem Segment, das die Textsorte Argumentation aufweist, begründet Adrian seine Kirchenbesuche in der ersten Zeit in Berlin. Der vermeintliche Widerspruch zwischen dem angekündigten Interesse für das Judentum (Z. 1) und die Besuche in der Kirche erklärt er durch das Bedürfnis nach einem religiösen Bezug (er hat „irgendwie gefehlt" Z. 4). Adrian konkretisiert sein damaliges Verhältnis zur Kirche mit der Unterscheidung zwischen verschiedenen Bestandteilen der Christentum: Während er den Glauben an Jesus und Maria ablehnt, stellt er den Glauben an Gott („immer nur Gott" Z. 5) als die einzige Basis seiner Religiosität dar. Auch das Gebet wird – im Unterschied zu Ilona – durch den Bezug zu Gott dargestellt. Mit der klaren Stellungsnahme zu Gott trifft Adrian eine Aussage über die Welt, in der er lebt. Es wird zwischen ‚richtig' und ‚falsch' unterschieden und Adrians Handeln wird aus einem moralischen und theologischen Verständnis abgeleitet. Dieses Segment fungiert als eine Einleitung zum ersten Besuch in der Synagoge, der anschließend narrativ dargestellt wird.

Segment 6: „das ist das was du suchst"

1   und dann (.) habe ich mich eben (..) ähmm
2   dann mal mit mit em Freund ähh auch in der Synagoge begeben
3   weil der gesagt hat ja er war auch mal in Israel gewesen zeitlang
4   er kennt da einen und wir gehen da mal hin
5   und es war der Synagoge Pestalozzistraße ämm
6   und es war jetzt sage ich vor (.) vier Jahren
7   dass ich da in der Synagoge Pestalozzistraße saß (.) und (.)
8   und habe ich gedacht a ja das ist das
9   das war das war so ein warmes Gefühl irgendwie das (..)
10   irgendwie so in mich gedrungen ist und also
11   es war irgendwie ich ich wusste damals noch ganz wenig über Judentum
12   und über über ge' also Detaili über das Detail über die Feste
13   und alles möglichen die Gebote und Mitzwot und alles mögliche also
14   aber das erste Gefühl war für mich das ist es (.) hier bist du Zuhause
15   da gehörst du hin das ist das was du suchst
16   und so von der Erfahrung des Gottesdienst
17   und was ich dann im Buch gelesen hab
18   und dieses wirklich monotheistisch und Gott und die zehn Gebote
19   und hh und das alte Testament und und und
20   und auch die Gebete das ist die hebräische Sprache

21 das was für mich für wirklich als als wär es die Sprache Gottes
22 für mich irgendwie diese Lacha Dodi Likrat Kala ((singt))
23 das was für mich ganz (..) das war für mich ganz erhebenden Mo-
    ment
24 also ich war (.) ich war Hin und Weg und
25 ich bin auch gleich am nächsten Morgen
26 zum Schabat Schachrit gegangen zum Morgengottesdienst

In diesem Segment, das als Schlüsselerzählung zu verstehen ist, wird ein gesamtbiographisch bedeutsames Ereignis wiedergegeben. Die Erfahrung des ersten Synagogenbesuches, die szenisch-episodisch erzählt wird, wird als Ereignis konstruiert, das Adrians Lebensorientierung radikal verändert hat. Im Verlauf der Lebensgeschichte wurde zwar an mehreren Stellen das Interesse und die Zuneigung für das Judentum narrativ und argumentativ ausgedrückt. Jedoch an diesem Punkt wird die Erfahrung dargestellt, die direkt dazu geführt hat, dass Adrian zum Judentum konvertiert. Die Zugehörigkeit zum Judentum, die bereits vorher theologisch und moralisch über den Glauben an Gott theoretisch und biographisch aufgebaut wurde, wird hier durch eine spirituelle und emotionale Erfahrung vermittelt.

Im ersten Subsegment (Z. 1–15) beschreibt der Sprecher die Erfahrung in der Synagoge durch die Erhöhung des erzählerischen Auflösungsgrads, eine zunehmende Dramatisierung und pointierte Darstellungsweise. Aus struktureller Sicht wird die Passage von der Textsorte der szenisch-episodischen Erzählung geprägt.

Das Segment beginnt mit der Angabe von Hintergrundinformationen über die Umstände, die zur Entscheidung führten, in die Synagoge zu gehen. Es fällt auf, dass der Freund als die treibende Kraft hinter der Entscheidung dargestellt wird. Zugleich gestaltet Adrian seine Beteiligung eher in einer passiven Modalität. Mit der Darstellung des Freundes als aktiv handelnder Person wirkt der Sprecher der Vermutung entgegen, dass er den Übertritt von vornhinein geplant hatte. Vielmehr wird der Synagogenbesuch als ein Zufall konstruiert, der mit dem langen Aufenthalt des Freundes in Israel zusammenhängt.

Ab Zeile 5 wechseln der Erzählstil und der erzählerische Auflösungsgrad: Adrian rekonstruiert den Moment, in dem er „in der Synagoge Pestalozzistraße saß" (Z. 7).

Mit der Zeitangabe („vor vier Jahren" Z. 6) wird die gesamtbiographische Bedeutung des Ereignisses hervorgehoben. Auch ohne explizit von einer göttlichen Offenbarung zu sprechen, legt Adrian nahe, dass der Synagogenbesuch eine besondere, spirituelle Erfahrung war. Die Feststellung „a ja das ist das" (Z. 8) deutet auf ein Aha-Erlebnis, in dem die schlagartige Erkenntnis zum neuen Verständnis von Zugehörigkeit führt. Im Vordergrund geht es hier nicht um kognitives Verständnis, sondern vielmehr um ein übersinnliches Ereignis, das durch physische Empfindung von Wärme (Z. 9) artikuliert wird. Die körperliche Wärme interpretiert der Sprecher als Zeichen dafür, dass er sein „Zuhause" (Z. 14) gefunden hat. Die Suche nach einem realen und metaphorischen Zuhause und Zugehörigkeitsgefühl macht Adrian in diesem biographischen Moment – kurz nach der Ankunft im Alter von fünfzehn Jahren in Berlin – zum wichtigen Thema seiner Erzählung. Die Position des Außenseiters in der Schule, der vorzeitige Abschied von den Eltern und die Distanz zur Kirche werden in der gesamtbiographischen Erzählung verwendet, um den Dauerzustand von Entfremdung zu vermitteln. Mit der Empfindung des sofortigen Zugehörigkeitsgefühls wird schlagartig das Judentum als die Lösung des Problems dargestellt.

Mit der Erwähnung seines geringen Wissens über das Judentum zu dieser Zeit (Z. 11) betont Adrian, dass die Erkenntnis nicht kognitiv oder logisch erschlossen wurde, sondern in erster Linie als emotionale Empfindung zu verstehen ist. Mit der Erwähnung der „Feste", „Gebote" und „Mitzwot" (Z. 13) wird das erzählende Ich als wissend im Vergleich zu dem unbefangenen erzählten Ich dargestellt.

In Zeilen 14 und 15 konstruiert der Sprecher seine Gedanken in Form von einer Stimme, die sich direkt an ihn wendet: „hier bist du Zuhause da gehörst du hin das ist das was du suchst" (Z. 14–15). Indem Adrian von dieser unbekannten Stimme angesprochen wird, legt er nahe, dass die Erfahrung in der Synagoge als religiöse Offenbarung zu verstehen ist.

Im zweiten Subsegment (Z. 16–26) wird die unmittelbare spirituelle Erfahrung in der Synagoge retrospektiv reflektiert. Der Sprecher versucht, die emotionale Reaktion in einen breiteren Zusammenhang zu stellen, um sie plausibel und nachvollziehbar zu machen. Hierbei verknüpft er die theologische Ebene (Monotheismus, Zehn Gebote) mit seiner Wahrnehmung der hebräischen Sprache als „Sprache Gottes" (Z. 21). Mit dem Abwechseln der Erzähllinie mit dem kurzen Gesangstück aus dem hebräischen Gebet („Lecha Dodi Likrat Kala" Z. 22) demonstriert Adrian, dass seine Erfahrung mit Worten allein nicht vermittelt werden kann.

Zum Abschluss des Segmentes (Z. 25–26) wird die direkte Folge der spirituellen Erfahrung auf die Handlung des Erzählers angekündigt: Gleich am folgenden Tag geht er zum Morgengottesdienst. Hierbei werden seine übersinnlichen Erfahrungen und sein Handeln in Einklang gebracht.

Im weiteren Erzählverlauf beschreibt Adrian seine Besuche in der Synagoge. Im Gegensatz zum spirituellen erhebenden Moment des ersten Besuchs etabliert sich in dieser Zeit eine gewisse religiöse Routine, die durch die Suche nach institutioneller Anbindung und nach sozialen Kontakten charakterisiert wird. Mit dieser Suche handelt es sich nicht mehr allein um emotional-spirituelle oder theologisch-kognitive Überlegungen, sondern um den Versuch, die Religion zu praktizieren. Hierbei stellt Adrian fest, dass er in der jüdischen orthodoxen Gemeinde keine Bezugsperson findet. Während der Suche nach dem passenden institutionellen Rahmen, um die Religion zu praktizieren, findet Adrian die liberale Gemeinde, in der er später den Übertrittskurs macht. Die Entscheidung für die liberale Gemeinde begründet er mit einer kurzen Anekdote:

Segment 7: „ganz=toller Rabbiner"

1   mir hat ein ganz=toller Rabbiner gesagt
2   wie ist christlt sich so jüdelt es sich ((lacht))
3   und so=zu=sagen ich bin ja evangelisch groß geworden
4   und deswegen habe ich mir gedacht ähm
5   ich muss mir was liberaler suchen

In der pointierten Anekdote bringt Adrian seine Sozialisation in einer evangelischen Familie in Einklang mit der Entscheidung, der jüdischen liberalen Gemeinde beizutreten. Indem er sich dabei auf einen „ganz=tollen Rabbiner" (Z. 1) beruft, wird diese Verbindung legitimiert. Mit der Bewunderung des Rabbiners kommt erst zum Schluss der Erzählung die Verbindung mit der religiösen Autorität als zusätzliche Ebene des religiösen Bezugs zur Geltung. Gerade weil bisher die Verbindung auf der abstrakten Ebene des Glaubens, der übersinnlichen Erfahrung und der theologisch-moralischen Überlegungen konstruiert wurde, fällt an dieser Stelle die Bezugnahme auf den Einfluss des Rabbiners auf.

Mit seinem Übertritt zum Judentum und anschließenden Beitritt zur Berliner liberalen Gemeinde schließt Adrian seine lange Stegreiferzählung ab.

Zusammenfassung: „Glaube als Basis der Identifikation"

In seiner narrativen Erzählung erweist sich die religiöse Erfahrung Adrians als zentral für die Konstruktion seiner jüdischen Identität. Dieser Befund steht im Einklang mit der Auffassung des Soziologen Hans Joas über die Bedeutung der religiösen Erfahrung für die Identität religiöser

Menschen. Joas stellt fest, dass phänomenologisch betrachtet, Gläubige in unterschiedlichen Religionen das Gefühl des „über-sich-hinaus-Wachsens" empfinden. Damit wirkt die Erfahrung (und die Selbst-Deutung dieser Erfahrung), dass etwas jenseits ihrer selbst existiert – was in bestimmten intensiven Situationen auch solche Gewissheit schafft, die durch kein rationales Argument attackierbar ist – identitäts-stiftend (Joas 1999).

Adrians Biografie zeichnet sich durch mehrere Brüche und Krisen aus. Der Sprecher thematisiert die problematische Beziehungen zu sei-nen Eltern und die Konflikte mit den Gleichaltrigen, die zu seinem Um-zug im Alter von fünfzehn Jahren nach Berlin führten. In der Erzählung seiner Kindheit konstruiert Adrian die Religiosität als den Raum, in dem er Geborgenheit, Vertrauen und Anerkennung empfand. Diese Gefühle gipfeln in der szenischen Darstellung des Synagogenbesuchs in Berlin. In dieser Schlüsselerzählung konstruiert Adrian das religiöse Moment als eine übersinnlich-emotionale Erfahrung von Offenbarung. Mit der religiösen Erfahrung begründet Adrian auch sein Gefühl ‚ein Zuhause' gefunden zu haben, nachdem er so lange sein reales und metaphorisches Zuhause vergeblich gesucht hatte. Der Glaube und die religiöse Erfah-rung der ‚Selbstüberschreitung', die durch Liturgie, Gottesdienst und Gebet vermittelt werden, stellt hierbei eine weitere Form der jüdischen Identität dar.

6.3.4 Zusammenfassung

Die Analyse der narrativen Erzählungen zeigt, dass sich das religiöse und ethnische Selbstverständnis von jüdischen Jugendlichen aus mehre-ren Dimensionen zusammensetzt. Im Hinblick auf die weit rezipierte Konzeption eines Dimensionsmodells der religiösen Identität, wie es Charles Glock (1962: 98-110) in den USA entwickelt hat, lassen sich besonders (i) die institutionsbezogene Ritualdimension, (ii) die Dimen-sion des religiösen Wissens und (iii) die subjektive Überzeugungsdi-mension, in der es um die Auswirkungen der Religionszugehörigkeit im praktischen Leben des Alltags geht, erkennen. Hingegen kommen die zwei weiteren von Glock erwähnten Dimensionen: (iv) die ideologische und (v) die erfahrungsmäßige (experimentelle) Dimensionen deutlich weniger in den biographischen Narrationen zum Ausdruck. Dieser Be-fund lässt sich in zwei Richtungen deuten: Zunächst ist anzunehmen, dass in der Erzählung auf bestimmte Plausibilitätsstrukturen rekurriert wird. Es ist deshalb zu fragen, inwiefern in der Situation des narrativen Interviews eine Kernnarration, die auf der religiösen Erfahrung oder auf der ideologischen Dimension basiert, vertretbar ist. Eine zweite Erklärung der Ergebnisse ist möglich, wenn die ‚religiöse Biografie' (Fei-ge/Dressler 2000) im Zusammenhang mit der gesamten Biografie be-trachtet wird.

Feige und Dressler beschrieben die ‚religiöse Biografie' als eine in-dividuelle Leistung, die in der heutigen „funktional differenzierten und orientierungspluralen Gesellschaft" von dem Individuum entworfen und realisiert wird (ebd.: 35). Allerdings zeigt diese Studie, dass wichtige biographische Erfahrungen wie Migration und Übertritt eine herausra-gende Rolle in der Bestimmung der narrativen Darstellung der ‚religiö-sen Biografie' haben. Es werden drei typische Identifikationsformen erkannt, die mit der biographischen Erfahrung korrespondieren:

- Prägung durch die religiöse Erfahrung,
- Prägung durch das familiäre Nahfeld,
- Prägung durch die Gemeindeaktivität.

Während die Dimension der religiösen Erfahrung lediglich in einem Ausnahmefall eines übergetretenen Jugendlichen als Kernnarration formuliert wird, verbinden die ‚alteingesessenen' Jugendlichen ihren Bezug zum Judentum mit verschiedenen Ebenen der Sozialisation in der Familie und verwenden mehrere Aspekte ihres familiären Umfelds als Ressource ihrer Selbstpräsentation. Hierbei zeigen sich die Lebensge-schichten der Eltern und Großeltern sowie die religiöse Praxis und die Traditionen im Elternhaus für das narrative Selbstverständnis der Kinder der Alteingesessenen konstruierend.

Die zugewanderten Jugendlichen hingegen schreiben dem familiä-ren Nahfeld eine deutlich kleinere Rolle in ihrer jüdischen Identifikation zu. Während ihnen das elterliche Vorbild in jüdischer Religion und Tradition oftmals fehlt, entwickeln die zugewanderten Interviewten oft durch das Engagement in der Institution Gemeinde oder dem Jugend-verband ihre jüdische Identifikation. Es scheint, dass die Eltern aufgrund ihres fehlenden religiösen Wissens die Verantwortung für die religiöse Sozialisation an die Gemeinde abgeben. Hierbei kommt die identitäts-stiftende Bedeutung der institutionellen Angebote in der Jugendarbeit zur Geltung. Wie die Fallbeispiele zeigen, beschreiben die Jugendlichen ihre Mitgliedschaft in der Gemeinde durch zwei typische Erklärungs-strukturen: Zum einen wird die soziale Dimension der Jugendarbeit im Verband und die Zugehörigkeit zur Peergroup als Erklärung geliefert. Zum anderen wird auf die Bedeutung der Gemeinde bei der Verleihung von Lebensorientierung verwiesen und die Möglichkeit zur Selbstver-wirklichung im Rahmen der Aktivitäten im Jugendalter hervorgehoben. Gerade weil oftmals behauptet wird, dass „sowjetische Zuwanderer in den Gemeinden weniger aktiv sind und weniger religiöses Wissen haben als Kinder von Alteingesessenen" (Müller 2007: 272), scheint dieser Befund besonders wichtig zu sein. Er weist auf die wichtige identitätsstiftende Bedeutung der Gemeinde gerade für die Zuwanderinnen und Zuwanderer hin. Zum Vorschein kommt hierbei die Funktion der Gemeinde bzw. der Jugendverbände für die Entwicklung jüdischer Identifikation, die über individuelle und subjektive Mitgliedschaftsentwürfe narrativ artikuliert werden.

7 Zusammenfassung und pädagogischer Ausblick

In diesem abschließenden Kapitel erfolgt eine Reflexion der zentralen Ergebnisse der empirischen Arbeit. Anschließend werden pädagogische Implikationen für die Praxis der jüdischen Gemeinden sowie jüdischen Erziehungs- und Bildungseinrichtungen in Deutschland abgeleitet.

7.1 Zusammenfassung der empirischen Befunde

In der Fachliteratur wird bisweilen daran gezweifelt, ob mit Jugendlichen überhaupt biographisch-narrative Interviews durchgeführt werden können. Es wird angenommen, dass sie noch keine vorgefertigten Erzählungen parat haben und noch nicht viel über ihr Leben erzählen können (vgl. Mey 2000: 135-137; Lenz 1991: 58-62; Mruck/Mey 1996).[44] Günter Mey weist auf die Gefahr in narrativen Interviews mit Jugendlichen hin, die „erhofften ‚Informationen' über die Lebensgeschichte(n)" zu verfehlen und stattdessen

„maximal eine schlüssige (Selbst-)Präsentation zu erhalten, in der die Lebensverstrickungen oder Ambivalenzen eher übertüncht als explizit gemacht werden" (Mey 2000: 149).

Diese Warnungen, die auf der Erfahrung von mehreren Untersuchungen basieren, haben sich in dieser Studie nicht bewahrheitet: Den meisten Jugendlichen gelang es, in der Interviewsituation ihre Lebensgeschichte narrativ zu entfalten und dabei einen „well-formed narrative" (Gergen/Gergen 1988: 20) darzustellen. Der Grund hierfür mag sein, dass Angehörige einer Minderheitengruppe früh für ihre Position in der Gesellschaft sensibilisiert werden. Wie von Fredrik Barth (1969) beschrieben, entdecken sie die ethnischen Grenzen zwischen der *in-* und *out- group* als Teil ihres Identitätsfindungsprozesses. Es ist deshalb nicht verwunderlich, dass in der biographischen Erzählung Heranwachsende ihre eigene Vergangenheit mit der der jüdischen Wir-Gruppe verknüpfen und die kollektiven Identitätsentwürfe als Orientierungshilfe in eigener retrospektiver Bewertung und eigener prospektiver Planung verwenden.

---

44 Beispielsweise berichten Mruck und Mey (1996) in ihrer Studie zur ‚Jugendarbeitslosigkeit' darüber, dass in den narrativen Interviews „schon während der Erstinterviews erhebliche Probleme entstanden": Ein Teil der Interviewten war nicht sehr gesprächig, hierzu zählten insbesondere sehr junge Arbeitslose.

Das Ziel der vorliegenden Arbeit bestand darin, narrative Identitätsformationen jüdischer Jugendlicher in Deutschland zu rekonstruieren. Aufgrund der Analyse des empirischen Materials und anhand des erwähnten Forschungsinteresses wurden in der Arbeit drei unterschiedliche – dennoch zueinander in Beziehung stehende – zentrale Typologien der narrativen Identität jüdischer Jugendlicher erarbeitet.[45] Während sich die erste Typologie allein auf die Migrationserfahrung beschränkt, werden in der zweiten und dritten Typologie beide – zugewanderte und ‚alteingesessene‘ – Befragtengruppen in den Blick genommen:

i) Typologie der Akkulturationsnarrative, die der Frage nach der Auseinandersetzung der zugewanderten Jugendlichen mit kulturellen Vorstellungen und Vorbildern im Verlauf des Migrationsprozesses nachgeht.

ii) Typologie der Identitätsentwicklung im Spannungsfeld des Mehrheits-Minderheits-Verhältnisses, welche die Bedeutung der Fähigkeit zur Rollendistanzierung und Ambiguitätstoleranz in der Interaktion mit der Mehrheitsgesellschaft untersucht.

iii) Typologie der jüdischen, religiösen und ethnischen Sozialisation, die danach fragt, woran die Jugendlichen ihre Zugehörigkeit zum jüdischen Kollektiv festmachen und welche Identitätsentwürfe sich dabei feststellen lassen.

Die Hauptergebnisse stellen sich folgendermaßen dar:

Typologie der Akkulturationsnarrative

Neben den altersspezifischen normativen Anforderungen und Entwicklungsaufgaben, mit denen die Heranwachsenden als solche konfrontiert sind, werden zugewanderte Jugendliche vor die Aufgabe gestellt, sich auch noch mit der Frage der Zugehörigkeit zu einer ethnischen und religiösen Minderheit, die sich aus dem Migrantenstatus in der 1,5-Generation ergibt, auseinander zu setzen (vgl. Stiksrud 1994: 138-139;

---

45 Grundsätzlich handelt es sich bei jeder Typologie um das Ergebnis eines Gruppierungs- und Abstraktionsprozesses, bei dem ein Objektbereich anhand eines oder mehrerer Merkmale in Gruppen bzw. Typen eingeteilt wird (vgl. Bailey 1994), so dass sich die Elemente innerhalb eines Typus möglichst ähnlich sind (interne Homogenität auf der „Ebene des Typus“) und sich die Typen voneinander möglichst stark unterscheiden (externe Heterogenität). Ralf Bohnsack spricht in diesem Kontext von „Dimensionengebundenheit der Typenbildung“ (2007: 183-184), weil die Einzelfälle durch ihre „Aspekthaftigkeit“ (ebd.: 183) und nicht durch ihre Totalität betrachtet werden. Auch in der vorliegenden Studie wurden die jeweiligen biografischen Erzählungen im Verlauf des Auswertungsprozesses in unterschiedliche Dimensionen und Erfahrungsräume zerlegt, die insgesamt drei Typologien bilden.

Stiksrud/Kuliga 1984: 437-438). Die Fallbeispiele, die in dieser Typologie analysiert wurden, geben Aufschluss über die verschiedenen Wahrnehmungsoptionen und Aushandlungsprozesse im Verlauf der Migrationssituation, der im Spannungsfeld zwischen – zum Teil widersprüchlichen – kulturellen, ethnischen, nationalen und religiösen Deutungsmustern stattfindet. Wie das Konzept des „Doing Culture" von Hörning (2004) begründet, ist Kultur sowohl als ermöglichende als auch beschränkende Kraft zu verstehen, da sie sowohl Anpassungs- als auch Autonomieprozesse in Gang setzt. Auf der Auseinandersetzung mit dem kulturellen Repertoire wirken nicht allein Kräfte ein, die Identität festschreiben, sondern die Individuen verfügen auch über das Potenzial, von der zugeschriebenen Identität Abstand zu nehmen, sie zu modifizieren oder sie ganz zurückzuweisen (vgl. Hörning 2004: 20-39).

Vor diesem Hintergrund erscheint es besonders wichtig der Frage nachzugehen, wie sich kulturelle Vorstellungen in den narrativen Erzählungen niederschlagen. Anhand der Analyse ihrer Migrationsnarrative können die Erzählungen von den zugewanderten Jugendlichen im Hinblick auf ihre Verwendung von kulturellen Vorstellungen in einer formalen Typologie geordnet werden, die ihren Bezug zur „russischen" und „deutschen" Kultur thematisiert.[46] Hierbei wurden drei typische Akkulturationsnarrative erarbeitet:

- Das Assimilationsnarrativ „ich bin eingedeutscht": Jugendliche, die in ihre Kernnarration Assimilationsnarrative einbetten, bedienen sich aus dem kulturellen Repertoire der „deutschen Kultur", wie sie von ihnen wahrgenommen wird. Im Aufbau ihrer biografischen Narration klammern die Zuwanderinnen und Zuwanderer aus dieser Gruppe die Erfahrungen vor der Migration aus und grenzen sich von der „russischen Kultur" weitgehend ab.
- Das Isolationsnarrativ „wir halten immer zusammen": Der Schwerpunkt der zweiten Akkulturationsstrategie, des Isolationsnarrativs, liegt anders als im ersten Fall nicht auf der Anpassung, sondern der Abgrenzung von der Mehrheitsgesellschaft. Jugendliche, die diesem

---

46 An dieser Stelle ist anzumerken, dass die Begriffe „deutsche Kultur" und „russische Kultur" auf die subjektive Wahrnehmung der Jugendlichen zurückzuführen ist, wie sie in den Erzählungen zum Ausdruck kommt. Es geht hier explizit nicht darum, die Frage zu beantworten, ob diese Kulturen „objektiv" vorhanden sind. Seit den 90er Jahren hat sich die Wissenschaft von der Perspektive auf abgeschlossene, inselartige Kulturen zunehmend verabschiedet. Denn unter den Bedingungen der Globalisierung hat sich die gedachte Einheit von Raum, Gruppe und Kultur als Fiktion erwiesen. Der gewandelte prozesshafte Kulturbegriff versucht daher den Widersprüchen, der Vermischung und jener neuen Diversität gerecht zu werden, die stärker auf Verbindungen als auf Autonomie basiert (vgl. Hall 1999: 180ff.; Geisen 2007: 35-38)

Typus zugeordnet werden können, blicken nostalgisch auf die Zeit vor der Migration zurück und gestalten ihre Lebenserzählung entsprechend. In diesem Narrativ werden zugleich die starke kulturelle Identifikation mit dem Geburtsland und die Fremdheit von der deutschen Umwelt in den Vordergrund gestellt. In den Erzählungen wird die Peergruppe, die sich ausschließlich aus anderen Migrantinnen und Migranten mit gleicher Herkunft zusammensetzt, als wichtiges Verbindungsglied zur Herkunftskultur dargestellt. Die Jugendlichen deuten Konflikte und Probleme mit ihrer Umwelt durch kulturelle Erklärungsmuster, wie aus dem folgenden Zitat ersichtlich wird: „Aber es ist Deutschland und hier gibt [es eine] bestimmte Mentalität und Ordnung und ich kann [sie] nicht verändern".

- Das Integrationsnarrativ „ich kann unterschiedliche Kulturen und Religionen verbinden": Während sowohl bei dem Assimilations- als auch bei dem Isolationsnarrativ die Ethnisierungserfahrungen strategisch zur Selbstpositionierung gegenüber der anderen Kultur verwendet werden, geht das dritte idealtypische Akkulturationsnarrativ der Integration von einem Verständnis aus, welches die ethnischen Kategorien „Deutsche" und „Ausländer" als alleiniges Erklärungsmuster sozialer Handlungsformen ablehnt. In solchen Erzählungen bedienen sich die Jugendlichen aus mindestens zwei kulturellen Repertoires, indem sie die beiden Kulturen als Ressource für ihre narrative Darstellung verwenden. Die Jugendlichen aus diesem Typus neigen dazu, Konflikte und Probleme nicht durch kulturelle Erklärungsmuster, sondern vielmehr situativ mit Verweis auf soziale Konstellationen zu interpretieren. Ein solches typisches Erklärungsmuster lautet: „Egal ob man Deutsche oder halt Ausländer ist, es gibt immer Leute, mit denen man sich gut versteht und mit denen man weniger gut".

Die Akkulturationsnarrative russisch-jüdischer zugewanderter Jugendlicher korrespondieren mit den von John Berry erarbeiteten Akkulturationsstrategien (1990, 2005). In Anlehnung an sein Modell lassen sie sich im Spannungsfeld zwischen der Beibehaltung eigener Kultur und der angestrebten Beziehung zur Mehrheitsgesellschaft darstellen:

Auseinandersetzung mit der „deutschen Kultur"	Assimilation	Integration
		Isolation

Auseinandersetzung mit der „russischen Kultur"

Abb. 4: Typische Akkulturationsnarrative bei russisch-jüdischen Migranten der 1,5-Generation

Vor dem Hintergrund von Berrys Modell erscheint die Bedeutung meiner Ergebnisse darin zu bestehen, dass sie eine Verbindung zwischen Migrations- und Biographieforschung herstellen. Die von Berry beschriebenen situativen Strategien werden in den konkreten Lebenserzählungen als Teil einer lebensgeschichtlichen Selbstnarration verstanden. Die jeweilige Akkulturationsstrategie prägt nicht nur die Sicht der Person auf ihre aktuelle Situation, sondern auch die Darstellung von früheren Ereignissen im Ursprungsland sowie Zukunftspläne maßgeblich. Weiterhin ergab die Analyse, dass Jugendliche, deren Kernnarration aus Assimilations- und Isolationsstrategien besteht, nur schwer in ihrer narrativen Identität mit der Ambiguität der Migrationsituation umgehen können. Sie versuchen, einen klaren und homogenen Identitätsentwurf zu übernehmen und zahlen dafür in ihrem sozialen Handeln einen hohen Preis, da sie fast unvermeidlich Fremdheitsgefühle im Verhältnis zu ihrer Herkunfts- oder mit der Mehrheitsgesellschaft entwickeln, welche Partizipationsmöglichkeiten verstellen oder Identitätsbedürfnisse verdrängen. Das Integrationsnarrativ hingegen, der unter den Befragten am häufigsten zu finden war, ist insofern als ein Ausdruck einer kognitiven Flexibilität zu verstehen, weil er sich durch einen produktiven Umgang mit verschiedenen kulturellen Kontexten auszeichnet.

Eine Besonderheit des Integrationsnarratives, wie sie in den Erzählungen mit diesem Muster zum Ausdruck kam, entsteht aus dem ‚doppelten Minderheitenstatus' der Befragten, als Juden und als Russen. Es lässt sich ein ‚doppelter Akkulturationsprozess' erkennen, in dem die Zuwanderer nicht nur mit deutschen, sondern auch mit neuen jüdischen Identitätsentwürfen konfrontiert werden. Für die meisten zugewanderten Jugendlichen handelt es sich dabei um eine erste Begegnung mit einem jüdischen Selbstverständnis, das sich religiös begründet.[47] In diesem Zusammenhang ist festzustellen, dass die Mehrheit der Befragten – auch wenn sie bestimmte religiöse Vorstellungen haben – das orthodoxe Judentum ablehnt und auf Freiheit und Autonomie in der Entscheidung für ihren Lebensstil besteht. Das Integrationsnarrativ balanciert daher in seiner idealtypischen Form die Anforderungen und Erwartungen des eigenkulturellen und religiösen Kontextes, sowie die des neuen Gemeindekontextes in Deutschland und der Mehrheitsgesellschaft aus.

Typologie der Identitätsentwicklung im Spannungsfeld eines Mehrheits-Minderheits-Verhältnisses

Die Anforderungen des eigenkulturellen Kontextes zum einen und die Fremdzuschreibungen und Rollenerwartungen der Mehrheitsgesellschaft zum anderen sind nicht allein für zugewanderte, sondern auch für die ‚alteingesessenen' jüdischen Jugendlichen in der Herstellung ihrer narrativen Identität besonders prägend. Vor dem Hintergrund der seit 1945 entstandenen besonderen historischen und gesellschaftspolitischen Rahmenbedingungen kommt im Identitätsentwicklungsprozess der jüdischen Jugendlichen – im Spannungsfeld zwischen den Erwartungen, einerseits *zu sein wie kein anderer* und gleichzeitig *zu sein wie alle anderen* (vgl. Goffman 1961; Krappmann 1993) – eine besondere Dimension zum Tragen: Der Übergang von ‚natürlicher Identität' zur ‚Rollen-Identität' (vgl. Habermas 1976) wird bei den Jugendlichen durch die teilweise unterschiedlichen oder sogar widersprüchlichen Rollenerwartungen von Familie, Schule und Peergroup geprägt. In Anlehnung an die am symbolischen Interaktionismus orientierte Theorie, nach der kritische Distanz und reflexives Verhalten gegenüber Normen wichtige Aspekte der Identitätsentwicklung bilden, wurde in der vorliegenden Studie die Bedeutung der Fähigkeit zur Rollendistanzierung und Ambiguitätstoleranz (vgl. Krappmann 1993) bei Angehörigen einer Minderheitsgruppe analysiert. Die Narrative lassen sich unter diesem Aspekt in drei zentrale Bewältigungsmuster unterteilen:

- *Konfrontation*: In den Erzählungen, in denen dieses Bewältigungsmuster vorkommt, wird die Selbstbehauptung der jüdischen Identität als ein Gegensatz zu der nichtjüdischen Gesellschaft dargestellt, der oft durch offene Konflikte – vor allem mit Gleichaltrigen – zum Ausdruck kommt.

---

47 In der Sowjetunion wurde das Jüdischsein als nationale und nicht religiöse Zugehörigkeit definiert. Dazu vgl. Kap. 4.3.

- *Vermeidung von Direktheit bzw. Hinwendung zu Instanzen*: Auch in diesen Formen der narrativen Darstellung wird das Verhältnis zwischen der jüdischen und der nichtjüdischen Welt als konfliktbeladenes Beziehungsmuster verstanden. Dennoch versuchen Jugendliche aus dieser Gruppe, soweit es ihnen gelingt, Konfrontation zu umgehen. Die Hinwendung an – oftmals schulische – Instanzen wird am häufigsten als Verhaltensmuster von Konfliktvermeidung angewandt. Eine weitere Strategie – die in den Erzählungen selten vorkommt – besteht darin, in der Mehrheitsgesellschaft die jüdische Zugehörigkeit zu verschweigen.
- *Interpersonale Bewältigung*: In diesem Bewältigungsmuster werden Konflikte reflektiert und differenziert verarbeitet. Folglich liegt in solchen Erzählungen der narrative Schwerpunkt auf der Suche nach einer gemeinsamen Lösung. Die Jugendlichen, mehrheitlich weibliche Interviewte, die dieser Gruppe zugeordnet sind, weisen in ihrer narrativen Identität ein hohes Maß an Rollendistanz und Ambiguitätstoleranz auf.

In den Erzählungen werden verschiedene Situationen beschrieben, in denen diese Bewältigungsmuster vorgenommen wurden. Ein besonderer Interessenschwerpunkt bildet in dieser Arbeit die narrative Darstellung von Konflikten, die ihre Hintergründe aus den unterschiedlichen Deutungsmustern und Erinnerungskulturen zum Nationalsozialismus zwischen jüdischen und nichtjüdischen Heranwachsenden beziehen. Die gegensätzlichen Perspektiven über die gleichen Ereignisse zwischen der jüdischen Minderheit und der Mehrheitsgesellschaft, die von Dan Diner (1988) als ‚negative Symbiose‘ bezeichnet wurde, stellen die jüdischen Jugendlichen vor die Herausforderung, in einen offenen und produktiven Austausch mit ihrer Umwelt über das Thema zu treten.[48]

Die narrative Darstellung des Umgangs mit dieser Dissonanz wurde anhand von zwei ausführlichen Einzelfallanalysen, die die Bewältigungsmuster ‚Konfrontation‘ und ‚interpersonale Bewältigung‘ aufweisen, näher betrachtet. Die Analyse deutet darauf hin, dass interkulturelle Begegnungen in der Frühkindheit positiv auf die Entwicklung von Rollendistanz und Ambiguitätstoleranz wirken. In der zweiten ausgewerteten Fallstruktur lag hingegen die Vermutung nahe, dass fehlende interkulturelle Kompetenzen mit der Isolation in einem geschlossenen Milieu

---

48 Diese Dissonanz ist mehr bei den ‚alteingesessenen‘ als bei den zugewanderten Jugendlichen festzustellen. Dies erklärt sich dadurch, dass die Zuwanderer weniger die jüdische Opfernarration verinnerlicht haben, weil sie oftmals aus dem Elternhaus die sowjetische Siegernarration kennen (vgl. Remennick 2006: 318; Gotzmann/Kiesel/Körber 2008).

bis zum Eintritt in eine spätere Entwicklungsphase (Ende der Grundschule) zu erklären sind. Dennoch wäre eine größere Stichprobe notwendig, um diese Hypothese empirisch zu belegen.

Zusammenfassend lässt sich feststellen, dass jüdische Jugendliche sich in einer doppelt reflexiven Position zur Gesellschaft befinden und deshalb eine kritische Distanz sowohl zu eigenkulturellen wie zugleich auch zu mehrheitskulturellen Normen entwickeln müssen, um mit ihrer Umwelt produktiv interagieren zu können. Daraus erwachsen nicht nur Belastungen, die sich durch konfliktuelle und passiv-resignative Verhaltensweisen ausdrücken, sondern auch ein deutliches Potenzial für die Entwicklung von selbstbewusster Identität, da die Fähigkeit zur Rollendistanz früh ausgebildet werden kann.

Typologie der jüdisch-religiösen und ethnischen Sozialisation

In der dritten Typologie wird die narrative Darstellung der eigenen Sozialisation innerhalb der jüdischen Gruppe im Hinblick auf die verschiedenen Dimensionen der religiösen Identität untersucht. Im Vordergrund steht die Frage, woran Jugendliche ihre Zugehörigkeit zum jüdischen Kollektiv festmachen und welche Identitätsentwürfe sich dabei feststellen lassen. Die Ergebnisse der Analyse lassen sich in einer Typologie in drei zentrale Zugehörigkeitsentwürfe gliedern:

- *Identifikation mit der Orientierung der Eltern*: Diese typische Kernnarration besteht darin, dass das eigene Zugehörigkeitsgefühl zum jüdischen Kollektiv über die Erfahrungen in der Familie vermittelt wird. Diese Erfahrung wird von den Eltern an die Kinder vor allem durch Rituale tradiert. Auch in ihren Kontakten mit anderen Sozialisationsinstanzen positionieren sich die Kinder im Einklang mit der Orientierung der Eltern (bspw. in der Wahl zwischen orthodoxer und liberaler Gemeinde). Es fällt auf, dass die Familientradition als zentrale biographische Erklärungsform der jüdischen Identität fast ausschließlich von deutsch-jüdischen Jugendlichen verwendet wird. Bei dieser Gruppe der Befragten steht die primäre religiöse Sozialisation im Elternhaus während der Kindheit im Einklang mit den oft eher späteren Erfahrungen beispielsweise bei der Inanspruchnahme von Angeboten aus dem Bereich der jüdischen Kinder- und Jugendarbeit.
- *Identifikation mit der Gemeinde- und Jugendarbeit*: Dementgegen ist die zweite biographische Darstellungsform der jüdischen Sozialisation in erster Linie für die Zuwanderer charakteristisch. Sie lässt sich durch eine Diskontinuität zwischen der Sozialisation in der Familie zum einen und in der jüdischen Gemeinde zum anderen er-

kennen. Da in den russisch-jüdischen Familien keine religiösen Traditionen vermittelt wurden, machen die Jugendlichen aus dieser Gruppe ihre jüdische Identität an ihren Erfahrungen in der Gemeinde fest. In dieser typischen Narration verläuft die religiöse und ethnische Sozialisation Hand in Hand mit dem Vergemeinschaftungsprozess im Jugendverein und in der Gemeinde. Die religiöse Sozialisation geschieht hierbei in einer relativ späten Entwicklungsphase des Kindes oder während der Adoleszenz und wird maßgeblich durch die Beziehung mit einer oder mehreren Bezugspersonen („signifikanter Anderer") in der Gemeinde (ReligionslehrerIn/JugendleiterIn) vorangebracht.

- *Identifikation über Glauben und religiöse Erfahrung*: Gegenüber den Aspekten der Familie und Gemeinde wird in der dritten narrativen Darstellungsstruktur jüdischer Identität die spirituelle Erfahrung, welche im religiösen Deutungsmuster als Glaube an Gott gedeutet wird, als Kernnarration postuliert. Eine herausragende Rolle im eigenen Selbstverständnis dieses Typus stellt die religiösspirituelle Erfahrung des „über-sich-hinaus-Wachsens" dar, die als Schlüsselereignis in der gesamten Lebenserzählung konstruiert wird. In ihrer idealtypischen Form war diese Struktur nur in einer Erzählung zu finden.

Der Befund, dass unter den Befragten der Glaube an Gott als biographische Begründungsstruktur der jüdischen Identität nur äußerst selten vorkommt, ist aus religionssoziologischer Perspektive besonders interessant. Nimmt man die Begrifflichkeit der Religionssoziologin Grace Davie über den Unterschied zwischen der Dimension der individuellen Religiosität *(believing)* und dem Zugehörigkeitsgefühl zur institutionalisierten Religion *(belonging)*, so stellt man fest, dass unter jüdischen Jugendlichen in Deutschland das *belonging* zur Gemeinde in ihrer Selbstnarration deutlich häufiger zum Ausdruck gebracht wird, als das *believing*. Davies These über „believing without belonging" (1994), wonach sich Jugendliche heute im Zuge der Individualisierungsprozesse von institutionellen Formen von Religion ablösen, scheint im Fall der jüdischen Jugendlichen keine Bestätigung zu finden. In diesem Zusammenhang fällt besonders auf, dass gerade junge Zuwanderer, die überwiegend aus assimilierten Familien stammen, eine institutionelle Bindung an die jüdischen Gemeinden suchen.

7.2 Pädagogischer Ausblick

Die bereits dargestellten Ergebnisse sollen nun in den Versuch münden, ihre Implikationen für die Gemeindepädagogik zu entwerfen. Ziel ist es, die verschiedenen identitätsspezifischen Konflikte aufzunehmen und über ihre Relevanz für die Praxis der pädagogischen Arbeit in den jüdischen Gemeinden zu diskutieren. Da es um eine explorative Untersuchung geht, werden keine definitiven Handlungsempfehlungen ausgesprochen, sondern vielmehr Überlegungen und Anregungen präsentiert, die im Verlauf der Auswertung entstanden sind.

1   Die Ergebnisse der Untersuchung zeigen, dass die Gemeinde als Sozialisationsinstanz und Ort des biographischen Lernens verstanden werden kann. Besonders unter Migrantinnen und Migranten ist festzustellen, dass die Gemeinde eine differenzierte Funktion hat, in der sie dem Individuum Orientierungshilfe in der neuen Gesellschaft zu leisten hat. Es ist deshalb wichtig zu reflektieren, welche Weltbilder im gemeindlichen Kontext innerhalb der alltäglichen Lebensbewältigung der Menschen vermittelt werden und welche biographisch relevanten Lernprozesse in der Gemeindepädagogik in Gang gesetzt werden.

2   Ausgehend von der Analyse der Akkulturationsnarrative drängt sich die Erkenntnis auf, wonach sowohl Assimilations- als auch Isolationsstrategien als konkrete Reaktionen auf den Migrationsprozess noch stärker als Integrationsstrategien von diversen Problemen und Identitätskonflikten belastet werden. Es stellt sich die Frage, wie mit pädagogischer Intervention in den jüdischen Gemeinden Assimilations- und Isolationssituationen abgewendet werden können und stattdessen eine integrationsfördernde Umgebung gestaltet werden kann. Vor diesem Hintergrund steht die Gemeindepädagogik vor der Herausforderung, ein Integrationskonzept zu entwickeln, das die jungen Migrantinnen und Migranten weder vor die Erwartung stellt, sich an die deutsch-jüdischen Deutungsmuster oder gar an die Mehrheitsgesellschaft anpassen zu müssen, noch sollte es darum gehen, Segregation von der nichtjüdischen Umwelt zu ermöglichen: Es scheint, dass die kollektive Identität der alteingesessenen Gemeindemitglieder, die maßgeblich durch die Erinnerung an die Verfolgungsgeschichte des europäischen Judentums und die Identifikation mit dem Staat Israel geprägt wird, nicht einfach von den jungen Zuwanderinnen und Zuwanderern übernommen werden kann. Hingegen ist die Segregation im russischsprachigen Milieu ein Ausdruck des resignativen Verhaltens und deshalb als ungesunde Kon-

fliktlösung und Bewältigungsstrategie zu bewerten. Die Herausforderung besteht darin, ein integratives Modell zu entwickeln, das zweierlei Ziele verfolgt: Vermittlung der spezifischen jüdischen Identitätsentwürfe und Unterstützung des Integrationsprozesses in die Mehrheitsgesellschaft. Die spezifischen Angebote für zugewanderte Jugendliche in den Gemeinden sollten an deren biographische Erfahrungen anknüpfen und zugleich einen Raum schaffen, der eine reflektierte Auseinandersetzung mit der eigenen jüdischen Identität ermöglicht und einen Zugang zur neuen Gesellschaft eröffnet.

3   Die ehrenamtliche Mitarbeit in der Gemeinde stellt eine ganz besondere Form gesellschaftlicher Integration dar: Sie fördert Prozesse der Selbsterfahrung und Selbstfindung, eigenverantwortliches Handeln und fördert das eigene Sicherheits- und Zugehörigkeitsgefühl. Das Engagementpotenzial unter den zugewanderten Jugendlichen scheint in den meisten Gemeinden nicht erschöpft zu sein: Zum einen liegt der Grund darin, dass in mehreren kleinen und mittelgroßen Gemeinden keine aktiven Jugendzentren oder Ortsgruppen einer jüdischen Jugendbewegung bestehen. Zum anderen sind Defizite in der Ausrichtung der Jugendarbeit festzustellen, welche den Zugang der Zuwanderer zu den institutionellen Angeboten erschweren. Will man Jugendliche für eine aktive Beteiligung an den Gemeindeangeboten gewinnen, so muss die Bandbreite der ehrenamtlichen Tätigkeiten erweitert und an die spezifischen Interessen und Bedürfnisse der Zuwanderer angepasst werden. Die jüdisch-orthodoxe Orientierung der meisten Gemeinden in Deutschland stellt hierbei ein Hindernis dar, da sie das kulturell-ethnische Verständnis des Judentums unter den Zuwanderern nur selten berücksichtigt und stattdessen den Kindern und Jugendlichen jüdisch-orthodoxe Ansichten zu vermitteln versucht. Hierbei kommt besonders die Problematik um die Frage der nicht-halachischen Juden zum Vorschein: Angehörige dieser Gruppe galten in der Sowjetunion als Teil der jüdischen nationalen Minderheit, wurden in Deutschland jedoch entsprechend des orthodoxen Verständnisses des jüdischen Religionsgesetzes in den Einheitsgemeinden nicht anerkannt (vgl. Kapitel 4.3). Bis heute wurden nur in einzelnen Gemeinden Wege gefunden, welche den nicht-halachischen Juden die Möglichkeit eröffnen, sich in Gemeindeaktivitäten und in der jüdischen Jugendarbeit zu engagieren. Es ist deshalb von besonderer Dringlichkeit, sich mit der Problematik innerhalb der jüdischen Gemeinden und Gemeinschaft offen auseinanderzusetzen, um den nicht-halachischen Jugendlichen Engagementmöglichkeiten im jüdischen Kontext anbieten zu können.

4 Ein weiteres Problem lässt sich im Hinblick auf die Rolle der zugewanderten Eltern in der jüdisch-religiösen Erziehung erkennen. Während unter den ‚alteingesessenen' Befragten die religiöse Erziehung als Teil des umfassenden Sozialisationsprozesses in der Familie beginnt, scheint die „religiöse Biographie" der Zuwanderer anders zu verlaufen: Die meisten von ihnen haben erst in einer vergleichsweise späteren Lebensphase von ihrer jüdischen Zugehörigkeit erfahren und ihre erste Begegnung mit dem Judentum fand im Rahmen der Gemeindeaktivität statt. Zudem liegt die Vermutung nahe, dass den Eltern das notwendige Wissen fehlt, um eine aktive Rolle in der religiösen Erziehung ihrer Kinder zu übernehmen. Stattdessen wird die Verantwortung für diesen Bereich vollständig in die Gemeinde als Erziehungseinrichtung verlagert. Der Umstand, wonach zugewanderte Jugendliche ihr religiöses Selbstverständnis fast ausschließlich auf das Engagement in der Gemeinde und im Jugendverband zurückführen können, ist nach den Erkenntnissen religionspädagogischer Ansätze als Problem zu betrachten (vgl. Ellerbrock 1990; Niggli 1988; Oser/Klaghofer 1987).[49] Vor diesem Hintergrund besteht die Aufgabe pädagogischer Arbeit in der Herstellung von solchen Bedingungen, die einen produktiven Austausch zwischen der Gemeinde und der Familie ermöglichen. Es scheint deshalb für die Gemeindepädagogik zielführend zu sein, nicht allein die zugewanderten Kinder und Jugendlichen, sondern die gesamte Familie in den Blick zu nehmen. Damit die Kinder auch im Rahmen der Familie eine Möglichkeit erhalten, ihre jüdische Identität zu entfalten, wäre es wichtig, die Eltern stärker an die jüdischen Traditionen heranzuführen und ihnen das Thema der religiösen Erziehung näher zu bringen.

5 Eine weitere Herausforderung für die jüdische Gemeindepädagogik in Deutschland besteht in der Vermittlung von interkultureller Kompetenz. Diese Fähigkeit ist die Kompetenz, auf der Grundlage bestimmter Haltungen und Einstellungen sowie besonderer Handlungs- und Reflexionsfähigkeiten in interkulturellen Situationen effektiv und angemessen zu interagieren (vgl. Deardorff 2004). Wie bereits in der Arbeit ausführlich gezeigt wurde, befinden sich jüdische Jugendliche in einer doppelt reflexiven Position zur Gesellschaft und deshalb müssen sie eine kritische Distanz sowohl zu ei-

---

49 Alois Niggli (1988) weist beispielsweise auf die Rolle der Eltern in der Bewältigung existenzieller Krisen und die Verleihung von Lebensorientierung hin; Fritz Oser und Richard Klaghofer (1987) machen die Weiterentwicklung des religiösen Urteils von einem guten religiösen Familienklima abhängig.

genkulturellen wie zugleich auch zu mehrheitskulturellen Normen entwickeln, um mit ihrer Umwelt produktiv interagieren zu können. Diese Anforderung verlangt ein hohes Maß von interkultureller Kompetenz, die als erlernbar gilt: Man geht davon aus, dass in der frühen Sozialisation Voraussetzungen dafür geschaffen werden, die entsprechend bei jedem Menschen unterschiedlich ausfallen (vgl. Kumbruck/Derboven 2005). Diejenigen Jugendlichen, bei denen Defizite in den Grundqualifikationen sozialen Handelns, der Rollendistanz und Ambiguitätstoleranz festgestellt wurden, können ihre eigenkulturellen und mehrheitskulturellen Normen und Erwartungen nicht miteinander vereinbaren und empfinden ihre Position in Deutschland als permanenten Konflikt. Die Gründe für die unterschiedlichen Voraussetzungen sozialen Handelns unter den Befragten konnten zwar im Rahmen der Forschung nicht systematisch erarbeitet werden, es liegt dennoch die Vermutung nahe, dass die Frühsozialisation in einer multikulturellen Umgebung den Erwerb solcher Kompetenzen fördert. Es scheint aus diesem Grund sinnvoll zu sein, bereits in jüdischen Kindergärten und Grundschulen die Frage der Beziehung zwischen Minderheits- und Mehrheitsgruppe zu thematisieren und interkulturelle Begegnungen zu unterstützen.

7.3 Weiterführende Forschungsfragen

Neben den Implikationen für die Gemeindepädagogik ergaben sich auch interessante weiterführende Forschungsfragen. Aufgrund methodischer Beschränkungen können die dargestellten Typologien nur wenig über die Prozesshaftigkeit im Lebensverlauf der Befragten aussagen. Es wäre wichtig mittels längsschnittlicher Betrachtung zu untersuchen, ob aus den Typologien ein Phasenmodell entwickelt werden könnte.

Die vorliegende Studie zeigt, dass die Wechselwirkung zwischen den inneren Grundeinstellungen der Zugewanderten und der sozialen Realität in Deutschland die Auswahl der spezifischen Akkulturationsstrategie bestimmt. Ausgehend davon liegt die Hypothese nahe, dass die formulierten Akkulturationsnarrative im Verlauf des Migrationsprozesses in Form eines Phasenmodells aufgefasst werden können. Darüber hinaus ist zu vermuten, dass sich zugewanderte Jugendliche durch den Gang der Ereignisse in ihrer evaluativen Position zur Umwelt ändern. Als Forschungshypothese wäre denkbar anzunehmen, dass Jugendliche im neuen Land zunächst Narrative von Assimilation oder Isolation formulieren und ggf. zwischen diesen beiden Formen situativ wechseln. Das Potenzial für einen reflektierten Umgang mit den kulturellen Angeboten und Zuschreibungen kann erst in der zweiten Phase des Migrationsprozesses erfolgen, was im besten Fall zur Entwicklung eines Integrationsnarrativs führen würde.

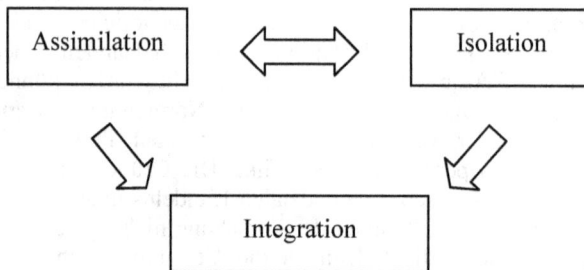

```
┌─────────────────┐                    ┌─────────────────┐
│   Assimilation  │    ⟸⟹             │    Isolation    │
└─────────────────┘                    └─────────────────┘

         ↘                                    ↙

              ┌─────────────────────────┐
              │      Integration        │
              └─────────────────────────┘
```

Abb. 5: Hypothese zum Phasenmodell des Akkulturationsprozesses

Darüber hinaus verweisen die dargestellten Ergebnisse auf die Notwendigkeit, an einer Entwicklung von übergreifenden Theorien narrativer religiöser Identität zu arbeiten, die Gemeinsamkeiten und Unterschiede in der religiösen Sozialisation der drei monotheistischen Weltreligionen erklären würde. Diese Arbeit versteht sich, neben weiteren neueren Publikationen aus christlicher Perspektive zu dieser Thematik (vgl. Piroth 2004; Köbel 2007; Kurth 2008) als erster Schritt in diese Richtung.

8 Literatur

Amyot, Robert P./Sigelman, Lee (1996): Jews without Judaism? Assimilation and Jewish Identity in the United States. Social Science Quarterly 77: 177-189.

Anderson, Benedict (2005): Die Erfindung der Nation. Zur Karriere eines folgenreichen Konzepts, Frankfurt.

Assmann, Jan (1992): Das kulturelle Gedächtnis. Schrift, Erinnerung und politische Identität in frühen Hochkulturen, München.

Assmann, Aleida (1994): Zum Problem der Identität aus kulturwissenschaftlicher Sicht. In: Linder, Rolf (Hg.): Die Wiederkehr des Regionalen. Über neue Formen kultureller Identität, Frankfurt am Main, 13-35.

Assmann, Aleida/Friese, Heidrun (1998): Einleitung. In: Assmann, Aleida/Friese, Heidrun (Hg.): Identitäten. Erinnerung, Geschichte, Identität, Frankfurt am Main, 11-23.

Aviv, Caryn/Shneer, David (2005): New Jews. The End of the Jewish Diaspora, New York.

Bailey, Kenneth D. (1994): Typologies and Taxonomies. An Introduction to Classification Techniques, Thousand Oaks.

Barth, Fredrik (1969): Ethnic Groups and Boundaries: The Social Organization of Cultural Difference, Boston.

Becker Franziska (2001a): Ankommen in Deutschland. Einwanderungspolitik als biographische Erfahrung im Migrationsprozess russischer Juden, Berlin.

Becker Franziska (2001b):Migration and recognition: Russian Jews in Germany. East European Jewish Affairs 33: 2, 20-34.

Beck-Gernsheim, Elisabeth (1999): Juden, Deutsche und andere Erinnerungslandschaften. Im Dschungel der ethnischen Kategorien, Frankfurt am Main.

Ben-Rafael, Eliezer (2002): Jewish Identities. Fifty Intellectuals Answer, Leiden.

Benbassa, Esther/Attias, Jean-Christophe (2004): The Jew and the Other, Ithaca/London.

Benz, Wolfgang (2000): Reaktionen auf den Holocaust. In: Romberg, Otto R./Urban-Fahr, Susanne (Hg.): Juden in Deutschland nach 1945, Bonn, 54-63.

Berg, Nicolas (2006): Luftmenschen: Zur Geschichte einer Metapher, Göttingen.

Bergem, Wolfgang (2005): Identitätsformationen in Deutschland, Wiesbaden.

Berger, David (2001): The Rebbe, the Messiah, and the Scandal of Orthodox Indifference, Oxford.

Berger, Margalit/Cysewski, Anja von (2005): Im Dienste des Messias von Crowne Heights. Die weltweite Erfolgsstory der jüdischen Lubawitsch-Bewegung, Manuskript Rundfunksendung Südwestrundfunk (SWR2) 02.01.2005, 12.05 Uhr. Auf: http://www.swr.de/swr2/programm/sendungen/glauben//id=1644168/property=download/ nid=659102/1ivr84u/gl20041202_2831.rtf [Datum des letzten Zugriffs: 16.06.2008].

289

Berger, Peter L. (1994): Sensucht nach Sinn. Glauben in einer Zeit der Leichtgläubigkeit, Frankfurt am Main.

Berry, John W. (1983): Acculturation: A comparative analysis of alternative forms. In: Samuda, Jacqueline R./Woods, Susan L. (Hg.): Perspectives in immigrant and minority education, New York, 65-78.

Berry, John W. (1990): Psychology of acculturation: Understanding individuals moving between cultures. In: Brislin, Richard W. (Hg.): Applied cross-cultural psychology. Newbury Park, 232-253.

Berry, John W. (2005): Acculturation: Living Successfully in Two Cultures. International Journal of Intercultural Relations 29, 6: 697-712.

Bertram, Hans (1981): Sozialstruktur und Sozialisation, Darmstadt.

Bhabha, Homi K. (1990): Dissemination: Time, Narrative and the Margins of the modern Nation. In: Bhabha, Homi K. (Hg.): Nation and Narration, London/New York, 291-322.

Biale, David/Galchinsky, Michael/Heschel, Susannah (1998): Introduction: The Dialectic of Enlightenment. In: Biale, David/Galchinsky, Michael/Heschel, Susannah (Hg.): *Insider*/Outsider: American Jews and Multiculturalism, Berkeley, 1-13.

Bittlingmayer, Uwe/Bauer, Ullrich (2006): Die „Wissensgesellschaft", Mythos, Ideologie oder Realität, Wiesbaden.

Bloch, Benjamin (2000): Zedaka. Die Gerechtigkeit. In: Romberg, Otto R./Urban-Fahr, Susanne (Hg.): Juden in Deutschland nach 1945, Bonn, 176-185.

Blos, Peter. (1962). On adolescence: A psychoanalytic interpretation. New York.

Bodemann, Michal Y. (1994): A Reemergence of German Jewry? In: Gilman, Sander L./Remmler, Karen (1989): Reemerging Jewish Culture in Germany: Life and Literature since, New York/London.

Bodemann, Michal Y. (1996): Gedächtnistheater. Die jüdische Gemeinschaft und ihre deutsche Erfindung, Hamburg.

Bodemann, Michal Y. (1997): Der lange Weg zum neuen deutschen Judentum. In: Obenaus, Herbert (Hg.), Im Schatten des Holocaust: jüdisches Leben in Niedersachsen nach 1945, Hildesheim.

Bodemann, Michal Y. (2002): In den Wogen der Erinnerung. Jüdische Existenz in Deutschland, München.

Bogardus, Emory (1929): A Race-Relations Cycle. American Journal of Sociology 35: 612-617.

Bohleber, Werner (1996): Einführung in psychoanalytische Adoleszenzforschung. In: Bohleber, Werner (Hg.): Adoleszenz und Identität, Stuttgart: 7-40.

Bohnsack, Ralf (2007): Rekonstruktive Sozialforschung. Einführung in Methodologie und Praxis qualitativer Forschung, Opladen.

Boyarin, Daniel/Boyarin, Jonathan (1993): Diaspora: Generation and the Ground of Jewish Identity. Critical Inquiry 19 (9): 693-725.

Brenner, Michael (1995): Nach dem Holocaust. Juden in Deutschland 1945-1950, München.

Brenner, Michael (2002): Antisemitismus und moderne jüdische Identität. Wie Klischees und Selbstbilder ineinander greifen, Neue Zürcher Zeitung 22.07.2002, 25.

Breslauer, Daniel S. (2001): Creating Judaism without religion. A postmodern Jewish possibility, Lanham.

Brocke, Edna (1989): Eindrücke von Gesprächen mit jüdischen Überlebenden, ihren Kindern und Enkeln. Psychosozial 36: 38-43.

Brodsky, Joseph (1987): Erinnerungen an Leningrad, München/Wien.

Brook, Vincent (2006): You should see yourself. Jewish identity in postmodern American culture, New Brunswick.

Brumlik, Micha (1986): Zur Identität der zweiten Generation deutscher Juden nach der Shoah in der Bundesrepublik. In: Brumlik, Micha (Hg.): Jüdisches Leben in Deutschland seit 1945, Frankfurt am Main, 172-176.

Brumlik, Micha (1988): Jüdisches Leben in Deutschland seit 1945, Frankfurt am Main.

Brumlik, Micha (1996): Kein Weg als Deutscher und Jude. Eine bundesrepublikanische Erfahrung, München.

Brumlik, Micha (1998): Momentaufnahmen und Selbstbildnisse. In: Brumlik, Micha (Hg.): Zuhause, keine Heimat? Junge Juden und ihre Zukunft in Deutschland, Gerlingen, 7-23.

Brumlik, Micha (2007): Kritik des Zionismus, Hamburg.

Buber, Martin (1993): Das Ende der deutsch-jüdischen Symbiose. In: Schulte, Christoph (Hg.): Deutschtum und Judentum. Ein Disput unter Juden aus Deutschland, Stuttgart, 150 ff.

Büchel-Thalmaier, Sandra (2003): Dekonstruktive und rekonstruktive Perspektiven auf Identität und Geschlecht, Münster.

Bukow, Wolf-Dietrich/Llaryora, Roberto (1988): Mitbürger aus der Fremde. Soziogenese ethnischer Minoritäten, Opladen.

Castells, Manuel (1997): The power of identity, Cambridge.

Cohen, Steven M. (1983): American Modernity and Jewish Identity, New York/London.

Cohen, Steven M. (1999): Religious Stability and Ethnic Decline: Emerging Patterns of Jewish Identity in the United States (A National Survey of American Jews), In: Cohen, Steven M./Horencyzk, Gabriel (Hg.): National Variations in Jewish Identity, New York.

Deardorff, Darla K. (2004): The Identification and Assessment of Intercultural Competence as a Student Outcome of Internationalization at Institutions of Higher Education in the United States, Raleigh NC.

Davie, Grace (1994): Religion in Britain Since 1945: Believing Without Belonging, Oxford.

Dershowitz, Alan (1998): The Vanishing American Jew in Search of Jewish Identity fort he next Century, Boston.

Diner, Dan (1988): Negative Symbiose – Deutsche und Juden nach Auschwitz. In: Brumlik, Micha u. a. (Hg.): Jüdisches Leben in Deutschland seit 1945, Frankfurt, 243-257.

Dobert, Rainer/Nunner-Winkler, Gertrud (1975): Adoleszenzkrise und Identitatsbildung. Psychische und soziale Aspekte des Jugendalters in modernen Gesellschaften, Frankfurt am Main.

Doomernik, Jeroen (1997): Going West. Soviet Jewish Immigrants in Berlin since 1990, Avebury.

Eisenstadt, Shmuel N. (1954): The Absorption of Immigrants. A Comparative Study based mainly on the Jewish Community in Palestina and the State of Israel, London.

Elazar, Daniel J. (1999): Jewish Religious, Ethnic, and National Identities: Convergences and Conflicts. In: Cohen, Steven M./Horencyzk, Gabriel (Hg.): National Variations in Jewish Identity, New York, 35-52.

Ellerbrock, Jochen (1990): Lebensexperimente des Glaubens. Eine empirische Untersuchung zu Entwicklung und gegenwärtigem Erleben von Religiosität, Frankfurt am Main.

Emcke, Carolin (2000): Kollektive Identitäten. Sozialphilosophische Grundlagen, Frankfurt am Main.

Engelhardt, Michael von (1990): Biografie und Identität. Die Rekonstruktion und Präsentation von Identität in mündlichem autobiographischem Erzählen. In: Sparn, Walter (Hg.): Wer schreibt meine Lebensgeschichte? Biografie, Autobiografie, Hagiographie und ihre Entstehungszusammenhänge, Gütersloh, 197-247.

Erickson, Bonnie H. (1978): Some problems of inference from chain data. In: Schuessler, Karl F. (Hg.): Sociological Methodology 1979: 276-302.

Erikson, Erik H. (1981): Jugend und Krise. Die Psychodynamik im sozialen Wandel, Stuttgart.

Ernst, Heiko (1996): Psycho Trends. Das Ich im 21. Jahrhundert, München.

Esser, Hartmut (1980): Aspekte der Wanderungssoziologie. Assimilation und Integration von Wanderern, ethnischen Gruppen und Minderheiten. Eine handlungstheoretische Analyse, Darmstadt.

Feige, Andreas/Dressler, Bernhard (2000): „Religion" bei ReligionslehrerInnen: religionspädagogische Zielvorstellungen und religiöses Selbstverständnis in empirisch-soziologischen Zugängen; berufsbiographische Fallanalysen und eine repräsentative Meinungserhebung unter evangelischen ReligionslehrerInnen in Niedersachsen, Münster.

Fend, Helmut (2000): Entwicklungspsychologie des Jugendalters, Opladen.

Finkielkraut, Alain (1982): Der eingebildete Jude, München.

Fischer, Claude S. (1982): To dwell Among Friends. Personal Networks in Town and City, Chicago/London.

Fischer-Rosenthal, Wolfram/Rosenthal, Gabriele (1997): Warum Biographieanalyse und wie man sie macht. Zeitschrift für Sozialforschung und Erziehungssoziologie 17: 405-427.

Flaake, Karin/John, Claudia (1993): Räume zur Aneignung des Körpers. Zur Bedeutung von Mädchenfreundschaften in der Adoleszenz. In: Flaake, Karin/King, Vera (Hg.): weibliche Adoleszenz. Zur Sozialisation junger Frauen, Frankfurt, 199-212.

Flammer, August (1991): Entwicklungsaufgaben als Initiationsrituale? Entwicklungsaufgaben anstelle von Initiationsritualen? In: Klosinski, Gunther (Hg.): Pubertätsriten – Aequivalente und Defizite in unserer Gesellschaft, Bern, 89-101.

Flammer, August/ Alsaker Françoise D. (2002): Entwicklungspsychologie der Adoleszenz. Die Erschließung innerer und äußerer Welten im Jugendalter, Bern, Göttingen, Toronto, Seattle.

Fleischmann, Lea (1980): Dies ist nicht mein Land. Eine Jüdin verlässt die Bundesrepublik, Hamburg.

Foitzik, Karl (1992): Gemeindepädagogik. Problemgeschichte eines umstrittenen Begriffs, Münster.

Fölling-Albers, Maria/Fölling, Werner (2000): Kibbutz und Kollektiverziehung. Entstehung, Entwicklung, Veränderung, Wiesbaden.

Friebertshäuser, Barbara (2005): Statuspassage Erwachsenwerden und weitere Einflüsse auf die Bildungsprozesse von Schülerinnen und Schülern. In: Schenk, Barbara (Hg.): Bausteine einer Bildungsgangtheorie, Wiesbaden, 127-144.

Fuchs-Heinritz, Werner (2000): Biographische Forschung. Eine Einführung in Praxis und Methoden, Opladen.

Gans, Herbert J. (1994): Symbolic Ethnicity and symbolic Religiosity: Towards a comparison of ethnic and religious acculturation. In: Ethnic and Racial Studies 17, Nr. 4: 577-592.

Gergen, Kenneth J./Gergen, Mary M. (1988): Narrative and the Self as Relationship. In: Berkowitz, Leonard (Hg.): Advances in Experimental Social Psychology 21: 17-56.

Giesen, Bernhard (1999): Kollektive Identität, Frankfurt am Main.

Gilman, Sander L. (1995): Jews in today's German Culture, Indianapolis.

Ginsburg, Hans J. (1988): Politik danach. Jüdische Interessenvertretung in der Bundesrepublik. In: Brumlik, Micha u. a. (Hg.): Jüdisches Leben in Deutschland seit 1945, Frankfurt, 108-118.

Gitelman, Zwi (1996): Central and Eastern Europe. American Jewish Year Book, 278-340.

Gitelman, Zwi (1997): 'From a Northern Country': Russian and Soviet Jewish Immigration to America and Israel in Historical Perspective. In Lewin-Epstein, Noah/Ro'I, Yaacov/Ritterband, Paul (Hg.): Russian Jews on Three Continents, London, 21-44.

Glaser, Barney G./Strauss, Anselm (1967): The discovery of grounded theory. Strategies for qualitative research, New York.

Glazer, Nathan (1983): The Universalization of Ethnicity. In: Glazer, Nathan (Hg.): Ethnic Dilemmas 1964–1982, Massachusetts/London, 233-253.

Glock, Charles Y. (1962): On the Study of religious Commitment. Religious Education 42 (July-August 1962), 98-110.

Goffman, Erving (1961): Role Distance. In: Goffman, Erving (Hg.): Encounters. Indianapolis, 83-152.

Goldscheider, Calvin/Zuckerman, Alan S. (1984): The Transformation of the Jews, Chicago.

Gombrich, Ernst H. (1997): Jüdische Identität und jüdisches Schicksal. Eine Diskussionsbemerkung, Wien.

Gordon, Milton M. (1964): Assimilation in American Life. The Role of Race, Religion and National Origion, New York.

Gorelik, Lena (2007): Juden – Russen – Deutsche. Der Wahrnehmungswandel der russischen Juden in den deutschen Medien 1989 – 2006 vor dem Hintergrund der deutsch-jüdischen Beziehungen, Magisterarbeit Universität München.

Gotzmann, Andreas/Kiesel, Doron/Körber, Karen (2009): Im gelobten Land? Die Integration russischsprachiger Juden in die jüdischen Gemeinden Deutschlands, Projektabschlussbericht.

Graumann, Dieter (2009): Unterwegs: Von der Einwanderung auf dem Weg zum neuen deutschen Judentum, ein Vortrag im Konferenz „Ausgerechnet Deutschland! jüdisch-russische Einwanderung in die Bundesrepublik" in Frankfurt am Main 23.03.2009.

Grünberg, Kurt (1991): Die Generation nach der Shoa: Eine psychologische Untersuchung über Nachkommen von Überlebenden der nationalsozialistischen Judenverfolgung. In: Stoffels, Hans (Hg.): Schicksale der Verfolgten. Psychische und somatische Auswirkungen von Terrorherrschaft, Berlin, 173-189.

Habermas, Jürgen (1973): Notizen zum Begriff der Rollenkompetenz. In: Kultur und Kritik. Verstreute Aufsätze, Frankfurt, 195-221.

Habermas, Jürgen (1976): Moralentwicklung und Ich-Identität. In: Zur Rekonstruktion des historischen Materialismus, Frankfurt, 63-90.

Habermas, Jürgen (1981): Theorie des kommunikativen Handelns. Bd. 2., Frankfurt.

Habib, Jasmin (2004): Israel, Diaspora and the Routes on National Belonging, Toronto.

Hahn, Alois (1995): Identität und Biographie. In: Wohlrab-Sahr, Monika (Hg.): Biographie und Religion. Zwischen Ritual und Selbstsuche, Frankfurt am Main/New York, 127-152.

Hall, Stuart (1990): Cultural Identity and Diaspora. In: Rutherford, Jonathan (Hg.): Identity, Community, Culture, Difference, London, 222-237.

Hall, Stuart (1994): Rassimus und kulturelle Identität, Hamburg.

Hall, Stuart (2004): Ideologie, Kultur, Rassismus, Hamburg.

Hammond, Phillip E./Warner, Kee (1993): Religion and Ethnicity in Late-Twentieth-Century America. The Annals of the American Academy of Political and Social Science 527: 55-66.

Haug, Sonja (2005): Jüdische Zuwanderer in Deutschland. Ein Überblick über den Stand der Forschung. Working papers 3/2005, Nürnberg.

Havighurst, Robert J. (1948): Developmental tasks and education, New York.

Hecht, Michael L./Faulkner, Sandra L. (2000): Sometimes Jewish, sometimes not: The Closeting of Jewish american Identity. Communication Studies, 51(4): 372-387.

Heckmann, Friedrich (1992): Ethnische Minderheiten, Volk und Nation: Soziologie inter-ethnischer Beziehungen, Stuttgart.

Heilman, Samuel C. (1995): Protrait of American Jews – The Last Half of the Twentieth Century, Seattle.

Helve, Helena (1991): The formation of Religious Attitudes and World Views. A Longitudinal Study of Young Finns. Social Compass. International Review of Sociology and Religion 38, Nr. 4: 373-392.

Herman, Simon N. (1977/1989): Jewish Identity. A social psychological perspective, New Brunswick.

Hermand, Jost (1996): Judentum und deutsche Kultur. Beispiele einer schmerzhaften Symbiose, Köln/Weimar/Wien.

Hess, Reiner/Kranz, Jarden (2000): Jüdische Existenz in Deutschland heute. Probleme des Wandels der Jüdischen Gemeinden in der Bundesrepublik Deutschland infolge der Zuwanderung russischer Juden nach 1989, Berlin.

Heuberger, Rachel (1999): Jüdische Jugend in Deutschland. Zwischen Isolation und Integration. In: Romberg, Otto R./Urban-Fahr, Susanne (Hg.): Juden in Deutschland nach 1945. Bürger oder „Mit"-Bürger?, Frankfurt, 199-208.

Hofman, Nila Ginger (2000): The Jewish community of Zagreb: Negotiating identity in the new Eastern Europe (Croatia), unveröffentliche Dissertation, Purdue University.

Hörning, Karl H. (2004): Doing Culture. Neue Positionen zum Verhältnis von Kultur und sozialer Praxis, Bielefeld.

Horowitz, Bethamie (2003): Connections and journeys: A New Vocabulary for Understanding American Jewish Identity. In: Skolnik Moskowitz, Nachama (Hg.): The Ultimate Jewish Teacher's Handbook, New Jersy, 74-79.

Hurrelmann, Klaus (2002): Lebensphase Jugend. Eine Einführung in die sozialwissenschaftliche Jugendforschung, Weinheim/München.

Hurrelmann, Klaus (2004): Lebensphase Jugend. Eine Einführung in die sozialwissenschaftliche Jugendforschung, Weinheim/München.

Hutchinson, John/Smith, Anthony D. (1996): Introduction. In: Hutchinson, John/Smith, Anthony D. (Hg.): EthniCity, New York, 3-16.

Isajiw, Wsevolod W. (1999): Understanding Diversity: Ethnicity and Race in the Cana Context, Toronto.

Jasper, Willi (2005): Deutschland, Europa und die Russisch-Jüdische Diaspora. Anmerkungen zur Identitätsproblematik in der Forschungsdiskussion. In: Schoeps, Julius u. a. (Hg.): Russische Juden und transnationale Diaspora, Berlin, 133-150.

Jasinskaja-Lahti u.a. (2003): The interactive nature of acculturation. Perceived discrimination, acculturation attitudes und stress among young ethnic repatriates in Finland, Israel and Germany. International Journal of Intercultural Relations 27, 79-97.

Jefferson, Gail (1978): Sequential aspects of storytelling in conversation. In: Schenkein, Jim (Hg.): Studies in the Organization of conversational interaction, New York, 219-248.

Jenkins, Richard (1996): Ethnicity etcetera: social anthropological points of view. Ethnic and Racial Studies 9 (4), October, 807-822.

Jenkins, Richard (1997): Rethinking Ethnicity. Arguments and Explorations, London.

Joas, Hans (1991): Rollen- und Interaktionstheorien in der Sozialisationsforschung. In: Hurrelmann, Klaus (2002): Einführung in die Sozialisationstheorie, Weinheim und Basel, 147-160.

Joas, Hans (1999): Die Entstehung der Werte, Frankfurt am Main.

Kadushin, Charles/Kelner, Shaul/Saxe, Leonard (2001): Being A Jewish Teenager in America: Trying to Make It, Waltham.

Kaplan, Marion (1994): What is „religion" among Jews in contemporary Germany? In: Gilman, Sander L./Remmler, Karen (Hg.): Reemerging Jewish culture in Germany. Life and literature since 1989, New York/London, 77-112.

Katlewski, Heinz-Peter (2002): Judentum im Aufbruch. Von der neuen Vielfalt jüdischen Lebens in Deutschland, Österreich und der Schweiz, Berlin.

Katz, Jacob (1988): Aus dem Ghetto in die bürgerliche Gesellschaft: jüdische Emanzipation 1770 – 1870, Frankfurt am Main.

Kauders, Anthony D. (2007): Unmögliche Heimat. Eine deutsch-jüdische Geschichte der Bundesrepublik, München.

Kaufman, Debra (1998): The Place of Judaism in American Jewish Identity, in Kaplan, Dana (Hg.) Cambridge Companion to American Judaism, 46-62.

Kaufmann, Jean-Claude (2000): Rolle und Identität: Begriffliche Klärungen am Beispiel der Paarbildung, Sozialersinn 1, 67-91.

Kaufmann, Jean-Claude (2004): Der Morgen danach. Wie eine Liebesgeschichte beginnt, Konstanz.

Kepnes, Steven (1996): Postmodern Interpretations of Judaism: Deconstructive and Constructive Approaches. In: Kepnes, Steven (Hg.): Interpreting Judaism in a Postmodern Age, New York, 1-18.

Kessler, Judith (1996): Jüdische Migration aus der ehemaligen Sowjetunion seit 1990, Berlin.

Kessler, Judith (1997): Jüdische Immigration seit 1990. Resümee einer Studie über 4000 jüdische Migranten aus der ehemaligen Sowjetunion in Berlin. In: Zeitschrift für Migration und soziale Arbeit, 1: 40-47.

Keupp, Heiner/Ahbe, Thomas/Gmür, Wolfgang/Höfer, Renate/Mitzscherlich, Beate/Kraus, Wolfgang/Strauss, Florian (1999): Identitätskonstruktionen. Das Patchwork der Identitäten in der Spätmoderne, Reinbek.

Kluge, Susann (1999): Empirisch begründete Typenbildung. Zur Konstruktion von Typen und Typologien in der qualitativen Sozialforschung, Opladen.

Köbel, Nils (2007): Jugend - Identität - Kirche eine erzähltheoretische Rekonstruktion kirchlicher Orientierung im Jugendalter. Dissertation, Univ. Frankfurt am Main.

Kohl, Karl-Heinz (1998): Ethnizität und Tradition aus ethnologischer Sicht. In: Assmann, Aleida/Friese Heidrun (Hg.): Identitäten. Erinnerung, Geschichte, Identität, Frankfurt am Main, 269-287.

Körber, Karen (2005): Juden, Russen, Emigranten. Identitätskonflikte jüdischer Einwanderer in einer ostdeutschen Stadt, Frankfurt am Main/New York.

Korn, Salomon (1999): Geteilte Erinnerung. Beiträge zur ‚deutsch-jüdischen' Gegenwart, Berlin.

Korn, Salomon (2003): Die fragile Grundlage. Auf der Suche nach der deutsch-jüdischen „Normalität", Berlin.

Krappmann, Lothar (1993/2000): Soziologische Dimensionen der Identität. Strukturelle Bedingungen für die Teilnahme an Interaktionsprozessen, Stuttgart.

Kraus, Wolfgang (1996). Das erzählte Selbst. Die narrative Konstruktion von Identität in der Spätmoderne, Pfaffenweiler.

Kraus, Wolfgang (2002): Falsche Freunde. Radikale Pluralisierung und der Ansatz einer narrativen Identität. In: Straub, Jürgen/Renn, Joachim (Hg.): Transitorische Identität. Der Prozesscharakter des modernen Selbst, Frankfurt am Main, 159-186.

Krauss, Marita (2001): Heimkehr in ein fremdes Land. Geschichte der Remigration nach 1945, München.

Krausz, Ernst/Tulea, Gitta (1998): Concluding Remarks: Patterns of Jewish Identity. In: Krausz, Ernst/Tulea, Gitta (Hg.): Jewish Survival: the Identity Problem at the Close of the twentieth Century, New Brunswick, 259-264.

Kugelmann, Cilly (1988): Zur Identität osteuropäischer Juden in der Bundesrepublik. In: Brumlik, Micha u. a. (Hg.): Jüdisches Leben in Deutschland seit 1945, Frankfurt am Main, 177-181.

Kugelmann, Cilly (2000): Die Russen kommen. Der demographische Umbruch in den jüdischen Gemeinden Deutschlands. In: Ungar Klein, Brigitte (Hg.): Jüdische Gemeinden in Europa. Zwischen Aufbruch und Kontinuität, Wien, 51-64.

Kumbruck, Christel/Derboven, Wibke (2005): Interkulturelles Training. Trainingsmanual zur Förderung interkultureller Kompetenzen in der Arbeit, Heidelberg.

Kurth, Stefan (2008): Individualsynkretistische Religiosität – Formen, Genese und Wandel im biographischen Kontext – Eine religionswissenschaftliche Untersuchung, Dissertation, Univ. Bayreuth.

Küsters, Ivonne (2006): Narrative Interviews. Grundlagen und Anwendungen, Wiesbaden.

Kuschner, Doris (1977): Die jüdische Minderheit in der Bundesrepublik Deutschland, Köln.

Lempert, Wolfgang (1982): Moralische Urteilsfähigkeit. Zeitschrift für Sozialisationsforschung und Erziehungssoziologie 2: 113-126.

Lenz, Karl (1991): Prozessstrukturen biographischer Verläufe in der Jugendphase und danach. Methodische Grundlagen einer qualitativen Längsschnittstudie. In: Combe, Arno/Helsper, Werner (Hg.): Hermeneutische Jugendforschung, Opladen, 50-70.

Levy, Daniel/Sznaider, Natan (2001): Erinnerung im globalen Zeitalter: der Holocaust, Frankfurt am Main.

Lewin, Kurt (1963): Feldtheorie in den Sozialwissenschaften, Bern.

Liebman, Charles S./Cohen, Steven M. (1990): Two Worlds of Judaism: The Israeli and American Experiences, New Haven.

Liebman, Charles S. (2003): Unraveling the ethnoreligious Package. In: Ben-Rafael, Eilezer/Gorny, Yosef/Ro'i, Yaacov (Hg.): Contemporary Jewries: Convergence and Divergence, Leiden, 143-150.

Lucius-Hoene, Gabriele/ Deppermann, Arnulf (2004): Rekonstruktion narrativer Identität, Wiesbaden.

Mannheim, Karl (1978): Das Problem der Generationen. In: Kohli, Martin (Hg.): Soziologie des Lebenslaufs, Darmstadt/ Neuwied.

Maor, Harry (1961): Über den Wiederaufbau der jüdischen Gemeinden in Deutschland seit 1945, unveröffentlichte Dissertation, Mainz.

Mayer, Egon (2000): Secularism among America's Jews. Paper delivered to the Association for Jewish Studies, Washington DC.

Mead, George H. (1968/1973): Geist, Identität und Gesellschaft aus der Sicht des Sozialbehaviorismus, Frankfurt am Main.

Mendel, Meron (2004): The Policy for the Past in West Germany and Israel: The Case of Jewish Remigration, Leo Baeck Institute Year Book XLIX, 121-136.

Mendel, Meron (2007): Aufgewachsen zwischen zwei Welten – Zur Identität der zweiten Generation jüdischer Jugendlicher im Nachkriegsdeutschland, Trumah, 79-89.

Mertens, Lothar (1988): Schwindende Minorität. Das Judentum in der DDR. In: Arndt, Siegfried Theodor/Eschwege, Helmut/Honigmann, Peter/Mertens, Lothar (Hg.): Juden in der DDR. Geschichte – Probleme – Perspektiven, Duisburg.

Mey, Günter (2000): Erzählungen in qualitatinen Interviews. Konzepte, Probleme, soziale Konstruktion. Sozialer Sinn 1, 135-151.

Meyer, Michael A. (1999): Judaism within modernity: essays on Jewish history and religion, Detroit.

Miller, Vincent J. (2003/2005): Consuming Religion. Christian Faith and Practice in a Consumer Culture, New York.

Mruck, Katja/Mey, Günter (1996): Überlegungen zu qualitativer Methodologie und qualitativer Forschungspraxis. Die Kehrseite psychologischer Forschungsberichte, Forschungsbericht aus dem Institut für Psychologie der Technischen Universität Berlin, Nr. 1/96, Auf: http://www2.tu-berlin.de/fb7/ifs/psychologie/entwicklung/mey [Datum des letzten Zugriffs: 01.07.2009].

Müller, Christine (2007): Zur Bedeutung von Religion für jüdische Jugendliche in Deutschland, Münster.

Nachama, Andreas (2001): „Erneuere unsere Tage". Jüdisches aus Berlin, Berlin.

Niedermair, Gerhard (2005): Patchwork(er) on tour. Berufsbiografien von Personalentwicklern; eine biografieanalytische Untersuchung mit systematischer Vorgehensdeskription zur Modellierung und Auswertung biografisch-narrativer Interviews, Münster.

Niggli, Alois (1988): Familie und religiöse Erziehung in unserer Zeit. Eine empirische Studie über elterliche Erziehungspraktiken und religiöse Merkmale bei Erzogenen, Bern.

Nunner-Winkler, Gertrud (1990): Selbstkonzeptforschung und Identitätskonstrukt. Ein Vergleich zweier Ansätze aus der psychologischen und der soziologischen Sozialpsychologie. In: Lösche, Peter (Hg.): Göttinger Sozialwissenschaften heute. Fragestellungen, Methode, Inhalte, Göttingen, 357-375.

Oerter, Rolf/Montada, Leo (1995): Entwicklungspsychologie. Vollständig überarbeitete Auflage, Weinheim.

Oppenheimer, Walter (1967): Jüdische Jugend in Deutschland, München.

Orth-Peine, Hannelore (1990): Identitätsbildung im sozialgeschichtlichen Wandel, Frankfurt am Main.

Oser, Fritz/Klaghofer, Richard (1987): Dimensionen und Erfassung des religiösen Familienklimas. In: Unterrichtswissenschaft, 15 (2), 190-206.

Park, Robert E. (1950): Our Racial Frontier on the Pacific. In: Park, Robert E. (Hg.): Race and Culture. Essays in the Sociology of Contemporary Man, Glencoe, 138-151.

Peck, Jeffrey M. (2006): Being Jewish in the new Germany, Washington DC.

Phinney, Jean S./Rotheram-Borus, Mary J. (1987): Children's Ethnic Socialization Pluralism and Development, Newbury Park.

Phinney, Jean S. (2000): Ethnic Identity. In: Kazdin, Alan E. (Hg.): Encyclopedia of Psychology, Vol. 3:254-259, New York.

Pieper, Richard (1989): Die neue Sozialphysik. Zur Mechanik der Solidarität, Frankfurt am Main/New York.

Pinto, Dinna (1996): A new Jewish Identity for post-1989 Europe, London.

Pinto, Dinna (2000): The Third Pillar? Toward a European Jewish Identity. In: Kovacs, Andre (Hg.): Jewish Studies at the Central European University, Budapest, 177-201.

Piroth, Nicole (2004): Gemeindepädagogische Möglichkeitsräume biographischen Lernens. Eine empirische Studie zur Rolle der Gemeindepädagogik im Lebenslauf, Münster.

Rapaport, Lynn (1997): Jews in Germany after the Holocaust. Memory, identity and Jewish-German relations, Cambridge.

Reck, Siegfried (1981): Identität, Rationalität und Verantwortung. Grundbegriffe und Grundzüge einer soziologischen Identitätstheorie, Frankfurt am Main.

Reinders, Heinz/Wild, Elke (2003): Adoleszenz als Transition und Moratorium. In: Reinders, Heinz/Wild, Elke (Hg.): Jugendzeit – Time Out? Zur Ausgestaltung des Jugendalters als Moratorium, Opladen.

Remennick, Larissa (2005): 'Idealists Headed to Israel, Pragmatics Chose Europe'. Identity Dilemmas and Social Incorporation among Former Soviet Jews who Migrated to Germany, Immigrants & Minorities 23: Nr. 1, 30-58.

Remennick, Larissa (2006/2007): Russian Jews on three Continents, New Jersey.

Richardson, Alan (1957): The assimilation of British immigrants in Australia, Human Relations 10, 157-166.

Richarz, Monika (1986/1988): Juden in der Bundesrepublik Deutschland und der Deutschen Demokratischen Republik seit 1945. In: Brumlik, Micha u. a. (Hg.): Jüdisches Leben in Deutschland seit 1945, Frankfurt am Main, 13-30.

Ricoeur, Paul (1988): Zeit und Erzählung, Bd. I: Zeit und historische Erzählung, München.

Ricoeur, Paul (1996): Das Selbst als ein Anderer, München.

Ricoeur, Paul (1991): From Text to Action: Essays in Hermeneutics II., London.

Rosenthal, Gabriele (1995): Erlebte und erzählte Lebensgeschichte. Gestalt und Struktur biographischer Selbstbeschreibungen, Frankfurt am Main/New York.

Rumbaut, Ruben G. (1997): Paradoxes (and Orthodoxies) of Assimilation. Sociological Perspectives 40: 483-511.

Runge, Irene (1992): Vom Kommen und Bleiben. Osteuropäische jüdische Einwanderer in Berlin, Berlin.

Sacks, Harvey (1984): Notes on methology. In: Atkinson, John M./Heritage, John (Hg.): Structures of social action, Cambridge, 21-27.

Salisch, Maria von (1992): Geschlecht und Kommunikation von Emotionen. Zeitschrift für Sozialpsychologie 23: 54-63.

Sartre, Jean-Paul (1965): Betrachtungen zur Judenfrage. In: Sartre, Jean-Paul: Drei Essays, Berlin, 108-190.

Sartre, Jean-Paul (1986): Bewußtsein und Selbsterkenntnis, Reinbeck bei Hamburg.

Schäfers, Bernhard/Scherr, Albert (2005): Jugendsoziologie. Einführung in Grundlagen und Theorien, Wiesbaden.

Schegloff, Emmanuel A. (1997): Whose text? Whose context? In: Discourse & Society 8 (2): 165-187.

Schiffman, Lisa (1999): Generation J, New-York.

Schmidt-Weil, Jessica (2007): Die Suche nach dem identitätsformenden Potential des jüdischen Religionsunterrichts in jüdischen Gemeinden in Deutschland, Dissertation, Universität Frankfurt am Main.

Schocken, Gershom (1949): Anachnu Vehagermanim (Wir und die Deutschen). In: Ha'aretz, 02.09.1949, 2.

Schoeps, Julius H./Jasper, Willi/Vogt, Bernhard (Hg.) (1996): Russische Juden in Deutschland. Integration und Selbstbehauptung in einem fremden Land, Weinheim.

Schoeps, Julius H./Jasper, Willi/Vogt, Bernhard (Hg.) (1999): Ein neues Judentum in Deutschland? Fremd- und Eigenbilder russisch-jüdischer Einwanderer, Potsdam.

Schoeps, Julius H. (2003): Mein Weg als deutscher Jude. Autobiographische Notizen, Zürich.

Scholem, Gerschom (1962): Wider den Mythos vom deutsch-jüdischen Gespräch (Offener Brief an Manfred Schlösser). In: Sholem, Gerschom (Hg.): Judaica 2, Frankfurt am Main, 7-11.

Scholem, Gerschom (1995): Briefe II. 1948–1970. Sparr, Thomas (Hg.), München.

Schulze, Gerhard (2005): Die Erlebnisgesellschaft: Kultursoziologie der Gegenwart, Frankfurt am Main/New York.

Schurian, Walter (1989): Psychologie des Jugendalters. Eine Einführung, Opladen.

Schütze, Fritz (1976): Zur Hervorlockung und Analyse von Erzählungen thematisch relevanter Geschichten im Rahmen soziologischer Feldforschung. In Arbeitsgruppe Bielefelder Soziologen (ABS), Bd. 2: Kommunikative Sozialforschung, 159-260.

Schütze, Fritz (1977): Die Technik des narrativen Interviews in Interaktionsfeldstudien – dargestellt an einem Projekt zur Erforschung von kommunalen Machtstrukturen (Arbeitsberichte und Forschungsmaterialien), Bielefeld.

Schütze, Fritz (1982): Narrative Repräsentation kollektiver Schicksalsbetroffenheit. In: Lämmert, Eberhard (Hg.): Erzählforschung, Stuttgart, 568-590.

Schütze, Fritz (1983): Biographieforschung und narratives Interview. Neue Praxis 13: 283-293.

Schütze, Fritz (2001): Rätselhafte Stellen im narrativen Interview und ihre Analyse. Handlung Kultur Interpretation. Zeitschrift für Sozial- und Kulturwissenschaft, Heft 1: 12-28.

Schütze, Yvonne (2006): Migration und Identität. Junge russische Juden in Berlin. In: Schönborn, Susanne (Hg.): Zwischen Erinnerung und Neubeginn. Zur deutsch-jüdischen Geschichte nach 1945, München.

Seligmann, Rafael (2006): Größter Schaden für das Judentum, Kölner Stadtanzeiger 21.03.2006.

Sharot, Stephen (1991): Judaism and the secularization debate, Sociological Analysis 52: 255-275.

Sharot, Stephen (1998): Judaism and Jewish Ethnicity: Changing Interrelationships and Differentiations in the Diaspora and Israel. In: Krausz, Ernest/Tulea, Gitta (Hg.): Jewish Survival. The Identity Problem at the close of the Twentieth Century, London, 87-106.

Sheffer, Gabriel (2003): Diaspora politics. At home abroad, Cambridge.

Shneer, David (2009): From Diaspora to Global Jews: How Russian-Speaking Jews in Germany, Israel, the US, and Russia are Forcing a Rethinking of Jewish Geography and Identity, ein Vortrag in der Konferenz „Ausgerechnet Deutschland! jüdisch-russische Einwanderung in die Bundesrepublik" in Frankfurt am Main 23.03.2009.

Sichrovsky, Peter (1985): Wir wissen nicht was morgen wird, wir wissen wohl was gestern war. Junge Juden in Deutschland und Österreich, Köln.

Silbermann, Alphons/Sallen, Herbert (1992): Juden in Westdeutschland. Selbstbild und Fremdbild einer Minorität, Köln.

Silberstein, Laurence J. (1996): The Postzionism debates. Knowledge and power in Israeli culture, New York.

Silberstein, Laurence J. (2000): Mapping Jewish Identities, New York.

Simon, Marc (2005): Was ist jüdisch, was ist israelisch? Das Fundament eines komplizierten Zusammenlebens, Das Parlament 15, 11.04.2005, Auf: http://www.bundestag.de/dasparlament/2005/15/thema/022.html [Datum des letzten Zugriffs: 01.07.2009].

Sinn, Andrea (2008): „Und ich lebe wieder an der Isar" Exil und Rückkehr des Münchner Juden Hans Lamm, München.

Sollors, Werner (1989): The Invention of Ethnicity, New York.

Sorkin, David (1996): Moses Mendelssohn and the Religious Enlightenment, Berkeley/Los Angeles.

Stiksrud, Arne/Kuliga, Manfried (1984): Psychosoziale Adaption von Migranten der II. Generation. Selbstaufmerksamkeit und soziale Angst. In: Grossmann, Klaus/Lütkenhaus, Paul (Hg.): Bericht über die 6. Tagung zur Entwicklungspsychologie, Regensburg, 434-438.

Stiksrud, Arne (1994): Die II. Migranten-Generation. In: Stiksrud, Arne (Hg.): Jugend im Generationen-Kontext, Opladen, 136-154.

Straub, Jürgen (2000): Identitätstheorie, empirische Identitätsforschung und die „postmoderne" armchair psychology. Zeitschrift für qualitative Bildungsberatung und Sozialforschung 1: 167-194.

Taft, Ronald (1957): A psychological model for the study of social assimilation, Human Relations 10, 141-156.

Tauchert, Stephanie (2007): Jüdische Identitäten in Deutschland. Das Selbstverständnis von Juden in der Bundesrepublik und der DDR 1950 bis 2000, Berlin.

Taylor, Charles (1993): Multikulturalismus und die Politik der Anerkennung, Frankfurt am Main.

Troper, Harold (1996): The Defining Decade. Identity, Politics, and the Canadian Jewish Community in the 1960s, Toronto.

Turner, Ralph H. (1962): Role-Taking: Process versus Conformity. In: Rose, Arnold M. (Hg.): Human Behavior and social Process, London, 20-40.

Van Dam, Hendrik G. (1965): Die Juden in Deutschland nach 1945. In: Böhm, Franz/Dirks, Walter (Hg.): Judentum. Schicksal, Wesen und Gegenwart, Wiesbaden, 24-31.

Volkov, Shulamit (2002): Dilemma und Dialektik. Zwei Jahrhunderte Aufklärung aus jüdischer Sicht, München.

Wasserstein, Bernard (1999/2001): Europa ohne Juden. Das europäische Judentum seit 1945, Köln.

Waters, Mary (1990): Ethnic Options: Choosing Identities in America, Berkeley.

Webber, Jonathan (1994/1997): Jewish Identities in the new Europe, London/Washington.

Weber, Max (2001/1910): Ethnische Gemeinschaften. In: Mommsen, Wolfgang/Meyer, Michael (Hg.): Max Weber. Wirtschaft und Gesellschaft, Tübingen, 162-190.

Weinberg, David (2002): Between America and Israel: the quest for a distinct European. In: Jewish Culture and History 5 (1): 91-120.

Whitfield, Steven J. (2002): In Search of American Jewish Culture, Hannover.

Widdershoven, Guy A. M. (1993): The story of life: Hermeneutic perspectives on the relationship between narrative and life history. In: Josselson, Ruthellen/Lieblich, Amia (Hg.): The narrative study of lives, Newbury Park, Bd. 1: 1-20.

Wippermann, Wolfgang (1994): Geschichte der deutschen Juden. Darstellung und Dokumente, Berlin.

Wittgenstein, Ludwig (1982):Philosophische Untersuchungen, Frankfurt am Main.

Wolffsohn, Michael (1991): Spanien, Deutschland und die „jüdische Weltmacht". Über Moral, Realpolitik und Vergangenheitsbewältigung, München.

Yang, Philip Q. (2000): Ethnic Studies: Issues and Approaches, New York.

Yin, Robert K. (2003): Case study research: design and methods, London/New Dehli.

Zimmermann, Peter (2003): Grundwissen Sozialisation. Einführung zur Sozialisation im Kindes- und Jugendalter, Opladen.

Zimmermann, Moshe (2004): Die Antike als Erinnerungsarsenal: Vorbilder des jüdischen Sports. In: Hotam, Yotam/Joachim, Jacob (Hg.): Populäre Konstruktion der Erinnerung im deutschen Judentum und der Emigration, Göttingen ,33-51.

Zingerle, Arnold (1996): Identitätsbildung bei Tische: Theoretische Vorüberlegung aus kultursoziologischer Sicht. In: Teuteberg, Hans Jürgen (Hg.): Essen und kulturelle Identität. Europäische Perspektive, Berlin, 69-86.

Frankfurter Beiträge zur Erziehungswissenschaft

Fachbereich Erziehungswissenschaften der
Goethe-Universität Frankfurt am Main

Reihe Monographien:

Matthias Proske
Pädagogik und Dritte Welt
Eine Fallstudie zur Pädagogisierung sozialer Probleme
Frankfurt am Main 2001

Thomas Höhne
Schulbuchwissen
Umrisse einer Wissens- und Medientheorie des Schulbuchs
Frankfurt am Main 2003

Thomas Höhne/Thomas Kunz/Frank-Olaf Radtke
Bilder von Fremden.
Was unsere Kinder aus Schulbüchern über Migranten lernen sollen
Frankfurt am Main 2005

Wolfgang Meseth
Aus der Geschichte lernen.
Über die Rolle der Erziehung in der bundesdeutschen
Erinnerungskultur
Frankfurt am Main 2005

Elke Wehrs
Verstehen an der Grenze
Erinnerungsverlust und Selbsterhaltung von Menschen mit
dementiellen Veränderungen
Frankfurt am Main 2006

Matthias Herrle
Selektive Kontextvariation
Die Rekonstruktion von Interaktionen in Kursen der
Erwachsenenbildung auf der Basis audiovisueller Daten
Frankfurt am Main 2007

Iris Clemens
Bildung – Semantik – Kultur
Zum Wandel der Bedeutung von Bildung und Erziehung in Indien
Frankfurt am Main 2007

Nils Köbel
Jugend – Identität – Kirche
Eine erziehungswissenschaftliche Rekonstruktion kirchlicher
Orientierungen im Jugendalter
Frankfurt am Main 2009

Marianne Weber
Anfänge und Übergänge
Bildungsentscheidungen der Grundschule
Frankfurt am Main 2010

Reihe Kolloquien:

Frank-Olaf Radtke (Hrsg.)
Die Organisation von Homogenität
Jahrgangsklassen in der Grundschule
Kolloquium anläßlich der 60. Geburtstage von Gertrud Beck und
Richard Meier, Frankfurt am Main 1998

Frank-Olaf Radtke (Hrsg.)
Lehrerbildung an der Universität
Zur Wissensbasis pädagogischer Professionalität
Dokumentation des Tages der Lehrerbildung an der
Johann Wolfgang Goethe-Universität, Frankfurt am Main 1999
(vergriffen)

Heiner Barz (Hrsg.)
Pädagogische Dramatisierungsgewinne
Jugendgewalt. Analphabetismus. Sektengefahr
Frankfurt am Main 2000

Gertrud Beck, Marcus Rauterberg, Gerold Scholz, Kristin Westphal
(Hrsg.)
Sachen des Sachunterrichts
Dokumentation einer Tagungsreihe 1997–2000
Frankfurt am Main 2001
Korrigierte Neuauflage 2002

Brita Rang und Anja May (Hrsg.)
Das Geschlecht der Jugend
Dokumentation der Vorlesungsreihe Adoleszenz: weiblich/männlich?
im Wintersemester 1999/2000
Frankfurt am Main 2001

Dagmar Beinzger und Isabell Diehm (Hrsg.)
Frühe Kindheit und Geschlechterverhältnisse.
Konjunkturen in der Sozialpädagogik
Frankfurt am Main 2003

Vera Moser (Hrsg.)
Behinderung – Selektionsmechanismen und
Integrationsaspirationen
Frankfurt am Main 2003

Gisela Zenz (Hrsg.)
Traumatische Kindheiten
Beiträge zum Kinderschutz und zur Kindesschutzpolitik aus
erziehungswissenschaftlicher und rechtswissenschaftlicher
Perspektive
Frankfurt am Main 2004

Tanja Wieners (Hrsg.)
Familienbilder und Kinderwelten
Kinderliteratur als Medium der Familien- und Kindheitsforschung
Frankfurt am Main 2005

Micha Brumlik und Benjamin Ortmeyer (Hrsg.)
Erziehungswissenschaft und Pädagogik in Frankfurt –
eine Geschichte in Portraits
Frankfurt am Main 2006

Argyro Panagiotopoulou und Monika Wintermeyer (Hrsg.)
Schriftlichkeit – Interdisziplinär – Voraussetzungen,
Hindernisse und Fördermöglichkeiten
Frankfurt am Main 2006

Dieter Katzenbach
Vielfalt braucht Struktur – Heterogenität als Herausforderung für
die Unterrichts- und Schulentwicklung
Frankfurt am Main 2007

Reihe Forschungsberichte:

Thomas Höhne/Thomas Kunz/Frank-Olaf Radtke
Bilder von Fremden – Formen der Migrantendarstellung als der
„anderen Kultur" in deutschen Schulbüchern von 1981–1997
Frankfurt am Main 1999 (vergriffen)
http://www.uni-frankfurt.de/fb/fb04/personen/radtke/Publikationen/Bilder
_von_Fremden.pdf

Uwe E. Kemmesies
Umgang mit illegalen Drogen im 'bürgerlichen' Milieu (UMID).
Bericht zur Pilotphase
Frankfurt am Main 2000 (vergriffen)

Oliver Hollstein/Wolfgang Meseth/Christine Müller-Mahnkopp/
Matthias Proske/Frank-Olaf Radtke
Nationalsozialismus im Geschichtsunterricht.
Beobachtungen unterrichtlicher Kommunikation
Bericht zu einer Pilotstudie
Frankfurt am Main 2002 (vergriffen)
http://www.uni-frankfurt.de/fb/fb04/personen/radtke/Publikationen/
Forschungsbericht_3_Nationalsozialismus_im_Geschichtsunterricht.pdf

Andreas Gruschka/Martin Heinrich/Nicole Köck/Ellen Martin/
Marion Pollmanns/Michael Tiedtke
Innere Schulreform durch Kriseninduktion?
Fallrekonstruktionen und Strukturanalysen zu den Wirkungen
administeriell verordneter Schulprogrammarbeit
Frankfurt am Main 2003

Andreas Gruschka
Auf dem Weg zu einer Theorie des Unterrichtens.
Die widersprüchliche Einheit von Erziehung, Didaktik und Bildung
in der allgemeinbildenden Schule
Vorstudie
Frankfurt am Main 2005

Frank-Olaf Radtke/Maren Hullen/Kerstin Rathgeb
Lokales Bildungs- und Integrationsmanagement
Bericht der wissenschaftlichen Begleitforschung im Rahmen der
Hessischen Gemeinschaftsinitiative Soziale Stadt (HEGISS)
Frankfurt am Main 2005

Benjamin Ortmeyer
Die geisteswissenschaftliche Pädagogik und die NS-Zeit
(Vier Teilbände im Schuber)
Teil 1: Eduard Spranger und die NS-Zeit
Teil 2: Herman Nohl und die NS-Zeit
Teil 3: Erich Weniger und die NS-Zeit
Teil 4: Peter Petersen und die NS-Zeit
Frankfurt am Main 2008